HONGGUAN ZHENGZHIXUE

宏观政治学 _{第二版}

◎ 严 强　张凤阳　温晋锋 / 著

南京大学出版社

图书在版编目（CIP）数据

宏观政治学 / 严强，张凤阳，温晋锋著：—2 版．—南京：
南京大学出版社，2008.4（2016.8 重印）
大学文科教材．现代政治学系列
ISBN 978 - 7 - 305 - 05381 - 8

Ⅰ．宏…　Ⅱ．①严…②张…③温…　Ⅲ．政治学—高等
学校—教材　Ⅳ．D0

中国版本图书馆 CIP 数据核字（2008）第 041617 号

出版发行　南京大学出版社
社　　　址　南京市汉口路 22 号　　　　　邮　编　210093
网　　　址　http://www.NjupCo.com
出版人　左　健
丛 书 名　大学文科教材·现代政治学系列
书　　　名　宏观政治学（第二版）
著　　者　严　强　张凤阳　温晋锋
责任编辑　王其平
照　　排　南京紫藤制版印务中心
印　　刷　常州市武进第三印刷有限公司
开　　本　787×960　1/16　印张 22　字数 431 千
版　　次　2008 年 4 月第 2 版　2016 年 8 月第 4 次印刷
ISBN　978 - 7 - 305 - 05381 - 8
定　　价　50.00 元

发行热线　025 - 83594756
电子邮箱　Press@NjupCo.com
　　　　　Sales@NjupCo.com（市场部）

目　　录

第一章　绪　　论

今天是一个需要掌握知识的时代

现在人类已经行进在公元第二个千年的大道上。在公元第一个千年快要结束的最后 30 年中,人类加快了工业化、现代化的步伐。技术化、信息化、市场化、国际化和全球化几大浪潮,刷新了人类有文字记载以来数千年的文明成果和纪录。人类终于踏入了崭新的知识经济时代。在历史的长河中,人类艰难跋涉的足印穿过了游牧、农耕时代,经过了手工业化、初期工业化时代,在后工业化时代停留了一段时间以后,终于迎来了知识经济时代的初级阶段。

早在 17 世纪时,欧洲哲人培根就讲过:"知识就是力量。"但由于社会历史条件的限制,作为力量的知识并没有能够真正发挥出威力。掌握知识的人始终只是掌握权力、军事、钱财的少数人的工具。至于在少数地方的某一时段有人将有知识的人视为"最愚蠢"的"臭老九",加以鞭挞、污辱,其行径更是逆历史潮流而动。

今天世界上的最重要的发明、创造,像数码、数字传输、计算机、因特网,这些改变了人类生活的科学技术,无一不是服务于人类知识的整理、存贮、提取、运用和创新需要的。在现今的社会生活中,一个人如果要改变自己的现状和命运,有两样东西是不可缺省的,一样是健康,另一样就是知识。在所有的不平等中,唯有医疗保障和教育享受上的不平等是积累性的。一个人只要缺乏医疗保障,没有了健康;只要缺乏教育保障,没有了知识,他就永远不可能享受到自由、平等。因此,接受知识、共享知识、运用知识、创新知识是 21 世纪的人们首先需要考虑的重要工作。

伴随人类历史的进步,知识的王国已经变得丰富多彩。在无穷的隐性知识之上产生出来的显性知识,通常是以人类生活领域为界,以学科门类为标志存贮和运行的。人类生活在错综复杂的社会生活之中,但是为了认识和掌握这一大千世界,就需要对其加以科学的简化。首先将整体的、系统的社会生活划分为经济生活、政治生活、文化生活和社会生活。在这四类人类生活中,分别形成有关经济生活的学科知识体系、有关政治生活的学科知识体系、有关文化生活的学科知识体系、有关社会生活的学科知识体系。另外还要加上自然学科知识体系、工程学科知识体系。在每一个学科知识体系中,又有数量仍在不断增加的更小的知识族群。每一个知识体系内部的知识族群间相互联结,形成网络。六大学科知识体系之间又相互联结,形成更大的人类知识网络。一个人一生都必定要在这一张知识大网中找准自己的位置,从中汲取营养。

今天又是一个需要掌握政治知识的时代

在人类生活中,政治生活则是不可缺少的一部分生活,政治知识也是不可缺少的一种学科知识体系。在延续了几十年的集中计划经济时代,政治生活在中国虽然被人为地拔高到试图取代其他生活的、处于"挂帅"地位的一种生活,但是,整个国家除了充满阶级斗争和暴力专政外,并没有因此而产生和普及多少真正科学意义上的政治科学知识。在 20 世纪 70 年代末、80 年代初,中国通过改革、开放进入新的社会转型时期以后,在经济建设成为执政党和全国人民所有工作重心的条件下,政治生活回到了它应有的位置。伴随 30 年来政治体制改革的逐步推开、深化和发展,法治建设、民主政治的观念步步深入人心,政治实践的发展促进了政治知识长足的进步。同时,人们对政治知识的需求也逐渐加大。

人们之所以需要学习和掌握政治知识,首先一个理由是因为人类不可避免地要生活在这种或那种政治生活和政治制度之中。美国政治学家詹姆斯·M. 伯恩斯(James M. Burns)、杰克·W. 佩尔塔森(J. W. Peltason)、托马斯·E. 克罗宁(Thomas E. Cronin)在其合著的《民治政府》(Governmemt by the People)一书的前言中曾这样写道:很多人想不问政治,力图避开政治,"但政治就在我们周围并影响着我们生活的几乎每一个方面。政治是共同生活的人们借以决定如何满足其基本需要,解决共同问题,组织起来求得安全与保障,乃至实现'愉快生活'的过程"。

罗伯特·达尔对此也说过一段十分精彩的话:"无论一个人是否喜欢,实际上都不能完全置身于某种政治体系之外。一位公民,在一个国家市镇、学校、教会、商行、工会、俱乐部、政党、公民社团以及许多其他组织的治理部门中,到处都会碰到政治。"他认为政治是人类生存的一个无可避免的事实,每个人都会在某个时刻以某种方式卷入某种政治体系。①

之所以会这样,是因为任何有人群和社会的地方,都会存在个体利益与社会利益的关系。只要存在超越个人、群体和团体之上的公共利益,只要存在超越经济、文化和社会因素的公共事务成分,就一定会存在政治生活。只要人类生活还在延续着、运行着,人类就不可避免地要生活在这种或那种政治生活之中。正因为如此,亚里士多德才断言,人就其本性来说是社会政治动物。

---

① 参见罗伯特·达尔《现代政治分析》,上海译文出版社 1987 年版,第 5 页。

人们之所以需要政治知识的其次一个理由是因为生活在政治生活和政治制度之中的人需要懂得政治。其实人们都在关心着政治。在现实社会生活中,人们与政治生活的关系虽然是复杂的,但仍然可以按照与现实政治的关系从紧密到疏远的程度描绘出人们政治态度的连续谱:从热心政治、参与政治、赞同政治、接近政治、漠视政治到反对政治。但是就连对政治最反感的个体,其实也在强烈地关注着政治,只是他不同意现实中出现的某种政治现象、事件而已。

人们要关心政治,就需要懂得政治。而要真正懂得政治,就需要学习和研究政治。不存在天生就懂得政治的人。要懂政治固然离不开人们对现实政治生活的自然感知,但仅仅靠自然感知并不能理解和认识政治。政治生活是所有社会生活中最容易产生争论、最容易存在不同见解的领域。因此,了解政治必须在自然感知的基础上通过系统的学习和长久的研究才能做到。学习和研究政治知识需要付出一定的机会成本。但是政治值得那些希望追求高生活质量的人们花工夫去学习和研究。

学习和研究政治学对人的生活是有意义的。

学习和研究政治学的意义之一是可以满足人们提升完整智慧的需要。在平静中处理问题只能训练出人的平常智慧,只有在危急的情境中周密思考,立于不败之地,才能培养出上乘的智慧。政治生活中时时、处处、事事充满着基于利益矛盾的种种冲突、对抗、论争、博弈、协商和合作。只有在这种境遇中选择价值,形成联盟,基于自己的利益去竞争和合作,才会训练出过人的才智。参与政治活动,进行政治研究是获得和增强政治思维能力和上乘智慧的两条道路。反过来,逃避政治,远离政治,也不思考政治,也许眼前少一点风险和不确定性,但你也会因此而失去了开发最为重要的智力、逐步建构完整智慧的机会。

学习和研究政治学的意义之二是可以满足人们塑造自身完整素质的需要。在现代社会中,人必须身兼多种角色,才能具有完整的素质。一个人如果仅仅是"经济人",没有政治意识,则会是保不住财富的守财奴,因为他不知道经济与政治是不可分割的。一个人如果仅仅是"道德人",没有政治素质,则会是傻瓜,因为他毫无深谋远虑。一个人仅仅是"宗教人",没有政治意识,恐怕是无用的圣徒,因为他不懂七情六欲,不知道维护自身的权益。当然一个人仅仅是"政治人",那也是非常危险的,恐怕他只能是头野兽。因为在毫无道德约束,也缺乏信仰的状态下,他会变得无法无天。正如经济学重视研究如何获取财富,法学重视研究何种行为符合法律,伦理学重视研究行为是否符合规范一样,政治学则研究人如何依据权力和利益原则来思考个人与社会的关系及其演变发展。

学习和研究政治学的意义之三是可以满足人们掌握完整生活艺术的需要。人的生活艺术是锻造出来的。著名的政治学家霍布斯一方面将人看作是有理性的、"大自然"最精美的艺术品,同时又进一步将国家看作是人运用艺术才能创造出来的一个精致的艺术品。人只有在和包括国家在内的政治生活打交道时,才能逐步学到精致的艺术。与霍布斯持相同见解的政治学家詹姆斯·哈林顿则指出:"根据法律或古代经纶之道来给政府下定义,它便是一种艺术。通过这种艺术,人类的世俗社会才能在共同的权利或共同利益的基础上组织起来,并且得到保存。"

马克思主义的经典作家更是强调政治是科学性与艺术性的统一。比如列宁就明确指出:"政治是一种科学,是一种艺术。"政治是客观的社会关系与社会现象,其产生与发展必然受一定的社会客观规律的支配。但政治生活的大厦是要靠人依据规律来设计、管理的。政治设计具有艺术性,政治建造也具有艺术性。作为政治家,研究政治科学,则可以完善自己建造民主政治大厦的艺术。作为政治学研究者,学习探究政治科学则可以更恰当地评价已经建造起来的民主政治大厦的艺术性,并为今后新的政治大厦的建造提出更具艺术性的设计建议。

政治科学提供了掌握政治知识的通道

人们通过日常观察和参与政治活动,最多只能获得对政治生活表面的、个别的、偶然的认知。依靠这种经验性的、零碎性的认知,并不能获得真正的政治学知识。要较快地获取自己需要的政治学知识,就需要到政治学知识的宝库中去浏览、选择、运用。通向政治学知识宝库的道路就是政治科学。

在人类的知识与信息系统中,政治科学是孕育、发生和发展得比较早的一个科学知识门类。可以说,它与哲学科学一样源远流长。当古希腊学者亚里士多德在 2300 多年前撰写他那本创世之作《政治学》时,今天引以骄傲的自然科学还在襁褓之中。但是,政治科学并没有因为它古老而失去活力,在人类正以矫健的步伐迈进在 21 世纪的征途上时,它依然生气盎然,魅力无比。

政治科学是对现实政治生活的系统、形态、结构、过程及其变化发展规律的概括与总结,因此,历史上的与现实中的不断变动着的政治实践和由此形成的处于永恒变化之中的政治生活永远是政治科学发展的最终源泉。但是,作为经过人们思维加工过的客观知识体系,政治科学又是历史上的与现实中的政治实践和政治生活的重要组成部分。丰富多彩的政治实践为政治科学的形成与发展提供了基础,完善的政治科学知识体系则成为人们观察、理解、预测、评价政治生活的指南。政治科学作用于人们的思维,激发人们创新,指导人们行动,从而成为推动现实政治发展的重要因素。

人们可以从不同的视角对政治生活加以审视与分析。政治生活同其他领域的社会生活相比,可能更多地包含着权力和利益以及这两者的相互作用。因此,在进行政治生活的经验分析或规范分析时,有些学者则更多地强调社会公共权力配置的一面,并以政治权力为核心概念勾画出政治科学的知识体系,从而建立起以政治权力为中心内容的政治学理论,即权力政治学。而另外一些学者则更加注重政治利益的分配与实现的一面,并以政治利益分配或价值分配为核心概念勾画出政治科学的知识体系,从而建立起以政治利益为中心内容的政治学理论,即利益政治学。

政治生活同其他的社会生活一样,有其静态结构的一面,也有其动态功能的一面,两者相辅相成。因此,有些学者比较注重政治生活的静态方面,并以政治结构为核心范畴构建政治科学的知识体系,从而建立起以政治结构为中心内容的静态政治学理论,或称结构政治学。而另外的一些学者则更看重政治生活的动态方面,并以政治功能为核心范畴构建政治科学的知识体系,从而建立起以政治功能为中心内容的动态政治学理论,或称功能政治学。

政治科学本身也是一个多层次的知识体系。政治生活除了可以从静态与动态即结构与功能的角度来观察以外,它事实上还存在着三个不同的层面。人类的政治生活是丰富多彩的,既复杂多样,又变化不止。如果再对现实政治生活作合理的简化,从纷繁复杂的政治生活中最终可以过滤出最为基本的、核心的元素:主体、行为;机构、规则;形态、发展。依次将每两个元素加以组合,就成为三个层次:各类政治行动主体和它们的行为,各类政治行动主体结合而成的机构与行为规则,政治行为总和的形态和它的发展。这三个层次分别对应政治生活的三个层面:一个是宏观层面,一个是微观层面,还有一个是介于这两者之间的中观层面。在不同的层面上,政治家要处理的问题、政治学家要关注的重心是不一样的。在宏观的政治生活层面上,人们所要解决的、所要研究的是政治生活的有序整合、政治资源的动员与配置、政治形态的创新与发展等问题,其关键的范畴是政治形态、政治发展。在微观的政治生活层面上,人们所要解决的、所要研究的则是政治行为主体的形成,政治个体、群体、团体和组织的政治行为等问题,其关键范畴是政治主体、政治行为。在中观的政治生活层面上人们所要解决的、所要研究的则是各类政治机构的结构与功能,各种政治规则的产生与变迁等问题,其关键范畴是政治机构、政治规则。

以政治生活的宏观层面为研究对象而建立起来的政治科学知识体系为宏观政治学,它主要研究作为系统与整体的政治生活的外部的与内部的生态结构以及作为过程的政治形态演变与发展的规律。以政治生活的微观层面为研究对象所建立起来的政治科学的知识体系为微观政治学,它主要研究作为政治行为主体的个体、群体、团体和组织的形成与行为及其演变的规律。以政治生活的中观层面为研究对象而建立起来的政治科学知识体系为制度政治学,它主要研究以政治机构为载体的、规范政治主体行为的政治规则及其演变的规律。

宏观政治学、微观政治学与制度政治学三者既相互区别,又相辅相成。它们的区别在于,宏观政治学注重观察和理解政治生活系统的环境、形态、体制、发展,侧重于政治权力的配置与运行。微观政治学则注重观察和理解政治生活中的主体的形成、类别、行为,侧重于政治利益的协调与实现。制度政治学则注重观察和理解政治生活中的机构的建设、规则的变化,侧重于政治制度安排与变迁。任何政治规则,都反映着一定的政治利益和政治权力。政治制度正好将宏观政治学中的权力与微观政治学中的利益结合起来。

宏观政治学、微观政治学与制度政治学之间的联系在于,没有对政治生活系统的、整体的把握,不知道政治权力有效配置的过程与规律,就无法观察和理解政治规则的设立和变化。没有对政治生活中机构、规则的把握,也就无法理解个体、群体、团体的政治行为。反过来,不去研究具体的政治行为,也就无法理解政治生活中的种种规则的设立和变化。不去研究政治生活中的机构和规则,也就无法理解政治系统的生态结构与整体的变化、发展。将政治科学知识体系划分为宏观的、微观的和制度的,既可以使政治生活的静态结构与动态功能有机地结合在一起,也可以使政治权力与政治利益相互联系起来。

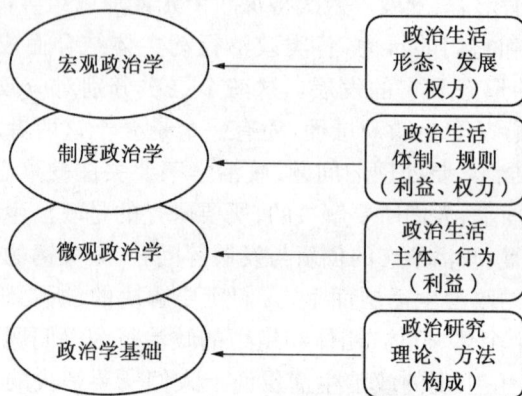

图 1-1　政治科学知识体系

无论是宏观政治学、微观政治学,还是制度政治学,它们都有一个共同的平台,这就是政治学基础。

宏观政治学是政治科学知识体系中的重要部分

我们奉献给读者的这本《宏观政治学》只是整个政治科学知识体系中的一个组成部分。在阅读这一著作时,必须要同时考虑政治科学知识中还有政治主体的行为和政治规则的设计方面的知识。宏观政治学是在研究政治主体及其行为、政治行为规则及变迁的基础上,对具有整体性、整合性的政治生活的环境、系统、形态、结构、过程、发展所作出的分析。学习和理解宏观政治学,可以帮助我们在头脑中逐步地建构出一幅关于现实政治生活存在和运行的系统、形态、结构、过程和发展的图景。通过对宏观政治学知识的探讨,我们可以从纷繁复杂的政治现象、事件中清晰地建立起有关政治生活的环境、系统、形态、权力结构、政治运行、政治

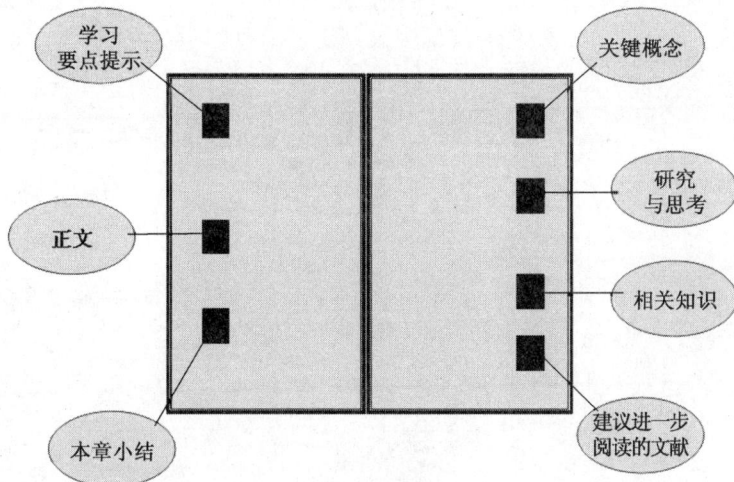

图 1-2 本书编写栏目

发展、国际政治的基本概念,从而形成理解宏观政治生活层面的框架。但是要实现这一目标很不容易,因为政治生活太复杂多样了,变化也太迅速了,我们所能提供的宏观政治生活的知识充其量也只是这个崭新时代丰富而变动的政治知识中的一小部分。而且,政治生活宏观层面的分析,必须以政治生活微观层面的分析、政治生活制度层面的分析为前提。另外,对宏观政治学的把握也离不开对政治学基础理论和研究方法的理解。如果有时间,在学习宏观政治学的同时,读者可阅读《政治学基础理论的观念:价值和知识的论辩》(严强、孔繁斌著,中山大学出版社 2002 年版)和《政治学研究方法》(严强、魏姝等著,江苏教育出版社 2007 年版)这两本著作。

为了能帮助读者更好地掌握宏观政治学知识,我们在编写本书时在体例上作了一些特别的考虑。首先在每章的正文之前,增加了"学习要点提示"。在正文后面,加了"本章小结",其目的是帮助读者理清这一章内容的简单线索。同时还列出了另外四个栏目:"关键概念"、"研究与思考"、"相关知识"、"建议进一步阅读的文献"。"关键概念"和"研究与思考"两个栏目,主要是供读者在学完一章后作自我检测之用。"相关知识"这一栏目主要是介绍在这一研究范围内国外学者的典

型理论和观点,或介绍在这一研究范围内国内学者有代表性的理论和观点。所列出的相关知识有些是供批评和分析用的,有些是启发读者思考的。"建议进一步阅读的文献"这一栏目是针对一些读者在某些课题上有深入研究的兴趣,通过开列书目给他们提供获取知识的更多途径。

第二章 政治生活环境

　　当我们将周边的现实政治现象、关系、过程看作是一个系统与整体时,不仅要思考政治生活系统自身的形态体制、结构功能、机构规则、运行过程、变革发展,还需要思考能让政治生活系统生存、运行下去的环境条件。对后者的思考还要优先于前者,原因是政治生活系统肯定是从一般人类生活中发展分化出来的,从起源的意义上讲是如此,从新的政治系统建立的意义上讲也是如此。对于这一点恩格斯在他那本经典著作中作过详尽的论述。[①]

　　从系统论的角度来分析,作为一个政治系统的环境,其本身也是一个由多方面要素构成的系统。有些学者为了便于区别,有意将组织系统的环境称为"环境超系统"。将环境作为超系统专门突出出来加以研究的目的,无非是要提醒人们

---

　　① 恩格斯晚年在整理马克思有关原始社会研究的读书笔记的过程中,创作了政治学巨著《家庭、私有制和国家的起源》。在这一经典著述中,恩格斯依据历史学家摩尔根的论述和马克思的研究发现,阐述了欧洲和北美的政治国家是如何从没有政治国家的人类社会中一步步产生出来的过程。虽然也有一些政治学者认为人类政治生活的存在不能与国家的出现和消亡划等号,但是人类肯定曾经经历过很长的一段没有政治关系的社会生活时期,从而人类的政治系统的确有一个历史起源问题。

必须坚持运用整体的、系统的思维观念来分析研究特定组织系统的环境条件。①

地球表面上分布着大大小小的政治系统,无论以何种标准去评价,它们之间都存在着差异。如果只考虑空间维度,它们之间在现实形态、运行方式和发展水平方面的差异是非常显著的。如果再考虑时间维度,历史上已经过去了的众多政治系统之间的差异就更大。② 导致政治系统间差异的原因是多方面的,其中有许多差异是源于政治生活内部政治行动主体在形态体制、结构功能、机构规则选择和设计上的差别,但也有许多重要的差异是由环境条件造成的。因此,无论是为了解释历史上和现实中政治系统间的异同,还是为了预测某个政治系统未来发展的前景,或是为了对具体的政治系统的体制变革提出有效的行动建议,一开始就花一点功夫了解和掌握政治系统的环境条件是非常重要的。

大凡研究政治系统整体运行和发展的政治学家,都会重视对政治生活环境与政治生活本身的关系进行分析。从古至今,政治学家们在这方面积累了大量的、有益的观点、理论和知识。这些应当成为我们今天思考此类问题的前提。但是,政治生活环境所包含的要素在不同的政治系统形态和不同的政治实践水平下,呈现出来的类型和所起的作用是不一样的。而且人们对环境要素与政治系统之间相互关联的认识也有一个从不自觉到自觉、从片面到全面的演变过程。因此,每个时代的人们,都会对自己同时代的、单个的、周边的乃至全球的政治系统环境的构成、作用和改变优化作出新的思考。

第一节　政治生活环境的构成

一、政治生活环境构成的特点

在现代社会中,任何一个政治生活系统都是在一定的具体环境下生存、运行和发展的。要认识政治生活系统之所以能够存在和运行,它为什么是这样而不是

---

① 弗里蒙特·E.卡斯特和詹姆斯·E.罗森茨韦克在他们合著的《组织与管理》一书中,曾提出了具体组织环境的分类观点。"从广义上说,环境就是组织界线以外的一切事物。但是,从以下两个方面来思考环境可能会有用处:(1) 社会(一般)环境,它影响某一特定社会中的一切组织。(2) 工作(具体)环境,它更直接地影响着个别组织"。他们把有不同类型的组织环境称为组织的环境超系统。参见弗里蒙特·E.卡斯特和詹姆斯·E.罗森茨韦克《组织与管理》,中国社会科学出版社1985年版,第154页。

② 因为在久远的时代,居住在地球表面的人们因缺乏交通、通讯的便利,不可能知道在自己生活的政治系统之外还有没有更多的政治系统,即便知道靠近的地方有政治系统,但也由于交通往来的困难,加上安全的考虑而对外封闭,与外隔绝,不能够像现在众多政治系统之间可以相互学习、借鉴,甚至进行某些制度移植。这就导致了历史上存在过的政治系统之间有着极大的差异。

那样存在和运行,它将来会怎样存在、运行和发展下去,就需要深入分析政治系统环境构成的特点、构成的要素和构成的层面。

系统理论告诉我们,任何系统,既有由其内部要素有机构成的整体,也有维持其存在和发展的外部环境条件。系统的外部环境也包括很多要素,并且也相互关联形成系统。具体的组织系统与其环境条件之间存在界线,正是在界线上两者之间进行着物质、信息和能量方面的交换。任何组织系统要想存活下去,就必须面对和适应外部环境条件。任何组织系统要想获得发展,就必须在与外部环境条件的互动中既要维持和发展自身,又要去利用和改造环境条件。

政治生活系统也不例外,关键是要具体地认识政治系统环境的构成及其特点。在分析和认识政治生活系统的具体环境时,我们可以使用一切科学研究,其中也包括社会科学研究需要使用的简化方法。这种方法允许并要求人们把真实的、复杂多样的、浑然一体的世界归结为若干主要部分和数种基本关系的总和。这样做的目的是为了把需要研究的部分和关系从总体中抽取出来,形成独立的,可以让人们专门加以审视和分析的对象。在思考政治生活时,我们就要在思维上先对整体人类生活进行简化。

通常人们都把人类整体生活习惯统称为社会生活。这是一个在与动物界相对应的意义上使用的概念。动物虽然有合群性,但动物不可能组成社会,它们与人类的根本区别就在于没有社会性。但是要对人类生活本身作更深入的了解,就需要作出更为细致的划分。现在人们倾向于将整体人类生活划分为政治、经济、社会、文化四大领域。① 人们在研究政治生活时,就可以把另外三个领域从人类生活中抽取出来,置于政治生活领域的旁边。

在对人类生活作简化时,还需要把包括政治生活系统在内的所有人类生活领域都必不可少的前提条件加以相对的剥离。任何人类群体都必须具有赖以立足、生存和运行的空间范围、一定的自然生态环境和特殊的气候条件。这些就是地理资源、生态环境和气候状况等因素。另外,任何政治生活都是由人的活动构成的。因此,在对人类生活作简化处理时,为了突出政治生活,还需要将人口因素暂时撇在一边。

经过上述的简化,我们得到的是一个纯粹的、思维上的政治生活系统。这种

---

① 对于中外学者来说,传统的人类生活领域的划分都只讲三个领域:政治领域、经济领域、文化领域。近年来,我国相当多的社会学家和行政学家不断建议应当将人类整体生活划分为政治、经济、文化和社会四大领域。之所以要专门划分出狭义社会这一领域,是因为包括家庭、民族、族群、教育、医疗、就业、宗教等方面的现象、关系和过程在现代人类生活中所占的比重越来越大,对人类生活的运行和发展所起的作用也越来越重要。在重视政治建设、经济建设、文化建设的同时,需要重视社会建设。这一提法已经为多数人所接受,并且在执政党和政府的许多正式文件中也已经被频繁地使用。

纯粹的政治生活系统是抽象的,在现实生活中是根本不存在的,当然也是不能运行和发展的。一切科学,包括社会科学在强调使用简化方法的同时,还强调需要使用还原的方法。这种方法要求将在思维中抽取出来的、独立的研究对象再放回到在简化过程中被分离出去的那些部分、关系之中,恢复其原先的整体的、系统的面貌,从而使政治系统具有现实性和具体性。

通过对人类整体生活的简化和还原,我们就可以知道,在政治生活系统之外,还有经济生活系统、社会生活系统、文化生活系统。在政治生活系统一旁,还有地理资源、自然生态环境、气候状况、人口构成这些要素。政治生活系统若离开了这些要素就不能存在、运行和发展,正是这些要素构成了政治系统存在和运行的现实环境条件和客观依据。由此可知,所谓政治生活系统的环境乃是指保障政治生活能够运行和发展的、和政治生活交织在一起的、分布在不同层次上的,并且是处在动态之中的经济、社会、文化、人口、地理、生态、气候等要素的总和。

政治生活环境具有以下的构成特点。

(一)政治生活环境的存在具有溶入性。出生于加拿大而最终加入美国籍的政治学家戴维·伊斯顿所独创的政治系统理论,以其简化模型勾勒出政治生活运行的逻辑而被许多人所熟知(见图 2-1)。人们在许多论著中都引用了这一模型。由于模型本身的局限性,再加上不会正确地理解模型,初学政治学的人有可能因望图生义而产生误解,以为政治生活系统的环境都是在系统的外边或旁边,政治系统只是在环境这个大的框架之中运行的整体。这是对政治系统和环境要素之间关系的形式化、机械性的理解。实际情况并不是这样。政治生活系统的环境要素并不是与政治生活系统相分离的,而是深深地渗透在、紧密地交融在政治生活系统之中的。这些环境要素既是政治系统存在和运行不可缺少的成分,又是无时无刻不在和政治系统发生交互作用的力量。离开了这些环境要素,人们不可能找到政治生活系统。没有一个政治系统不是扎根在、交织在这些多样的环境要素之中。唯一不同的是对于不同的政治生活系统来说,构成环境的要素类别、质量、方式可能是不一样的。

环境要素存在的溶入性会给政治学研究带来一定的困难。一是难以划分清楚政治生活系统活动的具体范围,比如政治与经济的互相交融、政治和文化的相互渗透、政治和社会的浑然一体,这就使人们在研究时很难分清哪些人类活动是属于政治的,哪些是属于经济的,哪些是属于文化的,哪些是属于社会的,等等。二是在人类生活发生变化时,在政治生活的变化与自然生态环境的改变这两者之间,难以区分出究竟何者是因,何者是果。比如,究竟是自然生态环境的改变推动了政治生活的改变,还是政治生活的变化影响了自然生态环境的状况?围绕这些问题,人们一直争论不休。三是在思考政治生活的变化与经济生活、社会生活、文化生活变化之

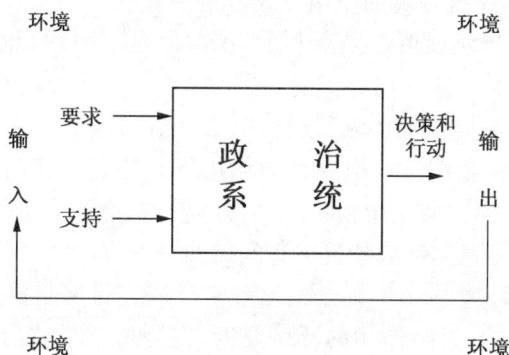

图 2 - 1　政治系统的简化
资料来源:戴维·伊斯顿:《政治生活的系统分析》,
华夏出版社 1989 年版,第 35 页。

间的关系时,也会产生因果关系方面的混淆。虽然在总的历史发展中是经济基础的性质、规模决定着政治上层建筑的状态、发展和变革,但是在具体的时段上,人们就很难判断究竟是经济的发展推动政治的变革,还是政治的变革推动经济的发展? 在政治生活与社会生活、政治生活与文化生活之间也存在类似的问题,究竟是社会生活的变迁推动政治变革、发展,还是相反? 究竟是文化生活促进政治生活演变,还是政治生活推动着文化变迁?

(二) 政治生活环境的方式具有多样性。无论是从单一的政治生活系统的历史演变来考察,还是从不同政治生活系统的比较来分析,政治生活系统环境的存在、表现和作用方式都是多样的。

首先,政治生活系统环境的存在方式是不尽相同的。环境要素有显露和潜在之分、有形和无形之别。比如经济总量、地形地貌、人口规模这类环境要素都是显露的、有形的,而宗教观念、人口素质、社会惯例这类环境要素则是潜在的、无形的。环境要素还有稳定与变动之分、共有与独占之别。比如对所有的政治生活系统来说,地理位置、民族构成则是相对稳定的环境要素,而经济增长、气候条件则是变动的环境要素。在同一地区的不同政治生活系统,其地理位置、气候条件甚至宗教都是共有的环境要素,但每个政治生活系统所具有的矿产资源、民族情绪则是独占的环境要素。

其次,政治生活系统环境的表现方式是不尽相同的。环境要素可以是收敛的,也可以是扩散的。比如地理位置、资源蕴藏、民族分布这类环境要素通常是内聚的、收敛的,它们受到范围的限制,有一定的边界。而文化、气候等环境要素则是传播的、流动的、扩散的,很难规定出具体的边界。

第三,政治生活系统环境的作用方式也是不尽相同的。环境要素的作用对政治生活系统的运行与发展可以是有利的,也可以是不利的,而且这种作用性质会因时间和条件而发生改变。比如交通、通讯发达对政治交流和参与是有利的,但有时也因为其方便突发群体上访和别有用心者散布政治流言而对政治生活系统的稳定性会造成不利影响。环境要素的作用方式还有直接与间接之分。通常经济要素、地理位置要素对政治生活系统的作用较为直接,而自然生态、气候条件对政治生活系统的作用在大部分情况下是间接的。

政治生活系统环境的这一特点也给政治学研究带来挑战。人们往往关注显露的、有形的、收敛的、直接作用的环境要素,在分析某个政治生活系统的发展或停滞时,常常将这些环境因素排列出来作为原因。在比较两个或更多政治生活系统形态的历史演变及当前的发展状态时,也将注意力聚焦在上述环境要素的异同上。但有时,正是许多潜在的、无形的、间接作用的环境因素对政治生活系统的运行、演变发挥着重大影响。如果忽略了或轻视了这些环境要素的作用,那么人们对政治生活变迁的理解和分析会存在极大的片面性。

(三)政治生活环境的关联具有生态性。"生态"(eco-)一词源于古希腊字,意思是指家(house)或者我们的环境。在现代意义上,生态就是指一切生物的生存状态,以及它们之间、它们与环境之间的互动和均衡的关系。生态学(ecology)的产生最早也是从研究生物个体而开始的。今天,生态学已经渗透到人类生活的各个领域,"生态"一词涉及的范畴也越来越广,人们常常用"生态"来描述许多美好的事物,大凡能够体现出关联、和谐、均衡的事物、现象和过程,人们都认为具有"生态"的特性。因此,生态性通常是指事物追求多样性、关联性并维持均衡发展状态的一种趋势。

政治生活系统环境的要素不仅是多样的,而且诸种要素之间并不是完全孤立的,它们本身就存在一定的关联。比如地形地貌、气候变化、产业结构、人们的生活习俗之间是相互影响的。不同的地理位置和地形地貌会对气候变化产生较大影响,气候条件则对产业结构的布局和调整有制约作用,气候、地理位置和产业结构又会影响人们的生活习俗。更为重要的是,在政治生活系统的长期作用下,对其产生直接或间接影响作用的各种环境要素会在原先具有的自然形态的关联性的基础上,依据政治生活的要求发生改变,相互间形成更为紧密的相互制约、相互依存的关系,并逐步趋于均衡、和谐的状态。

政治生活系统环境的这一特点也给政治学研究提出了较高的要求。如果发现某个环境因素对政治生活系统的运行产生着不利影响,我们就研究制定某项政策去改变这一环境要素,其结果不仅不能达到预期目标,甚至还会导致更多的问题。因为某个环境要素决不是单独存在和发挥作用的,离开了环境的总体生态状况而孤立地思考问题甚至采取行动,就会人为地打破已经形成的政治环境的生态性,结果,不仅解决不了问题,还会引发更多的问题。但是,要将在长久历史变迁中逐步形成的环境生态状况理清,并且不是从孤立的方面而是从实际的总体生态状况背景之上来估计某一环境要素作用的具体性质、大小和范围,其实并不是一件容易做到的事情。

二、政治生活环境构成的要素

为了研究的方便,可以将政治生活系统环境要素分为两大类:一类是政治系统的自然环境要素,一类是政治生活系统的社会环境要素。

政治的自然环境要素

属于政治系统的自然环境要素主要有地理要素、环境要素和气候要素。[①]

这三种自然环境要素还包含着更多的、更细微的成分。这些成分是依据政治生活的需要逐步被人们认识和研究的。比如在地理要素中,最先得到人们重视的是地形地貌、高山大河。最早的人类都选择大河流域和广阔的平原建立民族国家。在与其他的政治系统发生联系后,则开始重视地理位置的作用。接下来,地下矿藏的类别和丰富程度备受人们关注。在生态环境的要素中,引发人们感兴趣的、对政治生活有影响的成分主要有可使用的土地、淡水的贮量与分布、清净的空气,等等。在气候要素中,人们较为关切的起初是气温的寒冷和炎热,再下来就是洪涝和干旱、地震和台风这类灾害性天气,现在人们关心的则是温室效应。正如前面已经分析过的,这些先后被政治行动主体关心的自然环境要素的各种类别以及其中的某些成分,它们相互间又是彼此关联着的。一定的地理位置、地形地貌总是和一定的气候条件联系着,不同地理位置下的地质结构又和地震、山体滑坡联系着。一个地区的植被如若被破坏,就会引发水土流失,导致洪涝灾害。草原变农田被无度开发的结果,是出现大片的沙漠。

通常认为自然环境要素是既定的政治生活系统所无法选择的。人们无法改变一个国家现在所处的地理位置,无法改变某一地理位置之上所分布的山川、河流,也无法左右一定地理位置之下所蕴藏的矿产类别和数量。人们也同样无法重新选择周边的生态环境。至于对一年四季的温度变化、降雨的多少、会不会有与

---

① 不同的学科在对地理要素、环境要素和气候要素的作用范围进行区分时,宽窄尺度的掌握是不一样的。环境科学常常将生态环境的范围扩展,下至地形地貌、矿产资源,上到大气层、气候,都归入人类生活的自然生态环境。地理学科则把地理位置、地形地貌,甚至地下的矿产资源归入自己的研究范围。但从政治学研究的需要出发,通常认为将地理、环境和气候三个要素分开来加以分析比较合适。

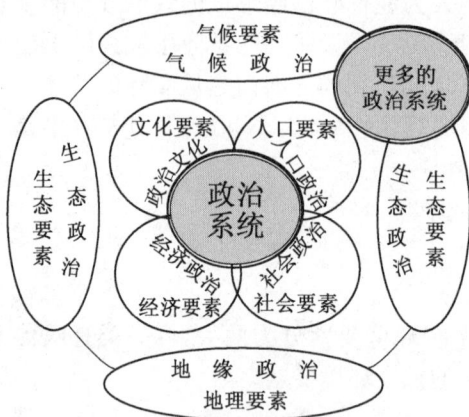

图 2-2　政治系统的环境要素

何时有台风和地震,则更是无法掌控。但是,人们仍然可以对属于自然环境的各种要素和成分发挥出能动作用,按照自然生态环境要素运行和发展的规律,对它们进行保护、利用,对其中危害人类的因素的作用作出预测,从而减轻乃至抗击危害,有时还可以对某些不利的环境因素作出既遵循规律又有利于人类政治生活的改造。

自然环境要素与人类政治生活相互影响,伴随着人类的进步和发展,这种相互影响会日益加深。某些原先也许只和政治生活发生间接作用的自然环境要素,现在则对政治生活产生直接影响,并且成为政治家们关注的焦点,从而导致自然环境要素作用的政治化,产生出政治与这些自然环境要素联系、渗透、交叉而形成的特殊知识。比如对气候变化、灾害性天气的预测,对灾害性天气的抗击、防治,有关温室气体的减排等,已经不再是单纯的科学技术问题,它们已经成为当代政治的一个非常重要的组成部分。与此相对应产生出来的新知识就是气候政治学。当自然生态环境不再只是环境科学家研究的对象,不再只是环境保护工作者关心的问题,而成为政治问题,即生态环境保护被政治化时,生态政治就成为一个新的政治学研究课题,成为新的政治生活领域。同样,当地理位置已经对现实政治系统的生存状态产生影响,政治家们已经把地理因素作为思考政治决策的重要因素时,一个不可回避的知识领域和政治学分支领域就出现了,这就是地缘政治学,或地理政治学。

政治系统的社会环境要素

属于政治系统的社会环境要素主要有经济要素、文化要素、社会要素、人口要素。如果将某个政治系统置于其所在的区域来考察,还需要在其社会环境要素中加入区域政治要素。如果进一步将该政治系统置于全球的背景上来考察,其社会环境要素中还需要增加国际政治要素。

如果说地理位置、生态环境和气候状况是政治行为主体无法任意选择和主动设计的,那么政治系统的社会环境要素则是与政治行动主体的选择和设计密不可分的。对政治生活影响最大的社会环境因素是人类的经济要素,它包括人类所有的经济与科技活动。虽然由生产力和生产关系所构成的经济生活是任何一个政治系统存在、发展的基础和决定性力量,但是,人类有很长时间由于过分迷恋思想文化观念对政治生活的影响,却对物质的经济生活和科技活动对政治生活产生着决定性影响这一基本事实视而不见。

人类生活中的文化活动及其结果,特别是观念、理论、价值确实影响着政治主体的思维和行动。看到这一点并没有什么不对。但是自古至今的许多历史学家却只把目光盯在一小部分政治精英身上,并且认为政治精英对政治生活发挥作用的要素只是他们的思想观念。这样,政治生活的演变完全是人们思想观念作用结果的错误见解就一直流传下来。

但是,人类很快就意识到由家庭、族群、民族、宗教、医疗、就业等构成的社会生活与政治主体的活动、政治生活的运行和发展有着密切的关系。到了 19 世纪中后期,由于马克思创立的历史唯物主义的流行,古代和近代思想中重视物质资料生产的观念得到了发扬光大。包括产业结构、生产组织、市场管理、贸易流通、科技运用在内的人类经济活动对政治生活的巨大作用日益显露出来。虽然马克思、恩格斯早在 19 世纪四五十年代就将历史唯心主义坚持的那种头足倒立的、颠倒了的世界观重新再颠倒过来,重新用双脚立地来思考意识和物质的关系问题,但是,至今还有不少人仍然把原则、理论甚至某些人的讲话,当作推动政治生活发展的决定性力量。

在所有的社会环境要素中,人口构成对政治生活的影响一直为政治学家所关注。柏拉图、亚里士多德就已经担心人口增多会引发社会政治混乱。后来的一些政治家也提出过人口过多会引起革命的观点。但是,当马尔萨斯提出未经实证过的关于食物的增长赶不上人口增长的数学公式时,人们则更多地持批判态度。只是到了 20 世纪 70 年代,当一些国家出现了人口爆炸现象,全球人口总数猛增,并且人口老年化现象日趋严重时,各个政治系统才对人口构成与人类的生存发展(其中包括政治生活的运行、发展)的利害关系进行认真而严肃的思考。

就特定政治系统而言,环绕着它的、并和它交融在一起的经济、社会、文化要素,是相互关联的。其中经济要素总是最为活跃的,它的变化会影响到文化要素和社会要素。文化要素和社会要素之间,以及它们分别与经济要素之间,也存在着相互作用。通常当一个政治系统还在建立中或刚刚建立起来时,作为该系统的社会环境组成部分的经济要素、文化要素和社会要素之间的差异性和冲突性较为突出。而当一个政治系统已经运行了相当长的时间,作为其环境条件的经济、文化和社会要素之间的共同性、相容性、协调性就会增多,从而会形成体现出协调性和均衡性的特定政治系统的社会环境生态。

当人们把自己的视野从自己生活于其中的狭小的政治系统向外扩展时,区域政治关系就会成为区域内特定政治系统运行、变化、发展的一个不可忽略的重要的影响要素。如果再把观察的视角移向全球,对于特定的政治系统来说,要求得稳定和发展,就不能不考虑整体国际社会的政治关系存在和演变的总体状态和趋势。虽然区域的政治关系和国际社会的政治状态,对特定的政治系统的影响通常要以政治系统所在的整体人类生活中的经济、文化、社会这些要素为中介或媒介才能体现出来,但是,有时区域的和国际社会的政治要素也能直接作用于特定政治系统本身。

当政治系统与其社会环境要素之间通过相互作用,形成相互联系、交融、渗透的关系时,就会出现某些要素政治化的倾向,并形成特殊的政治知识领域和政治实践领域。文化要素渗透到政治生活之中,文化政治化,则形成特殊的政治文化领域。社会要素与政治生活交叉,社会政治化,则产生出政治社会这一特殊的活动领域和知识门类。经济要素与政治生活的交融,则形成经济政治的交互领域,并形成经济政治学这一特殊的知识门类。

三、政治生活环境构成的层面

虽然政治系统环境的各种要素及其更为细微的成分相互交错,渗透、交融在政治生活之中,但是其分布并不是任意的、零乱的和无序的。从环境要素与政治生活作用的密切程度来衡量,可以将环境要素在政治生活中的分布划分为四个层面。第一个层面是环境要素与政治生活关联最为紧密的层面。在这一层面上分布的是属于特定政治系统范围之内的经济要素、文化要素、社会要素、人口要素。这些属于社会环境的要素,大部分是政治主体可以选择和设计的,对政治生活作用的范围主要限定在单一的政治系统之内。①

政治系统环境要素分布的第二个层面是环境要素与政治生活联系稍微间接和松散的层面。在这一层面上分布的是对政治生活产生影响的地理资源要素、生态环境要素和气候状态要素。这些属于自然的环境要素,通常是政治主体无法任意选择,不能作出根本改变的,它们对政治生活所产生的影响通常并不是直接的,而是透过其他的社会环境要素来实现的。这些自然环境要素有一部分受到政治系统的严格制约,如对某个特定的政治系统来说,坐落在其范围之内的山川、草原、森林、蕴藏在其范围内的各种矿藏,流淌在其范围之内的河流,与其范围中的大陆架相连的海域,与其范围相对应的天空,所有这些都构成一个政治共同体的

---

① 之所以作这一限定,是考虑到在当代国际关系中,处于某一特定政治系统范围之内的经济、文化、社会要素,也会通过进入政府间的、非政府间的国际组织,而对其他的政治系统乃至国际的、全球的政治生活发生或大或小的作用。

领土、领海与领空,属于政治系统的主权范围。但是在这一层面上分布的自然环境要素也有一些是与其他的政治系统所共有的。如延伸到另外的政治系统之中的河流、高山、矿藏,这就是两个或几个政治系统共同具有的自然环境因素。有时,政治系统之间则会为争夺某些共有的自然环境要素而发生冲突。在考虑政治系统共有的自然环境因素时,不仅要看到政治系统之间的争夺,还要看到政治系统间的相互合作。比如,环境的污染、温室效应的出现,都促使同一气候状态下的许多政治系统联合起来,共同应对对政治生活产生不利影响的气候条件。

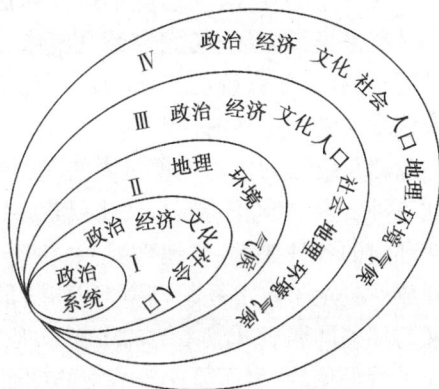

图 2 - 3　政治系统环境要素分布层面

政治系统环境要素分布的第三个层面是环境要素与政治生活联系更为间接和更为松散的层面。在这一层面上分布的是特定政治系统所在地区的政治要素、经济要素、文化要素、社会要素、人口要素、地理要素、环境要素、气候要素。这些环境要素既可以是地区之内各个政治系统之中的具体环境要素,也可以是地区之内各个政治系统环境要素相互作用的结果。在第三层面上分布的环境要素必须通过第一层面的环境要素才能对特定的政治系统产生作用。

政治系统环境要素分布的第四个层面是环境要素与政治生活联系最为间接和最为松散的层面。在这一层面上分布的是全球的、国际社会的政治要素、经济要素、文化要素、社会要素、环境要素和气候要素。其中的政治要素、经济要素、文化要素、社会要素、环境要素,则是全球所有政治系统中的经济、政治、文化、社会和环境相互作用所形成的总体状态和变化趋势。这一层面上的环境要素也必须通过第一层面的环境要素才能对具体的政治系统产生影响。

第二节　政治生活环境的作用

一、政治生活环境发挥作用的方式

在分析环境要素的作用方式时,必须考虑环境要素作用于政治系统的范围,同时,还需要考虑环境要素作用于政治系统的途径。首先要分析环境要素作用于政治系统的范围。政治生活系统既然是系统,它就必然有着与其环境相分开的界线。没有一定的界线,系统就不可能形成为一个相对独立的整体。但是,对于不同的系统来说,其界线的固定性与清晰性是不一样的。一般地说,封闭系统的界线是固定的,开放系统的界线则是可变的。对于不同的开放系统来说,其界线的清晰程度又是不一样的。

政治系统作为比它规模更大的人类生活系统中的一个子系统,对于其社会环境的各种要素,如经济要素、文化要素、社会要素、人口要素,都是开放的。对于其自然环境的各种要素,如地理要素、生态环境要素、气候要素,也都是开放的。这种开放性决定了政治系统与其环境之间的界线不可能是固定不变的。而政治系统又与那些同属于开放系统的生物系统、物理系统有所不同,后者缺乏能动性,其界线是看得见的,因而是比较清晰的。而政治系统则是由活动着的政治行动主体构成的,由于人的能动性,政治系统的界线不可能是十分清晰可辨的。

政治系统的开放性决定了它与环境要素之间必然发生互动。互动的范围不在别的地方,就在界线上。在环境要素与政治系统发生互动时,其界线就可能发生移动。当经济要素、文化要素、社会要素、人口要素渗透、扩展到政治生活中来的时候,政治生活的领域就相对缩小了,这时政治系统的界线就向内移动。当政治生活渗透、扩展到经济、文化、社会、人口领域中去的时候,政治生活的领域就拓宽了,这时政治系统的界线就向外移动。从人类历史发展的趋势来看,政治系统的界线会越来越迅速地向人类生活的其他领域延伸,但同时发生的则是人类生活的其他领域向政治生活领域的延伸。最终政治生活同整个人类生活相重叠,那时,政治生活连同政治系统也就消亡了。

如果再思考自然环境要素对政治系统的作用,我们也会看到这种界线移动的情况。当地理资源要素、生态环境要素、气候状态要素作用于政治生活时,无论是出于对既有的生态环境的保护,还是考虑恶劣天气可能导致的灾害,或者估计地理位置和有限资源的困扰,政治行动主体都会预先考虑将政治系统的活动控制在一定范围和程度之内。在这种情况下,政治系统的界线就会向内收缩。但在政治系统对地理资源要素、生态环境要素、气候状况要素的影响进行主动反应,形成地理政治化、生态政治化和气候政治化时,政治系统的界线又会向外移动。

不论政治系统的界线如何变动,如何混沌和不清晰,它都起着过滤、缓冲和自治的作用。政治系统的界线,说到底是政治系统与其自然环境要素和社会环境要素进行物质、信息、能量交换的通道和障碍。作为通道,环境要素就可以对政治生活发挥作用,进入政治生活,产生影响。作为障碍,环境要素对政治系统的投入就会被限制。对于某一具体的政治系统来说,它在一定的时间内只能容纳一定量的投入,也只能有一定量的产出。如果投入太多,政治系统就无法加以吸纳,从而引起功能紊乱。如果产出太多,政治系统的产品,包括决策在内,就会出现质量低下的情况，这也会导致政治系统运行的困难。界线对投入的过滤实际上对政治系统面临的外部压力起到了缓冲的作用，它使系统有时间进行内部调整，从而对外部的压力作出合理的反应。由于界线对环境的投入、产出会进行过滤，因而政治系统能够与环境相对地分离开来，并具有了真正的自治权。

　　也正是在政治系统与其社会环境要素交界的界线上，由于长期的相互作用、交融、渗透，会形成特殊的交界领域，这些领域就是前面提到的政治文化、政治社会、经济政治领域。这些领域既是政治系统与其社会环境要素联系最为紧密的地方，也是探讨政治系统与其社会环境要素产生具体的相互作用的微观层面。①

　　在考虑环境要素与政治系统在界线上互动时，必须重视对跨界线部分的研究。政治生活说到底是人们在政治活动中结成的错综复杂的政治关系。作为政治行为主体，他不可能只是政治角色的承担者，而可能是多种非政治角色的承担者。他在各种活动中所形成的关系也必然不止是政治关系，而可能是多种关系。这样，在政治系统与其社会环境要素交界的地方，必然会产生出交叉、交融、渗透的部分，形成多种跨界线的个体、群体、团体和组织。比如，存在某些担负着部分政治职能的经济个体、群体、团体和组织，文化个体、群体、团体和组织，社会个体、群体、团体和组织。甚至有些团体在通常情况下完全是非政治的，但在某种偶然的场合，它却直接或间接地与政治发生关联，成为跨界线团体。在著名的乒乓外交中，乒乓球队就成了这种暂时性的跨界线组织。同样的道理，在政治系统中活动的主体，同时又是地理位置的利用者，矿产资源的勘探、开发和保护者，也是生态环境的保护和享用者，还是气候变化的预测者。自然环境要素与政治系统的互动正是通过跨界线的个人、群体、团体和组织来实现的。

　　其次要分析环境要素作用于政治系统的途径。由于政治系统环境要素分布的层面不同，它们对政治系统作用的途径也就不一样。可以依据政治系统环境要素和政治生活系统关联程度的高低将其划分为四个层面。对于处在环境要素第一层面上的经济、社会、文化和人口要素来说，它们对政治生活的作用总起来说是直接的。在通常情况下，作用的大小依照经济、人口、社会、文化的次序而逐步衰减。但在特殊的条件下，排列在后的要素对政治生活的影响也会变得重要起来。比如在一个政治系统受到外来势力的侵扰，或要维护政治共同体的整合性与统一性时，作为文化要素组成部分的民族情感就会超越其他要素，显现出特别重要的作用。再比如当经济增长了，但出现分配不公正、社会保障体

---

　　① 以这些交互、交融因素和实践活动为研究对象发展出来的知识领域，常常是新的分支学科的生长点。从对政治与文化的交互、交融活动的研究中产生出的政治学的重要概念和知识是政治文化；从对政治与社会的交互、交融活动的研究中产生出的政治学的重要知识领域是政治社会学；从政治与经济的交互、交融活动的研究中产生出的政治学的重要知识体系是经济政治学。

系不健全等方面的问题,并引发了公众对政府的极度不满时,社会要素对政治生活的作用就会迅速增大。

对于处在环境要素分布的第二层面上的地理资源要素、生态环境要素和气候状况要素来说,它们不可能直接作用于政治生活。这些要素必须通过经济、社会、人口、文化这类要素的中介,才能对政治生活产生影响。比如灾害性天气首先是对人们的生活造成影响,对经济发展造成破坏,这些影响和破坏再构成对政治决策层的压力,从而使政治家们在政治决策和社会治理中重视气候要素的作用。这时气候问题就成为环境问题,再转化为政治问题。在第二层面的环境要素中,在通常情况下,地理资源要素对政治的间接影响较为明显。而气候要素要经过生态环境才能对政治生活产生间接性影响。

对于一个地区中的政治系统来说,作为地区性的政治、经济、社会、文化、人口、地理、生态、气候要素对特定的政治系统的作用更是要通过与第一、第二层面的环境要素的中介,才能对政治生活系统产生作用。东南亚地区的政治、经济、文化、社会运行状况,只有先对中国的经济、文化、社会、人口产生影响,然后才能对中国的政治生活发生作用。东南亚发生的海啸,也只有先对中国东南沿海海域产生影响,并对中国经济、社会发生作用,才能对中国的政治生活有影响作用。由于这次特大海啸并没有对以上海域产生太大的作用,虽然它在东南亚地区产生了巨大灾难,并对东南亚国家的政治生活构成了一定程度的影响,但这些影响并没有波及到中国内地的政治生活中来。

对于第四层面的环境要素来说,它们要对特定的政治系统发生影响,更要经过第一、三层面的环境要素,有时甚至要经过第二层面的环境要素的中介,才能对具体的政治系统产生作用。一些全球性的经济现象、文化浪潮、社会动乱、宗教纷争,在具体政治系统中生活的人能够从因特网上或电视屏幕上立即知道。虽然有些政治学家会预言这些现象、浪潮、纷争会对具体的政治生活产生影响,但是,有时并没有出现他们预言的实际影响,即便出现了一些影响,或者是这种影响来得很迟,或者实际的影响要比预言的小得多。原因就是经过分布在第一、第三层面的环境因素的中介和作用时,原先的全球层面上的环境要素作用的力量、方向和程度已经大大改变了。

二、自然环境要素与政治生活的互动

政治系统的自然环境要素是一定的地理资源要素、生态环境要素和气候状况要素的总和。这些要素具体表现为特殊的地理位置以及由此而决定的特定的地形地貌、植被分布、矿物蕴藏、淡水贮量、空气质量、天气温度、旱涝灾害,等等。政治系统的自然环境的各种要素之间是相互作用的。气候状况、生态环境及地壳的运动,造成了一定的地形地貌,从而影响到动植物种类及其分布。动植物之间也有着相互依存的关系,而且动植物的种类及分布状况又反过来影响气候状况。这些生物的与非生物的自然因素之间长期的相互作用,必然会达到一定的平衡点,在这一点上,自然界达到和谐与协调。这就是自然状态下的自然环境要素。

任何一个政治系统的自然环境要素并不是与人的活动无关的,也不是一成不变的。因此在理解政治系统的自然环境时,还必须考虑人类的各类活动尤其是政治活动对这些环境要素的自然平衡状态的影响、干扰以及恢复的程度。

人类最初总是选择地理位置较好、矿产资源丰富、动植物种类齐全、气候适宜的地方建立政治系统。有时为了争夺较好的自然环境要素,各个政治系统间还会争斗乃至发生战争。但是天然的动植物种类及分布状况,特定的地形地貌、矿产资源贮藏,特定的气候条件,必然将人类的活动限制在一个非常狭小的范围内和较为低下的程度上。人类为了更好地生存并求得发展,必然要向大自然的广度和深度进军。在传统的农业时代,人们建造房屋,避暑御寒,垦荒填湖,耕种围猎,伐林采矿,制造工具,所有这些活动都只会给自然环境要素自然状态带来微小的改变。当这种改变还处在自然界能够通过自身的调节恢复到先前平衡状态的限度范围内时,自然环境要素的自然平衡状态就不会遭到破坏。

随着现代工业的出现,人类在机械制造、矿藏开采、金属冶炼、化工合成等方面的能力大幅度提升。在各个政治系统中活动的政治行为主体不再满足大自然的简单恩赐,而是运用政治的权威,相继展开掠夺式利用自然环境条件的竞赛。一旦对自然环境要素的开发利用超出了一定的界限,这些要素间原初的自然平衡状态就会被彻底打破。大量有害的废气、废水、废料的排放,使生态环境遭受严重污染;温室气体的超量排放,导致气候状况发生剧变,气候变暖,两极冰川融化,海平面升高,灾害性天气频频出现,植被遭到破坏,许多动物濒临灭绝。

被扰乱和破坏了的自然环境要素反过来又会对人类的不负责任的行为进行加倍的惩罚。在当今世界中,保护大气层、保护生态环境、保护和节约现有的矿产资源,已成为某些负责任的政治系统、政治党派的行动纲领。各国政府要想在国际上和国内巩固自己的地位,就必须严肃认真地对待气候状况、生态环境、节能减排等问题。可见地理资源、气候状况和生态要素对政治生活环境具有多么大的影响。

生态气候要素对政治生活的影响

生态环境要素、气候状况要素与政治系统有着密切的关联。我们先从一国的气候条件、生态环境对政治生活可能产生的影响说起。关于这一点曾经有不少学者论及。比如,亚里士多德(Aristotle)在其《政治学》中就继承了希波克拉底和希罗多德的观点,分析过城邦的民主政治与寡头政治的差别同气候变化的相关性。法国的孟德斯鸠(Montesquieu)则以 17 世纪广泛流行的有关南北美洲和非洲土著人的生活以及亚洲异国情调的游记为依据,提出过政体的类型并不是固定不变的,它会因环境特别是天气的影响而改变的崭新观念。孟德斯鸠是借助于民族性格这一中介,来论述气候对政治体制的影响的。他认为寒冷的气候令人振奋,因此,寒冷地区的民族比较坚定、沉静,有助于民主的发展;炎热的气候令人萎靡,因此,热带地区的居民易于屈从,从而导致政治专制。这些结论显然具有牵强附会的性质,并不能令人信服。

气候状况、生态环境对政治生活的影响的确是存在的。比如,古代的所谓一致举手表决或全体代表聚集在一起通过欢呼来作出决定的直接民主制,只有在一些气候温暖的国家才能产生与维持。因为这种古老的民主制是同民众的大规模集会联系在一起的。只有古希腊与古罗马才具有举行这类广场大会的温暖的气候条件,其他气候寒冷的政治共同体就无法做到。即使在今天,处在气候非常寒冷或炎热地区的政治系统为了能让更多的居民参加政治集会或选举,也需要在公共的政治活动场所置办各种取暖的或降温的装置。如果财力有限,某些聚集性的政治参与形式就只能取消。

从整个地球来看,直至 20 世纪 90 年代,气候状况、生态环境对不同地区经济、政治发展的影响还是十分明显的。有些学者将表示经济发展水平的地图与表示气候植被区系的地图作过比较,他们发现了一个令人惊异的事实:两者差不多是一样的。气候与植被较差的北部和南部冻土地带、赤道地带和亚热带荒芜地区,同时也是经济、政治最不发达的地区。气候和植被较好的南北两半球的温带同时也是世界上经济、政治最为发达的地区。而在气候条件不好的地带中,只要局部地区的特殊生态环境改变了天气的状况与植被分布,如尼罗河两岸、底格里斯河与幼发拉底河河谷、亚洲季风地区,就能造就出高于这一地带平均水平的经济、政治发展水平。

在传统的农业生产中,气候条件的恶劣曾使地处寒带、热带的国家在经济、政治生活上被气候条件较好的国家拉下了很大的差距,它们要历尽艰辛才能赶上因享受了优越的气候条件从而政治经济获得迅速发展的国家。在历史上,一些民族国家政治共同体之所以衰落乃至消失,除了人祸外,灾害性天气、险恶的地理位置、突然恶化的生态环境,的确曾经成为加速经济的衰败乃至崩溃的重要原因。由于经济基础被毁坏了,特定的政治体制、政治制度也就无法存在下去。

当然,我们决不会因此而相信气候状况、生态环境就是某一政治系统发展的决定性力量。气候条件、生态环境充其量只会对政治生活产生某种有利的或不利的影响。当人类普遍进入工业化时代以后,技术的进步会大大减小恶劣气候、灾害性天气带来的不利影响。有了暖气设备,人们在西伯利亚的严冬季节可以照常工作;有了空调,人们就不再会惧怕撒哈拉沙漠的盛夏炎热。某个政治系统即便天然植被较差,动物品种稀少,但依靠现代的贸易往来和技术进步,仍然可以制定政策鼓励人工植树造林,引入其他地方的动植物物种。通过这些努力,可以克服气候状况、生态环境对政治系统运行、发展带来的不利影响。

在当今的政治生活中,气候的优劣仍旧对经济、政治的发展有着影响。固然空调设备可以改变自然界带来的炎热与寒冷状况,但是,它需要耗费掉大量的能源和财富,而这些能源和财富本可以使某一政治系统的其他方面获得发展。而且大量地运用这类取暖和降温设备的结果还会增加温室气体的排放,导致更大的经济和政治上的危害。

地理资源要素对政治生活的影响

气候状况、生态环境要素仅仅是政治系统的自然环境要素中的一部分,对一个政治系统影响更大的自然环境要素则是地理资源要素。在地理资源要素中,国土又是特别令人注目的方面。任何一个政治系统大致都有固定的国土。国土是一种具体的东西,它是地球的一部分土地。当今的民族国家无一不是定居在由明确的边界所限定并得到其他政治共同体和国家承认的范围或大或小的土地之上。一个政治系统所据有的地理位置以及所占据的领土、领海、领空的大小对其存在与发展有着极大的影响。在人类的早期发展阶段上,自然富源的多寡直接决定了政治系统的产生与发展。因此,最早的民族国家大多出现在自然地理条件比较优越的大河流域、沿海地区。文明古国多存在于东方的黄河流域和长江流域、印度河两岸、中东的两河流域以及地中海沿岸就是一个明证。

在古代,苏美尔(Summer)、亚述(Assur)和近东政治生活的繁荣得益于特殊的地理位置。大河使这片被广袤的沙漠所包围的肥沃的土地得到灌溉,从而有利于农业的发展。农业的发展又能够提供相当多的剩余产品来维持一批脱离体力劳动的工匠、技师、文人、士兵和官吏的生活,从而使政治生活发展起来。古埃及的繁荣也与特殊的地理要素有关。尼罗河的连年泛滥,带来了大量肥沃的淤泥,从而有利于农业生产。河水周期性的泛滥要求人们形成一个非常发达的社会经济、政治组织,以便开发并完善布局严密的运河网络和水利灌溉系统。正是这一地理要素奠定了稳固的农业结构,并在此基础上产生出与依靠对外征服为主的游牧国家不同的、政治上高度集权型的帝国。它前后延续了 40 个世纪,成为人类最为悠久的文明之一。

随着人类征服大自然能力的增强,地理条件的不均等正在被缩小,因而政治系统对天赋的地理条件的依存性会减弱。但是,地理方面的天赋条件的差距决不会完全消失,它还会对政治系统的存在与发展产生某些间接的影响。一般地说,国土辽阔、资源丰富的政治系统,其经济发展相对要容易些。一旦有了强大的物质基础,具体政治系统就会国力雄厚,国防强大,外敌就不敢侵扰;随着实力的强盛,地位上升,在国际上说话就有效;伴随民族素质提高,社会公平,政治民主,社会也就稳定。相反,那些资源贫瘠、国土零乱狭小的政治系统,经济的不发展导致国力不强,国防薄弱,社会不公,利益纷争,外敌侵扰不断,内乱频频发生。

地理要素对政治系统的影响不仅可以从宏观上加以审视,而且还可以从微观上加以说明。在政治系统中起着重要作用的经济结构、城市布局、民族分布、社团结构与地理因素有着密切的关联。大河流域的三角洲地区易于发展灌溉农业,大规模水利工程的集中规划与施工、灌溉渠道的集中管理与水源的权威分配,往往导致中央集权式的政体和制度的产生;丘陵、草原地带则易于发展畜牧业,它会导致不稳定的、权力分散的政体和制度的出现;国土构造复杂,交通不便,会形成各种有较大差异的经济习惯、心理、风俗和语言,从而导致政治系统中多种民族的并存;一些天然港口、河流的交汇处、沿海地带以及矿山周围,由于交通方便、贸易发达,从而会形成在政治系统中发挥重要作用的作为政治生活中心的城市。

但是,决不能因此而得出地理资源因素对政治系统的存在和发展起着决定作用的结论,这是因为,任何地理资源要素要能对政治系统发生作用,必须要经过作为政治系统社会环境的经济、社会、文化要素的媒介。同样的地理资源要素,在有利于政治系统存在和发展的经济、社会、文化条件的作用下,就能对政治系统产生更好的、更大的作用。反过来,当作为政治系统存在和发展的经济、社会、文化条件不利时,即便是优良的地理资源要素,也不能对政治系统产生特别有利的影响。

同时,作为政治系统运行和发展的重要的变量的政治稳定与政治动荡并不必然同某种地理资源状况相对应。地理资源条件优越的政治系统,仍旧有着难以平息的政治动荡,甚至存在着较为落后的政治制度。而在某些地理资源条件并不十分优越的土地上,人们却创造出了强大的政治共同体和先进的政治制度。

另外,地理资源条件的变化是十分缓慢的,而政治形态的更换相对说来却是迅速的。欧洲在3000年中已经先后更替过原始政治平等、奴隶主政治统治、封建主政治统治等三种政治形态。在欧洲东部,有些地方还建立过社会主义人民民主的政治形态,即出现过四种政治形态。① 科学告诉我们,在西欧这一漫长的时段

---

① 虽然包括苏联在内的一些东欧原先的社会主义政治制度,在20世纪80、90年代的剧变中,由于种种自身的和外来的人为原因,共产党失去了执政地位,社会主义政治制度也改变了颜色,但是,一个谁也改变不了的历史事实是,这里曾经存在并运行过社会主义人民民主政治形态。

中,整体地理资源条件的变化是极其细小的。东欧的情况也是一样。地理资源条件稍微重大一点的变化,常常都需要几百万年甚至更长的时间。而新旧政治形态的更替只需要几百年,长一点的也只要几千年。如果出现政治形态更替中的飞跃,从一种政治形态到另一种更高级的政治形态的时间间隔就更短。因此,不能认为一种需要几百万年才变化的因素会成为只要几百年、几千年就变更的现象的决定性原因。

三、社会环境要素与政治生活的互动

自然环境要素对政治系统的作用并不是直接的,它们需要透过社会环境要素才能对政治系统产生影响。因此,在考察了自然环境要素的作用后,必须考察社会环境要素的作用。政治系统的社会环境主要包括人口要素、经济要素、文化要素和社会要素。

政治系统各社会环境要素间也是相互关联的。一个政治系统中的经济状况和分配方式,影响着社会阶层的变化。经济的发展程度、社会的冲突与和谐的状况,影响着文化的发展。而政治系统中人口的数量、构成、增长速度又影响着经济的发展、社会的状况和文化的演变。

政治系统与其社会环境要素之间存在着互动关系。经济状况直接影响着政治系统的存在和运行,社会状况也对政治系统的稳定和动荡起着作用,文化要素渗透到政治系统的心理、价值层面,发挥着内在的影响。人口要素则通过政治行动主体发挥着作用。政治系统作为人们生活中全局的、权威性的、强制的因素,对经济运行和发展的战略和方向、社会的冲突与和谐程度、文化发展的繁荣程度和取向、人口的增长速度和构成,都发挥着巨大的干预、控制和引导的作用。

人口要素对政治生活的影响

人口的构成状况会对政治系统的存在与发展产生较大的影响。政治生活是现实人的生活,政治行为主体是结成一定群体、团体和组织的人们。没有具体、现实的人就根本谈不上政治系统的存在,当然也就无所谓政治系统的运行和发展。因此,政治人是政治系统赖以存在的先决条件。但是,政治学在讨论人口因素与具体政治系统的关联时,其着眼点是一国范围内的居民的总体状况对政治系统的体制机制、政治意识及其运行发展所产生的影响。

关于居民的定义问题,人口学与社会学存在差异。人口学认为居民是指那些具有体质特征的个人集合体。依据这种定义,在对一国人口加以研究时,常常将标准区分得很细,如年龄、性别、教育水平、身高、肤色、宗教信仰、职业,等等。依据每种标准所统计出来的集合体相对于整个居民总体来说即为"亚居民"。这种研究带有机械性质。社会学在给居民下定义时,强调了"互动作用"的方面:居民是指定居在一块国土上并且同它们所结成的互动作用体系联结在一起的集体。社会学家也会运用一些表明互动作用类型的标准去研究作为整体居民的集体与从中区分出来的"亚集体"。政治学在研究居民状况时,既注意吸收人口学与社会学的方法,同时,又特别关心从一国居住人口的整体状态上去考察问题。

与某一特定的政治系统密切相关的人口状态指的是合法居留和生活在具体国土之上的人口的规模、分布及素质的总和。一国国土或领土上的人口规模,无论是静态统计学意义上的,还是动态预测意义上的,都对政治系统有重大影响,当然后者更令人感兴趣。因为政治家们除了要解决眼前静态的人口压力外,他们更需要花力气去对付未来人口的增加或减少所导致的新压力。

在研究人口与政治关系的文献中,多数政治学家都对人口的大幅度增长持反对态度,或者说,他们总认为人口减少要比人口增加好。柏拉图和亚里士多德早就指出,人口的过度增长会带来社会政治混乱。一些学者还把人口压力与社会政治革命联系起来。比如法国的蒙泰涅在其关于法国革命的论文集中将国家人口的膨胀称之为"充血",而把国家人口的减少称之为"放血"。他认为战争可以减少人口压力,"给共和国放血"。与这种观点相近的是英国经济学家马尔萨斯在1798年提出的所谓人口增长规律:人口按几何级数自然增长,物质按算术级数自然增长。人口增长的速度为1、2、4、8、16、32、64、128…,物质增长的速度则为1、2、3、4、5、6、7、8…,两者的差距会越来越大。如果不人为地控制生育,人类将面临饥馑并酝酿冲突。马尔萨斯的关于人口增长规律的数学公式从来都没有得到过证实。但是,这种关于人口增长快于物质增长的说法却深深印入了人们的头脑。

尽管人们对马尔萨斯作过猛烈的批判,但是,当代人口总数爆炸的现实又使上述那条未经证实的"规律"流行起来。法国的人口学家加斯东·布杜尔就认为,今日的战争将完成昔日瘟疫所起的调节作用,它能造成一种"人口松弛"状态。战争成为一种控制人口压力的"安全阀"。布杜尔的结论是以一连串的事实为依据的:1814—1914年,欧洲人口增加了一倍,随后,20世纪前半叶,相继爆发了两次世界大战;18世纪末,与当时的技术和资源相比,法国人口过剩,于是爆发了1789年革命和1792—1815年的大规模战争;20世纪30年代,欧洲的德国和亚洲的日本都是人口过剩,从而促使它们成为对外侵略的法西斯国家。

上述的种种观点尽管也能找到某些数据作为证明,但是,这种论证是片面的。因为,我们可以找到更多的反例来加以驳斥:荷兰的人口在欧洲是较为稠密的,如果人口密度大必然导致好战,那么荷兰就必定成为欧洲战争的策源地了,但事实恰恰不是这样;中国一直面临巨大的人口压力,但是这个民族却是以酷爱和平而著称的;在北美洲生活的红种人,虽然土地辽阔,人口密度不大,但他们却陷入了连绵不断的战争中;1905 年、1907 年俄国爆发了大规模的革命,而当时这个国家的人口压力并不大;法国大革命之所以发生,其根本原因也不是过度的人口压力,中国的新民主主义革命更不是因为人多引起的。

在反对简单的人口决定论的同时,我们也不能忽视人口因素对政治系统的影响。人口因素对政治系统的作用主要体现在人口的规模、人口的素质、人口的构成等方面。

首先,人口规模会对政治系统起较大的作用。在世界平均生产力水平下,当某一政治系统的领土面积及其土地和矿产资源的开发、利用能保证该系统中的居民有比较舒适的生活时,我们就称这种人口规模是适度人口规模。一个政治系统的适度人口规模不是一个固定不变的量,而是一个随着科学技术的进步和生产力平均水平的提高,以及对土地、矿产资源和人力资源开发、利用程度的增强而不断变化的量。当一国的人口低于适度规模时,生产力的发展必然受到影响,土地、矿产资源不可能得到充分的开发和利用,从而政治系统的综合实力的增强就会受到阻碍。在一个人口极少、综合实力不强的人类生活系统中,政治生活就不可能发达,而一个弱小的、不发达的政治系统,在国际政治中也不可能占据重要的位置。

但是反过来,当某一政治系统的人口规模远远超过其适度规模时,由于人满为患,人们的生活水平不可能迅速提高,公众的各种要求也难以得到满足,导致利益分配不公正,产生大量弱势群体,从而会引发许多社会矛盾和冲突,政治系统也就不可能稳定和谐地发展。最为典型的例子是冷战结束后,一些政治系统由于生产力水平低下,容纳不了现有的人口规模,系统内贫富不均、矛盾重重,加上宗教、种族的冲突,大批人口向外转移,造成世界范围内的“难民潮”。一些原先人口规模适度的发达的政治系统,在涌进大批移民特别是难民以后,系统内的政治生活就开始动荡不定。因此,任何一个政治系统都必须充分考虑人口规模问题。

其次,人口的素质会对政治系统产生重要影响。人口规模固然会影响政治发展,但是,对政治生活直接产生作用的还是一个政治系统内的人口的素质。在当今世界上,还有近 40 个最为贫穷的国家,不仅那里的人口规模巨大,而且政府无力兴办教育,多数人没有进过中等与高等学校,还有一个规模庞大的文盲群体。在这种状态下,怎么可能指望这个政治系统中的居民都熟悉政治生活,都懂得政治参与呢!当多数人的素质包括政治素质的低下时,政治就只能成为少数人的特权,当然就更无政治民主可言了。而且,在居民政治素质普遍低下的情况下,即使他们意识到政治上的不民主与不平等,他们也不太容易找到正确的途径去争取自己的政治权利。他们常常由于政治上的愚昧而采取不科学的、无济于事的政治暴动或破坏,结果带来更坏的结果。

相反,一个政治系统有能力发展教育事业,相当多的居民不仅接受中等教育,还能接受高等教育,这样,居民就普遍具有良好的政治素质,了解政治,正确地、平等有序地参与政治,从而促进了政治民主化的建设。同时,在一个居民普遍参与政治生活的政治系统中,一般不会导致只由少数人享有政治特权的局面,处于政治上层的精英们通常也不太可能为所欲为。这样也就能保证政治生活的清明和有序。

第三,人口的构成也会对政治系统产生极大的影响。人口的构成可以分为阶级构成、民族构成、区域构成、性别构成、年龄构成等。人口的阶级构成对政治生活的影响是比较明显的。在一个城市工人人数比较少,而农村的农民占了人口绝大多数比例的政治系统里,要使政治系统得到维持并获得发展,就必须建立以牢固的工农联盟为基础的公共政治权力体系。而在一个工业较为发达,中等收入的阶层已在人口中占有相当大的比重时,政治系统的政治决策就需要充分考虑这部分人的政治要求和他们的政治倾向。另外,知识分子是政治系统人口构成中的一个特殊阶层,在当代科技日益并入生产力的情况下,知识分子在政治系统的科技与生产力的发展中起着举足轻重的作用。重视知识分子,充分发挥他们的作用,这不仅是一个人力资源的利用与开发的问题,更是一个应慎重对待的政治问题。只有政治系统正确地处理好上述问题,政治生活才能稳定。一个好的政治制度和政治体制在正确处理了工农联盟、中等收入阶层的政治参与以及知识分子问题后,这部分力量就会反过来支持和维护政治系统所实行的政治制度和政治体制。

在当代,人口的民族构成对政治生活也会产生明显的影响。对于一个单一民族的政治系统来说,其政治的稳定性要超过多民族结合而成的政治共同体。当今世界上存在的摩擦、冲突与分裂,有相当部分是由于民族与种族矛盾所引发的。在美国,白人对黑人的种族歧视,对亚裔人、墨西哥移民和其他移居美国的外来民族人群的迫害,构成了美国政治动荡的重要根源。苏联解体以后,遗留下来的民族问题一直干扰着这一地区的政治生活。人口的民族构成对政治系统的政权结构形式也起着决定作用。由单一民族或少数几个民族组成的政治系统往往在国家的政权结构上实行单一制。一个由多民族组成的政治共同体在国家的政权结构上则需要实行复杂的单一制或复合制。

人口的地区构成对政治系统也产生作用。对一个人口分布较为均匀的国家来说,其经济、文化、政治发展就较为平衡,不会存在多大的地区差别,政治系统也无需在消除内部的差别上花费更多的经济与政治资源。相反,当一个政治系统中人口的分布非常不均匀,沿海、沿江的富庶地区人口密集,而山区、贫穷地区人口稀少时,富庶地区与贫困地区就会由于最初的经济差别而产生政治上的矛盾与冲突。这类冲突一旦处理不当,还会酿成巨大的政治动乱。这种地区间的差别与冲突自然成为各国政治统治者关注的问题,为了缓解和逐步消除这些差别,常常要耗费大量的政治资源。

经济要素对政治生活的影响

经济要素对政治系统具有直接的、巨大的影响。政治与经济的关系是政治学研究的重要内容。经济活动是人类最为基本的,也是最复杂的活动。人类生活中的经济关系渗透在各个方面,不同政治系统的经济在其格局上、体制上都呈现出特殊性。因此不可能从微观的层面,而只能从宏观的视角上来考察经济因素对政治系统的影响。

对于宏观政治学来说,我们关心的是人类历史上的和现存着的、形态各异的经济生活、经济制度中对政治生活直接产生影响的共同的组成部分或具有共性的因素。这些共同的部分或具有共性的因素是:生产资料所有制形式、社会生产力发展水平、生产资源配置方式。

生产资料所有制形式是指作为生产中最重要的要素的生产资料归谁占有。这种占有必须是在生产过程开始之先就由法律明文加以规定的。在进入生产过程之后,作为生产要素的生产资料的归属已是一个经营权限的问题了。生产资料的所有权与经营权是两种不同的权限,因而是可以分离的。而且,在现代大生产中,这二者必须加以分离,否则资源就无法达到最优化配置。生产资料的所有权有三种基本的类型:个人所有、国家所有和介于这两者之间的集体所有。在现实的经济活动中,这些基本的所有制形式会相互结合,出现生产资料的混合所有制。在现代股份经济中,混合经济内部的不同所有制是以股权的方式加以结合的。

在这三种基本的所有制形式中,对政治系统直接产生影响的是国家所有制与集体所有制。国家之所以掌握一部分大宗的、重要的生产资料,主要的不是出于经济的考虑,而是服务于政治目标。政治系统中国家政权的存在与巩固没有直接的经济基础是不行的。国家占有的生产资料的货币表现就是国有化资产。世界上所有的国家都有国有化资产,并且都要采取各种途径防止这种资产的流失,并想方设法使其资产总量不断增值。一旦生产资料的国有制受到削弱和破坏,国有资产严重流失,国家政权就会动摇,它就无力去建设强大的国防,无力去营造大规模的公共设施,无力去调节、控制社会的经济发展,无力去实现既定的政治目标。

集体所有制对政治系统的运行也产生直接影响。集体所有制是社会将一部分国有生产资料交给一个生产集体来掌管。因此,它是国家所有制的一种低级形式。这部分交由集体管理的生产资料在集体的范围内是公共的。通过集体所有制,国家可以适当地解决社会分配的公平问题。因此,从政治的角度看,集体所有制是政治系统实现和调节社会公平的一种制度安排。

个体经济的发展完全是受生产资料所有者个人获取更多利润的目标所驱动的。国家除了在对全体所有者运用公共设施时收取税金外,在法律上是不允许侵占其财产的。个体经济自然发展的结果必然会造成个人之间贫富程度上的差异,这种差异任其发展下去必然会是贫富对立的两极分化。这种社会的两极分化积累到一定程度就会发生政治上的动荡、混乱、对抗。缓解贫富分化的重要途径之一就是发展国有经济和集体经济,促进社会公平的形成。

社会生产力的发展水平对政治系统的影响具有决定性的意义。相当多的政治系统都把发展社会生产力作为重要的政治目标。生产力的水平和社会生产效率,是与社会财富的积累紧密联系的。生产力水平高的社会,财力也必然强盛。当一个社会的财富较为丰富时,一方面它可以有足够的物力和资金来支付政治机构及其人员的花费,从而能保证国家机关的正常运转与不断完善,也能在一定程度上避免部分国家机关的工作人员采取不正当的手段来弥补收入的不足,另一方面,充足的财力也能为公民的政治参与以及政治素质的提高提供必要的物质前提。

生产力水平的发达程度又同一个社会所采取的科学技术联系在一起。当一个社会普遍采用高技术时,其信息传播的手段、速度和范围也会发生巨大的变化。政治行为主体在一个技术较为先进的社会中,可以运用电脑、因特网来获取政治信息,可以迅速而准确地观察政治生活中发生的变化,了解政治家的主张、候选人的背景及其以往的政绩,从而提高参与政治的自觉性、针对性和有效性。先进的科技也有助于国家政权及时了解政治动态,发现各种政治矛盾、冲突,从而及时地采取有效的手段与方式对政治矛盾、冲突与分裂加以控制与协调,保证政治生活的稳定。当然,稳定、和谐的政治局面反过来也有助于社会生产力的发展。政治上的民主、公平,有利于人们发挥劳动积极性,促进经济繁荣。

经济生活中一个非常重要的因素是社会资源的配置方式。迄今为止,人类配置社会资源的方式只有两种:一种是通过计划来配置资源;另一种是通过市场来配置资源。实践证明,后一种方式比前一种方式更有效率。经济生活中的市场与政治生活中的政府构成了人类社会两个最大的组织,从而产生出政府与市场的关系问题。这两者是人类生活存在和发展中不可缺少的矛盾统一体。

首先,市场与政府是有区别的。市场活动的主体是完全平等的经营者,政府活动的主体则是具有垄断性的机构;市场中人们活动的目的是最大限度地赢利,政府的活动却是非赢利性的;市场要求全球一体化,政府则要求主权独立。其次,市场与政府又是相互依存的。没有政府的控制、引导、指导,市场就会失去必要的法律边界和运行规则;没有市场的发育与繁荣,政府的运行就会失去必要的经济基础。

在讨论经济要素对政治系统的影响时,我们必须认真对待所谓唯经济决定论的观点。这种观点认为,马克思讲过在人类的政治生活的历史发展中,经济是唯一起决定作用的因素。甚至有人将经济因素进一步简化为财富,并由此推论出唯有财富决定政治的结论。马克思反对过用个别伟大人物的精神、意识来解释人类历史发展的做法,但是马克思从来也没有讲过唯经济决定论。对此恩格斯曾庄严声明:"历史过程中的决定性因素**归根到底**是现实生活的生产和再生产。无论马克思或我都从来没有肯定过比这更多的东西。如果有人在这里加以歪曲,说经济因素是**唯一**决定性的因素,那么他就是把这个命题变成毫无内容的、抽象的、荒诞无稽的空话。"①当然他们更不可能承认所谓的财富决定政治的观点。

因为在政治系统的运行发展中,经济因素只能是其最终的和最后的决定力量,经济因素不可能一直是政治生活运行和变迁的直接原因。在政治生活的运行、演变中,有许多其他的非经济的要素,其中包括政治系统自身的因素,以各种不同的方式发挥着或大或小的作用。因此,经济与政治之间的关系不是简单的对应关系。特别在政治转型时期,不能将经济改革和发展的状况与政治系统的民主化进程作简单的对应。经济的发展和繁荣不一定就自然而然地、立竿见影地带来政治的民主化。从经济的发展、腾飞、繁荣,到政治体制的改革、政治建设、政治民主化和政治文明的提升,中间要经过许多环节。

当然,不仅作为政治生活社会环境要素之一的经济生活会对政治生活产生巨大影响,政治生活也会对经济生活发生作用。恩格斯曾经就政治对经济的反作用情况作过简要而又经典性的概括。他指出,国家权力对于经济发展的反作用可以有三种:它可以沿着同一方向起作用,在这种情况下经济就会发展得比较快;它可以沿着相反的方向起作用,在这种情况下,像现在每个大民族的情况那样,它经过一定的时期后经济和国家权力都要崩溃;或者它可以阻止经济发展沿着既定的方向走,而给它规定另外的方向——这种情况归根到底还是归结为前两种情况中的一种。很明显,在第二和第三种情况下,政治权力会给经济发展带来巨大的损害,并造成大量人力物力的浪费。

社会文化要素对政治生活的影响

经济要素对政治系统的影响比较明显,相比之下,文化要素对政治系统的影响尽管不太显露但却是深层次的。地理资源要素、人口要素、经济要素尽管也比较复杂,但还是较为显露的、明确的,可以琢磨的。文化要素就不同了,它比较空泛、无形。人们天天讲文化,但对于什么是文化,文化究竟包含哪些内容这一类基

---

① 《马克思恩格斯选集》第 4 卷,人民出版社 1995 年版,第 695—696 页。

本问题,或者未加思考,或者说不清楚。事实上,即便是在那些专门研究文化的专家、学者那里,有关文化的定义、文化的内容从来就不是统一的、明确的。对于政治学家来说,他们并不想去做研究文化的专家们要做的事,他们只是关心文化要素中与政治系统的存在和发展有关的组成部分。

文化要素指的是包括物质规则和精神规则在内的一整套人们的行为模式。它通过知识、信仰、艺术、法律、伦理、习俗等表现出来。许多研究文化的学者强调文化的外部性与客观性,每一种文化对于具体的行为者来说,都是一种"强加于他的外部力量"。杜尔凯姆称之为集体意识,荣格则进一步称之为集体无意识。[①] 文化除了具有概括性、抽象性的特点外,还具有规范性的特征。文化的规范性表现在每种文化都包含着一整套行动准则,进入到这一文化体系的人们会感到必须在某种程度上服从这些准则。如果从宏观上来研究文化,可以找到各种文化所共有的三个基本的组成部分:一是标准;二是奖惩;三是价值。

文化要素的第一个组成部分是标准。它是指处于某种文化圈中的大多数人所能遵循的行动准则。某些规则、禁忌、律条之所以能成为标准,就是因为它们当初是在大多数人已经自发遵守的前提下"共同约定"或"共同制定"出来的。每种文化所包含的标准成分可以分为理想的与实际的两个层次。理想标准是多数人认为应该遵循但又承认一般不易完全做到的规则。实际标准则是通常能够实行的规则。一般地说理想标准要高于实际标准。对于实际标准来说,一旦出现有关这些准则的理论与事实之间存在极大的差距,即理论与事实根本不相一致的情况,那么,这些标准或者是还远未成为标准,或者是这些标准已经过时了。文化中的标准是建立在自觉履行义务的基础之上的。遵守某项标准就是履行义务,这时,对行为者来说,主要不是依靠外部的制约,而是依靠内心的赞同。

文化要素的第二个组成部分是奖惩。它是对人们是否遵循标准的监督。拒绝执行标准就会导致种种不愉快,比如反对、反感、痛苦。反之,遵循标准就会带来好处,比如支持、好感、酬劳。前者是文化奖惩的消极方面,后者则是积极方面。奖惩的类型是多样的。一种是有组织的社会奖惩,主要是法律奖惩;一种是分散的社会奖惩,主要是由社会集团以自发的方式进行的非法律的奖惩;还有一种是心理奖惩,它是由行为者本人自发进行的,奖励则表现为行为者的某种满足感,惩罚则表现为行为者的某种犯罪感、内疚感。

文化要素的第三个组成部分是价值。无论是哪种类型的奖惩总是与价值观交织在一起的。价值主要是用来对行为进行评价的。人们对每一种行为,都可以通过评价,将其归入好与坏、正确与谬误、美与丑、合适与不合适的类型中去。在

---

① 参见莫里斯·迪韦尔热《政治社会学》,华夏出版社 1987 年版,第 64—65 页。

文化的价值评价中,实际的效用也会起作用。人们会对行为的实际效果的效用作出判别,是有用、无用,还是有害。

对于一种具体的文化要素来说,上述三种成分并不是同等的。一般地说,价值居于文化要素的中心位置,归根结底文化是一种价值体系。标准与奖惩是隶属于价值的。同时,在具体的文化要素中,这三者又不是完全一致的。价值带有理想的色彩,而实际的标准与对标准执行加以监督的奖惩不可能恰好符合价值;而且,一种价值可以产生出不同的行为标准。

文化要素对政治生活的作用是间接的,它要通过政治行为主体的心理感受、情感、倾向、风俗、习惯才能体现出来。具体的政治行为主体由于长期受某种文化的感染与熏陶,在内心深处培植起他所认同的本民族的行为标准、规范与价值,这些都会成为他认知政治现象、参与政治活动的指南。因此,当一种政治生活的标准与这一社会公认的文化标准一致的时候,这种政治标准就容易确立和贯彻;当一种政治价值与这一社会公认的文化价值一致的时候,这种政治价值就容易传播与推行。

因此,要充分发挥文化对政治生活维系与推动的作用,政治统治者就应当将政治与民族文化结合起来,将文化中的标准转变为政治标准,将文化的价值转化为政治理想和目标,利用人们的文化认同创造出具有民族文化内涵的外显的政治象征与符号,从而使某种政治观念深入人心,使政治统治、政治制度具有合法性。由此形成的就是政治文化。

当人们创造出来的政治结构和政治规范体系与该民族的文化不一致的时候,植根在人们心理上的和风俗习惯中的文化标准和价值就会成为反抗和抵制这种政治结构与规范的非常大的并且是十分持久的力量。对这种力量我们应当认真地分析和利用。当文化代表着一种进步的潮流,而某种政治结构与规范是强加给社会的落后与反动的东西时,文化的抵抗作用则是积极的。反之,人们所创造的政治组织结构与规范制度是符合历史发展趋势的,这时文化的抵制作用则是消极的,甚至是反动的。

在考察文化要素对政治生活的影响时,应当特别注意亚文化与反文化这两个层次的文化要素的作用。亚文化指的是这样一个文化层次,在这一层次上除了占主导地位的民族的文化要素外,还有其他少数民族的文化成分,这些不同民族的文化成分同时并存,形成了一个多元文化的体系。这种情况在一些由多民族组成的政治共同体中非常普遍。由于战争、殖民统治以及自然灾害等原因造成的民族迁移、共居与融合,导致在今天相当多的政治系统中,起着重要作用的并不是一种文化,而是多元文化的混合体。这种亚文化对政治系统提出了严重的挑战。如果政治系统只选择一种文化要素作为自己的政治意识,就会导致政治理想、政治价值上的裂缝。要保持政治生活的稳定与平衡,政治系统就必须慎重地对待各种文化成分,寻找一种能够容纳多种文化的政治意识。

在一个社会中,有时会出现反文化,这也是一种亚文化。反文化是相对于主流文化而言的。它在标准、价值等方面与社会认可的主流文化是相异或相反的。反文化对政治系统的影响应当根据具体情况加以研究。当主流文化与政治系统的标准和价值是一致的,政治系统的标准与价值又是符合历史发展要求的,这时,反文化对政治系统的干扰与破坏则是消极与反动的;而当与主流文化相一致的政治系统所倡导的标准和价值与历史发展趋势不一致时,反文化则对于新的政治标准与价值的建立会起到积极的启发与引导的作用。

经过上述分析,我们可以对各类环境要素对政治系统的影响作用作一个小结。假设某一特定政治系统所受到的自然环境要素的影响为 F_a,经过社会环境因素的中介后,地理因素对这一政治系统的影响为 F_1,生态因素对这一政治系统的影响为 F_2,气候因素对这一政治系统的影响为 F_3,汇集第二、三、四层面所有自然环境要素的作用,就会得到:

$$F_a = f(\sum F_1 + \sum F_2 + \sum F_3).$$

假设某一特定政治系统所受到的社会环境要素的影响为 F_b,除开第一层面的经济、文化、社会、人口要素外,第三、四层面上的政治、经济、文化、社会、人口要素经过第一层面社会环境要素的中介,汇集起来的经济因素对这一政治系统的影响为 F_4,文化因素对这一政治系统的影响为 F_5,社会因素对这一政治系统的影响为 F_6,人口因素对这一政治系统的影响为 F_7,社会因素对这一政治系统的影响为 F_8,那么,某一政治系统所受到的社会环境要素的影响则为:

$$F_b = f(\sum F_4 + \sum F_5 + \sum F_6 + \sum F_7 + \sum F_8).$$

将两者加总,特定政治系统可能受到环境要素的影响则为:

$$\sum F = F_a + F_b.$$

第三节　政治生活环境的改变

每一个政治系统都在努力寻找更有利于自身存在、运行和发展的环境条件。这种努力在历史上表现为几种不同的方式:掠夺、迁移、保护。掠夺、迁移属于传统的寻求更好政治环境要素的方式,保护则属于现代的寻求更好政治环境要素的方式。

一、改变政治环境要素的传统方式

人类在最原初的时代,由于对大自然规律的认识不足,改造大自然的知识和技术十分有限,因此,自然界的天然禀赋就成为处于原始平等的政治形态下的氏族、部落选择定居位置和范围的最重要的标准。但是,也不是所有的原始社会中的氏族、部落都能非常幸运地占据地势平坦、气候温暖、物产丰盛的大河流域、广阔平原和沿海地带的。一方面这些具有天然禀赋的地理位置并不是很多,而且大自然的变化也会改变许多局部的自然环境要素的分布,另一方面,具体的原始氏族、部落也有可怕的敌人,一是比自己更强大的非血缘关系的氏族、部落,一是凶猛的野兽。相当多的原始氏族、部落可能是在与其他强大的氏族、部落争夺中被打败、赶走,或者是为了避开凶猛兽群的侵扰,只能在丛山、森林、丘陵这类自然环境不理想或十分恶劣的地带生存下来。

早期地理位置、生态环境、气候状况方面的差异使得地球表面不同的政治系统在物质生产和人本身的生产方面表现出巨大的差异性。这种差异在技术、工具都非常落后的时代是积累性的,从而使得具有优良的天然禀赋的原始氏族、部落的经济生活、文化生活和社会生活,还有人口数量和质量都占据着越来越大的优势,其政治系统就相应地变得强盛和稳定。这些在初期发展中就获得得天独厚优势的处于原始政治平等形态上的政治系统,会利用他们积累起来的优势去抢占更多的具有优良的天然禀赋的生存空间。这些政治系统的范围和规模也日益扩大。凡是在今天的世界上称得上是大型政治系统的,查一下它们的远古的历史,就可以看到一个共同的特点,即他们在历史上都曾经占据过、现在仍然占据着最为优等的地理位置、生态环境和气候条件。

但是,仅仅记住这一点是不够的,也无法解释曾经占据过优越的自然环境要素的政治系统是如何运行发展到今天的,也无法解释那些并没有占据优越的自然环境要素的政治系统后来为什么也强盛起来。一个不可忽视的重要事实是,无论是占据过或未曾占据过优越的自然环境要素的政治系统,它们在发展中,都有过寻找更好的政治环境要素的努力。

这种找寻更好的环境要素的最初的也是最常用的方式就是抢夺和占领。从原始政治平等的政治形态,到奴隶主政治统治、封建主政治统治,直至资本家政治统治的政治形态,政治系统间的战争,除了宗教信仰的冲突外,即使是血族复仇,也都和攻城掠地,抢夺劳动力,抢夺财产、珍品联系在一起。亚历山大为了建造更多的港口获取东方的物品而长途征战,建立起幅员辽阔的波斯帝国。西班牙、荷兰、葡萄牙为争夺海上航道、贸易权和从世界各地获取商品而相互开战。

军事的侵略只是为了获取更多的资源,为了使资源的抢夺更加稳固和源源不断,列强们想到了掠夺环境要素的永久性方式,这就是殖民统治。殖民统治比简单的占领在掠夺环境要素上要持久和稳定。占领一片土地或城池,需要派驻军队,还会遭到被占领的政治系统内的人民的反抗。殖民统治则可以收买和豢养当地政治系统中的上层人士,利用他们在一定范围内代替殖民地宗主政治系统来进行政治管理。借助于这种方式,宗主政治系统以霸占更多的海外土地以及土地上的人口、矿产资源、艺术珍品,来弥补本土范围的狭小、矿产种类和品位的不足、文化艺术珍品的稀缺、金银储备的有限等等方面的环境要素的局限。英国是通过霸占殖民地来改变其政治系统的环境要素最为典型的代表。它在亚洲、非洲、拉丁美洲先后攻占了许多土地,建立起大片海外殖民地,号称"日不落帝国",由此也造成大英帝国政治系统的长久强盛。

在资本主义发展的初期,使用这种依靠掠夺和抢占来寻找更优越的政治环境要素的方式,还可以帮助资本家完成资本的原始积累,从封建主政治统治的政治形态转向资本家政治统治的政治形态。在进入资本家政治统治的政治形态后,依靠这种方式,资本家阶级又可以从海外的高额利润中取出一部分去收买本土政治系统中的工人上层,培育出为资本家讲话的工人贵族。

在由资本家政治统治的政治形态从欧洲向整个世界扩展,商品贸易成为这种政治形态中占据主导地位的经济要素后,一些资本主义最先获得发展的政治系统则发明出另一种为本土政治系统寻找更好环境要素的方式,这就是进行某些稀缺的环境要素的迁移。贸易虽然在原始政治平等的政治形态的后期就萌芽了,但在奴隶主政治统治、封建主政治统治的政治形态中,都没有能充分发育。到了资本家政治统治的政治形态建立以后,由于交通运输的发达,商品贸易成为政治系统中最主要的经济活动方式。政治系统之间的区域贸易和世界贸易开始兴旺起来。一种新的寻求更好的政治环境要素的方式就出现了。

这种获取更好的环境要素的方式似乎更为文明和隐秘。发达的政治系统利用自身较高的科技水平和强大的生产能力,一方面通过能源贸易、初级产品贸易和吸收移民,将本土政治系统巩固和发展所需要的最为紧要的、稀缺的资源要素源源不断地由外输入,将别的政治系统的资源要素通过合法的贸易转移到自身的政治系统中来。比如美国自己有大片油田,但却保护起来,不急于开采,而是到世界各地进行科技合作,勘探、开采、购买石油,有时为了使石油贸易持续不断,不惜寻找借口对石油生产地区发动战争,用"红色的血液"来换取"黑色的血液"。日本则保护自己的森林,不许砍伐,而从非洲进口很多木材。他们将别的政治系统中贮藏的煤炭开采、购买回来,沉在近海,以备未来之用。日本本土几乎没有一滴石油,但却可以通过贸易,获取大量石油资源。

发达的政治系统还通过接受大批知识移民来增强和改变政治系统的人口要素。一些发展中的政治系统投入大笔经费和设施,发展初等和高等教育,以改变人口的知识和专业素质。发达的政治系统则通过接受知识移民,不仅获得了大批优秀的科技人力资源,而且可以省掉对他们进行前期教育培训的巨额费用。

迁移还可以寻找更为可靠的政治系统运行空间。在古代历史上曾出现过一些民族因为自然灾害破坏了原先的生存空间而产生的大迁徙。在远古时代,中国的原始文明和政治活动中心分布在长江流域、沿海和内蒙大草原。当小冰河时期来临,处在原始政治平等的政治形态下的众多氏族、部落不得不向现在的黄河流域迁徙、集聚,使黄河流域成为中华文明的发源地。在近代,以色列人为了在耶路撒冷重新聚居、建立政治系统,而动用飞机将散落在世界各地的犹太人迁回故地。

也有的国家因经济贫穷而将部分过剩人口迁移出境。在现代交通通讯非常便捷、全球资源传输流动十分迅速的条件下,一国要弥补自然地理位置的不利,要弥补人力资源的短缺,要弥补各种稀缺原材料的匮乏,已经不需要再通过武力抢夺、野蛮占领和殖民统治的方式了,只要通过利用、吸引和保护就能很好地获取有利于政治系统存在和发展的优良的环境要素。

二、改变政治环境要素的现代方式

生产、投资、技术和贸易的全球化,使得各个政治系统追求环境要素良好组合的努力能以更为合理、更加有效的方式进行。虽然地理位置和地下矿产资源的种类与品位、生态环境状态和气候状况依然对具体的政治系统的运行和发展有着重要影响,但是,人类日益意识到这些影响并不是决定性的。政治行为体能够通过能动的、合理的方式来解决特定政治系统的环境要素不好或不充分的问题。这种解决必须立足于一个基本的前提,即整个人类的政治生活环境要素是充分的。当某个政治系统发现自身的存在和运行缺乏某种或某几种环境要素时,它就可以在整个人类政治生活的总体环境中,通过贸易往来、引进消化、合作治理等方式加以补充。但是,如果人类总的政治生活的环境要素已经被破坏了,某个具体的政治系统借助于武力控制、引进吸纳、协商合作的方式来补充所缺乏的环境要素的努力就会落空。只有每一个政治系统都自觉地保护和利用好环境要素,人类生存和发展的总体环境条件变得更有利于人们的政治生活时,政治系统追求良好环境要素的愿望才能真正实现。

因此,早在20世纪70年代,就有不少明智的政治家提出了共同保护生存环境的观念。1972年6月5日联合国人类环境会议在瑞典首都斯德哥尔摩召开,来自113个国家的1300多名代表聚集在一起,第一次讨论全球环境问题及人类对于环境的权利与义务。大会通过了划时代的历史性文献《人类环境宣言》。该宣言郑重申明:人类有权享有良好的环境,也有责任为子孙后代保护和改善环境;各国有责任确保不损害其他国家的环境;环境政策应当增进发展中国家的发展潜力。会议确定每年6月5日为"世界环境日",要求世界各国在每年的这一天开展活动,提醒人们注意保护环境。会后,尽管一些工业国在环境治理方面取得了重大成果,但区域和全球性的环境问题仍然日益严重。为了进一步协调全球的环境保护活动,1992年6月"联合国环境和发展大会"在巴西里约热内卢举行。大会回顾了第一次人类环境会议以来全球环境保护的历程,再次敦促各国政府和公众采取积极措施,为保护人类生存环境作出共同努力。会议通过了关于环境和发展问题的《里约热内卢宣言》,还通过了《21世纪行动议程》,具体规定了实现这些目标的途径。

2007年10月25日,联合国环境规划署(UNEP)又发布了凝聚着全球1400名顶尖科学家心血的《全球环境展望-4》(GEO-4)综合报告。科学界的精英们为地球"会诊"的结果是令人触目惊心的。自1987年以来的20年间,人类消耗地球资源的速度已经将我们自身的生存置于岌岌可危的境地。2007年12月初,全球媒体的目光聚集在印尼的巴厘岛。如果说,日本京都是全球应对气候变化历程中的起点,那么,巴厘岛就是这一进程中的一个至关重要的驿站。这次联合国气候会议,讨论并制定了"后京都议定书时代"全球应对气候变化的方向。2005年生效的《京都议定书》在2012年到期,为了使全球应对气候变化的努力不至于中断,这次会议最重要的任务是绘制一个"巴厘岛路线图",为2009年最终达成新的协议设定一个时间表。2007年12月12日,全球180多个国家和地区及有关国际机构的1万名代表到会,世界各国高官聚集巴厘岛。正如联合国秘书长潘基文所言,科学家们为了保护环境已经作出巨大贡献,现在是政治家们行动的时候了。

绘制"巴厘岛路线图"的最大障碍,还是发达国家与发展中国家之间的分歧。一些发达国家在减排问题上对中国、印度和巴西等发展中大国提出了苛刻的要求,而发展中国家则指责发达国家在提供资金和技术支持方面不够积极。对"巴厘岛路线图"最为现实的期望是,各国能达成一张通往"后京都时代"的谈判路线图,并明确2009年是达成谈判的最后期限。

谈判的格局是"群雄纷争,三强鼎立"。所谓的三强,其一是欧盟。欧盟是全球气候变化谈判的发起者,姿态积极,但欧盟在吸纳新成员后因各国发展水平差异较大,内部协调难度相对增大。其二是以头号排放大国美国为首,包括加拿大、日本、澳大利亚等国在内的"伞形国家集团"。这一集团眼看欧盟竭力占领道义制高点,不甘心日益被边缘化。其三是包括77国集团和中国在内的发展中国家。

在减排问题上,伞形国家集团内部已经有了一定的分化。澳大利亚在新总理宣誓就职后立即签署了《京都议定书》,美国则成为唯一未确认该协议的发达国家。虽然澳大利亚目前设定的减排基准是 2000 年的二氧化碳排放水平,而《京都议定书》规定的减排基准年份是 1990 年,但这已经是一个非常重大的变化了。尽管加拿大执政的保守党在国内对《京教议定书》进行丑化,认定它是"劫富济贫"的工具,并对进一步执行议定书所规定的标准制造种种障碍,但是加拿大国民却对执行《京都议定书》非常支持。日本目前的能源效率的确很高,但日本电厂的能耗仍然比欧盟国家要高,因此减排还存在一定潜力。

在减排问题上发达国家还有"外包"趋势。从短期来看发展中国家能够吸收发达国家的专业技术,满足快速工业化的需求,但长期下去,将导致能源供给安全、环境污染等方面的问题。一些发达国家将高污染行业转移到发展中国家,从而减少自己的二氧化碳的排放量。这样,虽然单个发达国家达到了规定的二氧化碳的减排目标,但全球的二氧化碳排放总量并没有减少甚至还增加了。

在减排问题上还必须注意"内涵能源"问题。所谓"内涵能源",是指产品上游加工、制造、运输等全过程所消耗的总能源。外贸进出口商品的内涵能源问题往往都被忽略,仅仅依据产品生产来讨论一个国家的温室气体排放和减排义务是不对的,应该按照产品消费来讨论。由于中国有大额的贸易顺差,因此具有相当大的"内涵能源"出口净值。中国社科院在有关城市发展与环境变化问题上的研究成果表明,中国的一次能源消费及产生的温室气体,约有四分之一是由出口到发达国家的产品造成的。2006 年,中国"内涵能源"净出口高达 6.3 亿吨标煤,相当于排放出 10 亿吨二氧化碳。世界自然基金会(中国)的首席代表欧达梦指出:这些数据证明了那些享受中国制造的商品的发达国家,对中国能源和排放的快速增长也负有很大的责任,一味指责中国的排放问题是不公平的。

中国在保护和利用政治系统的环境方面作出了积极的探索,提出了要加速建设资源节约型和环境友好型社会的宏伟任务。环境友好型社会是一种人与自然友好共生的社会形态,其核心内涵是人类的生产和消费活动与自然生态系统协调可持续发展。环境友好型社会意味着要在社会经济发展的各个环节遵从自然规律,节约自然资源,保护环境,以最小的环境投入达到社会经济的最大化发展,形成人类社会与自然不仅能和谐共处,可持续发展,而且形成经济与自然相互促进,建立人与环境良性互动的关系。

＊＊＊＊＊＊＊＊＊
＊本章小结
＊＊＊＊＊＊＊＊＊

　　现实的政治生活总是以系统方式存在的。任何一个政治生活系统又都是在一定的环境下构建、维持、变革和发展的。虽然从古代、近代到现代,渗透和包裹在政治生活系统中的环境要素其层面分布和人们对它们的认知是不一样的,但是政治生活系统的环境总是由自然的与社会的、物质的与精神的种种要素,以不同的层次和方式所构成的有机生态系统。

分布在不同层面上的环境要素或者以单个的力量,或者以结合起来的力量,对具体的政治系统的存在和运行产生支持性的或约束性的影响。这种影响因不同的时代、不同的政治系统形态、不同的环境要素而有很大的差异。在多数情况下,经济要素对政治系统的形态及其变革产生着决定性的影响。不利的地理环境要素总是威胁着政治系统的安全和稳定。有时一场特大的灾变也会加速一个政治系统的衰败与毁灭。任何政治系统只有通过自身的结构调整或政策改变,在主动适应环境要素体系的情况下,才能更好地生存和发展。

任何政治系统一经建成和运行,其内在的矛盾就会决定它的存在方式,形成自身的发展动力,并对支持和制约它的环境生态系统产生巨大的能动作用。其能动性表现在它能够在一定程度上保护有利自身的优良环境因素,改变不利于自身的恶劣环境因素,从而创造出适合自身安全、稳定生存和变革发展的良好的环境要素系统。

这种通过主动改变政治环境要素以求得政治系统存续和发展的努力,在历史进程中是以非常不同的方式进行的:有过远古时代的入侵它国的资源和财富掠夺以及扩展生存空间的民族迁徙;有过近代西方列强残酷的殖民统治、残忍的黑奴买卖;也有过发生在20世纪中叶的法西斯主义者发出的为优等民族争夺空间的叫嚣和随之点燃的战火。

在现代社会中,虽然人类并没有能够完全制止和消灭那种以发动战争来掠夺资源、抢夺土地以改变政治系统环境要素状况的野蛮方式,还常常发生将核废料和有严重污染的工业垃圾转移到落后国家的事情,但是,更多的政治系统已经协调一致行动起来,通过自觉保护各自的自然环境因素,来形成有利于各个政治系统存在和发展的全球自然环境要素体系;通过相互间人口、商品、金融、技术的流动,来形成有利于各个政治系统存续和变革的全球社会环境要素体系。

****
关键概念
****

自然环境要素　社会环境要素　气候政治学　生态政治学　地缘政治学
马尔萨斯"人口增长规律"　京都议定书　巴厘岛路线图　"内涵能源"

政治系统的环境是由哪些要素构成的？分布在哪些层次上？具有哪些特点？

什么是政治系统的自然环境要素？它们之间有什么样的关联？

什么是政治系统的地理资源要素？它对政治系统的存在和运行有何作用？

什么是生态环境要素？它对政治系统的运行产生什么作用？

什么是气候状态要素？它在政治系统的运行会产生何种影响？

为什么人口决定论是不对的？人口要素指什么？它对政治系统有什么重要影响？

为什么唯经济决定论是不正确的？经济要素指什么？它对政治系统的运行有什么影响？如何正确理解政治转型时期经济与政治之间的关系？

为什么文明冲突论是不对的？文化要素指什么？它有哪些组成部分？它们对政治系统有什么重要影响？

1. 地缘政治学研究

地缘政治学演变

政治学家对地理要素与政治系统的关系作过大量的研究，并产生出政治学中的一个分支学科即地缘政治学。地缘政治学（geopolitics）是政治地理学的一个重要组成部分，它是关于依据各种地理要素和政治格局的地域形式，分析和预测世界地区范围的战略形势和有关政治系统行为的知识体系。地缘政治学把地理、地缘要素视为影响甚至决定国家政治行为的一个基本因素，这种观点为国际关系和国际政治理论所吸收。在实践中，地缘政治学对政治系统中的政治决策有相当大的影响。

地缘政治学是对地缘政治的思考。"地缘政治"这一范畴来源于希腊语"geopolificos"一词。"geo"的意思是"土地"，"polificos"的意思是"国家"。后来这一希腊语演变成为德语"geopolifik"。从语源学来说，地缘政治具有空间与国家的相互关系的含义。在德国最早期的地缘政治学家那里，空间是国家政治活动的动力。他们认为一个国家只有控制了空间，才能具有政治上的优势。

著名的地缘政治学家亨宁（P. Henri）讲过："地缘政治学是一切政治过程的最终决定论学说，它建立在地理学、特别是政治地理学广博的基础上。"美国著名地缘政治学家斯皮克曼(Spykman)则认为:"地理是各国外交政策中最基本的因素,因为它最不可改变。部长们来来去去,甚至独裁者们也要死,而山脉始终是不可动摇的。"德国人拉策尔认为:土地盲然粗暴地决定了各民族的命运,人的表面的自由自在似乎也被土地的作用化为乌有。美国政治学家亨廷顿则断言:人不过是大自然手中的一抔泥土。

地缘政治有广义和狭义之分,大体上可以分为三个层次:一是微观层次的,指一个国家与周边国家的地缘关系,这也是目前运用得最为广泛的一个界定;二是中等层次的,主要指比一个国家的周边范围更广泛的地区,是区域主义或地区主义所讲的地缘政治;三是宏观层次的,是指世界范围内的地缘政治,把世界当作一个不可分割的整体进行研究,运用这一层次的地缘政治界定的多是大国,尤其是那些具有世界战略意图的国家,地缘政治在这一层次上多半涉及大国之间的关系。

地缘政治是确定国家的利益的一种有效的方法,也是理解国家的外交战略和外交政策的一种有益的工具。但不能把什么都归于地缘政治,特别是要把地缘政治与国际政治、国家的外交活动等概念区别开来。这三个概念的关系是较紧密的,其中包括的内容也有重合的地方,但三者是有区别的,不能混同使用。

地缘政治学有两个较鲜明的特点。一是强调所有的地缘政治都具有开放性。任何一种地缘政治都是把一个国家与周边的国家和地区相联系,把一国与世界各国相联系。任何国家都不可能在一个封闭的环境内进行地缘政治的活动。二是强调所有的地缘政治都离不开地缘经济、地缘文化的互动影响,地缘政治并不是专谈政治而不谈经济和文化。实际上任何地缘政治的变动都是与经济、文化的变动联系在一起的。

在关于地缘政治学的研究对象问题上存在三种典型观点。第一种观点认为,地缘政治学主要应研究地理环境对政治发展的影响,即一国的地理环境所产生的政治发展的可能性及它对现实政治发展的制约性。第二种观点认为,地缘政治学应研究国家间的竞争,特别是全球竞争中的典型现象,即这一学科关心的是列强争夺世界或地区优势的斗争。第三种观点认为,地缘政治学应研究地理与国家争夺国际权力之间的关系,各国应从地理环境出发来规定外交政策的可能性与优先权。

地缘政治学有一个漫长而曲折的形成与发展历史。许多学者认为,亚里士多德是地缘政治学的创始人。但作为理论体系的地缘政治学则产生于19世纪末。1897年德国地理学家F.拉采尔在其《政治地理学》一书中,提出"国家有机体学说";发表了"生存空间论"一文,认为国家就像有机体一样有兴盛、衰亡的过程,国家的兴盛需要有广阔空间。1917年瑞典政治地理学家R.谢伦接受了拉采尔的思想,首次提出了地缘政治学一词。德国的 K. 豪斯霍弗在第一次世界大战后,提出德国缺乏必要的生存空间和足够的自然资源,主张重新分配世界领土,而战争是解决生存空间的唯一途径等错误的地缘政治论点,为德国法西斯的扩张服务,遭到地理学界的摈弃,并因此使地缘政治学一度声名狼藉。二战结束以后,伴随国际政治的变化和发展,地缘政治学又重新引起人们的关注。一些有关地缘政治的新观点和新理论不断涌现。

关于德国的地缘政治学者,特别是卡尔·豪斯浩弗父子与纳粹上层的关系,经过许多历史学家研究,很多资料证明要比过去的传闻小得多。作为希特勒副手的鲁道夫·赫斯曾是卡尔·豪斯浩弗之子阿·豪斯浩弗的同学并选修过卡尔·豪斯浩弗的地缘政治学课程,因为这一缘故,卡尔·豪斯浩弗父子与赫斯有较多交往,并经常讨论有关地缘政治方面的问题。通过赫斯,豪斯浩弗父子曾与第三帝国的其他头目有过接触,但与希特勒接触极少。到 1941 年赫斯只身驾机去英以后,豪斯浩弗父子亦中断了与纳粹上层的联系。卡尔·豪斯浩弗于 1945 年底对盟军采访者说过,希特勒一伙人根本不明白德国地缘政治学。这既是对第三帝国头目的错误政策失败的愤怒,也是对地缘政治策略未能得到正确实施的惋惜。正是这种复杂的心态使他产生了绝望,卡尔·豪斯浩弗于 1946 年自杀身亡。豪斯浩弗之子阿·豪斯浩弗曾作过赫斯的对外政策顾问及里宾特洛甫办事处助理,对第三帝国对外政策曾有一定的影响。但二战爆发后,由于政策上的分歧,阿·豪斯浩弗参加了秘密反战组织。1944 年反纳粹政变流产,阿·豪斯浩弗因参与了这一行动而被捕,1945 年遇害。

地缘政治学理论

地缘政治学从其产生到现在形成了一些主要的理论。比较早的是 1890 年美国海军理论家 A. T. 马汉,在其《海权历史的影响,1660—1783》一书中提出的"制海权"理论,他认为,谁能控制海洋,谁就能成为世界强国,而控制海洋的关键在于对世界重要海道和海峡的控制。1914 年英国地理学家 H. J. 麦金德提出了"大陆心脏说",认为谁控制东欧,谁就能统治亚欧大陆心脏,谁控制亚欧大陆地带,谁就能统治世界岛,从而主宰世界。他被称之为"陆权派",其代表作是《历史的地理枢纽》。20 世纪 40 年代,美国国际关系学者斯皮克曼又提出了"边缘地带说",成为"陆权论"的又一派理论。20 世纪上半叶的古典地缘政治学包含着三个对抗的思想:大陆势力与海上势力的对抗;自然边界与政治边界的对抗;世界权力与地理决定因素的对抗。与此相对应的是陆上强国与海上强国的对抗,"印度洋—太平洋圈"与大西洋地区的对抗,向纬度的扩张与向经度的扩张的对抗。

20 世纪下半叶,传统的地缘政治学中又出现了一些新的见解。20 世纪 50 年代,意大利人杜黑(Giulio Douhet)、美国人米契尔(Billy Mitchell)和俄籍美国学者塞维尔斯基提出了制空权理论。塞维尔斯基根据北极地区处于两个超级大国之间的特殊地理位置和空军作用的日趋重要,提出了现代的陆权和海权离不开制空权控制的观点。20世纪70年代和80年代,美国地理学家S. B.科恩提出了地缘政治战略区模型。

上述种种理论对西方国家在制定对外方针政策方面发挥过重要作用。这些理论在今天也能对世界上某些地理要素和政治系统的关联作出解释。比如从土耳其到海湾地区的国家,从海湾国家经过伊朗、阿富汗,一直到巴基斯坦和印度,这一连串的国家群体,是世界上最重要的产油国家,但是恰恰在这一区域,由于地理要素,加上历史、文化、宗教、民族等各种复杂矛盾的相互交织,再加上大国的介入,呈现的是一条不稳定的弧形地带。由于这一片不稳定区域恰恰是历史上马其顿国王亚历山大行军征服的路线,因此有些学者称之为"亚历山大弧形地带"。在这一地理位置上的许多国家都处在内部种族冲突、教派冲突、民族冲突、内战和外部遭受军事干涉之中。在这一不稳定的"亚历山大弧形地带"上,伊斯兰和西方的文明冲突加剧,恐怖主义活动加剧,部分民族国家可能会分裂成更多不同的国家,个别超级大国可能会面临从发动的战争中惨败撤退的局面。

表2-1 对比地缘、海权和空权理论的主要观点

理论类型	理论观点
麦金德的陆心理论	■ 谁统治东欧平原,谁就控制了全球"心脏地带" ■ 谁统治"心脏地带",谁就控制了"世界岛" ■ 谁统治"世界岛",谁就能支配全世界
斯皮克曼的边缘地带理论	■ 谁(以武力或是和平方式)统一或整合了欧亚大陆东西两端的边缘地带,谁就掌握了世界最有潜质的地区 ■ 谁掌握了世界最具潜质的地区,谁就能成为欧亚大陆世界强国 ■ 谁成为欧亚大陆世界强国,谁就成为世界超强美国的挑战者
马汉的海权论	■ 谁掌握了世界核心咽喉航道、运河和航线,谁就掌握了世界经济和能源运输之门 ■ 谁掌握了世界经济和能源运输之门,谁就掌握了世界经济和安全命脉 ■ 谁掌握了世界各国的经济和安全命脉,谁就(变相)控制了世界
杜黑、米契尔、塞维尔斯基的空权论	■ 谁掌握了制空权,谁就可以掌握海陆权,形成立体优势 ■ 谁掌握了立体优势,谁就可以瘫痪对手的战争潜力和战争意志 ■ 谁瘫痪了对手的战争潜力和战争意志,谁就能以压倒优势取得战争胜利

传统的地缘政治理论大都过分突出地理环境中某一部分因素或某一地区的重要性,并夸大为如果哪个国家控制了某些要素或某一地区就能支配全球,进而

达到称霸世界的企图。就连美国《军事战略》一书的作者也不得不承认,这些观点是不现实的。在他们看来,统治心脏地区不等于控制了世界岛,统治边缘地区也不等于控制了世界岛。美国《国家间政治》的作者摩根索也指出:"地缘政治学是一种伪科学,它把地理因素提高到绝对地位,认为地理决定国家的权力,因而也决定着国家的命运。"

多数传统地缘政治理论对地理要素与政治生活的关系作了片面的理解。其实,地理要素既是政治系统的母亲,又是政治系统的女儿。一方面,任何一个政治系统都是从既有的地理要素、生态要素给它所提供的各种"可能"中逐步作出政治形态、制度和体制的选择的。至于政治系统在其发展中偶尔会出现某些特殊的历史时期,比如某个精英的决策力挽狂澜、相邻的政治系统施加的压力引发了变革,所有这些都不过是政治系统内的各种矛盾在经过长久的积累后发生的结果。这种特殊的历史时期会产生特殊的时机,它使政治系统走上了这条道路而不是地理、生态环境同样允许的其他道路。

当特定的政治系统在一定的政治行为主体的选择下走上了特定的政治道路后,它就不会轻易地放弃这条道路。因为这时的政治系统就是按这条道路组织和发展起来的。而且,政治系统也是在既定的地理、生态环境下设计系统的运行机制的。在这里,地理、生态环境是作为政治行为主体进行历史选择的既定条件而存在的,条件的既定性与历史道路的选择性是结合在一起的。法国人文地理学家维尔达·德·拉·布拉什讲过:"自然提供各种程度的可能性,人在其中挑选。地理提供一块底布,人在上面绘制自己的画图。"①

另一方面,政治系统的积极性还表现在,它会对天赐的、纯自然状态的地理环境产生影响。今天,人们还能勉强看到的真正的自然状态的地理、生态环境,恐怕只剩下撒哈拉沙漠、中亚沙漠、亚马逊河森林、赤道非洲森林这些为数极少的地方了。在多数的政治系统中,目前所存在的地理、生态环境大多是已经被人改造过的。在具体的政治系统中很多动植物品种是从其他政治系统引进的,大片的原始森林已被砍伐过,大片原始草原已被开垦过。生产劳动、修建庙宇、攻城掠地,都在改变着地形地貌,同时也改变着生态环境与气候状态。

2. 生态政治学研究

全球生态危机

生态政治学(ecopolitics)是伴随应对全球生态危机的生态政治运动而产生

---

① 莫里斯·迪韦尔热:《政治社会学》,华夏出版社 1987 年版,第 44 页。

出来的当代政治思潮。20 世纪 60 年代以来,随着全球性生态环境问题的出现,生态危机越来越受到世界各个政治系统的关注。所谓生态危机,指的是人类赖以生存和发展的自然环境或生态系统的结构和功能由于人为的不合理开发、利用而引起的生态环境退化和生态系统的严重失衡过程和状态。

从工业革命以来,尤其是在 20 世纪的后半个世纪中,全球生态环境遭到空前严重的破坏和污染。目前地球上的动植物物种消失的速率较过去 6500 万年之中的任何时期都要快上 1000 倍,大约每天有 100 个物种从地球上消失。20 世纪以来,全世界哺乳动物 3800 多个种类中已有 110 种及其亚种灭绝,另外还有 600 多种动物和 25000 余种植物正濒临灭绝。生态学家指出,人类对生物多样性已发生的损害如果要使其自然恢复至少要花上一亿年以上的时间。

水污染使人类尤其是第三世界国家人民的生存环境不断恶化。据统计有 17 亿以上的人口没有适当安全的饮用水供应,30 多亿人没有适当的卫生设备。联合国环境规划署的一项调查指出,在第三世界由水污染引起的疾病平均每天导致的死亡人数达 2.5 万人。1983—1984 年埃塞俄比亚因植被破坏、土壤流失造成的特大旱灾使得 100 万人因饥饿而死亡。1991—1992 年,非洲大陆有 12 个国家遭遇持续旱灾,大约有 3500 万人濒临死亡。因水土流失和沙漠化加重,中国的黄河目前的年断流时间最长达 227 天。洞庭湖等大湖泥沙淤积加速,湖体面积和容量正逐年锐减。洞庭湖 1825 年的湖体面积约 6000 平方公里,1949 年减少到 4360 平方公里,到 1998 年长江特大洪灾时,湖面面积也仅为 2653 平方公里。按照这种缩减速度,洞庭湖将可能在不到 200 年的时间内就会成为又一个"罗布泊",从中国自然地理图册上消失。近几年长江中下游防洪大堤也在逐年升高,黄河的悲剧在不远的将来又将可能在长江重演。

人类不加克制的和不规范的活动所产生的大量二氧化碳的排放导致了温室效应。所谓温室效应是指大气中二氧化碳浓度增大,地球气温上升的过程与状况。燃料中含有各种复杂的成分,在燃烧后产生各种有害物质,即使不含杂质的燃料达到完全燃烧,也要产生水和二氧化碳。燃料燃烧使大气中的二氧化碳浓度不断增加,破坏了自然界二氧化碳的平衡,致使地球气温上升,引发了大气层的"温室效应"。在 19 世纪工业革命之前的人类历史上,地球大气中二氧化碳百万分比浓度(ppm)一直在 180 至 280 之间;而今天,这一数值已经达到 380,而且丝毫没有下降之势。1998 年、2002 年、2003 年、2004 年和 2005 年,是最近 1000 年来全球平均温度最高的五年,2005 年更成为自有记录以来气候最热、最干燥,太平洋台风、大西洋飓风频率和强度最高的一年。

科学家们普遍认为,这些现象都与人类活动导致的温室气体排放有直接因果关系。全球温室气体排放的增加、气温的升高导致了一系列令人担忧的自然现象：冰川和两极海面浮冰以前所未有的速度破裂、消失，甚至出现北极熊找不到冰面而被淹死的情况；海平面上升对地势低洼的沿海和岛屿国家造成威胁；飓风、台风、龙卷风和沙尘暴等灾害性天气增加。以青藏高原为例，自 20 世纪 80 年代以来，这里的气温已经上升 0.9 摄氏度，冰川面积平均以每年 7％ 的速度递减。

"地球日"发起人盖洛德·纳尔逊认为，来自自然的威胁即生态危机是比战争更为危险的挑战。从德国和日本的变化中，我们知道一个国家可以从战争的创伤中恢复起来。但没有一个国家能从被毁坏的自然环境中迅速崛起。20 世纪 50 年代以后，世界环境相继出现一系列诸如"温室效应"、大气臭氧层破坏、酸雨污染日趋严重、有毒化学物质扩散、人口爆炸、土壤侵蚀、森林锐减、陆地沙漠化扩大、水资源污染和短缺、生物多样性锐减等全球性的环境问题。全球生态环境的严重破坏，其影响不仅会殃及一代、两代人，而且将影响到十几代甚至几十代人，全球生态危机正在毁灭着人类关于未来的所有美好愿望和梦想。

生态政治运动

20 世纪 60 年代末，世界性的生态环境问题和生态环境危机直接导致了生态政治运动的产生。生态运动的出现、生态党的建立、国际环境组织作用的提高与加强，被看作是全球生态政治运动兴起和发展的标志。到 20 世纪 70 年代末、80 年代初，生态政治运动已从单一化向多元化发展，成为包括环保、和平、女权等运动在内的多元全球性群众政治运动。最为著名的生态运动是 1970 年 4 月 22 日在美国爆发的有 2000 多万人参加的公民环保政治运动，正是这次运动促成了世界"地球日"的诞生和 1972 年联合国第一次人类环境会议的召开。20 世纪 90 年代以来，生态政治运动的主题从公众关注生态环境问题发展为公众与政府共同关心可持续发展的全球环境问题。与此同时，从 20 世纪 60 年代末至今，全球生态学家、经济学家、政治家以及科普学家共同推出了一系列有关生态环境发展与预测的研究成果，其中较为重要的有卡尔逊的《寂静的春天》、米都斯等人的《增长的极限》、加博尔等人的《超越浪费的时代》，以及由 58 个国家 152 位世界著名生态学家、经济学家、政治家共同编写的《只有一个地球》等。

伴随着生态政治运动规模的扩大和层次的深入，世界各国"绿党"组织应运而生，在国家政治生活中的地位、影响也日益增强。1972 年新西兰诞生了世界上第一个绿党。20 世纪七八十年代，西欧国家出现了建立绿党组织的高潮，其中联邦德国的绿党组织对全球绿党组织产生了极大的影响和推动作用。到 1983 年，联邦德国绿党以 5.6％ 的选票出人意料地首次获得 27 个议席，这标志着绿党在国家政治生活中正式步入历史舞台。联邦德国绿党以崭新的政治风格展现在公众面前，其党纲将生态、经济、政治紧密结合起来，反对核军备竞赛，谋求国际和平与女权、人权等,并提出了相当完备的得到公众认同的持续发展方案,在 1987 年的联邦德国议会选举中得票率突破了 8%,并获得 42 个联邦议席。到两德统一后的 1994 年,绿党已在联邦议席中占有 49 个席位,成为联邦议院内第三大政党。1998 年,绿党领导人菲舍尔出任德国外交部长,绿党中的政治家首次成为国家政府中的重要领导人。

在联邦德国绿党的推动下,20 世纪 80 年代以来,欧洲的比利时、奥地利、意大利、英国、法国、瑞典等国家纷纷建立起绿党组织。到 90 年代,在东欧和其他实行多党制的发展中国家中,绿党组织也相继出现。据统计,从 1979 年至 1989 年,西北欧 15 个国家的绿党共有 117 名成员进入 11 个国家的议会。1999 年 2 月在巴黎召开了欧洲绿党联合会第二次代表大会,有 28 个国家的 300 多名代表参加了会议。会议提出了包括"绿色国际"在内的许多国际生态政治发展的新概念和新思想。

在各国绿色组织纷纷建立和民间生态政治运动蓬勃展开时,国际组织也纷纷采取行动推动全球生态保护运动。其中影响较大的国际组织有联合国下属的教科文组织(UNESCO)、人与生物圈计划(MAB)、联合国环境规划署(UNEP)、联合国开发计划署(UNDP)、世界环境与发展委员会(WCED)、国际自然资源保护同盟(IUCN)、世界自然保护基金会(WWF)、世界环境与发展研究所(IIED)、地球之友(FOE)等。据不完全统计,当今全世界已有 7000 多个非政府的和政府的环保组织活跃在全球生态政治的舞台上。他们提出生态思想、环境意识、生态伦理、生态哲学、持续发展等思想和理念,在解决国际争端,缓解政治冲突,反对和制止战争,最终为维护世界和平,为促进国际间经济、文化、政治协调发展以及跨国资源的合理开发利用等方面作出了重要贡献。

绿色简约生活的精神对生态政治运动的兴起产生了重要影响。社会生态环境运动是一种精神运动。传统的经济发展模式导致人们一味追求物质的丰富与繁荣,社会精神的发展却出现贫困和衰退。生态政治运动则要通过政治和教育的手段,重建符合生态学要求的人类社会的精神世界,从而改变人们的思想观念和价值取向,激发人们去享受绿色简约生活。德国精神分析学家 E. 弗洛姆从精神研究推论出来的政治学原则对生态政治运动和生态政治学的形成及绿党的发展产生了重要的影响。弗洛姆在其著作《占有还是生存》中,把人与外界的关系分为两种。一种是"占有的方式",是要把外界的物质尽可能多地据为己有;另一种是"生存的方式",是以博爱、奉献、创造的精神与外界和谐相处。弗洛姆指出,只有当人的"生存的方式"居主导地位的时候,人才能获得真实的存在,其精神才是健全的。同时,他还在书中为"新社会"的生活提出了一些基本的理念,例如,他认为,所有社会成员都必须全面地实现工业生产和政治上的参与民主,把生产建立在"健康消费"的基础之上,要求经济和政治权力最大限度地分散,必须消除富国与穷国之间的鸿沟,将妇女从夫权统治下解放出来,等等。这些基本理念后来都被纳入生态政治学的理论原则之中。

20世纪70年代初系统论的发展也为生态政治运动和生态政治学的逐步完善以及绿党的不断壮大提供了良好的思想基础。70年代初系统论的研究转向了对社会系统和自然生态系统的关注,强调地球上的所有生命都属于一个互有联系的统一整体,而且人与环境的关系是相互作用和相互依存的关系。这一观念被直接写入了绿党联盟纲领,强调人们是按照这样一些标准规定生态政治学的:人以及环境是自然界的一部分,人的生活也包含在生态系统的循环中,因此,人们决不能破坏生态系统的稳定性,生态政治学要彻底否定剥削经济,否定对自然资源和原料的掠夺,反对破坏性地干预自然界的循环。基于以上认识,生态政治运动对传统的政治学将人类置于自然界之上的观念进行了批判,认为人类的一切活动都必须遵从人与生物圈相互作用的原则,任何忽视这一原则的政治理论或制度,最终都会导致人类自身的毁灭。

生态政治学观念

生态政治学理论体系的建立大致可以分为三个步骤:第一步是将生态学与政治学结合起来;第二步是树立和平运动的思想;第三步是推出绿色生产和绿色生活。生态政治学的基本理论观念可以概括为以下几个方面。

一是生态观念。生态政治学认为维护全球生态是一项重要的政治使命。绿党正是以实际行动实践着这一政治抱负,他们开展的社会环境运动,矛头直接指向那些破坏生态环境的企业和行业、不利于环保的政府行为以及法律上的漏洞。

二是社会责任观念。生态政治学将承担社会责任作为基本理论观念。生态政治学家认为,生态问题与社会问题是联系在一起的,生态平衡原则必然会作用于社会平衡原则。生态政治学提出了社会责任的思想,坚持认为,如果要维护人与自然、人与人之间的平等关系,如果要保持社会正义,就必须努力消除人与自然、人与人之间的剥削和压迫的关系。生态政治学实施社会责任的目标是:改变人与人之间的不平等关系;提倡人与自然之间自主的对等的物质交流;反对利己主义和消费主义,维护集体的利益。

三是基层民主观念。生态政治学对传统的政治民主进行了批判,认为西方代议制民主没有真正反映民意,不能保障公民对政治权利的充分享受。生态政治学提出了发展基层民主的设想:反对建立等级结构,不允许权力集中在处于等级结构上层的少数人手中,提倡建立自治性的基层权力组织。生态政治学主张:实行直接民主,让公民直接参与决策和公共管理;实行政治轮换原则,即每一位官员在一定的任期以后必须轮换,否则会使权力和信息过于集中而产生弊端。

四是非暴力观念。生态政治学认为非暴力是生态社会的一个基本组成成分，其中包括两个方面，一方面是反对个人暴力，另一方面是反对国家和社会制度的暴力即"结构性暴力"。国家通过暴力机关进行统治、多数派压迫少数派以及雇主对雇员进行剥削都被生态政治学划入"结构性暴力"的范围。生态政治学甚至还认为，核时代的战争结果是玉石俱焚，军队的正义性很难体现，所以应当废除军队，核军备竞赛更是遭到其坚决反对。同时，生态政治学也不赞同暴力革命，而崇尚甘地式的和平斗争方式。

五是分散化观念。生态政治学主张公共管理权分散化、管理单位分散化，并提出"小即是好"的口号。在国家观方面，生态政治学反对民族国家，提倡国家小型化，提倡建立生态和文化共同区。它认为，民族国家拥有巨大的集中的权力，不可避免地会进行国家间的经济和军备竞赛，使暴力合法化，使战争危险加剧，从而严重威胁人类和地球生态系统的安全。而建立较小的"居民单位"则有利于创造一种既符合生态要求又符合人类生活要求的灵活又安全的环境。欧洲的绿党提出将欧洲分为许多个不结盟的生态和文化地区，并希望这一模式最终能成为"全球模式"。

六是和平政治观念。该观念是生态政治学指导绿党制定国际和平政策的基础。在国际社会层面上，生态政治学首先反对超级大国的霸权主义行径，认为它使全世界都笼罩在战争阴影之下。其次，它还反对进行武装防御，主张发展社会防御，即在侵略者入侵之时，用大规模抗议活动、生产和消费方面的抵制、罢工、阻塞交通、降低工作效率等方式来提高占领者的占领成本，减少居民受损程度。另外，生态政治学还提倡与发展中国家人民建立伙伴关系，认为发达国家对发展中国家的剥削导致其严重的贫困化，这种状况最终将引起世界经济体系的崩溃和全球安全危机的出现，因此它主张发达国家要无条件地增加对发展中国家的援助，后者真正获得了发展，才能实现世界和平。

七是女权观念。生态政治学致力于建设一个人与人之间关系平等的生态社会。生态政治学家认为，男女之间的不平等就意味着整个社会的不平等。在现行的政治系统中大多实行的是对妇女予以歧视和剥削的家长制，这是不合理的。人类必须建立一种没有性别歧视、女权受到高度尊重的新制度。

生态政治学具有一个完整的理论系统，它是反映西方社会生活"新规范"的一种别具特色的政治表现形式。生态政治学似乎想超越西方政治理论非"左"即"右"的分歧。绿党称自己的这一基本理论体系是"向前方"的政治学。

※※※※※※※※※※※※※※※※※※※
建议进一步阅读的文献
※※※※※※※※※※※※※※※※※※※

　　要对经济与政治的关系问题作进一步的了解,可阅读《马克思恩格斯选集》第
4 卷(人民出版社 1995 年版)中的相关内容。

　　要对发展中国家的人口问题、发展中国家的生态问题作进一步了解,可阅读
严强、魏姝《社会发展理论》(南京大学出版社 2006 年版)中的相关内容。

　　要对地理环境与社会发展问题作进一步了解,可阅读严强等《社会历史理论》
(南京大学出版社 1994 年版)中有关环境与社会发展关系的内容。

第三章 政治系统形态

　　要从宏观上考察和审视我们寄身于其中的政治生活,需要运用整体的、系统的思维方式。当亚里士多德、柏拉图等人思考政治生活时,进入他们视野的只有一个个城邦,因而只能形成狭窄的城邦思维方式。当西塞罗、奥古斯丁等人思考政治生活时,他们面向的是一个发散性的世界,导致了当时政治学家的思维方式也带有某种发散性。从16世纪一直到20世纪40年代,众多政治学家在思考政治生活时,除了其中的少数人,绝大多数关注的只是国家的规则制度和机构设施,他们的思维方式也必然带有某种实体化的褊狭性。① 直至20世纪50年代,在信息论、控制论和系统论这三大横断科学得到广泛流行,并普遍地运用于自然科学和众多社会科学的研究时,政治学家们才逐步改变了传统的思维方式,开始运用整体的、系统的思维方式来研究、分析现实的政治生活。

---

　　① 乔治·霍兰·萨拜因将其著作《政治学说史》分成三编:第一编是"关于城邦的学说",第二编是"关于世界社会学说",第三编是"关于民族国家的理论"。这种划分恰如其分地反映了不同时期政治学家对政治生活观察、审视的思维焦点和方式。

当人们坚持用整体的、系统的观念来审视政治生活时,人们大脑中就会形成政治系统的图景。在这幅图景中,有静态的作为聚合体的政治共同体,传统政治学研究的国家则成为政治共同体中最为重要的政治设施。还有动态的政治形态。它将在一定的地理区域内存在过的、在历史时序中先后出现过的不同政治系统区分开来。政治体制则是政治形态的具体表现形式。在人类政治生活的历史长河中,一个个政治形态的典型形式及其过渡形式,或者按照一定的顺序发生更替,或者是在特殊条件下产生跳跃式变迁,从而形成了人类政治生活演变和发展的轨迹。

第一节　政治系统的性质与特点

一、政治系统的性质

至 20 世纪 50 年代,政治学家们已经开始习惯于将人类的政治生活看成是一个开放系统。这表明政治学研究已上升到一个新的水平。一般系统观念最初是从自然科学的部分学科,特别是生物学、物理学中产生和发展起来的。自然科学与社会科学的交叉、渗透,也使系统思想与系统方法先进入到其他社会科学的研究领域,然后才进入政治学研究的。

在这一过程中,社会学家塔尔科特·帕森斯(Talcott Parsons)作出过特殊的贡献。他充分利用开放系统的观念与方法来研究社会结构。心理学也是广泛运用系统方法的学科。形态心理学家在自己的研究中早就接受了关于系统整体大于其组成部分之和并决定其组成部分的观点。心理学家还将系统方法进一步运用来研究个体性格问题。他们认为,对个人性格的了解,仅仅依靠心理学是不够的,还必须将社会文化因素考虑进去,从而将性格看成是个人受其环境影响的动态系统。系统方法还被经济学家所接受。在经济学中,平衡是一个基本概念,而经济平衡分析的基础就是探究母系统与其各个子系统的关系,而且现代经济学进步的一个重要标志就是,经济学家从适用于封闭经济系统的静态平衡模型研究转向了适用于开放经济系统的动态非均衡模型研究。

所有这些进步,对政治学中传统的片面的、零碎的、实体化的机械思维和研究方式产生了巨大的冲击。从 20 世纪 50 年代开始,西方一批行为主义政治学家,比如,罗伯特·达尔、大卫·伊斯顿、加布里埃尔·阿尔蒙德就开始尝试运用系统思维的观念和方式来研究政治生活。其中,伊斯顿就写过一些标明系统观念的重要政治学理论著作,如《政治系统》、《政治生活的系统分析》。关于政治生活系统的观念在 20 世纪 80 年代也传入中国政治学界。非常有趣的是,在 20 世纪 80 年代,中国本土文化中也产生出有关政治生活系统的概念。这一概念并不是从政治学理论自身发展出来的,而是从自然科学的系统工程理论中派生出来的。我国著名科学家钱学森不仅将中国航天系统工程的实践提炼成航天系统工程理论,并且在 20 世纪 80 年代初期提出了国民经济建设总体设计的概念,还坚持致力于将航天系统工程概念推广应用到整个国家的国民经济建设上来,并从社会形态和开放复杂巨型系统的高度,论述了社会系统。钱学森认为,任何一个社会的社会形态都有三个侧面:经济的社会形态、政治的社会形态和意识的社会形态。与此相对应,他提出应把社会系统划分为社会经济系统、社会政治系统和社会意识系统三个组成部分。相应于三种社会形态应当有三种文明建设,即物质文明建设(经济形态)、政治文明建设(政治形态)和精神文明建设(意识形态)。社会主义文明建设正是这三种文明建设的协调发展。从实践角度来看,保证这三种文明建设协调发展的就是社会系统工程。从改革和开放的现实来看,我们不仅需要经济系统工程,更需要社会系统工程。

政治系统

"政治系统"(political system)最初是西方政治学界以系统分析模式和结构功能分析模式来研究政治制度时,试图用来代替"国家"、"政府"等术语的概念。随着 20 世纪 60 年代重视系统分析模式的行为主义政治学占据主流地位,"政治系统"概念开始流行于美国。政治系统理论的代表人物有伊斯顿、阿尔蒙德、多伊奇等人。依据许多政治学家对政治系统的描述和阐释,政治系统指的是历史上的和现实中出现的、在一定的环境条件下存在和运行着的、各种内部要素形成一定的结构与功能的、处在持续运动变化之中的、由政治行动主体设计并创建的开放性整体。

在政治学研究中,政治系统已经成为一个在涵盖面上要大于"国家"、"政府"和"政治制度"的概念。政治系统论和政治功能论把"政治系统"规定为包括"政治方面的所有互动作用"或"一切政治方面的结构"。按照当今最著名的政治多元主义理论家、美国科学院院士达尔(Robert A. Dahl)的说法,政府的本质特征是"在一特定领土内成功地支持了独掌合法使用武力的权利以实施法规的任何治理机构"。而"由这一领土内的居民和政府组成的政治体系就是国家"。什么是"政治系统"? 达尔说:"政治系统是政治关系的一套模式","让我们大胆地把政治体系定义为任何在重大程度上涉及控制、影响力、权力或权威的人类关系和持续模式"。①

尽管政治生活具有系统性,但是,它并不像物理系统和生物系统那样是自然而然地形成的,它更多的是政治行为主体依据一定的自然与社会的环境要素条件,通过选择,有意识地创造与设计出来的。因此,政治系统所具有的结构与功能,是政治行为主体的活动产生出来的政治关系的结构,而不仅仅是纯物质成分的天然的构造。正因为如此,在生命周期上政治系统有自身的特点。对于生物系统来说,只要是同一个物种,就必然具有同样的生命周期。政治系统则不然,它虽然也要经历产生、成熟和灭亡的过程,但不同的政治系统存在的时间长短是很不一样的,其间经过的形态也是不同的。

任何政治系统都可以从整体与要素的关系上来分析。政治生活的系统分析所确定的政治系统是一个整体性和包含性概念,它将政治生活中的众多要素整合和包容起来,由此来鉴别政治生活的基本范围,并显现出政治生活活动范围与人类生活的其他领域和范围的关系,与政治生活环境要素的关系。同时,政治系统这一概念框架则成为将政治生活内在要素贯通起来的网络。这一网络可以容纳在现代政治演变和发展中涌现出来的更多的人类组织机构、新的政治关系。②

任何系统都可以区分为相对的开放系统与相对的封闭系统。政治系统这方面的特性应当从两个角度来分析。从它与人类生活系统及其环境要素的关系来考察,政治系统是与人类的经济生活、文化生活、社会生活交织在一起的,并且同政治生活之外的人类生活系统不可缺少的地理资源的、生态环境的、气候状况的种种要素时刻进行着物质的、信息的、能量的交换。因此,政治系统具有相对的开放性。从它与其他的政治系统的关系来考察,任何一个具体的政治系统都是一个主权实体,它具有自己的自主的公共权力结构、自主的战略目标、自主的意识形态、自主的体制,它不允许系统内和系统外的异己力量任意干扰和破坏它的既定的结构、目标、制度和体制。因此,在这种情况下,具体的政治系统又具有相对封闭的特性。

任何政治系统都可以从静态和动态的方面加以研究。从其静态的方面来分析,政治系统处在一定的地理空间维度上,它具有相对的稳定性。系统内部围绕公共权力结构,既定的机构组织、规则制度、体制机制,主流意识形态,聚合为一个共同体。从其动态的角度来分析,政治系统又处在一定的历史时间维度上,它具有内在的运行、发展动力,在历史的变迁中,它呈现出不同的政治形态,而具体的政治形态又是由不同的政治规则制度、体制机制表现出来的。

---

① 参见达尔《现代政治分析》,上海译文出版社 1987 年版,第 15—28 页。

② 参见戴维·伊斯顿《政治生活的系统分析》,华夏出版社 1989 年版,"中文版序言",第 6 页。

政治系统与政治国家

在理解政治系统时,必须理清四个关系:一是政治系统与政治国家的关系;二是政治系统和政治共同体的关系;三是政治系统与政治形态的关系;四是政治系统与政治制度、政治体制的关系。在这一节,我们先讨论前面两个关系。

在现代人类生活系统中,存在和运行着经济系统、社会系统、文化系统和政治系统。在现代人类生活系统中还存在着国家设施。这种由人们主动设计、建构,并且在历史过程中不断变动的设施,和经济系统、社会系统、文化系统、政治系统是紧密相连的。在人类生活的不同子系统中,国家设施的功能、面貌是不一样的。在经济系统中运转的是经济国家,在社会系统中运转的是社会国家,在文化系统中运转的是文化国家,在政治系统中运转的则是政治国家。

国家设施的最为根本的属性是政治的。这是因为:其一,从国家的历史起源来说,国家是在人类社会因分工的发展出现私有制、产生阶级对立的条件下,从社会中产生出来的,仿佛凌驾于社会之上的阶级统治的工具。其二,从国家的本质来说,国家是阶级斗争不可调和的产物,在敌对阶级之间的阶级斗争不可调和的时候和地方就会出现国家。国家是经济上占统治地位的阶级进行阶级压迫的暴力工具。其三,从国家的职能来考察,虽然现代国家有经济、文化、社会、生态方面管理的职能,但是国家的基本职能还是对内保护统治阶级,对被统治阶级实现专政,对外维护本国统治阶级利益,防御和打击外来敌对势力的侵扰。其四,从国家的最终历史前景来分析,一旦阶级被消灭,国家就会自行消亡。首先是成为半国家,最终是完全消亡。消亡了的国家,就能像青铜器一样会陈列在历史博物馆中。在阶级斗争和国家消亡以后,政治生活还会存在,要经过更加漫长的时间政治才会消亡。

无论是从国家的起源、性质、职能,还是就其历史前景来衡量,从根本上说国家都是政治的,是政治国家。但是在辨识了国家的根本属性是政治的以后,还必须知道:国家还有经济、社会和文化方面的属性,即还存在经济国家、文化国家、社会国家。同时,强调国家的根本属性是政治的,并不能由此得出结论说,凡是政治的都是国家的,因为的确存在过没有国家的政治,而且在遥远的未来人们也会在没有国家的政治中生活。

政治国家与政治系统的关系是由国家担负的不同角色来确定的。在现代人类生活中,政治国家扮演着不同的角色。从国际关系的视角来考察,在超国家的或超政治系统的国际政治生活中,国家扮演着国际政治行为主体的角色。作为这一角色的国家代表的是一定范围的领土、一定数量的居民、一定的主权和一定的整体利益。在传统的国际政治中,政治国家和政治系统几乎是同一的。世界上有多少作为国际政治行为主体的民族主权国家,就有多少个现实的政治系统。有时人们还喜欢用特定的象征符号即用政府或作为中央政府、联邦政府所在地的物质设施来代表一个国家,代表一个政治系统。如新闻中经常出现的"尼克松政府"、"华盛顿政府"或"白宫"就是指美国这一具体的政治系统,"首尔政府"或"青瓦台"就是指韩国这一具体的政治系统。因为在传统的国际政治中,有代表性的、唯一的政治行为体就是民族主权国家。

但是伴随着越来越多的政府间的国际组织(IGO)、非政府间的国际组织(INGO)、松散的国家共同体、跨国公司、特殊的国际活动个体、国际恐怖组织,以各种不同的方式加入到国际的政治、经济、文化、环境保护活动之中,国家已经不再是国际关系活动中的唯一的行动主体,而只是其中重要的行动主体罢了。这时要全面地展示和描述国际政治的行为体,只讲政治国家就不可避免地存在片面性。在整个国际关系或国际政治活动中,除了国家这一组织机构外,作为行为体的还有政治系统中各个层级的政府、政府中的机构、非政府组织、跨国经济活动组织,以及个人。这时以中央政府出面的国家和整个政治系统就不再是同一的,它充其量只是参与国际政治活动的所在的政治系统中的一个主要力量,在它之外,还有很多的力量。这时用政治系统来取代原先的国家在理解国际政治时就具有了合理性。

当国家在政治系统内扮演角色时,与政治系统相对应的是传统意义上的"社会"。它是各类政治行为主体的总和,在这种社会中,各种政治行为主体掌管和维护的是各自的政治权利。而国家掌握并行使着的则是公共政治权力。在长期实行集权统治和集中计划经济的社会中,由于各政治行为主体的政治权利被轻视或忽略,社会政治功能日趋萎缩,国家公共政治权力日趋集中、膨胀,政治国家几乎吞没了社会。在这种不正常的情况下,政治国家就会成为政治系统的代名词。

但是当市场经济迅速发展,各类政治行为主体的政治权利日益受到尊重和维护,各种非政府的社会组织纷纷建立起来,社会自治能力不断增强时,政治系统中的政治关系就变得复杂起来,仅仅靠国家公共政治权力已经不能很好地控制、协调整个政治系统了。在整个政治系统中,既要重视掌控公共政治权力的政治国家,又要重视那些掌握和维护着各自政治权利的政治行为主体,实行由政治国家为主的多元政治力量的共同治理。因此,要正确展示和描述政治系统的运行和发展,只关注政治国家是远远不够的,必须将政治国家看成是在政治系统中的一种具有主导性的政治设施和力量。

政治国家和政治系统关系的这种变化,说明人类的政治生活向更高水平提升了,也说明人类的政治思维水平提升了。当人们开始产生政治思维并对政治生活进行研究时,他们见到的政治生活都是围绕城邦、帝国、君主展开的。这时,政治学就成为城邦学说、君主学说、帝国学说。人类很迟才意识到政治生活围绕国家旋转的事实。在14世纪时，国家在政治学家的头脑里还只是一种"生物"：它由完成其生存所必需的种种功能的各个部分所组成。在其健康时，每一个部分都在活动，而当一部分分工得不好或者干预另一部分事务时，冲突就发生了。组成这一"生物"的主要部分是士兵、僧侣和官吏。① 霍布斯在1651年出版其经典著作《利维坦》时，为了"溶解"人们对君权的忠诚、敬仰和情感，在对国家作分析时，他仍然认为社会不过是一种虚构物，国家也只是一个人造物，"是一个庞然大物，但没有一个人热爱它或要推翻它。可以把它归结为功利主义，它的所作所为是好的，但不过是私人安全的奴仆而已"。霍布斯坚持认为，在社会和国家之间、在国家和政府之间要作出任何区分只能引起混乱。②

从霍布斯以后，政治国家则被实体化了，而且成了政治系统的代名词。直至20世纪二三十年代，政治学的研究都是围绕着国家的组织机构和活动规则来进行的。政治生活中其他的成分和要素都被撇在一边，能进入政治学家视野的只是由政府组织形成的结构和由许多规章、规则形成的制度。而所有这些又都是写就在法定的文本上的。无论是政府组织形成的结构也好，或者是由规则结合而成的制度也好，都必须汇集到一个实体上，这就是国家。政治学就成了国家学，政治生活就成了国家的活动。在这一时期，可以说，所有的政治学都是围绕国家的轴心转动的。

这种政治学被定格化为国家学的思维定势或国家中心主义的观念最终被行为主义政治学所动摇。行为主义政治学是从20世纪二三十年代就开始孕育的，到四五十年代趋于兴旺，到60年代达到高潮的美国政治学思潮。行为主义政治学对传统政治学研究中的国家中心主义的批判来自两个方面的要求。一是政治学知识发展的要求。正像戴维·伊斯顿在批评传统的政治学理论研究时所指出的，传统政治学的研究只偏重政治学说史的考察、分析，并且又都集中在对经典著作的解释上。传统政治学的研究专靠吸取古人的骨髓来过日子。而传统政治学恰恰是以国家为中心概念的，这种政治学研究也就成为寻找和论证国家研究的历史变化的工作。伊斯顿认为，科学的政治学研究应当总结出新的理论，以解释和指导政治生活的发展，而不是在对旧有著作的解释中转圈子。同时，伊斯顿也正确地指出，在20世纪"50年代，随着行为主义的变革，作为一个概念的'国家'被认为不合乎要求，未久就为一个涵义更加丰富的术语'政治系统'所代替了。'国家'这一概念之所以被政治学首先摒弃，是因为它早先是含糊不清的"，即便到现在

---

① 乔治·霍兰·萨拜因：《政治学说史》，刘山等译，商务印书馆1999年版，第345页。
② 乔治·霍兰·萨拜因：《政治学说史》，刘山等译，商务印书馆1999年版，第527、529页。

"丝毫也不明晰可鉴"。①

促使政治学研究离开国家中心主义的另一个要求是现实政治实践的要求。美国建国的时间并不长，算是一个年轻的国家。但是到 20 世纪三四十年代，美国已经强大起来，对美国的政治家来说，他们希望政治学研究能够提供教导人们管理现实政治的知识。这一点已经被当时还是一位政治学研究生的伍德罗·威尔逊（Woodrow Wilson）所察觉，他明确地指出，政治学家不能一味地埋头于书本、政府文件、法律纪录之中，而应当去思考现实的政治生活。他主张研究政治的人应走向社会，到大街上去，到办公室中去，到议会大厦去，去参与实实在在的政治生活。而在这之前阿绪尔·本特利在他的《政府过程》一书中已经直截了当地指明，国家、政府不是一个形而上学的实体。所有存在的就是政府本身，政府恰恰是由政府中的群体和利益集团的活动组成的。专注于法律、规章和实体机构的研究，只能是死的政治学。②

政治学研究离开国家中心主义，走向政治系统研究是政治思维的一次大的飞跃。这一政治学理论研究上的思维观念和方式的转变并不是一帆风顺的。正如伊斯顿在为他的著作中译版作序言时所指出的，在 20 世纪 80 年代，一些人强烈呼吁"使国家回到"政治分析中来。③ 对于这一回潮，伊斯顿作出了评价，认为它是一种多余的、不必要的喧嚣。他指出，在政治系统概念中，国家并没有被排除在外，只是换了一个提法。从政治生活的系统性和整体性来考虑，制定和实施政治输出、充当政治系统和其他社会系统之间中介行为者的政治当局，其实就是传统意义上的国家。在政治系统分析中，国家已经是一个内在的组成部分了。④

政治系统与政治共同体

政治系统的内部要素是通过相互作用结合起来的。这种结构既是政治系统内的各种要素互动的产物，同时又是系统发挥自身功能的前提。政治系统的要素

---

① 参见戴维·伊斯顿《政治生活的系统分析》，华夏出版社 1989 年版，"中文版序言"，第 3 页。

② 阿绪尔·本特利在《政府过程》中表述了两个基本思想。一个基本思想是认为政府是"活动"。政府并不是由担任一定官职的人，或由长官构成的，也不是由法院、议会这些合乎法律的机构组成的，相反，它是一个庞大的活动网。另一个基本思想是认为政府活动是利益集团相互争斗的过程。群体作为许多人的行动方式，有着自身的利益，这是一种集团利益。一切政府活动都是集团利益在形成、联合、排斥、对抗、竞争时进行调整的过程。本特利的思想已经接近政治系统的概念。但可惜的是，这本写于 1908 年的重要著作，直到 20 世纪 30 年代才被人们重新发现。一个新思想被埋在旧纸堆里 20 多年。

③ 指 1985 年出版的由埃文斯（P. B. Evans）、鲁谢迈耶（D. Rueschemeyer）和斯科斯波（T. Skocpol）合著的《使国家回归》。参见戴维·伊斯顿《政治生活的系统分析》，华夏出版社 1989 年版，"中文版序言"，第 7 页。

④ 参见戴维·伊斯顿《政治生活的系统分析》，华夏出版社 1989 年版，"中文版序言"，第 7、8 页。

时刻处在运动之中,但要素通过相互作用形成的结构却具有一定的稳定性。一个国家的立法机关中的人员每隔几年就要换一下,但是,立法机关这种机构设施却是一直存在的。在分析政治系统内部的要素结构时,可以从动态即变动性与静态即稳定性这两个角度入手。政治系统的静态结构在空间上表现为一个个并列着的政治共同体。政治系统的动态结构则在时间上表现为一个个依次出现的政治形态。

自 19 世纪以来,在西方文化中,"共同体"概念常被用来分析传统社会。在近代有代表性的是滕尼斯。他所讲的"共同体"是一种类似于"熟人圈子"的小群体。马克思比滕尼斯更早并且在更广泛的意义上使用过"共同体"概念。青年时代的马克思在其哲学著作中也频繁地使用过"共同体"概念,如古代的共同体,市民社会共同体,家庭、村社、等级共同体,"亚细亚国家"这类的国家政治共同体,以及"人的实质是人的真正的共同体"等等。

马克思和滕尼斯使用的"共同体"概念,共同的地方在于都强调其整体性即对个性的约束和依附性,人的个性不可能摆脱个人所生活的社会的整体性。对此,马克思曾经讲过,我们越往前追溯历史,个人就越表现为不独立,总是从属于一个较大的整体。在滕尼斯看来,"共同体"区别于现代公民社会中的小型组织如社区、企业、学会等等的本质之处,就在于共同体的整体性即其成员的依附性和人格的不独立。

很显然,马克思对"共同体"的定义远比滕尼斯的来得广泛。滕尼斯讲的是小的,以直接的人际交往与口耳相传的地方性知识为半径的,"自然形成的",主要是具有血缘性、地缘性的共同体。而马克思讲的则是从家族直到"亚细亚式的国家",从原始的家长制直到中世纪封建制的、"自然形成的和政治性的"共同体或"总合统一体"。

现代意义上的政治共同体主要是指在一定的地理空间中存在并发展着的内部具有整合性的政治生活系统。政治共同体在实际政治生活中的存在形式,可以是一个单一民族组成的主权国家,可以是由多民族结合而成的主权国家,也可以是由若干国家组成的在国际政治活动中具有主权地位的联合体。因此,政治共同体既带有地缘政治学的色彩,同时又与国际法中的行为实体有关。因为后者所坚持的原则是,任何国家在其领土范围内完全是彼此独立的,不承认有任何世俗权力可以超越它们之上。

现代意义上的政治共同体的概念主要强调具体政治系统的整合性、稳定性和并列性。

首先,政治共同体在总体上是整合的。共同体的概念将处在一定地理空间位置上的主权国家或具有独立主权的地区看作是一个具有共同目标与利益的政治活动单元,作为这一整体单元的平面投影便是这一国家或地区的版图。人们通常使用的世界地图所描述的正是在制图时间段内具体的政治共同体的并列状态。在国际政治学中,政治共同体概念是分析问题的出发点。我们在讨论英、美、法三国的关系时,其前提就是将这三个国家看成是相互分立的政治共同体。

其次,政治共同体具有稳定性。以国家为整体单位的政治共同体在一定的时间内无论是其地理位置,还是其人口规模,无论是其组织结构,还是其规则、规范等制度结构都是一定的。政治共同体的稳定性,固然与经济形态、社会形态、文化形态的相对稳定有关,但也不可忽视政治系统内在要素结合的方式与状态。一般地说,政治系统内在要素较为和谐、均衡地以单一制的方式结合在一起时,这一共同体就呈稳定的态势;反之,政治系统的内在要素以冲突的、非均衡的、复合的方式结合在一起时,其稳定度相对就要差一些。

第三,政治共同体具有并列性。在地球上,同一个时间段内会有许许多多政治共同体并列着。共同体之间会发生摩擦、冲突乃至战争,只要相邻的共同体之间不发生吞并现象,它们还是并列着。一旦一个共同体内部发生彻底分裂,新的共同体就会产生出来。相同政治形态的共同体可以并列、长期共存,不同政治形态的共同体也能够并列、和平相处。比如在当代,实行资本主义制度的政治共同体必然会与实行社会主义制度的政治共同体在相互竞争中长期共存下去。

在研究政治共同体时,尽管我们比较多地强调了具体的政治系统的整合性,但是,事实上,任何一个共同体都不可能是一团完全具有同质性结构的硬核。在政治共同体中,存在着相当多的异质成分。如果将政治共同体内的与这一共同体所确立的政治制度和政治体制相符合的成分称之为"制度部分"的话,那么,在共同体中必然或多或少地存在着与这些成分相对立的"反制度部分"。每一个政治系统中掌握着国家权力的行为主体总是要借助于各种形式和手段,来论证现行的政治组织结构与制度结构的合理性、合法性,增强政治行为主体对现行的政治制度、政治体制、政治价值的认同感,从而保证政治系统内部的凝聚力。

但是,由于社会经济利益在不同集团和群体之间的分配不可能是均衡的,经济利益上的差异性必然导致社会在对价值进行权威分配时存在矛盾和冲突。一些处于无权地位的集团则不会赞同由现行的政治制度、政治体制所决定的权威性分配。他们或者采取政治冷漠态度,或者进行政治对抗,甚至公开实行政治分裂。

通常,政治共同体中的"制度部分"对"反制度部分"会采取三种策略:一是严厉禁止、严加打击;二是和平共处、两制并立;三是分化瓦解、逐步统一。第一种策略有利于政治系统维持一体化,但可能要为此付出巨大代价。第二种策略是一种过渡性的方法,它有利于解决历史上遗留下来的政治分裂状态。第三种策略只适用于"反制度部分"的集团、群体力量比较弱小,而且其内部分歧较大的情况。

政治共同体内部的这种协调性与分立性的关系往往成为具体的政治系统能否稳定发展的关键。任何一个政治系统都会千方百计地强化内部的协调性,以此来增强共同体的凝聚力,从而保证政权的权威性,达到政治生活的和谐、稳定。但是,政治生活的协调并不是没有矛盾。在政治关系中,"无矛盾境界"是不存在的,问题是矛盾的性质不同、协调的方式不同。

通常在政治系统的"制度部分",政治关系中的矛盾是非对抗性的。但是,如果不及时解决政治关系中的矛盾,那么这些矛盾的性质就会改变,由非对抗性转变为对抗性的。矛盾性质一旦发生质的变化,原来属于"制度部分"的政治关系就会逐步地变为"反制度部分"的政治关系,政治共同体的分立状态就出现了。如果说,政治系统基本的政治目标和价值是符合历史发展方向的,那么,政治共同体中的"反制度部分"则对政治系统的发展产生消极的阻碍作用;反之,若政治系统的基本政治目标和价值是与历史发展方向相违背的,那么,政治共同体中的"反制度部分"将成为构建新的政治形态的创造性力量。

二、政治系统的特点

当人们运用整体的、系统的观念来观察、思考自己生活于其中的政治生活,同时也观察和思考那些与他们相隔较远的政治生活时,他们都会把这些政治生活看作是一个个系统。这些系统都具有自身的特征。

首先,政治系统具有自身的整体特性,它是由相互联系的部分或成分组成的。政治生活系统中的最基本的成分是政治行为主体、政治机构设施、政治原则规范、政治思想意识。政治行为主体通过政治活动形成了各种政治关系,这些政治关系的变化构成了政治过程。因此,政治系统就其本质来说是各种政治关系的总和。政治系统离不开内部的各种关系,但是,系统本身要大于这些关系的总和,系统的性质是由系统自身来确定的。

其次,政治系统有着自身的内在结构。政治系统内的各种关系并不是零乱无序的,它们是按照一定层次、等级、隶属关系组织起来的。不同政治系统之间的区别在于政治的基本组成部分的结构方式不一样、活动或运行的准则不相同。尽管各种政治系统的基本组成部分大致上是相似的,但是,只要这些要素的结构不同,政治系统就会发生质的变化。这种结构包括政治主体的结构、政治权力的结构、政治规则的结构和政治意识的结构,等等。

第三,政治系统具有一定的生存、运行与发展的环境。政治系统不可能从人类生活的大系统中分离出来,也不可能从国际政治的大系统中脱离出来。它只有在与一定的内外环境要素的相互作用下,才能发挥出自身的功能。一定的内、外环境要素构成的体系是政治系统活动的条件与客观依据,它们对政治系统的存在与发展有着巨大的影响。但是,政治系统决不是内外环境要素构成的体系的附属物,它会依据自身运行的规律来选择系统形态、结构方式和运行方式,以适应环境,并对环境要素体系产生巨大的反作用。

第四,政治系统具有一定的行为与功能。政治系统的功能可以从四个方面来考察。一是适应功能。任何政治系统都要从外部汲取它所需要的政治资源,加工之后为自身所使用,并把诸如政策等政治产品提供给政治系统之外的社会、经济、文化等系统。

二是目标功能。任何一个政治系统都要从本身的国情、国力以及在国际政治、经济中的地位出发,确立明确的目标并调动资源来达到与实现这些目标。通常政治系统的目标是一个有多个分目标组成的体系。在这个体系中有经济目标、文化目标、军事目标、社会目标、外交目标;有长远目标,也有近期目标;有稳定的目标,也有变动的目标,等等。不同政治系统的目标是不一样的。比如,有的政治系统是以提高政治共同体成员的福利水平为根本目标,有的政治系统以增强实力、保证安全为根本目标。

三是维持功能。政治系统在运行中必然会遇到来自内部的和外部的压力,系统为保护自己,就必须在自身与内环境和外环境的交界的界线上建立一定的警卫与安全设施,以阻挡和减缓由环境要素带来的影响和干扰。另外,政治系统还要预防系统内部产生的破坏力量。只有这样才能保持系统的平衡状态,使之继续生存下去。

四是动力功能。政治系统仅仅设置防卫措施,只能对系统已有的规模和能力加以维持。但是,政治系统要能生存下去,积极的办法是主动求得发展。这就需要政治系统经常保持一种能够刺激行动的后备原动力,以便实现体制和制度的创新。

如果将上述的四种功能按一定的方式排列起来,可以得到图3-1。

范登伯格(Van Dan Berghe)对此作了解释。他认为对于一个具体的政治系统来说,外部的环境是经常变化的,这种外在的变化(exogenous changes)必然要对系统产生扰乱(disturbance)。他

内部关系	适 应 adaptation	目 标 goal attainment
外部关系	动 力 motive power	维 护 pattern maintenance

图3-1 政治系统的基本功能

将这种扰乱称之为压力(stress)。当政治系统遇到压力后,就会在内部产生不良功能(dysfunctions),从而失去平衡(equilibrium)。系统要实现有机的平衡,其内

部就需要改变,从而主动适应(adjustment)外部环境的变化。^① 伊斯顿却认为这种
理论过于抽象,而无实用价值。但是这种对政治系统与环境相互作用的分析对于
建立政治稳定的学说(theory of political stability)还是有效的。

第二节　政治系统形态的实质与类型

一、政治系统形态的实质

在空间维度上,政治系统表现为整合的政治共同体。这种政治共同体又时刻
处在运动之中。这样政治系统在时间维度上就会呈现为不同的结构和运行方式,
这就是政治系统形态。政治系统形态与社会形态是相关的,是整体社会形态的重
要组成部分。因此,要把握政治系统形态概念,理解其实质,就必须首先理解社会
形态概念。

社会形态

从人类揖别动物界成为地球上唯一的组成社会的有生命的类别以后,人类社
会生存、演化和发展的历史就开始了。人类在地球上代代相传延绵不断至少已有
数百万年了。在这漫长的历史中,从大森林中走出来的,选择在大河流域、大海沿
岸和广阔平原上休养生息的人类,究竟经历了怎样的发展阶段? 在很长时间中,
至少在 19 世纪中叶以前,关注人类历史的学者们,只能从残存的典籍和遗迹中,
猜测到曾经有过许多的群居共同体,它们周而复始地上演着分裂与聚合、迁移与
回归、消失与重建的戏剧。过分地强调思想意识的功能,极度地夸大英雄人物的
作用,使历史学家们陷入了一片迷离混沌之中。尽管一些持有唯物主义世界观的
哲人和政治学家们曾经也探索过自然环境、生产劳动在历史发展中的作用,甚至
18 世纪的法国历史学家们发现了工业的巨大威力,技术的强大作用,还发现了阶
级和阶级斗争的事实,一些喜欢对人类历史作长时间跨度考察的思想家们也尝试
把人类历史分成从蒙昧、野蛮到文明的若干阶段,但是,他们都没有建立真正科学
的人类历史发展的形态理论。这一开创性的工作是由马克思、恩格斯完成的。

马克思、恩格斯在实现了他们的世界观向唯物的、辩证的方向转变以后,坚持
运用历史唯物主义的观点、立场和方法来寻找人类历史发展的规律。他们既不是

---

① Van Dan Berghe,"Dielectic and Functionality Toward a Theoretical Synthesis",*American Sociological Review*,October,1963,pp. 696 - 697.

从"一般社会"或"社会一般"的纯抽象出发,也没有停留在某种感性具体的社会上,而是把人类社会看作是一个处于永恒变化发展之中的、本质上是一个自然历史过程的有机体。在理解社会的演变时,马克思、恩格斯抓住了社会有机体中最根本的、也是作为最终动力源泉的生产力,并且将注意力聚焦在生产中发生的生产关系上。正是生产力和生产关系的统一构成了一个社会的基础,决定了在其之上的由政治、法律、思想意识等等构成的上层建筑。经济基础的改变,最终决定着上层建筑的变化,从而形成了人类社会历史的变迁轨迹。一旦坚持分析物质的生产关系,在对社会历史的宏观考察中,"就有可能看出重复性和常规性,就有可能把各国制度概括为一个基本概念,即社会形态"。①

马克思、恩格斯"推翻了那种把社会看作可按长官的意志(或者说按社会意志和政府的意志,都是一样)随便改变的、偶然产生和变化的、机械的个人结合体的观点,第一次把社会学置于科学的基础上,确定了社会形态是一定生产关系的总和,确定了这种形态的发展是自然历史过程"②。

马克思、恩格斯的社会形态概念是一个完整的分析范畴。在社会形态中,生产力是最终的动力要素。由生产力发展水平决定的生产关系构成了一定社会形态的骨骼,也是决定社会形态性质的直接的标志性要素。在社会形态中还包括着使骨骼有血有肉的政治、意识上层建筑要素和其他的诸如家庭、族群、民族等人群共同体要素。社会形态不是这些多种要素死板、机械的拼凑,而是由这些要素有机结合而形成的完整的、动态的系统。

有了马克思、恩格斯的社会形态概念,人类历史的变迁不再是一场接一场的杂乱无章的朝代更迭的闹剧,也不再是充斥偶然性的一团迷离混沌。世代延续的人类子孙们虽然是在不同的历史时期,在不同的地域,并且在绝大多数条件下是以相互独立的方式创造历史的,但是,综观全球各个区域的历史,人类在不同地区,从总体上先后经历了原始公社的、奴隶制的、封建制的、资本主义的和社会主义的几种主要的社会形态。

政治形态

正像人类生活是一个最大的系统,它必然要包括经济、政治、文化、社会等子系统一样,在社会形态这一总体范畴中,也包括着社会经济形态、社会文化形态、社会政治形态。列宁曾经谈到过社会经济形态的概念。他认为社会经济形态就是生产关系的总和。提出社会经济形态理论,是为了以任何共同生活中的基本事

① 《列宁全集》第1卷,人民出版社1984年版,第120页。
② 《列宁选集》第1卷,人民出版社1960年版,第10页。

实即生活资料的谋得方式为出发点,强调把这种生活资料的谋得方式和在它影响下形成的人与人之间的关系联系起来,并指出这些物质生产关系的体系是为政治法律形式和某些社会思潮所包裹着的社会基础。

总体的社会形态,当然也包括社会政治形态。正如马克思曾经指出的:"社会——不管其形式如何——是什么呢?是人们交互活动的产物。人们能否自由选择某一社会形式呢?决不能。在人们的生产力发展的一定状态下,就会有一定的交换[commerce]和消费形式。在生产、交换和消费发展的一定阶段上,就会有相应的社会制度、相应的家庭、等级或阶级组织,一句话,就会有相应的市民社会。有一定的市民社会,就会有不过是市民社会的正式表现的相应的政治国家。"①这里讲的一定的政治国家,其实指的就是一定的政治系统形态。

虽然马克思、恩格斯、列宁并没有非常集中地、明确地阐述过社会政治形态概念,但是,他们有关社会形态的见解,特别是列宁关于社会经济形态的论述,可以为我们研究政治形态指明方向。列宁将社会经济形态界定为是生产关系的体系、社会经济结构。社会的生产关系是人们在生产过程中发生的物质交换关系。所谓生产关系的体系或结构指的是生产关系中所包含的生产资料的占有方式、人们在生产中的地位、生产结果的分配形式这些方面的总和与构成方式。

依据这一思维方向,我们也可以将政治系统的形态即政治形态界定为是建立在生产力和生产关系之上并由它们所决定的,并以一定的政治体制机制表现出来的政治关系的体系和结构。

首先,政治系统的形态是建立在一定的生产力和生产关系结合而成的经济基础之上的。生产力的发展水平是整个社会形态的决定性力量,也必然是政治形态的决定性力量。社会生产力水平既可以经过社会经济形态的中介对政治形态发生作用,也可以直接对政治形态产生影响。特别是作为生产力重要构成因素的科技能力和水平,在现代政治生活中起着巨大的作用。

其次,物质的生产关系不仅是政治形态的基础,而且是政治形态类型的直接标志。由一定的生产力决定的物质生产关系,是整个社会形态的骨骼,它是直接支撑政治生活血肉的支架。虽然在现代社会发展中,政治与经济的关联出现多种形式,甚至会出现暂时的相对分离,但是,从总体上说,政治是围绕经济这一轴心旋转的。一定的政治形态总是由和它相对应的生产关系的性质来标示的。

第三,政治形态是政治关系的体系和结构。一个政治系统中的政治关系主要包括三个方面。一个方面是政治权力的最终归属。政治权力是来源于、归属于人民,对人民负责,还是来源于帝王、某些阶级、某些组织,对少数人负责?另一个方

---

① 《马克思恩格斯选集》第 4 卷,人民出版社 1995 年版,第 532 页。

面是政治权力的配置与运行方式。政治权力是集权垄断,还是分权制衡? 权力是
按法定程序公正行使,还是按个人主观意志任意行使? 还有一个方面是社会价值
的分配形式,是平等的权威性分配,达成和谐,还是强权性分配,导致冲突?

第四,政治形态都是通过具体的政治体制机制体现出来的。在不同的社会形
态中,政治关系所包含的具体方面是不一样的,由此形成的政治关系体系结构就
会不同。这些具体的政治关系的体系和结构在实际的政治生活运行中,就成为政
治制度、政治体制,政治体制的运作就表现为机制。一种政治形态可以有几种政
治制度、体制机制。因此在政治形态没有发生质变时,在既定政治系统形态内照
样有政治体制的变革与转轨。

政治形态是标明政治生活系统前进性的重要概念。它将政治共同体的存在
和变化与人类的历史发展联系起来。纵观人类政治活动的历史,人们可以看到,
在一定的地理位置上,在一定的历史年代,一些政治共同体产生出来了,而在同一
地理位置上,在同一年代中,另一些政治共同体却烟消云散。如果我们仅把目光
停留在一个个政治共同体的产生、并列和消失上,那么,政治生活就会变成大大小
小的灭亡了的和存在着的政治共同体的堆积,政治发展的基本线索就会模糊
不清。

政治体制

政治系统在运行中总是表现为一定的政治形态。一定的政治形态是一定的
政治关系的制度、体制和结构。一定的政治形态又是通过一定的政治体制体现出
来的。要认识政治形态还需要分析和研究政治体制。政治体制(political institu-
tions)是政治形态的具体内容,是具体的政治形态所选择和坚持的政治制度在政
治系统内得到表现、实施和实现的具体方式。具体的政治体制是指根据一定的宪
法和法律建立起来的国家公共政治权力结构,公共政治权力与各类政治行为主体
政治权利关系模式,公共政治决策机制的总和。学术界也有人认为,政治体制是
狭义的政治制度。实际上,政治体制是政治制度的实际表现形式,是政治制度的
具体组织、管理和运行方式。

首先,政治体制是一定政治形态的具体内容。政治形态是政治关系的体系和
结构。一定的政治形态所包含的政治关系是具体的。政治关系的具体性不仅体
现在不同的物质生产关系决定着特定的政治关系,而且,政治关系本身包含的多
个方面也是具体的。政治体制作为政治形态的具体内容就是要实际地表明是何
种生产关系决定的政治关系,政治关系中的主要方面的规定性是什么,这些方面
是如何结合成一个有机体系和结构的。

其次,政治体制是一定的政治制度表现、实施和实现的具体方式。政治系统

在运行中依据一定的由社会经济形态决定的政治形态,选择和坚持一定的政治制度,通过一系列的政治制度来坚持和保障既定的政治形态。但是政治制度决不是抽象的规定,它需要有表现形式和实现的方式。政治体制就是在政治系统内表现政治制度的具体形式,是将政治制度实施和实现出来的具体方式。

政治制度(political regime)是指同政治系统性质即具体政治形态相适应的有关国家公共政治权力的结构、关系和运行的正式规则的总和。它既包括从中央到地方基层的各级政权组织的构成规则,也包括各种政治行为主体相互间政治权利关系的规则,还包括统治阶级为巩固和扩大自身统治进行决策的规则,以及贯彻执行统治意图的手段、途径和结果等。与一种政治形态相适应的政治制度,特别是根本的政治制度是稳定的,体现这种政治制度的政治体制相对来说是具体的、变动的。所谓好的政治体制就是能让政治制度实现出来的一套便于操作的具体的组织结构、管理规则、运行机制的体系。

亚里士多德对"政治制度"曾作过经典性的定义:"政治制度是全体城邦居民由以分配政治权利的体系。"[1]迪韦尔热认为:"从广义上讲,可以把一个有统治者与被统治者之分的社会团体的形式称作政治制度。"美国政治学家阿尔蒙德认为:"政治制度是负责维持社会秩序或改变这种秩序的合法制度。"[2]

第三,政治体制的变革是实现政治形态转型,从而实现政治系统发展的现实途径。在政治系统中,政治体制处在最为具体和现实的层面。只有经过政治体制的变革,政治制度才能变化,政治形态才能变换,并最终引起政治系统的发展。在人类政治生活运行的历史上,存在两种类型的政治体制变革和转轨。一种是革命性的政治体制变革和转轨。它导致的是政治形态的质变,直接推动政治系统发展。另一种是革新性的政治体制变革和转轨,它只能引起政治形态的量变和部分质变,并不能立即引发政治形态的质变。但是这种政治体制的变革与转轨也很重要,它可以为其后的政治体制的革命性变革提供前提和条件。

政治系统运行中的同一政治形态,在其存在与变迁的或长或短的时段中,常常会形成不同的政治体制。这些不同的政治体制虽然都是同一政治形态的表现,但相互间是有区别的。不同政治体制的变革和更替,实际上就在促使政治形态发生部分的质变。政治形态的变迁和替代并不是一下子就完成的,它总是通过自身的部分质变来逐步实现。

为了描述同一政治形态自身的部分质变,我们可以运用亚形态概念。所谓政治形态的亚形态是指在政治形态运行中,与一定的政治体制相对应的,体现政治

---

① 亚里士多德:《政治学》,商务印书馆1965年版,第109页。
② 参见杨祖功等编《西方政治制度比较》,世界知识出版社1992年版,第5页。

形态部分质变的政治形态表现形式。政治体制的每一次变革和创新,就会在政治形态内部产生出代表一定新质的亚形态。政治体制不断的变革与创新,促使政治形态内部产生出一个个具有新质的亚形态。当某些亚形态所包含的新质的积累最终突破政治形态的界限时,旧的政治形态就会让位给更具新质的、更有生命力的新的政治形态。

二、政治系统形态的类型

人类整体生活中的政治系统是通过一个个依次出现的不同的政治形态来实现自身的演化、发展的。在人类已经历过的政治生活中,究竟出现过多少不同的政治形态,人们是如何区分这些形态的,这些有区别的政治形态在人类历史的漫长征程中是如何分布的,要回答这些问题就需要我们在对政治形态作深入分析时加以认真的探讨。首先我们需要研究的是如何区分不同的政治形态,即需要探讨划分政治系统形态的标准。

确立划分或区分政治形态的标准的一个较为省力又能保证方向正确的办法是借鉴马克思、恩格斯划分社会形态的做法。马克思、恩格斯在区分人类社会形态的不同类型时用了两个变量作为标准:一个是生产力水平标准,一个是生产关系性质标准。在马克思看来,不同的社会形态的区别,不在于它们生产出什么,而在于怎样生产,用什么技术工具生产。生产的技术和工具是测量社会生产力水平的标尺。按照工具和武器的材料可以将人类的生产历史划分为石器时代、青铜器时代和铁器时代。手推磨产生的是以封建主为首的社会,蒸汽磨产生的是以资本家为首的社会。[①]

但是任何技术和工具都必须与生产过程结合起来,才能产生现实的生产能力,并同时形成物质生产关系。正是依据人们的现实生产能力以及由此产生的人们在生产中的相互关系性质,马克思将人类历史划分为三种大的粗略的社会形态。"人的依赖关系(起初完全是自然发生的),是最初的社会形态,在这种形态下,人的生产能力只是在狭窄的范围内和孤立的地点上发展着。以**物**的依赖性为基础的人的独立性,是第二大形态,在这种形态下,才形成普遍的社会物质变换,全面的关系,多方面的需求以及全面的能力的体系。建立在个人全面发展和他们共同的社会生产能力成为他们的社会财富这一基础上的自由个性,是第三阶段。"[②]

---

① 参见《马克思恩格斯全集》第23卷,人民出版社1972年版,第204页。
② 《马克思恩格斯全集》第46卷(上),人民出版社1979年版,第104页。

由于人类的政治生活立足于由一定的生产力和生产关系有机结合而形成的经济基础之上，并且是其集中的表现和反映，一定的政治关系的体系和结构的性质完全是由生产力水平和生产关系性质决定的，因此，对政治系统形态类型的划分不能离开对生产力水平和生产关系性质的考察。但同时，政治形态作为政治关系体系和结构，其类型划分也不能不考虑政治关系自身的规定性。在政治关系的三个方面中，政治权力的最终归属是最为重要的。一方面，政治权力的最终归属直接受生产关系性质的制约，凡是在生产中占据统治地位的阶级，照例在政治生活中也是在政治权力的归属上占据着统治地位，另一方面，政治权力的最终归属又决定和制约着政治关系的另外一些方面，它决定和制约着政治权力的配置和运行使用，也决定和制约着社会价值的权威性分配的形式。

依据上述划分政治系统形态类型的生产力水平、生产关系性质和政治权力的最终归属的标准体系，我们可以将人类政治生活运行、发展迄今为止的历史，大体上划分为原始政治平等形态、奴隶主政治统治形态、封建主政治统治形态、资本家政治统治形态、社会主义人民民主政治形态。

人类的总体生活是一个在曲折中不断前进、上升的历史过程。虽然在特定的时期和区域中，具体的人类生活可能会有停顿，甚至倒退，但是，从总的历史进程来考察，人类生活是发展的，因为每一代人所继承的生产力都是既得的、不会丧失的力量，它会在积累中不断增强。与生产力相对应的生产关系也会在两者的矛盾调整中发展。经济基础的前进性和上升性，会决定和推动政治生活向更大的广度和深度发展。

衡量人类生活前进和上升的标尺是文明。所谓文明，在广义上讲，是指人类在社会历史发展过程中所创造的各种成果和财富的总和。文明的内涵是非常丰富和复杂的。人类社会的发展在经历蒙昧时代、野蛮时代以后，进入了文明时代。但在原始社会解体到社会主义这一崭新的社会制度诞生以前的漫长岁月中，无论是奴隶社会、封建社会还是资本主义社会，都一直存在着阶级剥削和阶级压迫，文明的发展走着曲折起伏的道路，其间充满着文明与野蛮、进步与倒退的斗争。

从总体上讲人类生活是经济、政治、文化、社会这四种形态有机结合、互相作用的统一体。与之相适应，人类文明也是一个有机系统，包括物质文明、政治文明、精神文明和社会文明四个方面。物质文明是指人类在经济领域中创造的物质财富的总和，主要表现为社会物质生产和经济生活的进步。精神文明是指人类在文化领域中创造的精神财富的总和，主要表现为社会精神产品和精神生活的进步。社会文明是指人类在狭义的社会领域创造的社会财富的总和，主要表现为教育、医疗、住房、养老、就业水平的上升和社会的和谐程度的提高。政治文明则是指人类在政治领域中创造的政治财富的总和，主要表现为社会政治制度和政治生活的进步。在人类整体生活中,这四个文明之间是相互交织、渗透和转化的。人类在发展,各种文明也在不断发展,从低级走向高级。人们在衡量社会进步的水平时,常常把这四个方面所创造的文明成果作为一种标志。

在人类政治生活系统中,文明既可以用来说明一种良好的社会政治秩序,也可以用来概括实现良好秩序的政治发展过程。政治文明指的是人类政治生活脱离"自然状态"或"野蛮状态",走向"文明状态"的过程和成果,它意味着良好的公共秩序的建立,合理的政治制度与政治规则的形成,普遍认同的公共权威的确立,个体的、群体的、团体的、党派的、政府的政治社会行为的合理规制,个人和团体的政治权利得到切实的保障。

从政治过程的角度衡量,随着人类生活范围由家庭、村落,到民族国家,到政治系统,再向超国家地域的范围扩展,政治生活也从家族管制,到国家统治,到系统治理,再到全球治理的模式转换。在范围扩展和模式转换过程中,传统政治的以权力为中心的强权政治原则逐步受到约束,而平等公正和人权原则被越来越多的人所接受。传统的政治制度安排和政治手段不断得到改造,建立在父权、族权、神权、王权基础上的强权政治体制,被建立在以民为本、民权基础上的现代民主宪政的政治体制所取代。

从政治结果的角度看,政治文明是人类意识、制度和行为进步的产物,它包括政治意识文明、政治制度文明和政治行为文明三个方面或三个维度。如表3-1所示,所谓政治文明,在理念方面,意味着平等、协作和宽容等政治价值观念和社会共识的普遍形成;在制度方面,意味着现代民主宪政体制机制的建立和推行;在行为方面,意味着社会普遍奉行合作、协商、和谐、诚信原则,以合理健全的法律、经济、政治、宗教、道德等多重机制有效地约束人们的政治行为、社会行为和个体行为。因此,人类政治生活中出现的不同政治形态,如果从历史演变的长周期来审视,应当是越排列在后的形态,其政治文明的程度越高。

表3-1 政治文明构成的维度

分析架框	政治的自然状态	政治的文明状态
政治行为和决策	冲突主义模式:零和博弈	合作主义模式:共赢
政治制度与规则	传统制度:暴力制度、世袭政治或家庭统治	现代制度:民主宪政
政治理念和观念	斗争哲学,你死我活,胜者为王,败者为寇	宽容精神,平等合作

原始平等政治形态

原始平等政治形态是人类从蒙昧、野蛮进入有文字记载的文明时代所经历的第一个政治形态。① 虽然原始人对他们如何生活,特别是如何处理社会公共事务并没有留下非常详尽的文字材料,但从奴隶社会中人们的追忆来判断,在原始平等政治形态下,人们的政治权利是平等的,长久生活中形成的习俗、惯例和禁忌成为人们政治行为的规范,处理公共事务和作出共同决策的机构是由办事公道的人组成的,有威望、有德行或有能力的人被推举出来担任公共事务的管理工作。以血缘关系为主,加上姻缘、族缘、地缘关系决定着原始平等政治形态通行着平等、正义的原则。但是,所有这些政治文明的成果都与政治思维水平的低下、政治设施的贫乏、政治权力配置和运行的不规范联系在一起。有不少近代和现代的政治学家们曾用赞美的笔调描述过原始平等的政治形态,并以今天不可能再达到和享受这种形态下那种政治民主正义而惋惜。其实,这是对原始平等政治形态的一种夸大。这种夸大流露出人们对今天政治生活的不满意,也寄托着人们对未来政治生活美好前景的向往。

奴隶主政治统治形态

在奴隶主政治统治形态中,仍然落后的生产力和建立在对奴隶残酷剥削和压迫基础之上的不平等的生产关系,决定了作为社会人口绝大多数的奴隶是没有任何政治权利的。虽然也有一部分平民有资格参与政治,但政治权力基本上归属于奴隶主贵族。这种政治生活的范围其实也是非常狭小的。尽管亚里士多德和后来的政治学家们不断地夸耀古希腊城邦的民主制,但这种民主只是除开奴隶的极少数人的民主,即使是在贵族和平民中,这种民主也是不完整的。况且民主政治在奴隶制下并不普遍,普遍存在的是集权的、独裁的、暴力冲突的政治。在奴隶主专权的政治形态下,作为会说话的工具的奴隶,包括那些因战败而沦为奴隶的贵族在社会价值的分配上是一无所有的,贵族们是按世袭的爵位和军功来瓜分社会价值的。奴隶制下的政治充满了争斗、血腥和阴谋。

与原始平等的政治形态相比,奴隶主专权的政治形态开始具有了某些微弱的政治文明因素。从中外历史典籍记载和考古发现来分析,在奴隶主政治统治的形态中,流行的是以争斗为主的强权政治意识,奴隶主不会给奴隶任何权利,奴隶主之间也是以强凌弱,以大欺小。在政治管理中,为了限制奴隶主内部的矛盾和冲突激化,一些奴隶制较为发达的政治系统,已经从依赖习惯、传统和禁忌办事,进而制定出一些简单的法规来约束奴隶主的行为。这些法规在有些政治系统中,是

---

① 关于在人类的原始社会形态中有无政治生活的问题一直存在争论。将政治看成是与阶级斗争、国家密不可分的学者,不承认在原始社会形态中存在政治生活。而坚持从广义的角度看待政治即把政治视为对人类公共领域中的事务和利益进行权威性管理的学者,则认为在原始社会形态中,特别是在其晚期,已经出现对社会公共事务和利益进行权威管理的机构、程序,这说明原始社会形态中确实存在着政治关系。

刻在具有神圣性的器物上的,在另外一些政治系统中,则是用规范的文本形式保留下来的。在古罗马帝国,只能适用于贵族、平民和自由民的法律已经达到相当严密和规范的程度。在这种政治形态中,在奴隶主与奴隶的政治关系上,不可能有宽容、平等。即使是在奴隶主之间,严格的等级制度也决定了争夺权力的活动是残酷的,在古罗马,经常上演的是血腥的贵族之间的残杀。但是,这种政治形态比起原始平等形态来,在政治文明上仍然是进步的。

封建主政治统治形态

在欧洲,手推磨的流行、铁制工具的推广使用;在东方,大型水利设施的建造、畜力和风力的普遍利用,终于创造出了要远远高于奴隶制的封建社会的生产力。对奴隶非人的奴役,不可能给占据统治地位的奴隶主们带来更高的生产力。而在封建主政治统治形态下,大批的奴隶被从手铐、脚镣中解放出来,强制的看守劳动被租种地上的自由劳动取代了,劳动成果的全部收缴变成只要上缴各种类型的地租。

但是,农奴和农民并没有因此而获得多少政治权利。在封建主政治统治形态中,政治权力被大大小小的封建主所垄断。农民在神权、王权、族权、父权的压迫下,并不能参与政治。绝大多数封建的政治系统通行的是中央集权制、王权的世袭和假借天与神的权威,人治被奉为铁律。从中央到地方,形成封建政治统治的紧密网络,其触角伸展到每个角落,贪婪地吸吮着民脂民膏。封建主借助于垄断的政治权力也垄断着全部的社会价值。

与奴隶主专权的政治形态相比,封建主政治统治的形态又增加了更多的政治文明的因素。在这种政治形态中,虽然农奴和农民并没有多少政治权利,但是,他们已经不是奴隶了。为了取得被统治者的认可,东方的封建主们将自己比作天的儿子,是天子,并且用一套理论比如儒学来加以论证。对于农民,封建主固然进行精神的和物质的奴役,但是,在每一次农民起义后,新的王朝的统治者总会放松赋税,采取让步政策,以求得政治局面平和。在西方,在教皇权力大于国王的条件下,封建主为了证明政治统治的合理性,则通过教皇的加冕,以表明王权的神圣性。

在奴隶制下,作为政治系统中的权力机构的国家,只是一个"自产国家",即国家的收入是由作为国家工具的奴隶的劳动提供的。在这种自产国家中,产权完全垄断在奴隶主手中。但是自产国家最终的失败恰恰在于它无法提高效率。从奴隶制过渡到封建制,政治系统中的国家成为"赋税国家"。虽然封建帝王总是坚持"普天之下,莫非王土",但是真正的经营权却是落在大大小小的地主和官府手中。农民要向地主、官府缴纳实物地租、劳役地租,到后来还有货币地租。

封建主控制的国家必须制定法律,来调节赋税的收取。由于掌控土地的都是大大小小的地主,因此,这种赋税上缴的比率,不需要和农民来商量,造成的政治体制和制度必然是专制的暴政。但是,经过一次次农民抗租抗赋的斗争,封建王朝就会把收取租赋的比率降低。从某种意义上可以说,农民是运用暴动、起义方式来与封建主的政治统治进行对抗和博弈。

在封建主政治统治的形态下,虽然封建主通行的是世袭制度,实行家天下统治,但是,一些明智的封建帝王知道,要治理那么多不驯服的农民,必须将一部分决策权分给忠于朝廷的官僚、谋士。在东方的封建制度下,统治者通过科举,从社会选拔忠于封建主的人,授其官职,甚至封其爵位,让他们为封建主制定有利于封建统治的政策。帝王和大臣的合作在封建主统治的政治形态中并不少见。

资本家政治统治形态

从中世纪的农奴中产生了初期城市的城市市民,从这个市民团体中发展出最初的资产阶级分子。封建的或行会的经营方式迅速被手工工场代替了。在蒸汽机和其他机器被发明出来后,手工工场又被现代大工业取代了。在中世纪到处可见的封建领主、陪臣、行会师傅、帮工、农奴终于消失了,阶级对立变得简单化了。从行会师傅、商人中分化出来的资产者和只能出卖自己劳动力的无产者成为两个对抗的阶级。若以占有财富的多少和消费方式的不同来划分,随着资本主义的发展,从富有者和贫困者中又分化出今天许多人津津乐道的所谓中产阶级。

在资本家政治统治的形态下,虽然无产者已经摆脱了人身依附关系,成为自由劳动者,但是,这种自由劳动必须找到活的劳动发挥作用的生产资料才能实现出来。资本家则正是依靠他们对生产资料的占有从而占有了无产者的剩余价值。在标榜自由、平等、博爱的资本主义世界中,虽然工人也有选举权,在现代资本主义制度下,甚至在法律上清楚地标明工人有言论、结社的权利,但是整个社会的政治统治权不可能属于普通的工人,整个资本主义国家只不过是资本家的委员会而已。

资本家要比奴隶主、封建主聪明得多。特别是较为发达的资本主义政治系统更是讲究政治统治艺术。即使是实行君主立宪制的政治系统,上层统治者也不再去仿照封建主大搞暴政。资本主义的政客们很懂得重用专家来治国理政。从属于资本家的政治学家、政治智囊们为资本家设计出既相互分割又相互制衡的权力配置方式,设计出众多利益集团相互竞争、博弈的决策过程,设计出表面非常精巧、花样繁多的民主程序。但是所有这些设计都是围绕一个目标即让资本家获利而进行的。

在资本家政治统治的形态下,政治成为由资本家掌控的价值的权威性分配过程。资本主义要比封建主义更进一步地解放和发展了生产力,发展了科学技术,从而也创造出了比以往任何时代都要多得多的包括金钱、地位、名誉在内的有价值的东西。虽然资本主义不断地向人们宣扬穷人只要奋斗也可以一夜暴富的故事,但是,有价值的东西最终只是流向掌握政治权力的资本家阶级。也许其他的诸如经营管理者、科技专家也能分得一些,但那只是资本家阶级瓜分之后剩下的一小部分。

但是,资本家政治统治的形态创造的政治文明显然要高于封建主政治统治的形态。在前一种政治形态中,国家政权不再是掌握在某个世袭的家族,更不是某个家庭手中。像美国历史上发生过父子先后担任总统的事情,也出现过一人两届连任总统的情况,虽然家庭、家族在其中也会发生作用,但这与世袭是不相干的。所有这些都需要从程序上经过政党内部和政党之间的竞争才会形成结果。除非在遇到战争、自然灾害和资本家的统治已经出现危机时,资本主义的政治统治则很少采用集权制和暴力方式。

特别是在晚期资本主义,资本家阶级对于无产阶级的政治统治不再是赤裸裸的剥夺,而是尽量采用表面上能够被接受的方式。大部分资本主义政治系统更多地借助于法律形式来解决劳资矛盾,创设一些渠道诸如经过批准的游行、示威,来让无产者发泄怨愤和不满的情绪。只要不危及资本家的政治统治,资本主义的政治上层有时也能作出某种程度的宽容和让步。普遍实行的政党竞争执政,也提供了让普通老百姓在有限范围和时间中选择表达政治态度的机会。

在政治决策中,资本主义的政治上层除了允许更多的集团展开竞争、博弈外,也注意采用民意调查和公众参与的方式让民众提出利益诉求。借助于现代技术,资本主义的政治上层也能将各种政治、社会、经济信息向公众披露。对于政府官员的渎职、腐败,资产阶级也能采取严格的措施加以防范和惩处。当然,资本家之所以要让政治形态系统的发展超越以往的政治形态,不全是为了民众,更多的是为了更为有效地保持他们对政治权力的垄断。

社会主义人民民主政治形态

社会主义革命并没有如人们想象的那样在发达的资本家占据统治地位的政治形态中发生。在一些资本主义发展不足或经济十分落后的、属于资本主义链条上的“薄弱环节”的政治系统中,在那些处于封建主义与资本主义之间的过渡形态、政治和经济都十分落后的政治系统中,在特殊的历史条件下,由处于秘密状态的共产党,组织武装起来的工人或农民,通过推翻旧的政治形态中的反动政权,取得了社会主义革命的胜利。

虽然现实的社会主义革命几乎都发生在生产力非常落后的政治系统中,但是这种新的政治形态的因素在与旧的政治形态相抗争时,就奠定了一个基本的原则,所有权力来源于普通劳动者和人民大众。人民是政治系统中的主人。即使是在社会主义政治系统运行出现曲折时,也没有任何人对此提出疑义。正是从这一原则出发,社会主义的政治领袖们在谈论无产阶级专政时,总是将人民民主与无产阶级专政结合起来。因此,社会主义的政治形态,其本质特征是人民民主即人民当家作主。

但是,由于起点的落后性,这种落后远不止是生产力上的,还有社会、文化,特别是政治方面的落后,封建的、买办的政治意识、权力结构、政治规则的残余充斥在新建立起来的政治系统之中。同时,社会主义政治系统建立和运行的特殊环境和革命中政治力量的特殊结构,也使得这一政治系统的上层只重视加强获得胜利的政党的领导作用,重视强化无产阶级专政,而忽视建立健全法治,忽视充分发扬和发展人民民主,这就决定了新生的、幼嫩的社会主义政治形态还不能将其应有的本质特性完全体现出来。

过分强调取得胜利的革命政党的领导作用,并且把革命政党的革命方式搬用到对新的政治形态的统治、管理上来的结果是人们忽视或忘记了去研究执政党的活动规律。再加上缺乏政党内部的民主机制,其结果必然导致在执政党内出现特权、腐败、个人迷信和领袖崇拜的恶劣现象。另外,新的政治形态由于过分地强调无产阶级专政,其结果必然是大搞阶级斗争,通过人与人的相互揭发、批斗,人民被当成了敌人,无产阶级专政就异化为对人民的专政,从而上演出一幕幕大清洗的悲剧。

虽然在对经济利益和政治权益的分配上,新的政治形态坚持与一切剥削阶级的"劳者不获,获者不劳"划清了界限,但是,过分强调分配的平均化,"干与不干一个样",其结果必然造成偷懒、搭便车、低效率。整个政治系统最终就会陷入国家公共政治权力总量不足的状态。为了保证国家有足够的公共经济权力来维持经济运转,只能将民众、基层和地方的财富集中到国家。为了保证国家有足够的公共政治权威,只能减少国民、基层和地方民主参与的政治权利。而这样做的结果,无论是国家的公共经济权力总量,还是公共政治权力总量最终都会锐减,从而发生经济和政治危机。

发生这种现象并不是社会主义人民民主政治形态或社会主义政治制度的失败,而是作为这种政治形态和政治制度的早期表现方式的政治体制出了问题。这种缺乏真正的人民民主、缺乏严格的法治、缺乏科学的执政方式的旧政治体制,阻碍了社会主义人民民主政治形态和政治制度优越性的发挥。经过改革、开放,通过社会政治体制转型,旧政治体制正在被创新中的新体制所取代。这种正在走向完善的新的政治体制,正在展现出社会主义政治形态的优越性,体现出人类政治文明建设的新水平。

中国正在构建中的社会主义新的政治体制强调:在社会主义政治形态中人民民主是社会主义的生命,社会主义民主以保证人民当家作主为本质和核心;坚持国家一切公共政治权力属于人民;努力健全民主制度,丰富民主形式,拓宽民主渠道,依法实行民主选举、民主决策、民主管理、民主监督,保障人民的知情权、参与权、表达权、监督权;从各个层次、各个领域扩大公民有序政治参与,最广泛地动员和组织人民依法管理国家事务和社会事务、管理经济和文化事业。

在国家政治决策中,坚持实行政治协商、民主监督、参政议政制度,把政治协商纳入决策程序,完善民主监督机制,提高参政议政实效。推进政治决策科学化、民主化,完善决策信息和智力支持系统,增强决策透明度和公众参与程度。

新的社会主义政治体制强调依法治国基本方略,努力树立社会主义法治理念,实现国家公共政治权力运行法治化,真正保障公民的合法权益。在坚持执政党的领导、人民当家作主、依法治国有机统一的前提下,执政党坚持科学执政、民主执政、依法执政,保证执政党领导人民有效治理政治生活。

在研究政治系统的形态类别时,必须重视两个重要的方面:一方面,任何现实的、具体的政治系统都不可能是清一色的,另一方面,并不是所有现实的、具体的政治系统都完全符合上面所提及的几种形态的特征的。关于后一个方面,我们留在后面详细讨论。在实际存在的政治系统中,通常情况下,会并存着几种不同的政治形态。比如在封建主政治统治的政治形态存在和运行的过程中,除了封建主占据统治地位的政治形态因素外,在这种形态建立的初期,甚至建立后的较长时间里,还有奴隶主政治统治的政治形态的残余因素。而在封建主政治统治的政治形态运行的晚期,还会出现资本家政治统治的政治形态的萌芽因素。

在一个现实的、具体的政治系统中,总有某种政治形态是占据主流地位的,在观察和判断政治生活发展的轨迹时,我们就以这种占据主流地位的政治形态来规定这种政治系统的性质和历史地位。在这一主流政治形态运行、完善、发展的周期中,在前期,必定会并存着被这种主流政治形态所取代的、已经崩溃的、但仍旧发挥作用的旧形态的碎片和残余。与这种旧政治形态的碎片和残余的斗争是主流政治形态巩固和发展的条件。在主流政治形态运行和发展的晚期,从主流形态中产生出来的更新的政治形态的某些部分会顽强地生长出来。

在政治系统转型中,也会发生与上面相类似的现象。就当代中国的政治系统运行来考察,残存的不仅有集中计划模式下的一些政治体制、政治思想观念的残余,甚至还有封建主政治统治的政治形态所残留下来的某些落后的、陈旧的、腐朽的因素。因此,要充分认识现实政治系统的复杂性,在以改革、开放的途径创建新的政治体制、政治结构、政治文化时,必须注意克服和消除一切与社会主义人民民主政治形态不相容的因素。

过渡类型的政治形态

上述的这几类政治系统形态的类型及其特征只是从历史上曾经有过的和现在仍在起着作用的具体的政治系统的个案中概括出来的。一方面,每一类政治形态所具有的特征都是通过对大量的、具体的政治形态进行比较,从中选择出来的具有共性的成分。因此,它与具体的政治形态的关系是一般与个别的关系。一般虽然来自个别,但是个别总是要多于一般,比一般更为生动。因为任何个别除了共性以外,还具有自身的个性和特殊性。我们在概括出资本家政治统治的政治形态的规范性特征后,当我们用这些特征来观察现实存在的大大小小的具体的资本家政治统治的政治形态时,就会发现它们和理论上的规范的形态之间有着较大的差别。

另一方面,如果将规范的政治形态按照出现先后的顺序在坐标系的横轴上排成一个连续谱,就会发现无论是在历史上还是在现实中,许多出现过的政治形态都不是落在政治形态连续谱的规范性节点上,而是位于这些规范性形态节点的左边或右边。出现这种现象的原因是,在历史和现实中存在不少过渡型的政治形态。比如新民主主义革命所推翻的旧中国的政治形态就是一个典型的过渡性的政治形态。毛泽东在领导中国新民主主义革命的过程中,对旧中国的政治形态作了最为科学的概括,称这种政治形态是半殖民地半封建的形态。如果要在政治形态的连续谱上标示出来,旧中国的政治形态的位置就落在封建主政治统治的形态与资本家政治统治的形态之间。在这种形态的政治系统中,既有封建主政治统治产生出来的政治关系,也有封建官僚与资本主义勾结产生出来的官僚买办资本主义政治关系,还有民族资本主义的政治关系。当然也有代表历史前进方向的工人、农民和无产阶级革命政党创造出来的政治关系。在这种过渡型的政治形态中,存在着的就是与半封建形态相连的封建主义和人民大众的矛盾,还存在着与半殖民地政治形态相连的帝国主义和中华民族的矛盾。

因此,在理解政治形态概念的功用时,我们不是简单地运用这一概念去对照哪个具体的政治形态,也不是用它作为刻板的标准去人为限制或补充哪个政治形态,而是要用来作为一种分析框架,将历史上的和现实中的众多政治形态加以分类,并以此来分析和研究政治系统的差异性,从而理清政治生活存在、运行和发展的基本线索。

第三节　政治系统形态的更替与跃迁

一、政治系统形态的更替

有了政治共同体、政治形态的概念之后，我们就能把政治系统演变的轨迹描述出来。但是，仅仅能从空间和时间的维度上清晰地看到一个个政治共同体的出现与消失，看到迄今为止，先后出现过五种规范性的政治形态的更替，这对于理解政治生活系统是远远不够的。深入的理解和把握需要探讨和分析政治形态发展的动力和变迁的规律。

政治形态更替的动力

是什么力量导致政治系统从一种形态走向另一种形态？什么是政治系统历史变化的动力？自古至今的政治家、政治学家、历史学家都依据他们信奉的理论假设和掌握的历史资料，提供出各种各样的答案。首先可以肯定的是，政治形态历史变迁的动力决不是来自任何神秘的非人格的力量。许多政治学家用历史来解释政治形态变迁。为什么会有不同的政治形态？回答是那是由历史造成的。这一看法乍一听似乎有点道理，但认真思考一下就会发现，其实历史什么事也没有做。它"并不拥有任何无穷无尽的丰富性"，它并"没有在任何战斗中作战！"推动政治形态变迁的，不是"历史"，而是人，现实的、活生生的人。"历史"并不具有把人当作达到自己目的的工具的特殊人格，政治形态的历史变迁只不过是追求着自己目的的现实人的活动而已。[①] 一旦破除了将无人格的历史作为政治形态变迁的原因，所谓的上帝、天子、鬼神创造政治生活、推动政治生活发展的鬼话就失去了存在的余地。

其次可以肯定的是政治形态的变迁有其现实的原因。但是原因又是什么呢？有一些政治学家和历史学家将外在的事物、现象，如地震、洪涝、瘟疫等作为政治变迁的原因，另外一些政治学家则喜欢谈论人们精神方面的动机，将功名心、"对真理和正义的热忱"等作为政治形态变化的原因。还有一些政治学家则把个人的憎恶，甚至各种纯粹个人的怪癖作为政治变迁的原因。也有一些政治学家认为社会的基本矛盾才是政治形态变迁的原因。

对于这些多种多样的作为政治形态变迁的原因因素，不少学者认为都是同等

---

① 《马克思恩格斯全集》第 46 卷(上)，人民出版社 1979 年版，第 220 页。

重要的,不能去比较哪些才是更为重要的原因。比如尹恩·罗伯逊就指出:"能否认为某种因素较之另一个因素更重要,或者说某一些因素更频繁地卷入到社会变迁之中呢? 不存在回答这类问题的简单答案,因为社会变迁的复杂性不允许我们作出简单的回答。"然后,他就举出了一些变迁的例子来证明其论点。比如生活在撒哈拉大沙漠边缘的非洲人把牛视为一种财富,他们拒绝采用"合理"的,虽然会减少牛的数量,但却能增加人们获得财富的购买股票的方法。又比如,在非洲许多国家中,伊斯兰教比基督教更容易被人接受,其原因是那里的人不把前者视为白人的宗教。而范围广泛的社会变迁之所以被美国人所接受,是因为美国拥有一个与科技及对美好社会追求相一致的思变文化。[①]

的确包括政治形态变迁在内的社会变迁,其引发的原因因素是多样的,并且不能简单地否定其中某种因素的作用。但是,罗伯逊所举出的解释社会变迁的原因因素也过于简单。那些只是一些细微的、表面的原因。理解政治形态变迁的关键是要找到在那些细微的、表面原因后面的原因。这就是恩格斯所说的"动因"、"动力的动力"、"最终原因"。马克思主义认为在研究政治形态变迁的根本动力或最终原因时,应当注意的,与其说是个别人物,不如说是使广大群众,使整个整个的民族、以及在每一个民族中间又使整个整个的阶级行动起来的动机;而且也不是短暂的爆发和转瞬即逝的火花,而是持久的引起伟大历史变迁的行动。[②] 这种最终的动力就是人类活动中的基本矛盾,特别是蕴含在生产方式之中的生产力与生产关系的矛盾。

将生产方式内部的矛盾看作是决定政治变革的终极原因,首先是基于一个简单的事实,即人们为了"创造历史",为了从事政治实践活动,必须要有最起码的物质生活资料作为生存的保障。因此,物质生产方式乃是全部社会生活的第一要素,它构成了其他一切社会活动,包括政治实践活动的基本前提。不仅如此,特别需要指出的是,作为人类生活的第一要素和基本前提,物质生产方式从来就不是凝固不变的,它处于生生不息的矛盾运动之中。生产力的不断发展,带来经济关系、利益关系及其他社会关系的不断变化。这种变化持续下去,必然会让原有政治关系和政治结构的落后性与不合理性显现出来。于是,经济和社会的进一步发展就会按照某种特定方向提出进行政治变革的客观要求。当一个社会中的进步的政治力量意识到这一客观要求,并将其成功地转化为政治实践的时候,特定的政治发展任务就完成了。

在典型形式上,可对这一过程作如下描述:在生产方式中,作为内容的生产力

---

① 尹恩·罗伯逊:《现代西方社会学》,河南人民出版社 1988 年版,第 829 页。
② 参见《马克思恩格斯全集》第 21 卷,人民出版社 1965 年版,第 301—350 页。

是不断发展变化的最活跃、最革命的因素;生产力的发展导致分工形式、交换形式等等方面的变化,从而在旧社会的母体中必然孕育出新的生产关系的萌芽;新的生产关系的萌芽不断发育成长,最终趋向于新的生产资料所有制形式的建立;新的生产资料所有制形式伴随着一种新的产品——代表新的生产力和生产关系的进步阶级、阶层或集团的出现,随着这些主体力量的壮大它们会提出与自己经济利益相关的政治权力要求;经济关系、阶级关系、政治关系的发展变化,反映在思想观念上,就会形成新的政治要求、政治价值观念和政治理论;以政治理论为思想先导,新兴阶级或进步集团的政治实践由自发上升到自觉;新的政治变革要求会遇到传统的落后保守势力的阻碍,由此产生以阶级冲突为核心的政治冲突;政治冲突受特定的社会历史条件影响,或者以渐进改革方式,或者以暴力革命方式获得解决;与生产方式变革和历史进步方向相一致的先进阶级最终夺取国家的政权,成为整个政治生活的统治力量和管理力量,从而实现新旧政治形态的更迭交替。[①]

虽然政治发展的终极动力在归根到底的意义上只能用生产方式的变革来说明,但是,马克思主义的政治发展观并不是机械的经济决定论。马克思主义所以特别强调经济变革对政治变革的根本制约作用,是为了在错综复杂的关系中找到考察政治发展问题的核心线索,但是如果由此片面地加以引申,将经济因素视为唯一起作用的决定性因素,那就会"把这个命题变成毫无内容的、抽象的、荒诞无稽的空话"[②]。因为在其现实性上,政治发展并不是一个单向的线性因素链条,而是一个多重因素彼此渗透、交互作用的复杂过程,是一个物质文明、精神文明和政治文明三者协调推进的持续过程。在这个过程中,生产方式的决定作用是通过与其他因素的相互联结、相互影响才实现出来的。这些因素包括:民族利益和民族关系、阶级与阶层的分化格局、政治力量的觉悟程度与组织程度、民众的关心程度和参与程度、政治领袖的组织才能和领导才能,以及特定的政治文化传统、政治心理意识、政治价值取向、政治理论原则等等。如果忽略了这些因素,那么对政治发展的理解就会是简单的和片面的。

同样可以肯定的是,具体政治形态变迁的动力也是具体的。虽然政治形态变迁的最终动力必须要到社会生活的基本矛盾中去找寻,但是,社会基本矛盾只是在最终意义上对政治形态变迁起着决定性影响的一般动力。否认这一最终的、根本的动力作用,我们必然找不到政治形态变迁的真实原因。但是,承认了这一最终的、根本的动力,并不等于就认清了具体政治形态变迁的现实原因,我们还需要

---

① 参见《马克思恩格斯选集》第 2 卷,人民出版社 1995 年版,第 32—33 页。

② 《马克思恩格斯选集》第 4 卷,人民出版社 1995 年版,第 696 页。

研究与最终的、根本的动力联系在一起的,并与之构成一般与特殊关系的,推动具体政治形态演变的具体的、现实的动力。这种对具体政治形态的变迁起着作用的具体动力是一般动力的历史表现类型。

在分析政治形态变迁的一般动力和作为其具体历史类型和表现形式的特殊动力时,重要的任务就在于要弄清楚一般动力在不同政治形态中的特殊表现形式,以及从一般动力到特殊动力的中间环节。比如,以生产力与生产关系的矛盾为源泉的政治形态变迁的一般动力,在存在阶级对抗的社会中,表现出来的推动具体政治形态变迁的特殊动力就是阶级斗争,而在非阶级对抗的社会中,这种特殊动力则不表现为阶级斗争或主要不是表现为阶级斗争。之所以会出现特殊动力的不同,与某些中间环节是有关联的。这些中间环节主要包括:政治行动主体之间的关系,具体地说,就是主体之间在根本利益上是对立的,还是非对立的;政治行动主体活动的性质,具体地说,就是主体的活动是对抗性的,还是非对抗性的;政治行动主体的活动与主体发展间的关联,具体地说,就是政治行动主体的活动是被动异化的,还是自觉创造的。

政治形态更替的规律

伴随政治形态变迁的是一个个政治共同体的产生、繁荣、衰败到灭亡、消失。这种周而复始的变迁可能是在一个古老的区域空间反复发生的,也可能是在一个新发现的区域空间出现的;既可以是同一种古老文明的传承,但更多的却是一种旧文明的消失、另一种新文明的出现。从表面来观察,这些变迁似乎是错乱的、偶然的、无序的,但是,从政治形态更替的方向、方式、途径来衡量,却存在内在的较大的因果性概率,或重复性。这种政治形态更替中出现的较大的因果性概率或重复性,我们可以称之为规律。①

政治形态更替中具有较大概率性的因果联系,即表现规律性的内在联系主要有三个方面。一是旧政治形态的危机与新的政治形态的萌芽的联系。二是旧的政治形态的抵抗与新的政治力量的进击的联系。三是旧的政治形态的衰亡与新的政治形态的生长的联系。

旧政治形态的总体危机必然促进新的政治形态萌芽的壮大。在政治系统处于平稳运行时,社会危机可能只是出现在经济形态或文化形态中,即使旧的政治形态有时也会发生某些危机,但只会出现在个别的领域,并且持续时间不长。在

---

① 所谓规律是指事物、现象或过程中内在的、必然的、重复出现的、不以人的主观意志为转移的客观联系。规律通常以事物、现象和过程中因果关系的概率表现出来。如果某些因果关系出现的概率一直大于50%,即这种因果关系会重复出现,我们就把这种联系称为规律,或认为它具有规律性。

经受冲击后,居于主导或统治地位的政治力量,能够通过包括经济的、思想的控制和调节,使混乱了的政治关系、政治秩序重新归于正常。但是当旧的政治形态的基础发生动摇,即整个社会的基本矛盾已经尖锐化时,整体社会生活就会出现一连串的"突发事件"。比如政治上层集团腐败丑闻不断暴露,居于统治地位的不同政治派别勾心斗角;下层大众不断地抗争、骚动,甚至揭竿而起。从经济形态的危机、文化思想形态的危机、社会形态的危机,最终演化为政治形态危机。已往有效的各类控制与调节手段已经变得无济于事了,危机在所有的政治领域一齐迸发出来,汇成政治形态的总危机,旧政治形态的外壳就要爆炸了。

伴随政治形态总危机的出现,会产生两种不同的政治行动。一种政治行动是居于主导和统治地位的政治力量利令智昏地使用全部的镇压机器,企图以暴力手段将政治危机扑灭下去。在经济上为了填补财政亏空和支付暴力机构急剧膨胀的大批开支,实行横征暴敛的政策;在思想文化上,为了堵住人民的嘴,实行思想禁锢、新闻管制政策;在政治上为了清除异己,则实施逮捕、迫害政策。这种镇压的结果,不仅消除不了政治危机,反而会使整个下层人民再也无法忍声吞气地生活下去,星星点点的暴乱很快就酿成大规模的起义和革命战争。

另一种政治行动是在政治危机下,整个社会出现大分裂,新的政治思想、政治利益团体、政治代表人物迅速出现。如中国的春秋时期,在奴隶主政治统治的政治形态遭遇危机时,一批新的贵族迅速分化出来,他们大胆实行"初税亩",豢养大批政客,四处游说,招兵买马,割据一方。法国路易十六的统治发生危机时,一批启蒙思想家著书立说,提出自由、平等、博爱的口号,第三等级迅速行动起来,提出新的政治纲领。

在旧的政治形态出现总危机的情况下,旧形态中居于主导和统治地位的政治力量的高压政治政策和镇压行动,与新的政治思想、政治关系、政治力量的分化、萌发是相互激荡的。旧形态中占据主导和统治地位的政治力量越是猖狂镇压、围剿,新的政治关系、政治思想和政治力量越是聚合、壮大。在新与旧的相互激荡中,旧的政治形态会逐步衰弱,新的政治思想、关系和力量会逐步成长起来。

旧的政治形态的顽抗必然促进新政治力量的进击。政治总危机的爆发,说明旧的政治形态已经失去了存在的合理性,但是,它在相当长的时间中依然是强大的。因为旧的政治形态在存活、运行过程中,形成了一套政治组织机构、规则制度、体制机制、思想意识,刚刚萌芽的新兴政治思想、政治关系和政治力量与其相比,暂时还是弱小的。旧的政治形态会凭借其暂时的优势,作殊死的顽抗。在这种强弱的对比面前,新的政治力量必然要展开理论和物质两方面的进击,并通过物质武器的批判,最终击退和瓦解旧的政治形态的顽抗。

新兴的政治力量首先要寻找精神武器,以便在理论上猛烈批判旧的政治形态存在的不合理性和不道德性,并论证新的政治形态产生和运行的合理性、进步性。封建地主在批判奴隶主的政治统治时,凭借的精神武器是神权、神道、神性;资本家在批判封建主的政治统治时凭借的是被限制了的人权、人道、人性。无产阶级和人民大众在批判资本家的政治统治时,使用的是基于唯物的、辩证的世界观基础上的社会历史理论,其中包含着体现人民大众利益和权利的人权观、人道观和人性观。

新兴政治力量仅仅凭借思想意识的批判并不能让旧政治形态这一庞然大物退出历史舞台。精神武器的批判只是更加猛烈的制度和体制批判的序幕。决定性的批判是物质武器的批判。只要翻开历史就能知道,几乎没有哪个进步的政治力量不是通过暴力的手段最终去摧毁旧的政治形态的。日耳曼人是在对罗马帝国的征战中建立封建主的政治统治的。英国的资本家阶级经过两次内战才建立起带有相当大的妥协性的资本家政治统治形态。18 世纪法国的资本家,经过一系列起义、内战,甚至付出了巨大代价打破了欧洲封建主结下的神圣同盟,粉碎了国王、僧侣、贵族的多次反扑和复辟,才建立起法兰西境内的资本家政治统治。美国原先是英国人的殖民地,经历了 1776 年至 1781 年的战争,取得了独立,又经历了1861 年至 1865 年的国内战争,北方的工业资本家击败了南方的种植园主,才确立起资本家的政治统治。

历史上带有剥削性的政治力量在建立自己的政治统治时尚且如此,作为剥削性政治力量的对立面的人民政治力量,要摧毁旧的政治形态,建立起完全崭新的政治形态,更需要经过长期的、残酷的武装革命。俄国十月革命是如此,中国的新民主主义革命也是如此。在现时代,有一些人抽去了具体的历史条件,抽象地谈论革命,认为十月革命和新民主主义革命所进行的战争是"违反人性"的,把革命战争中千百万先烈的壮烈牺牲说成是"历史的误会",是"无谓的举动"。持有这种观点的人,如果不是政治上的幼稚者,就是别有用心者。

新的政治形态必然要在清除旧的政治形态残余的基础上,才能茁壮成长、发展。新兴的政治力量,通过政治革命,将集中掌握公共权力的、在政治共同体中处于核心地位的重要政治设施和实体国家夺到自己手中,这表明旧的政治形态已经崩溃、衰败了,新的政治形态已经取代了旧的社会形态登上了历史舞台。但是,这并不等于旧的政治形态完全消失了。任何一种旧的社会形态在推翻和取代它先前的政治形态以后,都需要经过相当长时期的精心建构和细心经营,才能巩固和健全起来。新的政治形态不仅要建立表露在外的政治机构设施、规则制度、体制机制,还要建立严密的思想意识,通过政治社会化将其内化为指导和规范人们政治行动的政治习惯。

更为重要的是,作为旧的政治形态存在和运行环境的经济因素、文化因素、社会因素,并不会随着旧的政治机构设施、规则制度、体制机制的崩溃而立即消失,它们还会残存下来。维护旧的政治形态的政治力量会借助于旧政治形态残存下来的这些因素进行复辟活动。这种卷土重来的尝试和努力先后在封建主革命和资本家革命成功时建立的政治系统内出现过。有些复辟行动还在短期内取得成功。英国资本家政治革命中出现的斯图亚特王朝的复辟、法国资本家革命中出现的波旁王朝的复辟就是典型例证。

二、政治系统形态的跃迁

政治形态更替的顺序性

政治形态变迁、更替的最终动力存在于社会基本矛盾,特别是生产力和生产关系的矛盾之中。生产力作为一种人类在改造自然的实践中所获得的既得的物质力量,具有继承性和积累性。就某个具体的政治系统来说,只要它不在历史的行进中被消灭,它所掌握的生产力是不会丧失的,而且总是沿着递增的方向向前积累着。

由于人类的政治生活发展是从最初几个孤立的文明中心,逐步向着地球的其他区域扩散的,经过相近政治生活系统间的交流、竞争、合作,再走向区域的交流、竞争、合作,最终形成全球化浪潮,因此,人类的生产力成果就不仅仅是某个政治生活系统的产物,它日益成为全人类的共同财富。因而作为政治形态变迁和更替动力的生产力的进步,就是两种进步的统一。一种是个别政治生活系统中生产力的进步,一种是全人类政治生活中生产力的进步。这两种生产力的进步是相互作用的。特别是一旦科学技术作为重要的因素融入生产力体系后,世界性的科技交流会使各个政治生活系统中的生产力发展水平迅速向已经出现的最先进的水平看齐。

生产力的这种既是个别性又是整体性的,既是积累的又是上升的发展,决定着政治形态的变迁、更替会沿着从简单到复杂、从低级到高级的顺序行进。这种政治形态变迁的顺序性当然不是哪个人、哪个政治团体或政党预先设计出来的模型,而是从大量已经发生的政治形态的变迁、更替中总结和概括出来的基本线索。这种变迁、更替的顺序性也不是政治行动主体强加给政治生活系统的,而是政治生活系统运行、发展的内在必然性决定的。虽然不同的政治形态的起始与终结在时间上不尽相同,不同政治系统在某个政治形态上停留的时间间隔也不完全相同,但都是沿着从原始的平等政治形态,向着奴隶主政治统治的形态、封建主政治统治的形态、资本家政治统治的形态,再朝社会主义人民民主政治的形态变迁、发展的。

政治形态变迁、更替的顺序性并不是刻板的模式。人类在分析、阐述政治形态变迁、更替的具体进程时，只是把从具体政治形态历史演变中抽象、概括出来的顺序性作为观察、理解政治系统历史演变的指南，而不是要把它作为固定的、一成不变的框架去规定、强制政治系统的演变、发展。因为，一旦我们真实地去探究各个政治形态的具体变迁和更替时，我们看到的是一幅远比抽象的逻辑顺序要复杂得多、丰富得多的生动图景。首先不同的政治系统虽属同一类型的政治形态，但其外在环境要素和内在的主体结构、组织机构、规则制度、体制机制、运行过程、发展阶段等等方面，存在较大的差异性。其次，不同政治系统虽属同一类型的政治形态，但各自的起始与终结并不是整齐划一的，在时间上维度和方式方面的差距是巨大的。再次，在同一历史时代中，在不同区域中，会出现几种政治形态并存并且相互影响的局面。最后，也不是每一个政治系统都非得要一个不漏地依次经过上述几种政治形态的变迁与更替。

政治形态更替的跳跃性

对于一个具体的政治系统来说，它究竟采取何种政治形态，这既不是预先注定的，也不完全是由人们主观决定的，它是客观社会条件与政治行为主体主观活动相互作用的结果，是历史的决定与人的自觉选择的统一。对于某些政治系统来说，它可以不经过奴隶主政治统治的形态而直接进入封建主政治统治的形态；而另一些政治系统则可以越过资本家政治统治的形态而进入社会主义人民民主政治的形态。政治形态发展中的这种"跳跃性"是存在的。比如原先处在原始平等政治的形态后期的日耳曼人的政治系统，在对罗马帝国的奴隶主政治统治的形态征战并取得胜利后，并没有建立奴隶主政治统治的形态，而是径直走向了封建主政治统治的形态。北美原先是英国的殖民地，列克星敦的枪声拉开了美国独立战争的序幕。独立后的美国，并没从南方种植园主的政治形态按顺序建立封建主政治统治的形态，而是在废除黑奴制后，走上了建立资本家政治统治形态的道路。

政治形态的这种变迁和更替中的跳跃，一般有两种方式。一种方式是从低级的政治形态越过其后的政治形态，一下子跳到更后面的政治形态上。就像日耳曼人从原始平等政治的形态跳到封建主政治统治的形态，美国人从奴隶主政治统治的形态跳到资本家政治统治的形态。另一种则是从一种介于两种典型的政治形态之间的过渡形态跃迁到更后的政治形态。比如，新民主主义革命前的中国是介于封建主政治统治的形态与资本家政治统治的形态之间的属于"半殖民地半封建"的政治形态，经过新民主主义革命及革命后不长的过渡时期，就进入社会主义人民民主政治的形态。就中国内部的政治生活变迁来说，出现过更大的跳跃性。在旧中国刚刚得到解放时，藏族、彝族等少数民族的政治生活还处在奴隶主政治统治的形态上,东北的鄂伦春族还处在原始平等政治的形态上,经过民主改革,他们都超越了几个政治形态,直接进入了社会主义人民民主的政治形态。

不承认政治形态更替上的这种"跳跃性"是一种机械的、形而上学的,甚至是唯心主义政治观的表现。但是,我们也不能过分夸大这种历史的"跳跃性",更不能认为这种跳跃性是由于某些政治领导人的努力决定的,或由某个政党的作用决定的。一方面,这种政治形态更替中的"跳跃"是很少的,至于越过几个政治形态的现象更是罕见的,另一方面之所以出现这类形态更替的"跳跃性",那是由根源于社会基本矛盾的特殊历史条件和特殊的经济社会原因促成的。

当日耳曼尼亚的哥特人、高地德意志人、法兰克人、印克伏南人在向罗马帝国大举进攻的时候,他们还处在野蛮状态,既未达到西方古代的劳动奴隶制,也未达到东方的家庭奴隶制,从而没有能进入奴隶主政治统治的形态,还处在原始平等政治的形态上。但是征服罗马的结果却不是德意志民族所能预先料定的。原始氏族中的血缘关系很快丧失了自己的意义。原先占有土地的自由农民,连年的征战使他们彻底破产了。而在征战中,氏族军事首领的权力却扩大了,转变成了王权;氏族首长议事会也变得有名无实,改由国王的亲信即新贵们来代替。自由的农民不得不将土地所有权交给这些新贵们,然后再以力役和代役租把土地作为租地重新租回来,人身自由丧失了,经过几代以后,农民变成了农奴。由此产生出来的是占统治地位的大地主和依附于他们的小农。"有权势的地主和服劳役的农民之间的关系,对罗马前辈来说曾经是古典古代世界毫无出路的没落形式,现在对新的世代来说则是新发展的起点。"① 与这种新的生产关系相适应的只能是封建主政治统治的形态。

现代中国政治形态的跃迁也是在一定的特殊条件下实现的。由于帝国主义的入侵,封建主义和殖民主义在旧中国畸形地结合起来,形成了介于封建主政治统治的形态和资本家政治统治的形态之间的过渡形态,即半封建半殖民地政治形态。中国民族资产阶级的革命家们虽历尽千辛万苦,但只是打倒了皇帝,而没有从根本上铲除封建地主的生产关系。北伐战争后,在中国大地上,形成了大地主与官僚买办资产阶级相互勾结的反动政权蒋家王朝。由于民族资产阶级的软弱无能,资产阶级彻底的民主革命的任务只能由代表着无产阶级和广大农民利益、代表着中华民族利益的中国共产党来承担,由革命先行者孙中山发起的这场革命就转变为新民主主义革命。新民主主义革命的胜利,推翻了帝国主义、封建主义和官僚买办资本主义这三座压在中国人民头上的大山。在革命过程中,没收的官僚资本成为国有企业的生产资料,革命中的无产阶级成为工人阶级,并上升为全

---

① 参见《马克思恩格斯选集》第4卷,人民出版社1995年版,第155页。

社会的统治力量。同时,农民依靠共产党翻身解放,获得了土地和自由。农民只有和工人阶级结成广泛的联盟才能摆脱穷困。民族资产主义虽然在解放后有所发展,但是,民族资产阶级终于发现,不依靠国家和国有企业,他们将寸步难行。正是 20 世纪 50 年代初这种客观的经济、社会条件决定了新中国的政治生活系统,既不可能倒退到封建主政治统治的形态上去,也不能走向资本家政治统治的形态,而只能跃迁到社会主义人民民主的政治形态。

一定政治系统在一定的历史时期选择何种政治形态,完全是由当时社会的基本矛盾的性质和特殊状态决定的。有作为的政治力量、政党和政治家,只有牢牢把握社会基本矛盾的具体性质,并及时发现根源于基本矛盾的特殊表现方式,因势利导,才能选择和确定合适的、合理的、具体的政治形态。如果不是以历史辩证法的眼光来观察、思考问题,而以刻板的顺序来规定新中国的政治形态,就会得出所谓"应当"先搞资本主义,先建立资本家政治统治的形态的荒谬结论。如果一味强调人的主观能动性,将历史的辩证法当成任意设计政治系统形态的工具,以为在经济形态上、在政治形态上可以随心所欲地跳跃、超越,就会作出"跑步进入共产主义"的幼稚举动。

政治形态在变迁、更替中出现的跳跃,会给新的政治形态的运行发展带来一定的困难。因为任何政治形态更替的跳跃,都要以经济生活特别是生产力的充分提高为基础。即是说,社会的生产关系可以"跳跃",政治形态也可以"跳跃",但是社会的生产力却永远无法"跳跃"。这样,在已经建立的新的政治形态存在和运行的过程中,政治行为主体就会时刻遇到社会生产力水平低下、物质基础薄弱、科学技术落后、国民教育水平不高、民主和法治意识淡薄的现实情况,一种在更高的政治文明等级上的政治形态应有的优越性就很难发挥出来。

如果看不到这一点,或者对此没有充分的估计,我们就有可能犯两方面的错误。可能犯的一方面的错误是,简单地怀疑新的政治形态的合理性与优越性。不少人认为:只要宣布建立了或进入了某种类型的政治形态,就应当立即看到属于这种政治形态的合理性特征,就能马上享受到这种政治形态应有的优越性;如果没有,那就说明,这种政治形态本身就不具有那些合理性特征和优越性。

可能犯的另一方面的错误是,简单地怀疑进入新政治形态的必然性。不少人认为,既然已经建立和进入的政治形态没有能显示出应有的合理性特征和应有的优越性,就证明在这一阶段上还没有具备充分的条件和完备的基础来确立这种政治形态,因而构建和确立这种政治形态就不具有必然性,明智的做法就是从这种不切实际的政治形态上退回去。

第四节　政治系统形态转型的性质与途径

一、政治系统形态转型的性质

在人类政治生活系统所发生的变迁中,有些变迁的结果是导致旧的政治形态的崩溃和新的政治形态的出现;有些变迁的结果并不是导致新旧政治形态的更替,而是通过政治制度的创新、政治体制的转轨,来促使原先的政治形态趋于完善。前一种政治系统的变迁是政治形态革命;后一种政治系统的变迁是政治形态转型。

所谓政治形态革命是指政治系统从一种低级的形态,通过政治体制、政治制度的根本性改变,走向另一种更高级的政治形态的过程。凡是发生整体社会革命的地方,不仅有经济形态的革命、文化形态的革命、社会形态的革命,更重要的是还有政治形态的革命。而且多数整体社会革命,其最为关键的内容,也是作为其成功标志的是政治形态革命。

但是在前一个政治形态革命到后一个政治形态革命之间,在同一个政治形态内部所进行的以政治体制机制创新和政治规则制度建设为内容的活动,则是政治形态转型。这种转型又是借助于建构新的亚形态来实现的。由此可知,所谓政治形态转型,是指在同一政治形态内部,通过政治体制机制的改革和创新、新旧政治体制的转轨、政治规则制度的建设,推动政治文明程度不断提升的过程。

政治形态的转型是政治生活系统变迁发展的一种形式。它与政治形态革命的不同之处在于,后者的结果是以一种新的政治形态取代原有的旧的政治形态,而政治形态的转型则以保持原有政治形态为基本前提。中国新民主主义革命所导致的政治生活变革,将原有的帝国主义、封建主义和官僚买办资本主义政治统治的形态彻底推翻,建立起新民主主义的人民民主的政治形态。这是政治形态革命。从1953年开始,通过对农业、手工业、资本主义工商业的社会主义改造,中国最终过渡到社会主义社会。由于从新民主主义人民民主政治到社会主义人民民主政治两者在形态上是一致的,因此,这种过渡时期的政治生活系统变迁,属于政治形态转型。至于从20世纪70年代末、80年代初开启的政治体制改革,完全是在社会主义政治形态内部进行的,更是属于政治形态转型。

政治形态转型的目标不是破坏原有的政治形态,而是促使它更加完善,使其更能体现出应有的合理性和优越性。任何一种政治形态,都不可能一经建立就非常稳固、非常完善。新的政治形态,从建立到巩固、成长、完善,都需要相当长的过程。当新的政治形态从旧的形态中萌芽、孕育,最终脱胎而出时,总是细嫩的、不健全的。特别是在政治形态更替中发生跳跃而产生出来的新的政治形态,其幼嫩性、不完善性更为明显。要让新的政治形态茁壮成长,就需要持续不断地进行内部的政治关系的调整、政治权力结构的重理、价值权威分配的革新。在促进新的政治形态完善时,必须考虑它和经济形态、文化形态、社会形态变迁、发展的互动性,还需要考虑国际政治社会所提供的条件和施加的种种影响。

政治形态转型通常是由在政治形态中占据主导地位的政治力量推动的。虽然不同政治系统开展的政治体制改革是由多种诱因促成的,但最终推动这一改革的仍旧是政治形态内部的力量。政治形态内部究竟是何种力量主导着改革,这需要从政治体制变革的不同进展阶段来考察。政治生活系统的上层、中层和下层都有可能在不同的阶段上发挥出主导作用。但总起来考察,起最终决定作用的是在政治形态中处于上层的政治力量。

政治形态转型一般是通过政治体制的转轨来实现的。同一政治形态的变迁、发展、完善并不是通过构成这一形态的各种要素在量上平稳的递增来完成的,而是通过由不同的政治组织结构、体制机制、规则制度所构成的亚形态的转换来达成的。在同一政治形态的演变中,会出现一些亚形态。虽然从先前的亚形态到后继的亚形态,不一定都能体现政治形态的完善性,但是,从政治形态总的运行、发展的趋势来分析,后续的亚形态总是努力克服和修补着前面的亚形态的不足与缺陷。前后相继的亚形态之间的区别是通过政治组织结构、体制机制、规则制度的差异表现出来的。旧的政治体制构成的是先行的亚形态,新的政治体制构成的是后续的亚形态。

从旧的政治体制到新的政治体制,要经过一个过程。首先是旧的政治组织结构、体制机制、规则制度暴露出局限性,形成政治体制改革的愿望;再到革除旧体制中的弊端,培育出新体制的要素,形成新旧体制并存的局面;最终以新体制取代旧体制,实施体制转轨,产生出政治形态新的亚形态,完成一轮政治形态转型的周期。但是,一种政治形态的发展、完善并不是简单地通过一次转型就能达到的,往往要经过多次的新旧政治体制的转轨,不断建构新的亚形态来实现的。因此,一轮政治形态转型周期的终点,又是新一轮政治形态转型周期的起点。直至旧的政治形态的内在功能完全发挥出来,它已经无法再通过自身的调整来和发展了的经济形态、社会形态、文化形态相适应时,这一政治形态的转型也就宣告结束了,接下来就需要通过政治革命来建立新的政治形态。

二、政治系统形态转型的途径

从新旧政治体制转轨的程序、步骤和方式来衡量,政治形态转型大体有两种途径,一种是渐进性转型,一种是激进性转型。关于这两种政治形态转型途径的划分是相对的,现实政治系统中的政治体制改革常常是既包含渐进的成分,也包含某些激进的成分。

政治形态激进性转型

所谓政治形态的激进性转型,指的是政治形态内部采取快速的、直接的方式,破除旧的政治体制,建立新的政治体制,完成新旧政治体制转轨的一种政治形态转型途径。在一些原先采取高度集权、极少有民主传统的政治体制中,当少数政治精英试图通过政治体制改革来促进和推动经济体制、文化体制和社会体制的改革时,政治形态的转型多半会采取这种激进性途径。

政治形态的激进性转型有以下特点。

首先,激进性政治形态转型发生在以政治体制变革为突破点的社会变革中。社会变革是一场包括经济、政治、文化、社会等领域在内的全方位、多领域的人类生活的整体革新过程。不同政治系统中的占据主导地位的改革家和政治力量,会依据政治发展战略和政治上层精英的利益取向而选择不同的突破点。当政治体制改革被确定为社会整体改革的突破点,并试图以政治体制的变革来推动经济、文化和社会的变革时,政治改革就会遇到巨大的压力。化解这种压力的办法就是加大政治体制改革的速度、规模,尽快建构出新的政治体制。

其次,激进性政治形态转型主要依靠政治系统中试图变革的强有力的上层政治精英的推动。采用激进式政治体制变革的政治系统,在其中居于主导地位的上层政治精英大多是强势人物,他们选择一定的时机,以革除旧体制的主要弊端为切入点,提出新的政治口号和举措,自上而下地以铁腕手段强行推进政治体制转轨。

第三,激进性政治形态转型大多依赖传统的、动员式的政治运动。采用激进性政治形态转型的政治系统多数并不是依靠大众的自觉的、民主的政治参与,而是以激进的政治口号和能打动人心的政治承诺来聚集民众,激发他们未经深思熟虑就迸发出来的政治热情,借助政治动员以全盘否定的方式摧毁旧的政治体制。由于缺乏公众基于自身利益的、自觉的、审慎的民主参与,激进性政治体制的转轨常常伴有社会骚乱、无序和政治动荡,成功的可能性极小。

第四,激进性政治形态转型大多需要付出巨大的政治成本。由于这种政治形态转型只依赖少数上层政治精英的发动,虽然强有力的权威和铁腕手段能够在较短时间强行推出某种吸引人的新的政治体制,但这种政治体制因缺乏深思熟虑和公众基础,其结果或者是突破原有的政治形态,失去了转型的意义,或者仅仅是昙花一现,没有结果。这两种情况都需要改革者付出巨大的政治代价。前者是走过了头,在破除旧的政治体制时,连同原有的政治形态也废掉了。后者因新的政治体制无法站稳脚跟只能半途而废。有时政治改革家也因为在激进的政治改革中失败而被逐出政治舞台。

政治形态渐进性转型

所谓政治形态的渐进性转型,指的是政治形态内部坚持以持续不断、缓步推进、先易后难的方式,逐步革除旧政治体制的弊端,以增量改革来构建新的政治体制,最终完成新旧政治体制转轨的一种政治形态转型途径。一些以经济体制改革为整体社会改革的突破口、政治形态的上层政治力量又一直控制着改革全局的政治系统,多半采用这种渐进性的政治形态转型途径。

政治形态的渐进性转型有以下特点。

首先,渐进性政治形态转型是以经济形态转型为前提条件的。虽然经济体制的改革需要有政治变革作为先导,但是这种作为开启经济改革的先行政治发动一旦发生作用后,推动改革的政治家们会迅速将整个社会改革的中心转移到经济体制的变革上去。政治体制改革的任务是保障和促进经济体制转型。政治体制改革的日程安排主要依据经济体制改革的需要并以其为前提条件。

其次,渐进性政治形态转型是政治系统中的致力于改革的政治上层力量、基层政治力量和公众共同推动的。在整体社会改革初始阶段上,居于政治系统上层的致力于改革的政治力量往往以批评旧政治体制的弊端来引发思想解放,启动经济体制改革。在新的经济体制为政治体制改革提供条件的情况下,政治系统的上层会为政治体制改革提供战略目标,政治系统的基层则会通过各种试验寻找构建新的政治体制的元素。多数公众在意识到需要有新政治体制支持新的经济体制运行时,则会以自觉的姿态参与政治体制改革。政治系统也会创造条件有序地扩大公众的平等政治参与。这种上层、基层和公众的相互结合,能保证政治体制改革持久、有序、合理、有效地展开。

第三,渐进性政治形态转型所设计和确立的新的政治体制是对旧的政治体制的自觉扬弃。在同一政治形态中,无论是旧的还是新的政治体制都是立足于基本的政治关系、政治制度构建的。旧的政治体制既有对维护和巩固、发展这些政治关系、政治制度不利的甚至起阻碍作用的因素,也有与这些政治关系、政治制度相一致的因素。因此,破除旧的政治体制的目的就是要革除其中不利于政治关系和政治制度运行、发展的方面,保留并发扬光大其中有利于政治关系、政治制度运行、发展的方面。渐进性的政治形态转型既保持了新旧政治体制的连续性,又保证了新的政治体制的创新性。政治体制的改革又以加强和完善作为政治形态核心的、基本的政治制度为落脚点,从而保证新旧政治体制的转轨在同一政治形态内发生。

第四,渐进性政治形态转型分步骤地推动政治体制转轨。在优先推进经济体制改革的阶段,对政治体制改革主要采取慎重的态度,选择那些已经明显阻碍新的经济体制建立和运行的政治观念、政治规则和政治组织加以革新。在新的经济体制已经建立并且向政治体制改革提出迫切要求的阶段,则将政治体制改革逐步引向深化。在规划政治体制改革的步骤时,除坚持解放思想外,要先强化法治的因素,从依法治国、依法行政,再到依法执政。在法治因素得到有效加强的条件下,再启动政治民主建设,具体操作也是先从发展基层民主开始,到发展民主行政,再到发展执政党党内民主。

✳✳✳✳✳✳✳✳✳
✳ 本章小结
✳✳✳✳✳✳✳✳✳

现实的人类政治生活是以系统的方式存在和运行的。政治系统概念的出现表明人类对自身的政治生活的认识和理解进展到一个新的高度。政治系统是历史上的和现实中的在一定的自然的和社会的环境要素下存在和运行着的、各种内部要素形成一定的结构与功能的、处在持续运动变化之中的、由政治行动主体设计并创建的开放性整体。

任何政治系统都可以从静态和动态的方面加以研究。从其静态的方面来分析,政治系统处在一定的地理空间维度上,它具有相对的稳定性。政治系统内部围绕公共权力结构和既定的组织机构、规则制度、主流意识形态,聚合为一个政治共同体。从其动态的角度来分析,政治系统又处在一定的历史时间维度上,它具有内在的运行、发展动力,在历史的变迁中,它呈现出不同的政治形态,而具体的政治形态又是由不同的政治体制机制表现出来的。

政治形态是建立在生产力和生产关系的矛盾之上并由它们所决定的,并以一定的政治体制机制表现出来的政治关系的体系、制度和结构。政治体制是政治形态的具体内容,是具体的政治形态所选择和坚持的政治制度在政治生活系统内得到表现、实施和实现的具体方式。

依据生产力、生产关系性质和政治权力的最终归属的标准体系,可以将迄今为止人类政治生活运行、发展的历史,大体上划分为原始平等政治、奴隶主政治统治、封建主政治统治、资本家政治统治、社会主义人民民主政治这几种主要的政治形态。标志政治形态上升和进步的是与物质文明、精神文明、社会文明有机结合的政治文明。它包括政治意识文明、政治制度文明和政治行为文明三个方面。在具体内容上,政治文明表现在理念方面,意味着平等、协作和宽容等政治价值观念和社会共识的普遍形成;在制度方面,意味着现代民主宪政体制的推行;在行为方面,意味着社会普遍奉行合作主义和诚信原则,合理健全的法律、经济、政治、宗教、道德等多重机制有效约束政治行为、社会行为和个人行为。

政治形态变迁、更替的最终的动力在于社会基本矛盾,特别是生产力和生产关系的矛盾。在政治形态更替中具有较大概率性的因果联系,即表现为规律性的内在联系主要有三个方面。一是旧政治形态的危机与新的政治形态的萌芽的联系。二是旧的政治形态的抵抗与新的政治力量的进击的联系。三是旧的政治形态的衰亡与新的政治形态生长的联系。

政治形态的变迁、更替既具有顺序性,也具有跳跃性。政治形态更替中的"跳跃"是很少的,至于越过几个政治形态的现象更是罕见的。之所以出现这类政治形态更替上的"跳跃性",是由根源于社会基本矛盾的特殊条件和原因促成的。

在人类政治生活系统所发生的变迁中,既有政治形态革命,也有政治形态转型。所谓政治形态转型,是指在同一政治形态内部,通过政治体制机制的改革和创新、新旧政治体制的转轨、政治制度的建设,推动政治文明程度不断提升的过程。从新旧政治体制转轨的程序、步骤和方式来衡量,政治形态转型大体有两种途径,一种是渐进性转型,一种是激进性转型。这两种政治形态转型途径的划分是相对的,现实政治系统中的政治体制改革常常是既包含渐进的成分,也包含某些激进的成分。

关键概念

政治系统　政治共同体　政治国家　政治形态　亚形态　过渡形态　政治体制　政治文明　政治形态革命　政治形态转型

研究与思考

什么是政治系统?政治系统有哪些特点?

什么是政治国家?政治系统与政治国家是什么关系?

什么是政治共同体?政治系统与政治共同体是什么关系?

什么是政治形态?它和政治制度、政治体制是什么关系?

人类迄今为止已经经历了哪些类型的政治形态?其特点是什么?

何为政治文明？政治文明包括哪些维度？

为什么说转型以后的社会主义政治形态代表着政治文明建设的新水平？

什么是过渡政治形态？它有哪些特点？

什么是政治体制？什么是政治形态的亚形态？

如何认识政治形态更替的动力？

政治形态更替有规律吗？为什么？

政治形态更替的顺序性是什么？

政治形态更替的跳跃性是什么？如何正确认识这种跳跃性？

什么是政治形态转型？它与政治形态革命有何区别？

政治形态转型有哪两种途径？它们各自的特点是什么？

****
** 相关知识 **
****

1. 政治系统分析理论的研究

政治系统分析理论作为政治学研究的一种理论和方法,是20世纪50年代初期由美国政治学家戴维·伊斯顿(David Easton)创立的。第二次世界大战后,西方社会矛盾不断尖锐化和日趋复杂化,迫切需要政治学为解决政治决策和政治管理问题提供服务。为适应这种需要,在西方政治学领域占据主导地位的行为主义政治学的研究重点也从权力逐步转向政策的制定和执行过程。伊斯顿继承了行为主义政治学传统,于1953年发表了《政治系统:政治学现状研究》一书,首次将一般系统论应用于政治分析,提出了政治系统分析的基本观点和方法。之后,他又相继发表了一系列文章、著作,逐步形成了一套政治系统分析的方法论。60年代后,阿尔蒙德(Gabriel Almond)和多伊奇又从不同角度对政治系统作了研究,使政治系统理论有了较大的发展,形成了不同的政治系统分析的理论形式。

政治系统分析理论的核心概念是"政治系统"。西方政治学者对这一概念的界定和定义不尽相同。如伊斯顿认为,政治系统是与社会价值的权威性分配有关的一系列互动行为;阿尔蒙德认为政治系统是具有一定的结构,并履行一定功能的有机整体。但他们都认为政治系统是一个有机整体,它由一系列与决策有关的政治互动要素组成。其中,伊斯顿的提法比较有影响。

西方政治学者从不同角度阐述了政治系统的基本特征。首先,每个政治系统都有自己的边界。伊斯顿认为,政治系统的边界就是与决策有关的互动行为所及的范围。其次,政治系统都处在特定的环境之中,环境是政治系统之外对政治系统发生影响的社会系统。第三,政治系统是开放的、动态的,不断地与外部环境进行着交流,表现为政治系统的输入与输出,同时具有反馈能力。第四,政治系统具有层次性,每一个政治系统都由一系列与决策有关的政治子系统组成,各子系统之间具有相互依赖性。第五,构成政治系统的基本要素是政治行为,即与决策有关的互动行为。这种互动行为具有某种固定的普遍模式,通过这种模式,政治系统才得以维持。第六,政治系统有某种特定的结构,表现为行政机构、立法机构、司法机构、政党等。

政治系统分析理论有三种主要形式:一是以伊斯顿为代表的政治系统的输入-输出的一般系统分析理论;二是以阿尔蒙德为代表的政治系统的结构-功能分析理论;三是以多伊奇为代表的政治系统的信息沟通理论。

一般政治系统分析理论

伊斯顿强调一般系统分析,认为政治系统是"一个由环境包裹着的行为系统,这个行为系统在环境的影响下产生并反转过来影响环境"。输入和输出是他的政治系统分析模式的两个中心概念。他强调,任何政治系统都通过输入和输出来维持自己的生存和稳定。输入包括支持和要求:支持指环境对政治系统施加的压力,以便让它继续行事,支持的形式有服从法律、付税、投票等;要求指环境对政治系统的希望和要求,如选举权、社会福利等。输出则是政治系统以某种方式影响环境的活动,主要有权威性的决定、法令或政策等。输出并非终点,输出给环境带来的变化反过来又影响输入,使要求和支持在质和量上发生变化,这一过程即为"反馈"。借助于反馈,输入-输出就形成一个循环往复连续不断的过程。伊斯顿为理解政治系统与环境之间的相互关系和相互影响建构了这种系统分析模式。

结构-功能分析理论

阿尔蒙德的政治系统分析理论注重政治系统内部结构的功能分析。它有四个基本假设:一是每个政治系统都有其政治结构,各结构都具有一定的功能。二是不管政治系统之间的结构有什么差别,所有政治系统都履行着相同的功能,即维持政治系统的生存。三是政治结构是多功能的,每一政治结构履行多种功能。四是从文化的意义上看,所有的政治系统都是混合型的。阿尔蒙德认为政治结构功能分析首先包括把复杂的政治系统分解成若干结构的结构分析,其次包括研究它们的相互关系、相互作用的功能分析,并确立所有结构在整个系统中的地位。最后包括研究政治系统作为一个整体与其环境发生作用时它们所具有的各自的地位和功能的结构-功能分析。

沟通理论

多伊奇的政治系统理论注重政治系统的信息沟通分析,而不注重政治系统的结构分析。沟通理论认为,政治系统对社会的有效统治和管理,是通过有效的决策来实现的,而有效的决策,则以政治系统迅速、准确地接收、处理和运用有关的信息为前提。沟通正是政治系统对信息的接收、选择、储存、传送、分析和处理。在信息沟通过程中,信息"负荷"的大小,"间隔"的长短,信息被"曲解"的程度,"变易"充足与否,"反馈"是否灵敏,以及政治系统"领先"能力的高低,是沟通理论用来分析政治系统的信息沟通体系的有效性及政治系统适应和控制环境的能力的主要指标。

政治系统分析理论对当代西方政治学的发展有很大影响,主要表现在:首先,它将自然科学和其他学科的一些概念和范畴引入政治学领域,如系统、输入-输出、结构-功能、信息沟通、反馈等,丰富了政治学的内容。其次,创立了政治分析的新方法,伊斯顿的输入-输出系统分析模式、阿尔蒙德的结构-功能分析模式和多伊奇的信息沟通分析模式,已成为当代西方政治学主要的分析方法。第三,注意把政治现象看作是一个动态的整体过程,为从整体上把握政治现象之间的复杂关系提供了分析模式,有助于克服以往政治学者只注重研究某一种政治现象的片面性。第四,改变了行为主义政治学只注重事实研究、忽视理论建构的研究倾向,开始了将实证研究和规范研究相结合的研究方向,因此这一理论被西方政治学者称为后行为主义政治学的主要代表理论。

政治系统分析理论的局限在于:其一,它致力于建构高度抽象的概念框架和分析模式,把政治过程和政治制度抽象为简单的分析模型,因此难以分析和解释丰富复杂的具体政治现象。同时,一些概念的使用和界定也不是很精确,表现出理论的空洞性和概念的模糊性。其二,它回避对政治现象本质的分析,把政治系统的自我维持和持续作为研究的核心目的,把现存的政治系统看作是永恒不变的,实际上旨在为现存统治秩序服务。因此,它具有一定的保守性。

【人物简介】

伊斯顿(David Easton,1917—　)是美籍加拿大政治学家、政治行为主义的主要代表人物之一、政治系统理论的创始人、美国后行为主义运动的领军人物。伊斯顿出生于加拿大多伦多,1939 年毕业于多伦多大学,1943 年获该校文学硕士学位,同年移居美国,就读于哈佛大学,1947 年获哈佛大学哲学博士学位。毕业后即在芝加哥大学政治学系任教,为芝加哥大学安德鲁·麦克利什讲座教授,现任加州大学欧文分校政治学系教授。伊斯顿曾先后任斯坦福大学行为科学高级研究中心研究员,美国政治学学会会长(1969—1970),国际社会科学学会文献委员会主席(1969—1971),美国国家科学院院士。

　　伊斯顿在政治理论、政治哲学、政治心理学和政治社会学等方面均有著述。其代表作是:1953年出版的《政治系统:对政治学现状的探讨》,1965年出版的《政治分析的框架》,1965年出版的《政治生活的系统分析》。这三本书后来被称为政治系统分析三部曲。

2. 政治国家理论的研究

　　在卢曼(Luhmann)看来,人类的历史是分殊化形式分阶段演变的过程。第一演化阶段是"片段的分殊化",这种社会是一种简单的社会。比如古代社会整个社会系统分成许多相同的部分:家庭、部族、村落等等。第二演化阶段则是"阶层的分殊化",社会依次分殊化为不平等的阶层。人们在阶层化的社会中,使用"上与下"这个主导差异,来观察社会本身并观察在社会中发生的事件,社会的次系统则彼此处于上下层级的关系。社会分殊化形式的第三个演化阶段则是"功能分殊化",这也是现代社会的主要分殊化形式。

　　不同功能分殊化的社会是由多种社会系统所形成的多元中心或多元脉络的网络,政治系统就可以被看作是与其他功能系统并存的一个功能系统。在现代社会中,政治系统的功能就在于能够作出对社会具有集体约束力的决定。而用来促进接受决定的媒介即为"权力"。系统理论将权力界定为透过自己的决定为他人作出抉择的可能性。权力作为一种沟通媒介,与其他的沟通媒介一样具有循环的结构,这表示,权力只有在服从的情形下才存在。

　　卢曼认为,政治系统同其他的功能系统一样,在现代社会中都基于特定的符码进行其功能分殊化的,一方面基于其二元符码(统治与反对)实现其操作模式的封闭性,另一方面借助于其政治程序的环境指涉与政策的变换获得开放性。这种二元符码是伴随着政治权力集中于国家的发展而出现的,所以在现代社会中,只有当权力用以作出集体约束性的决定时才是政治性的权力,亦即才属于政治系统。至于谁有权限作此决定,则要看其是否拥有国家公职。

　　卢曼使用"自我指涉系统"的概念来描述政治系统。他说,在政治系统内什么是政治上重要的,只有联系于已经是政治上重要的才能作出决定。所谓自我指涉系统,即是一个自己生产并再生产构成系统的元素的系统,即每一个决定都与同一个系统的其他决定相关联。此外,自我指涉系统既非全然封闭亦非全然开放,而是两者兼而有之。政治系统只有将来自系统的环境的利益加以纳入与吸收时,才能够自我再生产。在主导操作的结构,例如在政党组织、行政部门保持相对稳定的条件下,自我指涉就使得政治系统在面对议题的变换时能够保持开放性。

卢曼认为自我指涉是演化中系统分殊化的结果,政治性指涉是政治系统分殊化的结果。但是这种分殊化并不是人为的结果,只有沟通的关联才能进行分殊化。在卢曼那里,沟通被定义为不由自主地进行着的,而且只有透过与其他的沟通形成网络时才能予以建构的社会操作。只有通过政治性的沟通,政治系统才能对自身保持敏感,对其问题以及任务保持敏锐,而且只有借助于这些问题与任务,政治系统才能与其社会环境取得联系。

卢曼还将政治系统视为一个运用权力的自我再制系统,在其中所有的权力皆运用于其他权力之上,而且只能服从于其他权力的运用。因此政治系统就形成一个“回归—封闭”,因而是“对称的”、“非等级的”系统,这样的系统借助“有权与无权”的沟通符码使政治性沟通成为可能。

卢曼的系统理论将“国家”这一概念用来指涉系统的语意层面。卢曼认为国家并非一个可以直接进入的公共事务,亦非世界的片段或具有形式的民族,亦非一群处于可以进一步确定其彼此关系的人的集合,国家仅仅是社会中政治系统“自我描述”的一种方式。即是说,政治系统把自己描述为国家。或者说,国家让政治系统能够以自身为导向。这种自我描述是一种已经结构化的自我描述,它使得关于自我观察的沟通可以持续进行,自我描述的产生就是为了标记系统的整体,给系统一个同一性。由于权力作为政治沟通的媒介太不确定,无法为政治系统建立同一性,所以国家的概念就被援引为必要的导向,如此政治系统就基于其与国家的关系而被确定下来。

总之,在卢曼看来,在系统理论中,政治系统与其他功能系统一样,只是一个分殊化的功能系统,享有分殊化功能系统的共同特征。所以无论是赋予政治系统一个特殊的社会地位,一种主导的角色,还是一个概括的责任,都不是很有意义的做法。政治系统作为一个自我再制系统,亦无法在其自我再造之外,脱离其二元符码或缺乏其程序而行动,否则这样的活动就无法再视为政治的,也不再是可连结的。只有将政治系统与政治国家联系起来,才能理解现实的政治生活关系及其变化。

【人物简介】

卢曼(Luhmann,1927—1998)是德国著名社会学家。1927年12月8日生于德国西北部小城吕内堡(Lüneburg)一个啤酒厂主家庭。1944年,7岁的卢曼在动荡的战争环境下中断学业,应征到空军服役。1945年被美军俘虏,度过一段战俘营生活。战争结束后重获自由,于1946年到弗赖堡大学学习法学并接受预备行政官员培训。1949 年毕业,在汉诺威一家私人律师事务所工作。1952—1953 年开始建立他著名的"卡片箱",这是卢曼做学问的独特方式,他在自己的著作中大量引证收集在卡片箱中的文献,使各种文本之间形成一种无言的对话,体现出他的对比研究的风格。1954 年在吕内堡高级法院任职。1955—1962 年就职于下萨克森州文化教育部,从事法务及公共行政工作。

1960 年,33 岁的卢曼拿到了州奖学金,赴美国哈佛大学,师从社会学大师帕森斯(Talcott Parsons)攻读行政学与社会学,从此开始了学术生涯。1962 年学成归国后,在联邦德国政府设立的施佩耶尔(Speyer)行政专科大学研究所任职。1964 年出版第一本著作《正式组织的功能与结果》。1965 年任多特蒙德大学社会研究中心的部门主管,同时在职攻读明斯特大学社会学研究所博士。1966 年在明斯特大学通过博士论文和高等院校授课资格论文。1967 年以"社会学启蒙"为题在明斯特大学进行了就职演讲。1968 年,刚刚创立不久的比勒菲尔德大学聘请卢曼担任该校的社会学教授。

1971 年,卢曼与哈贝马斯出版了他们的论争文集《社会的理论或社会技术——系统研究提供了什么?》。1984 年,卢曼社会系统理论的奠基之作《社会诸系统》问世。1986 年《生态沟通》出版,表明他已转向研究现实的生存与幸存问题。1987 年发表了 60 寿辰纪念文章"作为激情的理论"。1988 年获联邦德国哲学人文社会科学最高奖项黑格尔奖,其学术声望如日中天。1993 年 2 月 9 日,卢曼在比勒菲尔德大学作了题为"什么是陨落"与"此后还有什么"的告别演讲,并于同年退休。1995 年动笔写《社会的政治》。1997 年,出版了集 30 年研究心血、也是他一生最重要学术成果的两卷本巨著《社会的社会》。1998 年 11 月 6 日,卢曼在比勒菲尔德的奥尔冷豪森溘然去世,享年 71 岁。

需要进一步阅读的文献

要对社会基本矛盾运动作深入研究,可阅读《马克思恩格斯选集》第 4 卷(人民出版社 1972 年版)中马克思的《〈政治经济学批判〉序言》一文。

要对政治形态发展动力问题作深入研究,可阅读《马克思恩格斯选集》第 4 卷(人民出版社 1972 年版)中恩格斯晚年关于历史唯物主义的通信的内容。

要对政治系统的特点、运行作进一步了解,可阅读加布里埃尔·阿尔蒙德和小 G. 宾厄姆·鲍威尔的《比较政治学:体系、过程和政策》(上海译文出版社 1987 年版)中"第 1 部分绪论和第 2 部分体系"中的相关内容。

要对政治体制、政治制度的概念与成分作进一步了解,可阅读费·米·布尔拉茨基等的《当代政治体制》(广东人民出版社 1984 年版),第 1—64 页。

　　要对政治体系、经济体系、社会体系及其关系作进一步的了解,可以阅读罗伯特·达尔的《现代政治分析》(上海译文出版社 1987 年版)中"2. 什么是政治"中的相关内容。

第四章 政治权力配置

在政治系统中,政治行为主体之间存在着多种多样的关系。在政治系统的分析与研究中,最值得重视的是通过交换来满足行为主体需要的政治利益关系,通过"支配-服从"的关联表现的行为主体间的政治权力关系,以及将利益与权力联结起来的行为主体间的政治权力关系。

政治系统中的政治权力,就其最终来源来说,应当属于政治生活中的最为普通的成员即民众。几乎所有的标示自己要实行政治民主的政治系统,都会在正式的法律条文中写明主权在民、一切权力归人民的字样。本源上属于人民的政治权力在具体的政治系统中会以不同的方式存在、配置和运行。

以政治系统中的政治国家为轴心,政治权力形成三个层面的配置或组合。一是国家层面的政治权力,这是公共政治权力。传统政治学专注于研究这一层面的政治权力配置与运行。也有人把这种类型的政治学研究称为国家政治学。二是政治系统间层面上的政治权力，就是通常所讲的国家间的政治权力。在这一层面上发生交换或"支配-服从"关系的是国家主权。也有人把这种政治称为超国家政治。研究这一层面政治权力的运行和相互作用的政治学是国际政治学。三是国家之下的政治权力存在、配置和运行的层面。在这一层面上表现出来的是政治行为主体的政治权利。也有人将这一层面的政治称为公民政治。研究这一层面政治权利、政治关系和政治活动的政治学属于微观政治学。

宏观政治学要探讨的主要是国家政治和一部分超国家政治。在国家政治的研究中，主要集中分析国家公共政治权力的性质、总量、纵向和横向的权力配置。作为国家层面的政治和公民政治交界的地方，是政府活动的范围。因此，国家公共政治权力的一种逻辑延伸就是政府政治，或公共行政中的政治。政府中政治权力即公共行政权力的配置和运行产生出来的关系就是府际关系。

第一节　国家政治权力及其总量

一、政治权力的本质及其类型

政治国家是政治系统中最重要的设施，国家政治权力即国家政权，是一种组织化了的集中管理与使用的政治系统中的公共政治权力。它包含四层意思：首先，它是一种权力；其次，它是一种社会权力；再次，它是一种社会政治权力；最后，它是一种公共的社会政治权力。因此，研究国家政权必须先研究一般意义上的权力以及政治权力。

政治权力的本质

只有在社会生活中，人们才谈得上使用权力和服从权力。人类遇到的第一种权力是自然界的权力或自然权力。自然权力发生在人类与自然界之间，是人与自然的一种关系。人类通过改造自然界，从自然界获取生活资料。这种改造首先是对自然生态某种程度的干扰与破坏，当这种"干扰与破坏"还处在自然界可以通过自身内在的相互作用而回复到平衡状态时，人们并不会感受到自然权力的作用。但是，一旦人们对自然界的改造变成对自然资源的疯狂掠夺时，其结果必然会引起自然界的"报复"与"惩罚"。这种"报复"与"惩罚"正是自然权力的表现。人类在对自然界的改造时，"无意"中碰上了自然权力。在人类与自然界的关系上，自然界有时会表现出一种迫使人类做他们不愿意做的事情的力量。正是由于这种自然权力对人类的支配和制约,人类才认识到必须服从自然界的规律,否则,自然界就会对人类进行严厉的惩罚。

自然界对人的报复,决不是针对单个人的,而是针对整个人类的,自然权力是对人类生活系统的影响。个人是组成社会的细胞。在整体社会中,结成群体的人们之间的影响与服从的关系也构成了一种权力关系,这是社会权力。因此,社会权力既不是神授的,也不是人的本性赋予的,它根源于人类自身的社会生活。

在日常的社会生活中,社会权力似乎是一个人人熟知,然而又人人感到陌生的概念。有不少人将社会权力看作是一种可以从一个人手里转移到另一个人手中的"实体"。比如,在古代西方,先王只要将权杖传给长子,长子就登上了王位,继承了权力;在古代中国,先王下个诏书,再把传国玉玺交给太子。这种将社会权力实体化的观念,在现代社会也有。比如,有时人们也会谈论权力的移交。仿佛权力是一种器物,从一些人手中可以转交到另一些人手中。日常生活中,也有人认为"有权不用,过期作废"。

其实,"权杖"和"玉玺"都只是权力的象征性符号,而不是权力本身。权力的移交也只是象征性说法。社会权力决不是一个"硬块",也不是一种握在手中的"器物",它只是一种关系。无论在中国,还是在西方,社会权力都带有影响与强制的含义。比如,孔子就说过:"谨权量,审法度,修废官,四方之政行焉。"①另外,也有"权制独于君则威"的说法。对社会权力作过深刻研究的德国学者马克斯·韦伯(Max Weber)曾讲过:"权力是在实现自己的目标时克服其他人的阻力的能力,特别是当这种阻力会影响他们的行为时。"②

美国政治学家罗伯特·达尔则认为,社会权力是影响力。这种影响力分为强制性的与可靠性的。前者带有威胁性,不服从就会招致处罚;后者是报偿性的,顺从者可以得到报酬。③

在社会生活中,人们最经常发生的关系是经济上的交换关系。手中握有货币的交换者凭借着货币去影响需要货币的人,而手中握有货物或具有服务条件的人则凭借其货物与条件影响那些需要物品与服务的人。这种影响力是经济权力。在社会中人们还要结成婚姻关系,组织家庭,并延续后代。在家庭中就会有父母对子女的家庭权力。如若细分则有父亲权力、母亲权力、丈夫权力、妻子权力。在家族中,还有家族权力。在思想领域,还存在着宗教权力、知识权力。比如,在中国封建主统治的政治形态中,在妇女头上就有四大权力,即君权、神权、族权、

---

① 《论语·尧曰》。
② D. P. 约翰逊:《社会学理论》,国际文化出版公司1988年版,第279页。
③ 罗伯特·达尔:《现代政治分析》,上海译文出版社1987年版,第31—35页。

夫权。

　　人类社会还有一种社会权力,它是以政治行为主体之间存在着的不平等关系为前提的。一些政治行为主体处在相对优越的地位上,另一些政治行为主体处在相对劣势的地位上。前者就会对后者施加强制性的影响。这种影响通常是与对社会上有价值的东西进行权威性分配联系在一起的。这种社会权力就是政治权力。政治权力是政治系统运行的基轴,一切的政治关系、政治过程都是围绕政治权力形成和展开的。离开了政治权力,就无所谓政治生活,不抓住政治权力这根主线,人们眼前的政治生活就会是一片迷离混沌。

　　政治权力表示的是人对人的一种带有强制性的影响、支配与服从的关系。政治权力作为关系必然有其两端:作为施加影响和主动支配的一端是政治权力的主体;作为受支配、处于服从位置上的一端是政治权力的受体。因此,可以对政治权力作一个最简单的界定:政治权力是在政治生活中发生的、涉及人们之间利益的、带有强制性的一种影响与被影响、支配与被支配、制约与服从的关系。它是在政治关系中,权力主体依靠一定的强制力,为实现某种利益而作用于权力受体的一种力量。

　　政治权力的基础是政治利益。在政治系统中活动的主体也是具有利益的主体。人们的需要是利益的主观基础,利益是人们通过生产来满足的需要。利益是经过社会转化的人的需要。利益归根到底反映和体现着人们之间的社会关系。人类生活中的利益是多种多样的,有经济利益、文化利益、社会利益,也有政治利益。凡是需要经过政治权力来予以满足、实现、调节、维护和破坏的利益,都是政治利益。政治利益是政治关系的基础。政治利益是人们结成政治关系的出发点,政治利益关系是政治权力和政治权利形成的基石和条件,政治利益的内在矛盾决定了政治权力和政治权利的特性。

　　政治利益正是通过政治权力的中介才成为政治系统中政治行为主体展开政治行动的动因,成为一切社会政治制度、政治体制的基础,成为社会政治心理和政治思想的源泉,成为政治发展的根本动力。政治权力既是政治关系,又是作为政治关系中介的影响与强制的力量。没有权力便构不成政治关系,没有政治关系也产生不了影响与强制力量。政治权力体系的基本要素是权力主体、权力受体和权力作用。政治权力运行要实现的目的主要是维护或获取某种利益。权力主体能否达到目的取决于强制或影响力量的大小、方向与方式。因此,有时人们又称政治权力是政治影响力。

　　政治权力的主体可以是个体、群体、集团,也可以是组织。他们之所以成为政治权力主体,是因为他们拥有资源、知识、地位、财富、技能,具有经济上的、政治上的、社会上的、思想文化上的优势,从而具有了某种支配、控制、操纵、诱导他人的基础,只要这些组织、集团、群体和个人有使用这些优势的愿望与条件,这些影响力就会实际地表现出来。

政治权力的受体也可以是一个组织、一个集团、一个群体和个人。他们由于在经济、政治、思想文化上不具备上述那些方面的某种优势,从而与其他的组织、集团、群体、个人结成了一种不平等的关系,只能服从于处在优势地位的行为主体的意志。

政治权力作为一种带有支配性、强制性的社会关系,它只是人们社会活动中的一种手段。政治权力决不是这种权力的拥有者的最终目的。一个组织、一个集团、一个群体和个人,之所以要想方设法获取政治权力,建立那种支配、影响的关系,只是为了使用它去获取社会中有价值的东西。从这一意义上可以知道,政治权力具有获取社会价值的价值。当政治权力与人们的利益结合在一起时,就会产生出政治权利关系。

政治权力的类型

不少人曾对政治权力的类型进行研究。著名政治学家约翰·肯尼思·加尔布雷思指出,国家公共政治权力之所以能支配全社会的阶级、集团、政党和个人,是出于三种情况。一种情况是通过实施惩罚或惩罚的威胁来换得权力受体的服从,这种公共权力属于应得的权力。一种情况是通过提供利益或利益许诺来赢得权力受体的服从,这种公共权力属于报偿的权力。还有一种情况是通过说服或教育培养某种信仰来获得权力受体的服从,这种公共权力属于信仰权力。[①] 这种对政治权力的分类还是粗略的。进一步的研究表明,依据对政治权力的作用方式的不同,还可以对政治权力作较为细致的分类。

在具体的政治系统中,政治权力有多种作用方式。政治权力作用的暴力方式是政治权力主体在政治利益根本对立的政治权力关系中,以直接手段对政治权力受体实施政治权力的方式。

政治权力作用的压力方式是政治权力主体在对抗性的政治利益关系中,借助政治权力以形成一定的强制态势,使权力受体意识到政治权力作用的后果而按照政治权力主体的意志作出行为选择的方式。

政治权力作用的命令方式是政治权力主体在政治利益根本一致的政治权力关系中,尤其是同一政治权力主体内上下层次之间的权力关系中,借助于传播媒介,以指示语言表达自己的意志,要求政治权力受体照此行为的方式。

政治权力作用的说服方式是政治权力主体通常在具有共同政治利益的政治

---

① 参见约翰·肯尼思·加尔布雷斯《权力的分析》,人民出版社 1988 年版。

权力关系中,以特定的理论、方案与政治权力受体进行思想的和利益的沟通,进而贯彻自己的意图的方式。

政治权力作用的规范方式是政治权力主体以某种强制力甚至暴力作为后盾,制定或借助某种社会规范来贯彻自己的意志,规范政治权力受体行为的方式。作为这一方式补充的是奖酬方式和处罚方式。前者是政治权力主体运用自己掌握的资源对政治权力受体实行奖励,以鼓励或激励其按照预定的目标行动。后者是政治权力主体依据某种规范或要求对政治权力受体的违规行为进行程度不同的惩罚。前者是积极方式,后者是消极方式。

依据政治权力主体对政治权力受体作用的方式可以对其加以细致的分类。通常可分为下列几大类。

一是强制性权力。在这类权力结构中,政治权力主体要求权力受体做某种事情,后者因受到前者的威胁,尽管并不愿意做但不得不去做。在强制性政治权力的运行中,主体施加威胁是要让受体觉得可信,威胁只是让政治权力得以生效的保障。

二是功利性权力。在这类政治权力的结构中,政治权力主体承诺给权力受体一定的好处,其条件就是权力受体必须服从权力主体的意志。在这类政治权力中,包括财富、职位、雇佣、荣誉及权力在内的好处,只是一种奖励,它是保障政治权力得以实施的条件。

三是操纵性权力。在这类政治权力结构中,权力主体以灌输、宣传、政治社会化等方式预先改变权力受体的政治价值观,从而让权力受体自觉地去做权力主体希望他们做的事情。前两类政治权力的运行都以相互沟通为基础,操纵性权力则是以巧妙的方式全部和部分改变权力受体的价值观为基础。操纵性政治权力的运用比起前两类权力来要复杂一点,不仅要以改变权力受体的政治价值观为条件,而且还需要辅之以灌输、宣传、政治社会化这些特殊的手段和途径。

四是人格型权力。在这类政治权力结构中,权力主体用来保障政治权力的实施、能够对权力受体发生作用的条件既不是威胁,不是好处,也不是改变其政治价值观,而是来自权力受体对权力主体本身的崇拜和尊敬。政治权力受体崇拜和尊敬的对象,可以是个体也可以是制度。

二、政治权力的内在结构

政治权力的要素结构

任何政治权力都有其静态的组成要素:一是一定数量人的委托。一般情况下,必须是多数人的委托,这是公共政治权力形成的直接的、基本的要素,没有多数人的支持,是不可能获得政治权力的。二是一定的法律与规章制度。这一要素从根本上规定了政治权力的范围、构成及内容。三是强制实行机关与保障实行机关。这一要素是政治权力顺利行使的保证。四是政治权力行使者的素质与能力。这一要素涉及到政治权力的运用与性质。

任何政治权力,作为一种手段,又必然具有动态的运行结构。它主要包括下列要素:一是作为财富、地位、荣誉、知识、技能的权力资源,这只是一种潜在的权力;二是权力主体使用权力的愿望和技术;三是通过一定的转换所形成的实际权力;四是现实权力所指向的受体;五是权力实际使用后的效果。这几个要素的有机结合,形成了政治权力的运行链。

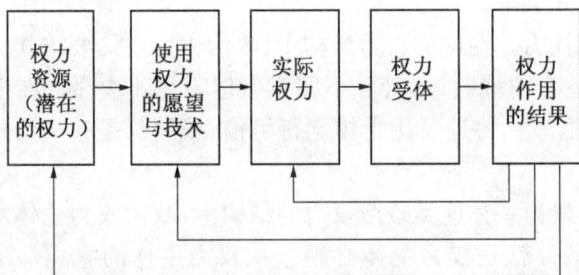

图 4-1　政治权力运行链

政治权力既然是在政治生活中发生的主体与受体之间的影响、强制、支配的关系,那么这种建立在社会价值权威分配基础上的强制、影响、支配关系,从逻辑上来讲,它首先表现在社会中的个体身上。这是一个现实社会中个人所具有的政治权力。但是,任何现实的个人从一开始就是社会关系的总和。个人是无法离开他人、无法离开社会而存在的。这样,在个人与个人的政治相互关系中必然存在对每个个体来说都是必不可少的大大小小的公共部分。这些公共部分的核心就是协调、分配公共利益的公共政治权力。

政治权力的层次结构

除了个人的政治权力外,还可以根据公共权力的"公共性"的范围大小,划分出中间层次的公共政治权力和最高层次的公共政治权力。因此,一个具体政治系统中的政治权力结构至少可以分成三个层次:处在最底层的是个人政治权力;其次是中间层次的公共权力,这种中间层次的公共权力既可以是地方性的,也可以是团体性的;处在最高层的是整体公共政治权力,它们集中在作为政治系统核心组成部分的国家设施上,这就是国家政治权力,简称为国家政权。国家政权是一种掌握在政治系统的上层统治集团或领导集团手中的,并对整个政治系统加以集中的统治、管理、服务、协调的,处于最高层的,也是最强大的公共政治权力。

在现实的政治生活系统中,公共政治权力与个人政治权力之间的关系是辩证的。但是,从历史上来考察,公共政治权力要从个人的政治权力分化出来并聚集起来,成为"仿佛"凌驾于整个社会之上的整体权力,必然要经历漫长的过程。而且公共权力产生出来以后,就必须委托给少数人去掌管和运用。每隔一段时间,人们还要对掌管这种公共政治权力的团体和团体中的个人加以选择和确认。对于这一问题,从近代开始,许多最为优秀的政治思想家都作过很多的研究。其中较为著名的是英国政治思想家托马斯·霍布斯和法国政治思想家让·雅克·卢梭。

霍布斯认为:"全人类具有一种普遍的倾向,即一种至死方休、永不停息地追求权力的欲望。而造成这种情况的原因并不总是因为人希望获得比他业已获得的还要多的欢乐,或者是因为他不满足于拥有比较适度的权力,而是因为他不能确保在不获取更多的权力的情况下能很好地保住他目前已拥有的权力和手段。"① 正是出于这种自我保护的天性,人们才在他们的两项原则即欲望与理性之间作出抉择。人们为了做到相互尊重,就需要建立契约关系,但是,"不带剑的契约不过是一纸空文,它毫无力量去保障一个人的安全"。因此,为保障安全的实现和契约的履行,就需要一个政府。霍布斯认为,个人和个人之间通过协议,所有的人都放弃自治而将自己隶属于一个主权者。这种放弃支配自己权利并授权给某个人或某个众人的集会,既将权利交给这个人或这个众人的集会,又以同样的方式授权这个人或这个集会采取一切行动的时代,就是伟大的利维坦时代。

卢梭则从另一种人性假设中论证了契约关系。人天生并不是太坏的。在个人生活的地方,必然有公民社会,它对于每个人来说是一种唯一的和同时的存在。公民社会是道德人格和集体人格。为了公民社会的意志,人们依据社会公约让渡出来交由社会掌握的那部分权力、财富和自由,仅仅是对于集体具有重要意义的那部分,但也必须承认,唯有主权者才是裁定什么是重要事项的唯一裁判。

无论是霍布斯,还是卢梭,他们都是从人的抽象本性出发来论述公共权力的产生的。公共政治权力产生的真实基础是个人与社会的相互关系。在原始社会中,公共政治权力是通过公民大会或公民代表会议,全体一致地推选道德长者或体力与勇猛方面都过人的人来掌管与控制氏族、部落的。原始部落的酋长和军事首领所掌管的公共权力是非常少的,也不会过分地去任意扩大它以至于达到损害个人的政治权力的地步。在这样的社会中,公共政治权力与个人政治权力是和谐

---

① 参见乔治·霍兰·萨拜因《政治学说史》上册,商务印书馆 1990 年版,第 522 页。

统一的。但是在进入奴隶社会、封建社会、资本主义社会后,公共政治权力与个人政治权力之间就出现对立和冲突。在社会主义社会中,个人政治权力与公共政治权力依然存在矛盾。

三、公共政治权力的特性

政治系统中的政治权力有三种。一种是政治系统中的属于政治行为主体的政治权力,它和政治行为主体的各自利益联系在一起。一种是政治系统中属于和其他政治系统交互作用的政治权力。还有一种是政治系统中的公共政治权力,它是以政治系统中全体成员的共同利益为基础的,在具有国家设施的条件下,它表现为国家公共政治权力。公共政治权力是普遍的,它作用于整个政治系统和系统中所有的政治行为主体,在整个政治系统范围内普遍有效。公共政治权力也是至上的,它是政治系统中的最高的政治权力。公共政治权力还是排他的,在政治系统层次上,它是唯一的,它必须排斥其他同等政治权力的存在。国家公共政治权力,或简称国家政权,具有一些显著的特性。

公共政治权力的强制性与组织化

即使是在人类社会初始阶段上,政治系统中的公共政治权力虽然不是集中在国家这一设施上,但也具备了强制性和组织化的特征。"部落、氏族及其制度,都是神圣而不可侵犯的,都是自然所赋予的最高权力,个人在感情、思想和行动上始终是无条件服从的。"[1]随着社会分工的深化、私有制的产生,阶级出现了。从此,阶级利益就侵入到公共政治权力中来。在奴隶制、封建制及变形的社会中,公共政治权力则被无限地扩大了,而个人的政治权力则被挤压到极小的空间之中。在有些政治系统中,国家公共政治权力的扩大是通过少数统治者的赤裸裸的人治造成的;在有些政治系统中,国家公共政治权力的扩大则是通过包裹着法制外衣的人治造成的。

在阶级社会中,原先是全社会共享的、为全社会服务的公共政治权力,则蜕化为由经济上占据优势和统治地位的阶级、集团所垄断,并以仿佛凌驾于社会之上的国家设施为载体,成为国家政治权力。从此,国家的公共政治权力就成为每一个企图成为统治者的阶级、集团主要的争夺对象。"每一个力图取得统治的阶级,……必须首先夺取政权,以便把自己的利益又说成是普遍的利益"[2]。

---

① 《马克思恩格斯全集》第21卷,人民出版社1965年版,第112—113页。
② 《马克思恩格斯选集》第1卷,人民出版社1995年版,第39页。

在现代社会中,国家公共政治权力与个人政治权力的划分则是通过各种直接的和间接的选举,建立立法机关,制定和修改法律,然后靠法律来确定的。各国的宪法都对国家政治权力,各种政治团体、政治组织的政治权力,以及个人的政治权力的使用方式与程序、运行的范围和条件,作了或多或少明确的规定。同时,各个政治系统还会通过阶级、政党的活动甚至竞争,来确定由什么阶级、什么政党组成的政府来掌管、控制、使用国家的公共政治权力。在有些政治系统中是一个阶级和它的政党来控制国家公共政治权力;在有些政治系统中则是几个阶级、几个政党联合起来控制国家公共政治权力。

经过社会上各种政治活动主体的相互竞争、相互协商,并最终通过政治法律制度固定下来的公共政治权力就上升为一种在全社会范围内能够存在与运行的具有组织性、规范性的力量。掌握着公共政治权力的阶级、集团、政党、政治家们,运用国家机器的物质强制性,确保着公共政治权力的合法性、合理性、普遍性,并通过政治意识形态的加工、宣传将其神圣化。

公共政治权力的单向性与垄断性

公共政治权力除了具有强制性、组织性的特点外,还具有单向性、垄断性的特点。所谓国家公共政治权力的单向性,是指这种公共政治权力对政治系统中的任何个人、群体、团体和组织都具有强烈的支配和导向作用。而个人、群体、团体、组织对国家公共政治权力只能服从。为了确保国家公共政治权力作用的单向性,掌握国家政权的阶级和集团会设立各种保障机构、制定各种保障措施以保障国家公共政治权威免遭破坏和削弱。

所谓公共政治权力的垄断性是指在正常情况下,一个政治系统之中只能有一个国家设施,在政治斗争中获胜的阶级、集团、政党,首要的任务就是在打碎旧的国家设施的基础上,重新设计并建造新的国家设施。无论是在封建主阶级打败奴隶主、资本家阶级打败封建主、无产阶级打败一切反动剥削阶级的过程中,还是在一批奴隶主打败另一批奴隶主、一批封建主打败另一批封建主,实行改朝换代的过程中,胜利者都必然要重新建造国家设施、垄断国家公共政治权力体系。

在政治系统的运行中,占据主导地位的阶级、集团、政党只有通过重建国家公共政治权力,才能将本阶级、本集团、本党派的意志上升为政治系统的普遍意志。这样本来意义上的国家政权的公共性,实际上就变成了某些阶级、集团和政党的独占性。①

四、公共政治权力的总量

每一个现实的人类生活系统中必定都有政治系统,每一个现实的政治系统中必定都有公共政治权力,每一种公共政治权力又都必定有其存在、运行及其发展的基础。这一基础就是公共政治权力的能量或者是公共政治权力的资源。没有一定的政治能量,没有一定的政治资源,公共政治权力便无法实施对整个政治系统的统治、管理、服务和协调。

影响一个政治系统的国家公共政治权力的能量总和或资源总量的因素是非常多的。这些影响因素中有些是根本的、经常起作用的,有些因素不仅作用比较小,也带有时间性的特征。集中在国家设施中的公共政治权力的总量主要与下列三个基本因素有关:一是人类生活系统真正实现出来的总能量的多少;二是在一定的社会发展战略目标下,该政治系统中的国家政治能量在政治系统总能量中所能允许占有的比例大小;三是国家将一定比例的政治能量充分发挥出来的能力。

首先,一个现实的人类生活系统在一定的时期具有一定的能力总量。这一总量是由经济系统、社会系统、文化系统和政治系统共同创造的,并且也是为这些系统所共同掌控和运用的。一个人类生活系统能够从能力总量中,将多大的份额拿出来,交由政治系统掌控和运用,这要看整个人类生活系统所确定的重心在哪里。在一个生活高度政治化、大搞政治挂帅的人类生活系统中,流向政治系统的能力总量是最多的,人们将太多的能量转化为公共政治权力。这样做的结果必然会损害经济建设、文化建设和社会建设。因此,具体的人类生活系统肯定只能将一部分能量分配给政治系统。

其次,一个政治系统中国家或政府公共政治权力总量与这一国家设施所赖以存在和发展的政治系统的总能量有关。国家公共政治权力的总量只是政治系统总能量的一部分。因此,对任何一个具体的国家设施来说,要使得国家政治权力

---

① 政党权力的范围要小于政治系统的公共权力。就政治系统的范围和层次来说,政党力量只是社会政治力量而不是公共政治权力。从事实上看,执政党虽然是政治系统公共政治权力的代表,但即使是执政党的权力,要成为政治系统的公共政治权力,也必须经过一定的转化程序。执政党的权力与阶级社会中政治系统的公共政治权力本质上是一致的。不过,执政党作为统治阶级的核心组织,其权力范围要小于政治系统的公共政治权力,因此,这两种权力之间有差别。就两者关系而言,一方面,任何阶级社会中的执政党都代表本阶级的利益和意志支配着政治系统的公共政治权力,另一方面,由于政治系统的公共政治权力在形式上表现为整个政治系统内的公共政治权力,因而执政党的权力都必须以一定的方式转化为政治系统公认的、合法的公共政治权力。

总量最大化,就必须想方设法扩大政治系统的总能量。只有政治系统总能量能得到不断的扩展,国家设施所能分得的能量的增长才会有坚实的基础。

现代发展理论告诉我们,只有科学地配置和利用资源,人类才可以保持持续发展。当一个政治系统要获得更快的发展时,它可以有两种战略:一是通过政治制度的创新,将政治系统已有的可供利用的各种资源最科学地加以配置,保证产出最大限度的能量;二是对外开放,将国际上可供其利用的资源吸收到政治系统中来,与政治系统本身的资源加以配置,从而增加政治系统所能自由支配的社会能量的总和。

在上述两种增加政治系统总能量的途径中,前一种途径是根本的,后一种途径只能是辅助的。后一种政治系统能量的获得,除了必须以前一种能量的增加作为手段和基础外,还必须具备其他各种条件。某个政治系统要想从世界其他政治系统获取自身所需要的科技、资金、设备、产品和服务,既需要有支付引进这些资源的成本,又需要有利用、消化这些资源的成本。因此任何政治系统都必须首先考虑优先地增加本系统内部的总能量。

每个政治系统总是将发展和积聚总能量作为中心任务。但是,这种发展并不意味着一直是量上的增加。一个政治系统无论怎样去开发、利用本系统内的资源,吸引别的政治系统的资源,当政治系统范围内的能量总和达到一定的数量时,量的增长就会减慢,乃至为零。这时的发展所依赖的就不再是外延的扩展或纯粹数量的增加了,而是要求得内涵的发展即质的提高,即结构的优化和效益的提高。因此,各个政治系统都会在不同的发展阶段上,选择不同的总能量增长方式。

国家设施所需要的公共政治权力总量从其根本的来源来说,是由整个政治系统供给的,特别是通过政治制度、政治体制、政治机制和政治秩序来供给的。但是,国家设施并不是消极、被动地等待着政治系统的能量供给,它本身对经济生活也具有能动作用,对政治以外的全部人类生活也具有反作用,正是这种能动作用或反作用,使国家公共政治权力对政治系统总能量的增减产生巨大的影响。

第三,具体的国家公共政治权力总量与这一国家所在的政治系统所能分配给它的比例有关。国家公共政治权力的能量与政治系统总能量的比例,既不可能一直是零,也不可能一直是无穷大。因为,当比例是零时,就意味着国家或政府的公共政治权力不得不停止其运行。即使这一比例不为零,但变得非常小时,国家和政府公共政治权力的运行也会受到阻碍。比如,由于共和党人控制的美国国会坚持要削减克林顿总统的财政预算计划,并且不同意拨给联邦政府一项临时开支,结果从1995年11月14起,美国联邦政府中除了公众保健、安全防务以外的所有部门都停止了运作,联邦政府雇员中40%的人约80多万,不得不被打发回家。

像这类因国家公共政治权力机构从政治系统总能量中所得份额减少,从而导致国家或政府公共权力停止运作的现象在美国并不是头一回。1984 年 10 月 4 日,因国会未能批准一项紧急开支议案,当时总人数 280 万的联邦政府只好将 50 万人解雇。1986 年 10 月 17 日,又因国会不批准政府开支计划,美国联邦政府 50 万工作人员被迫卷起铺盖回家。

国家公共政治权力从政治系统总能量中所获得的能量越少,其运作的基础就越软弱,从而对政治系统的调节控制能力就会降低。这一结果反过来又会导致政治系统总能量下降。1984 年 10 月美国政府机构白天关门,造成的社会损失达到 6500 万美元。发生在 1986 年 10 月的联邦政府关门事件,其损失也高达 6100 万美元。

第四,对于一个具体的国家设施来说,在各种条件既定的情况下,能够掌控并运用的政治系统提供的各种能量的总和是一定的。但是,有可能运用和发生作用的能量的总量与真正有效实现出来的能量的总量往往是不一致的,后者总是小于前者。一个有生命力的国家公共政治权力的重要标志就在于它能够通过权力配置、制度安排、规范制定、秩序保障,对物质的、非物质的资源加以直接的或间接的管理,有效地调控政治生活,从而最大限度地将可能的总能量实现出来。

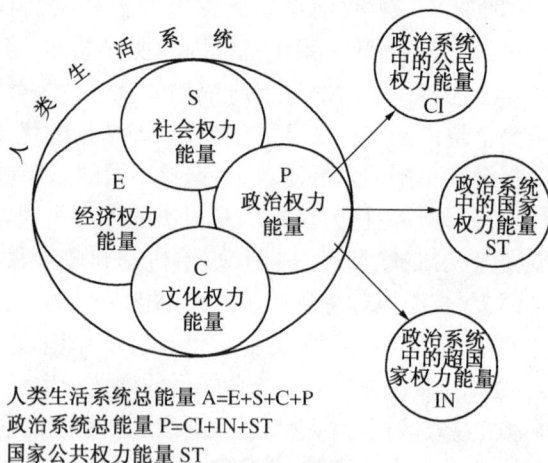

人类生活系统总能量 A=E+S+C+P
政治系统总能量 P=CI+IN+ST
国家公共权力能量 ST

图 4-2 政治系统权力总量与国家公共政治权力总量

国家公共政治权力的能量与这一权力的实现方式是密切相关的。国家公共政治权力的实现方式主要与三个因素有关:一是公民的政治参与程度与方式;二是公共政治权力的资源结构;三是公共政治权力的纵向与横向的配置模式。

国家公共政治权力从政治系统总能量中所获得的政治资源能否真正发挥出来,首先取决于掌握公共政治权力的集团、阶级和政治家们能否将生活在政治系统内的政治行为主体的政治积极性调动起来,形成广泛而适度的、平等而有序扩大的公众政治参与。同一个政治系统中不同的政治行为主体对政治的关心程度和参与程度是不相同的。罗伯特·达尔曾经将公众的政治态度按有权势者、权力追求者、关心者、不关心者几个层次进行了划分。我们也可以将具体政治系统中的政治行为主体按其政治参与程度分成追求政治权力、政治态度积极、政治态度消极和政治态度冷漠等几个主要的层面。①

掌握国家公共政治权力的阶级、政党、集团和政治家们必须通过制定正确的政治路线、治国方针、社会经济发展目标,借助于大众媒介和舆论导向,开辟多种多样的参与渠道,从而将处在政治态度消极层面上的政治行为主体吸引到政治态度积极的层面上去,同时,促使政治态度冷漠层面的分化,使其中一部分政治行为主体变为政治态度消极的参与者。另外,对追求政治权力的层面加以控制,将这一层面的政治参与限制在适度的范围内。

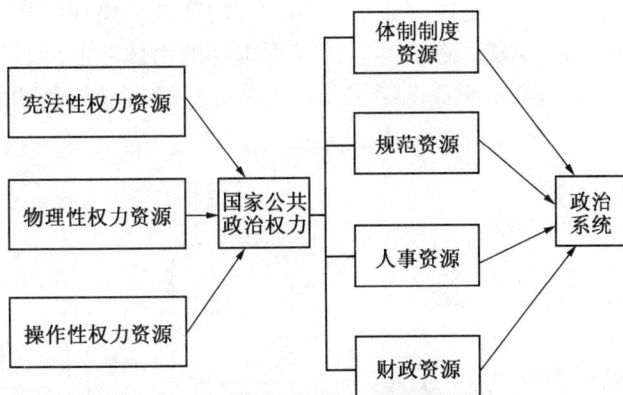

图4-3　集中计划模式下的国家公共政治权力
资源的内在结构和运行方式

国家公共政治权力能量或国家公共政治权力资源的结构大体上分为三个部分:宪法性资源、物理性资源、操作性资源。宪法性资源是指一个国家基本法所规定和赋予的公共政治权力。虽然各国的宪法到一定的时候会进行修改,但只要基本的政治制度不变或变化不大,这种公共政治权力资源的变化是较小的。

公共政治权力中的物理性资源指的是为保障公共政治权力的顺利行使而建立的带有强制性的组织与机构,如军队、警察、监狱、法院等。这一部分资源在公共政治权力的结构中会随着国家所面临的社会经济状况和国际关系格局的改变而发生变化。

---

① 参见罗伯特·达尔《现代政治分析》,上海译文出版社1987年版,第130页。

　　具体国家或政府公共政治权力资源结构中上述两个部分虽然也会发生变化，但变化的幅度不可能很大。变化最大的部分是国家公共政治权力中的操作性资源。它主要包括政治体制、政治规范、政治人事、国家财政等方面的权力。在国家公共政治权力的运行中这部分权力资源所占的比重会越来越大，对社会经济的作用也会不断加强。在不同的社会、经济、文化条件下，这部分国家公共权力的运行机制和实现方式是不一样的，相同的资源产生出来的政治产出也是大不相同的。

　　一种是在集中计划模式下国家公共政治权力资源的内在结构与运行方式。在这种政治系统的运行和发展模式下，宪法性、物理性和操作性权力资源在汇集到国家设施之上以后，形成国家公共政治权力内部的由体制制度、行为规范、人事、财政等权力资源组成的结构。它们直接作用于政治系统。

　　另一种是在分散市场模式下国家公共政治权力资源的内在结构与运行方式。在这种政治系统的运行和发展模式下，宪法性、物理性和操作性权力资源在汇集到国家设施之上以后，形成国家公共政治权力内部的由体制制度、行为规范、公共人力、公共预算等权力资源组成的结构。它们需要经过市场机制的中介再去作用于政治系统。

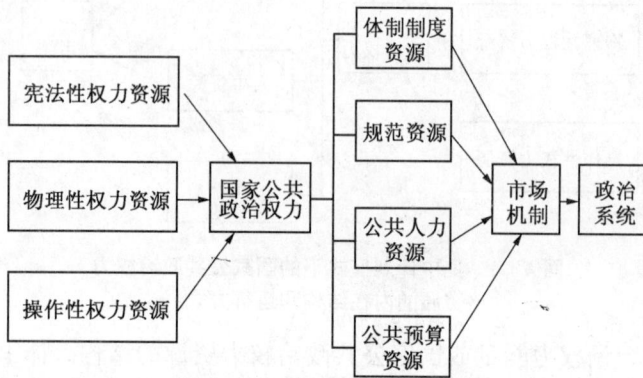

图 4-4　分散市场模式下的国家公共政治权力
资源的内在结构和运行方式

　　国家公共政治权力要能最大限度地真正实现出来，还需要对它进行合理的配置。从横向上看，国家公共政治权力既需要表达又需要实施，而且，还需要将其表达与其实施一致起来。这就必然要分为意志表达的权力即立法权、表达过的意志付诸实施的权力即行政权、对权力的表达与权力的实施进行裁定的权力即司法权。这三者既需要分立制约又需要统一协调。平行的权力不分工不制约就会发生专制与独裁；平行的权力一旦对立、扯皮，就会妨碍国家公共政治权力的行使。

　　国家公共政治权力还会在中央与地方之间进行纵向的配置。公共政治权力过分地集中于中央会导致集权专制，从而使地方失去积极性；反过来，地方的公共政治权力过大，就会出现地方分散主义和无政府状态，从而削弱中央的权威。只有当中央掌握的权力与地方掌握的权力达到一定的比例，集权与分权都是适度的时候，国家公共政治权力的能量才能最大限度地发挥出来。

对于处于社会转型期的政治系统来说，它既面临着对国家公共政治权力资源开发与保护的问题，又面临着对国家公共政治权力的内部结构进行调整，使已经获得的资源能够最大限度地发挥作用的问题。前一个问题主要与潜在的国家公共政治权力有关；后一个问题则主要与现实的国家公共政治权力有关。

为了研究国家公共政治权力的基础或资源问题，可以将国家公共政治权力资源分为原生资源和新生资源。对于一个处于社会转型期的政治系统来说，其国家公共政治权力资源总量在一定的时期内会呈现出下降的趋势。其原因是：首先，原生的国家公共政治权力资源会有所丧失。原生的政治资源是供旧体制下的政治系统和国家运行的能量。其中，有一部分的确是属于市场与社会的，应当在市场经济体制建立的过程中还给市场与社会。但是，原生的国家公共政治资源也有相当的部分即使是在市场经济体制下，也应当是属于国家的。但在社会变革过程中，这部分资源会随着简政放权的潮流而流失。

其次，在新型的经济社会基础上，国家公共政治权力应当具有相应的新生资源。这种新生资源必须要靠新的体制与新的秩序来供给。但是有利于新的政治资源增加的体制结构和秩序规范并不是一下子就构建出来的，它有一个逐步形成的过程。因此，在社会转型时期，虽然人类生活的和政治系统的资源总量增加了，但是，国家公共政治权力资源总量却会出现下降的情况。如果不去回收一部分原生资源和尽快开发新生资源，国家公共政治权力总量就会一直处于衰弱与不足的状态。

为了研究国家公共政治权力的基础或资源问题，还可以将国家公共政治权力资源分为物质性资源与非物质性资源。政治系统必须从两个方面着手去寻找和扩大国家公共政治权力资源的新的生长点。一是尽量扩大物质性资源；二是保护与开发自己的非物质性资源。

政治系统首先要开发和保护国家公共政治权力的物质性资源。只有具备了一定量的物质性政治权力资源，非物质性的政治权力资源才能有效地发挥作用。物质性的公共政治权力资源主要指公共人力权力资源和公共预算权力资源。公共人力权力资源的保护与开发表现在国家要在人才培养和储备的基础上，实行一套新的公共人力资源开发、利用和管理的制度、机制与操作程序。

政治系统还必须大力开发和保护公共预算权力资源。国家公共财政是公共政治权力正常而有效地运行的重要保证，也是政治系统对人类生活调控得以实现的杠杆之一。国家公共政治权力所使用的经济手段、政策手段、行政手段与国家公共财政的规模密切相关。国家用来推动和指导社会经济发展的公共预算和公共投资与国家公共财政的多少直接相连,甚至中央与地方的关系也依赖于国家公共财政的调节。

在现代经济系统中,国家公共财政的基本来源是税收,从这一意义上来说,现代国家是"税收国家",而不是"自产国家"。因此建立和完善税收制度成为保护和开发国家公共预算和公共财政权力资源的根本性措施。对于任何一个国家来说,完善税制的基本点在于扩大国家物质性的公共政治权力的资源。借助于新的税收制度,实行分税制和分级公共财政,使国家的中央公共财政收入在整个国家的公共财政总收入中占有较大的比重,从而使中央政权掌握一定量的公共财力基础,用于地方税收返还,实施重大产业结构调整,支持落后地区经济发展。

保护和开发物质性公共政治权力资源,还需要对政治系统内外的国有资产严格管理,在严防流失的同时,确保增值。国有资产的流失有许多渠道。有的流失是因为管理不善造成的;有的流失是由腐败活动和经济犯罪导致的。国有资产的流失既可以发生在政治系统内的国有资产方面,也可以发生在跨国的国有资产方面。国有资产,无论是政治系统内的,还是跨国的,不仅不能任其流失,而且还都必须增值。国有资产不增值或增值的速度慢于其他的非国有部分的资产,都不利于国家政权对社会资源的分配。

一个政治系统还必须开发和保护非物质性的国家公共政治权力资源,主要是体制制度资源和规范资源。当一个政治系统处于转型时期,社会、经济、政治、文化等领域实行大规模变革时,旧的体制制度关系必然发生松弛和解体。这时,国家公共政治权力的重要作用就在于通过对社会变革的启动、整体与分步改革的设计、各类相关政策的制定来创建新的体制和制度因素,同时,改革政府机构,确定政府的新职能,建立政府、市场与社会之间的新的关系,从而使新的体制和制度因素衔接、配套并使之完善和稳定。

对于发展中国家来说,这种体制设计和制度安排决不像某些西方学者所断言的"必定导向无效率",只要尊重社会发展的客观规律,国家公共政治权力对体制的自觉设计与制度创新就能有力地推动人类生活系统,也同时推动政治系统的完善和发展。这种体制的设计与制度创新本身就是为国家政权积累资源。一旦形成合理、科学和制度化的政治体制,这种政治体制反过来又能向国家政权供给更多的公共政治权力资源。

在社会转型时期,建立良好的政治秩序也能为国家公共政治权力提供必要的非物质性资源。在社会急剧变革的时期,人类生活会发生大量的失控、失序、失衡、失范现象。各种非规范的政治行为有可能导致社会混乱。国家的公共政治权力被不正当使用,高官化、高额化、批量化的腐败可能致使公共政治权力资源大量流失。坚决制止、防范和打击各类非规范的政治行为、经济行为、社会行为和文化行为,制定新的行为规范,使社会得到有效的控制、协调,形成良好的秩序,不仅能为国家公共政治权力积累资源,而且还能为国家政权的更新与发展供给资源。

国家公共政治权力总量并不是一个静止的量,它要在运行中,从结构资源的形态,转变为功能资源的形态。这种转换是通过公共政治权力资源的合理配置实现的。这种配置可以从两方面来研究:一方面是横向的配置,另一方面则是纵向的配置。在现实的政治生活中,这两种维度的配置是有机结合的。国家公共政治权力的横向配置指的是在中央、地方和基层的层次上,立法权、行政权、司法权这三者之间的分工与协调。国家公共政治权力的纵向配置指的是政治系统的整体结构方式,以及中央集权与地方分权的关系。

第二节　国家公共政治权力的横向配置

一、公共政治权力的三权分立配置

从政治生活的历史发展来看,国家公共政治权力是一种必须加以限制和约束的力量。公共政治权力一旦失去约束或失去制约,它就会造成巨大的破坏。这种对公共政治权力的限制与约束的一个重要方面就是对国家公共政治权力实行适当的横向配置。政治机构作为政治行为主体活动的舞台、政治规范的物化和政治制度运行的载体,代表着一定的公共政治权力的横向配置关系。因此,对公共政治权力的制约与限制首先就表现为对政治机构间的权限和责任关系的合理划分和明晰界定。

在西方资本家占统治地位的政治形态中,对国家公共政治权力的制约与制衡,即公共权力横向配置的原则一般采取"三权分立"的原则。其主要办法是将公共政治权力分为立法权、行政权与司法权,并规定由三个相应的政治机构来掌管:议会行使立法权;总统或内阁行使行政权;法院行使司法权。这三个机构之间既相互独立,又相互制衡。因此,"三权分立"是分立与制衡两个原则的结合。

在人类历史上,横向分权学说产生得很早,最古远可以追溯到亚里士多德、西塞罗。但第一个将分权学说作为反对封建主政治统治的政治形态的旗帜树立起来的、并且形成"三权分立"思想的思想家是英国的政治启蒙学者洛克。他认为,国家公共政治权力有立法权、执行权和联盟权,议会是掌握立法权的机关,政府则是掌握执行权的机关。

洛克所讲的公共政治权力分立实际上只有两权分立即立法权与行政权的分立。他认为应当由国会掌握立法权,而行政权归于国王。洛克提出的分权思想依据的是其对公共政治权力本性的认识。他指出,人人都希望获得公共政治权力,而且人人又都会滥用公共政治权力。为了防止公共政治权力被滥用,唯一的办法是以权力来约束权力。

"三权分立"原则真正得到确立是始于法国政治思想家孟德斯鸠。他明确提出了政治国家应当将立法权、行政权和司法权分立,使之"彼此牵掣"、"协调前进"。但是无论是在英国还是在法国,由于都经历过封建主占统治地位的社会,集权的惯性使这种新型的分权原则不容易实行。这一源于欧洲的政治观念只得越过重洋,最终在美国的政治系统中得到实施。

被称为美国"革命之父"的杰斐逊就说过:"美国同欧洲封建制度是截然不同的",美国革命"提供了一个空白的画册,我们可以在画册上随意描绘我们所喜欢的东西"。① 美国"宪法之父"麦迪逊在建造政治国家和政府体制这一大厦时就强调立法、行政与司法要相互平衡、相互制约,不能混合起来,否则"就会破坏一切形式上的平衡与美观,有使大厦的某些主要部分由于其他部分的不相称的重量而遭到破坏的危险"②。

与古典的和近代的政治思想家最初的设想不同的是,在现代西方现实的政治系统中运行的三权分立式的公共政治权力的横向配置已经具有了更为复杂的含义和形式。比如,在典型的三权分立的国家中,公共政治权力的分立是与多党竞争联系在一起的。不同党派可以在分开的三种公共政治权力中活动,公共政治权力的制衡与其分立之间存在着矛盾和冲突。公共政治权力的制衡是人们出于一种对公共政治权力可能被滥用的担心。似乎只要将公共政治权力加以划分,再让这些分立的公共政治权力相互制约,公共政治权力就可以避免在个别人那里产生恶性膨胀以至于被滥用的现象。

但是,公共政治权力分立本身就是一件极其困难的事情。作为一个民治的政治国家和表现方式的政府,其功能主要是两个:一是国家意志的表达;一是国家意志的执行。国家意志不表达出来,就谈不上国家意志的执行;如果国家意志表达出来了,而没有人去执行,这种表达也就是一纸空文。因此,对国家权力来说,它主要是为了国家意志的表达与执行。但国家意志的表达与执行是不可能分立的,它必须统一和协调。一方面,意志的表达离不开意志的执行,另一方面,在意志执行中也有意志的表达。当然,在意志表达的功能与执行的功能中,总是有主有次

---

① 《杰斐逊文集》,商务印书馆 1957 年版,第 9 页。

② 《联邦党人文集》,商务印书馆 1982 年版,第 246 页。

的。一般地说,意志表达的功能要优先于意志执行的功能。因此,在现实的政治生活中,必须以意志表达来控制意志执行。但是,这种控制必须限制在一定的范围内。正因为国家意志的表达与国家意志的执行之间存在既相互依存又相互区别的关系,因而将国家公共政治权力加以绝对的分立,就必然导致国家政权运行中的弊端。

国家公共政治权力的分立方式与制衡方式是多样的,不一定就是三种权力的分立。比如中国革命的先行者孙中山在考察了欧洲政治制度和体制后,就提出立法权、行政权、考试权、监察权和司法权的五权分立思想。如果将国家公共政治权力再作细致划分的话,那么需要分立的政治权力类别就会更多。因此,三权分立未必就是最为典范的。公共政治权力分立形式的多样性,也决定了其制衡的方式也是各式各样的。

三权分立作为公共政治权力横向配置的原则在不同的政治系统中有不同的表现方式,即使在同一政治系统中也会随着政治、经济、社会和文化的变迁而发生改变。比如,在政治实践中,美国的立法权、行政权与司法权其实是交叉与重叠的。美国总统既部分参与立法,又部分地参与司法;国会既部分地参与行政,又部分地参与司法;联邦法院也是既部分地参与立法,又部分地参与行政。

在英国,除了在历史上出现过短暂的国会与君主的分权以外,就再也没有出现过较为严格的分权制。在政党政治特别是在两党政治出现以后,立法与行政实际上是合一的,虽然存在两个机构,但因为政府是由议会中的多数党组成的,议会与政府通过执政党就联为一体了。有人将这种情况称为"两个机构,一套人马"。在英国议会中真正对政府起着制约作用的是少数党。因此,在英国与其说是三权分立、制衡,还不如说是在野党与执政党的分立与制衡。

在法兰西第五共和国,政府体制与英国相比有点类似。但是,法国实行的是多党制,多党联盟组成的内阁政府在公共政策上很难保持一致,因此,它也就不可能像英国那样实行"议行合一"。另一方面,法国的总统作为国家元首居于国家主权"保证人"和"仲裁人"的地位。总统有权解散国民议会,并可将影响现行体制运转的任何法律提案提交公民表决;总统还有权任命总理,批准总理提名的政府成员,也可批准总理辞职;总统又是国家最高司法会议的当然主席,司法会议有权对最高法院法官和上诉首席法官的任命提出建议。因此,总统完全居于立法权、行政权和司法权之上。因为总统与议员都是由公民直接选举产生的,总统除受弹劾外不受任何制约。所以法国的国家权力是总统控制下的职能分工。一旦国民议会对政府通过弹劾案,总理被迫辞职,政府倒台,总统可以解散议会,反过来再对被迫辞职的总理重新加以任命。①

在今天的世界上,公共政治权力中的立法权的行使机构、行使过程也是不完全相同的。

首先,各国对议会或国会与立法的关系的规定不一样。英国普遍认为"国会至上",国会是最高权力机关;中国也把全国人民代表大会规定为最高权力机关;美国、法国将国会视为"最高立法机关";日本则将国会看作是"唯一立法机关"。

其次,各国立法机构的构成也存在差异。有的国家反映民意的立法机构只有一个,有的有两个,有的则有三个,分别称为"一院制"、"两院制"和"多院制"。比如,中国的立法机关就是一个即全国人民代表大会,印度的立法机关也只有一个,是大国民议会。即使立法机关都是两院制的,也各有区别。在英国,立法机构由两院组成:贵族院,又称上议院;平民院,又称下议院。在法国,则有参议院与国民议会。在美国和日本,立法机构由众议院和参议院组成。在德国,则有联邦参议院和联邦议会。立法机关的构成也是可以变化的。瑞典的立法机构从 1617 年的四院制,变为 1866 年的二院制,至 1971 年再变为一院制。一般的议会设有议长、副议长,还有咨询机构、常设委员会、特别委员会、全院委员会、联席委员会等日常办事机构。

第三,各国立法机构的权限也不相同。英国下院具有立法权,行政、财政监督权,国际条约和外交条约批准权;法国议会具有立法权,财政监督权,行政监督权,修改宪法提案权,宣战批准权;美国议会具有立法权,财政权,条约同意权,人事同意权,调查权,弹劾权;日本议会具有立法及法案创议权,行政监督权,外交监督权,财政监督权,对法官的弹劾权;德国联邦议院和参议院具有对基本法的修改补充权,预算议决权,形式上的行政监督权;印度国会有立法权,修改宪法权,监督政府权,监督财政权,弹劾权。

各国公共政治权力中的行政权力一般集中在政府。

首先,资产阶级的政府具有不同的体制。一种是内阁制政府。内阁为国家最高行政机关,内阁由议会授权议会中多数党领袖组织,如果没有一个政党获得议会半数的席位,则由几个政党联合组阁。内阁接受议会监督。如果议会对内阁提出不信任案,内阁必须辞职。内阁通常由首相或总理及其阁员组成。另一种是总统制政府。总统为最高国家行政机关。总统既是国家元首,又是政府首脑。总统由全民选举产生,他不对国会负责,国会中占多数席位的政党,不一定是政府所属的政党。国会除了可以对总统的犯罪行为实行弹劾外,不能对总统的施政投不信

---

① 参见曹沛林等《外国政治制度》,高等教育出版社 1992 年版,第 20—23 页。

任票。有些国家的总统任命总理，然后再根据总理的提议任命政府组成人员，总统主持内阁会议。内阁总理虽为政府首脑，实则为总统的辅佐。总统同议长以及总理磋商后，可以解散议会，重新进行选举。还有一种是委员制政府。联邦委员会为国家最高行政机关。委员会通常由 7 名委员组成，由联邦两院联席会议选举产生，任期四年。委员会设正副主席各一人，任期一年，不得连任，一切问题都要经过全体委员讨论，实行多数决定的方法。议会不能对委员会提出不信任案，委员会也无权解散议会。

其次，不同的政府所具有的行政权限也是不一样的，但是总起来说，西方政府通常可以行使这样一些权力：执行法律权，内阁或总统具有公布、执行法律的权力，在执行法律中有制定条例、政令、命令的权力，内阁制国家的内阁有法案创议权，总统制国家的总统有对颁布法律的否决权，内阁制国家内阁有解散议会权；行使外交权，主要包括内阁或总统派遣使节，接受来使，缔结条约，宣战媾和，参加国际会议的权力；司法行政权，总统和内阁具有任命法官的权力，具有大赦的赦免权；军队统帅权，总统或内阁统帅陆海空三军，对其具有编制、训练、调遣、指挥的权力。

三权分立下的西方执法机关是行使司法权与检察权的国家机关，包括法院与检察院。西方国家的法院种类繁多，以不同标准可分为：单一法院和联邦法院；刑事法院和民事法院；初审法院、上诉法院和终审法院。有些国家还设有宪法法院和行政法院。司法机关行使的司法权主要有三个方面：审理各种诉讼案件的审判权；对某些民事法律关系加以执行、保证、监督和公证的非诉讼事件的处理权；通过司法程序审查和裁决立法机关、行政机关是否违反宪法的违宪审查权。

任何一个西方国家都有其规模巨大的暴力机关，其主要的职能是：保护资产阶级和一切剥削阶级利益，维护统治阶级对劳动群众的剥削和压迫，防范与镇压广大人民的反抗和革命；使用暴力来镇压内部的反抗集团；防御外来势力的入侵，干涉别国的内政，入侵和奴役其他民族。

西方国家普遍实行的公共政治权力的三权分立式横向配置，决不是如同它们的学者所宣传的那样美妙[①]。

首先它是一种粉饰资产阶级民主，带有政治欺骗性的工具。按三权分立原则组织起来的政府体制，从表面看，的确是任何一个机构或部门只能掌握一部分国家权力，似乎不存在部门专权或个人专权现象。而且，在有些部门，其首脑是由民众选举

[①]　资产阶级学者认为三权分立是分权导致分工、分工导致制衡，这样"三个相等的角彼此相连，构成一个稳定的三角形，这是分权学说所蕴含的最朴素的数学哲理"。转引自朱维究的《政府法制监督论》，中国政法大学出版社 1994 年版，第 127 页。

产生的,一方面使民众感到自己是主人,另一方面也使民众对社会制度的不满转移到某些个人身上,并把希望寄托于下一轮的选举。另外,三个机构之间产生的某些制约活动,如否决议案、弹劾总统、解散议会,也容易使人觉得各个部门的利益不一致,时常有冲突。但是,人们应当深入了解,在这些现象的背后起作用的恰恰是资产阶级整个阶级的利益,是资产阶级用来更好地实施对工人阶级统治的有效手段。

其次,理论上的、形式上的三权分立与实际政治生活中的权力运行并不是一致的。在西方国家的实际政治生活中,不仅行政权大大地膨胀,而且出现了许多跨越立法权、行政权和司法权的一般分工的"混合权力模式"。例如,在美国,不仅仅像联邦商业委员会这样的独立管理机构拥有立法权、行政权、司法权三者合一的权力,就是政府部长也基于授权广泛地行使着这三种权力。在英国,大法官作为内阁阁员、上议院议长和司法部门的首长也在同时行使着三种权力。在法国,行政法院法官可以根据"法律的一般原则",大胆地填补立法空白,实际上行使着立法的权力。

第三,公共政治权力横向配置上的三权分立原则有利于调解资本主义的内部矛盾。虽然资产阶级具有统治工人阶级和其他劳动人民的总的、整体性的利益,但是,资产阶级内部又存在不同集团、不同党派的局部利益或部分利益上的差别。为了将本阶级内部的矛盾、斗争与冲突控制在一定的范围之内,保证这种局部或部分利益之争既是"公开"的、"公平"的,又不至于从根本上危及资产阶级统治,资产阶级就需要有一种供本阶级利益较量用的场所和舞台以及竞争的游戏规则,这种场所和规则的总和就是公共政治权力横向配置上的分立与制衡的原则,谁违反了这一原则,不仅会在权力竞争中失败,而且还会遭到普遍的谴责。

第四,西方资产阶级所确立的公共政治权力横向配置的三权分立原则,保证了政府和国家在运行中具有极大的灵活性。资产阶级可以利用立法、行政、司法这三个权力机构之间的分工、差别与关联,制造出各种各样的规则和行动方案,从而在对内的统治与管理上,在对外关系的决策上,可以随时让不同的部门出面,以不同的调子发言。

第五,公共政治权力横向配置上的三权分立原则虽然具有对维护资产阶级整体利益有益的方面,但是,这一原则并不是很有效的。它也给资产阶级政治统治带来许多负面的效应。资产阶级为了协调不同阶层、政党与利益集团的矛盾,每隔一段时间就要对立法机构的人员和行政、司法机构的首脑通过公开选举的方式进行"换马",每次议会和政府首脑的大选都要花费巨额社会财富,不同阶层、政党、利益集团的代表都会在电视屏幕上、在大庭广众面前相互攻讦、互揭丑行。立法、行政、司法三大机构一旦为不同的政党所把持,凡涉及到各政党利益的任何重大决策都会耽误搁置、议而不决。这些也会在一定程度上危害资产阶级的整体政治利益。

二、公共政治权力的议行合一配置

与资产阶级国家公共政治权力横向配置的三权分立原则不同的是,掌握了国家政权的无产阶级和劳动人民在对公共政治权力实行横向配置时,实行的是"职能分离"与"议行合一"的原则①。这一原则首先是由马克思恩格斯创立的。马克思恩格斯亲自参加了 1848 年德国资产阶级推翻封建势力的革命。在革命中,自由派资产阶级认为,只要确立国民议会的地位,按照孟德斯鸠的三权分立学说,依靠权力的相互制约,就能避免议会同国王的冲突,从而一举消灭封建君主专制制度。为了揭露自由派资产阶级的幻想,马克思恩格斯在《新莱茵报》上发表文章指出,在革命时期,根本不能指望依靠孟德斯鸠的分权学说来解决议会同国王之间的矛盾与冲突,相反,"正是临时局面下的这种分权状态,必然会导致冲突"②,革命的专政需要借助于"立法机构对行政机构职能干预","暂时的革命秩序正是在于,分权暂时被废除,立法机关暂时攫取了行政权或行政机关攫取了立法权"。③

马克思恩格斯在总结巴黎公社革命经验的过程中进一步完善了"议行合一"原则。1871 年 3 月 26 日,胜利了的巴黎无产阶级建立了由人民公开选举产生的公社委员会。这一委员会是巴黎公社的最高权力机构,它制定和颁布各种法律、法令。由于不存在另外的组织和专门的行政机关,因此,它自身又是这些法律、法令的执行者。这样,公社委员会既是立法、决策机构,又是行政执行机构,是集立法与行政于一身的公共政治权力机构。马克思恩格斯认为,作为"社会共和国的一定形式"的巴黎公社,是人类历史上第一次实现的真正由大多数人当家作主的民主制,它为无产阶级社会共和国"奠定了真正民主制度的基础",是"终于发现的可以使劳动在经济上获得解放的政治形式"。④

巴黎公社公共政治权力横向配置的这一原则,后来由列宁进一步作了阐述。他指出,在资本主义国家中,名义上由代表机构行使国家权力,实际上是管

---

① 吴伟、范明英认为,我国目前国家政权的基本组织结构与马克思所设想的巴黎公社式的"议行合一"的政权组织结构,是有重大差别的。我国现在实行的是"立法与行政职能相对分离的形式",而在县一级可以实行"议行合一"的形式。参见吴伟、范明英《中国社会主义民主政治纲领》,中共中央党校出版社 1991 年版,第 144、151 页。

② 《马克思恩格斯全集》第 1 卷,人民出版社 1956 年版,第 308 页。

③ 《马克思恩格斯全集》第 1 卷,人民出版社 1956 年版,第 308 页。

④ 《马克思恩格斯选集》第 2 卷,人民出版社 1995 年版,第 377、378 页。

理机关掌握实权,代表机构只能成为清谈馆。为了防止这种现象出现,同时也为了提高工作效率和有效地开展对资产阶级的斗争,胜利的无产阶级必须实行"议行合一"的原则。列宁在领导俄国无产阶级取得社会主义十月革命胜利以后,在俄国遵照"议行合一"的原则建立了社会主义人民民主政治形态下的第一个政治体制。

中国的社会主义革命胜利以后,中国共产党人遵循马克思恩格斯的思想以及列宁的实践,在中国实行适合自己国情的人民代表大会制度。这一制度与马克思恩格斯所讲的"议行合一"有共同的地方,但也存在差别。差别在于:不再由一个机构同时行使立法权和行政权,而是在最高国家权力机关即立法机关的授权下,分别设立最高行政机关和司法机关,分别行使行政权与司法权。

全国人民代表大会和各级地方人民代表大会都由选举产生,对人民负责,受人民监督;国家行政机关、审判机关、检察机关都由人民代表大会选举产生,对人民代表大会负责,受人民代表大会监督。人民代表大会制度这一政权组织形式,就其本质来说,与巴黎公社的政权组织形式是一致的,但是,它又具有自己的特色。人民代表大会既制定法律、决定国家大事,又组织行政机关,领导和监督行政机关的工作,并通过其代表向人民传达它所制定的法律和作出的决议的精神,以代表们的模范行动来带领人民群众认真贯彻执行。人民代表大会制度贯彻的是民主集中制原则。这一原则既是对议行合一原则的坚持,又是对这一原则的发展。

在议行合一的原则下,社会主义的立法机关具有以下职权:立法的权力,主要是制定、修改宪法以及监督宪法实施,制定、解释、修改、废止和补充普通法律;组织中央其他最高国家机关的权力,主要是选举、决定、任命国家总理、政府组成人员、最高人民法院和最高人民检察院组成人员和其他中央机关的组成人员,或罢免上述人员;决定一切重大事务的权力,主要是审批国民经济计划,审批国家预决算,批准省、市、自治区的建制,决定大赦、特赦,决定战争与和平;对其他中央机关活动的监督权力,主要是对最高行政机关、最高审判机关、最高检察机关的工作报告进行审议、质询、监督。

社会主义国家的行政机关是直接执行国家职能的机构。最高行政机关或者是国务院,或者是政务院,主要职权是:根据宪法和法律规定,制定行政措施和行政法规,发布命令、指示和决策,向最高权力机关提出法律议案;领导和监督各部、各委员会和各级行政机关工作,领导和管理全国经济、公安、民政、司法行政和教育等工作,改变和撤销地方各级行政机关不适当的行政命令与决定;编制和执行国家经济和社会发展计划及国家预决算,审定国家行政机关编制,任命、培训和奖惩国家行政工作人员;执行外交政策,管理外交事务,领导和管理国防事务,保卫国家安全。

社会主义国家的司法机关由人民法院和人民检察院构成。人民法院分为最高法院、地方法院和专门法院,地方法院又分为基层法院、中级法院和高级法院。人民法院是国家审判机关,独立行使审判权,主要职能是审查民事案件与刑事案件。人民检察院包括最高人民检察院、地方人民检察院和专门检察院,省、市、县分别设立不同级别的检察院。人民检察院是法律的监督机关,独立行使检察权,主要任务是对国家行政工作人员和每个公民是否遵守宪法和法律进行监督。

社会主义国家还设有暴力机关。其主要的职能是:保护广大人民群众的根本利益,打击、镇压破坏社会主义改革和现代化事业以及危害国家安全的敌对分子;维护国家的社会秩序,制裁危害社会治安、破坏社会经济发展和其他犯罪的活动,巩固人民民主专政;抵御外来的侵略势力,保卫领土完整和国家主权。

第三节　国家公共政治权力的纵向配置

一、公共政治权力配置的单一制和复合制

国家公共政治权力的纵向配置问题主要涉及中央公共政治权力与地方、基层公共政治权力的相互关系。但它又决不是一个单纯的集权与分权问题,它首先是一个国家的结构形式问题。因为任何国家都是以区域为待征来划分居民与实行统治和管理的。国家在一定的区域范围内总要划分出若干行政区,由此也就产生出中央政府与地方政府的组织结构形式。这种国家的结构形式是国家公共政治权力纵向配置的前提,就是说,一个国家的公共政治权力不论如何配置,应当以维护一国宪法规定的国家结构形式为界限。

国家的结构形式总的来说有单一制与复合制两大类。当然也有许多次一级的形式。比如,复合制中有联邦制,从联邦制中衍化出邦联制,再进一步衍化出独立国家联合体、独立国家共同体,等等。另一方面,单一制也会产生出变体,出现包含有特别行政区和自治区等特殊形式的复杂单一制。这样,从国家结构形式来区分就存在若干类型:纯粹单一制(SⅠ)、复杂单一制(SⅡ)、联邦复合制(CⅠ)、邦联复合制(CⅡ)、独立国家联合体(UⅠ)、多国家共同体(UⅡ),等等。

国家的结构形式不管有多少类别,基本的还是单一制与复合制两大类。这两类国家结构形式各有特点。在单一制形式下,国家有一个最高立法机关,一部宪法,一个中央政府和统一的国籍。所有按行政区划设置的行政单位或自治单位,都必须接受中央政府的统一领导,不允许存在脱离中央的权力。在对外关系上,

单一制国家作为一个国际法主体出现。

国家单一制结构形式的特点是：一般都按地域划分出若干行政单位，如省、州、市、县等，这些行政单位不具有国家的外部标志，在对外关系上，也不是独立的国际法主体，不能与外国政府签约；统一的中央政府掌握着全国的立法、行政、军事、外交、财政大权，对下属的行政单位实行必要的管理、控制与监督；各行政单位作为地方政府，必须接受中央政府监督，必须对中央政府负责，地方执行机关的首脑无论是中央直接任命的，还是经选举产生的，都必须作为中央政府的代表监督和领导地方工作，对中央政府负责；中央政府应通过法律方式对地方政府的存在及权力范围加以明确规定，任何变更也需要依据法律来进行，中央政府可以根据需要，通过一定的法律程序增加或撤销地方行政区域。

世界上多数国家在国家结构形式上实行单一制。但在实行单一制的国家中，又有相当多的国家实行复杂的单一制。这种复杂的单一制是由于各种历史条件和民族组成上的多种因素造成的。中国就是一个实行复杂的单一制结构形式的政治系统。

中国之所以实行复杂的单一制，是由下列原因决定的。

首先，它是由多民族的原因决定的。从多民族的角度来审视，中国之所以适宜实行单一制，是因为中国经过 5000 多年的"分"与"合"的发展，在历史上就已经形成了一个有共同文化传统的多民族统一国家；众多少数民族从自身的发展中已经形成只有在平等基础上与作为主体的汉族形成单一国家才能共同繁荣的信念；近代以来中国不断受到外敌的入侵，外来势力的侵扰与分裂的痛苦经历使人民倍感统一的珍贵，自觉地起来捍卫国家的完整独立。

从多民族的角度来考察，中国之所以实行复杂的单一制，是因为中国有众多的少数民族，各个民族之间发展不平衡，各民族具有特殊的心理与风俗习惯，因此必须依据大杂居、小聚居的实际状况，在少数民族地区实行民族区域自治。民族自治的行政机关依照统一的国家宪法、民族区域自治法和其他法律规定的权限行使自治权。

其次，它是由历史的原因决定的。从中国历史来分析，中国之所以必须实行单一制，是因为帝国主义列强的侵略、反动的殖民统治和旧政权的溃败，才出现中国的香港被英国强占为殖民地、澳门被葡萄牙强行管理、台湾被溃败的旧政权所盘踞的现象。虽然这些地区都实行了与社会主义政治形态不同的社会政治制度，但是，这些地区都是中国神圣的领土，是中国政治系统不可分割的一部分，必须将这些地区统一到共同的宪法和主权之下。

也正是从历史的角度来考察，中国又必须实行复杂的单一制。因为在这些地区回归统一到中国这一神圣的大家庭时，必须考虑它们已经实行的不同于大陆的政治、社会、经济和文化制度,因此,有必要在香港、澳门、台湾地区设立特别行政区。在这些由中央领导的一级地方特别行政区域内除外交和国防事务属于中央人民政府管理外,行政机关依法享有高度的自治权,包括行政管理权、立法权、独立的司法权和终审权。这些特别行政区不实行社会主义制度和政策,保持原有的资本主义政治制度、经济制度和生活方式,形成"一国两制"。

作为另一种国家结构形式的复合制,其简单类型是联邦制,它是由两个或两个以上的共和国、邦、州、省组成的联盟。现今实行联邦制的典型国家是美国和俄罗斯。联邦制国家结构形式具有自己的特点:联邦制下的中央政府与各个共和国或州政府的存在以及权力范围都由宪法加以规定;联邦代表国家,具有统一的宪法与法律,是国际法主体,联邦的地位要高于作为其成员的共和国、邦、州、省、县,国家主权在联邦中央,联邦中央设有立法机关、行政机关,统管联邦的立法、军事、外交、财政等主要权力;联邦之下的共和国、邦、州、省、县都不具有独立国家的资格,联邦各成员国、邦、州、省、县按联邦统一宪法的规定,可设置自己的立法机关和行政机关,有自己的宪法和法律,但只能在各自管辖的范围内行使职权;最高立法机关是两院制的联邦国家,通常有一院是由其成员国或邦、州、省选派的代表组成。

复合制的复杂类型是邦联制,它是两个或两个以上的国家为了政治、经济、军事等方面的特定需要自愿联合起来而形成的国家联盟、联合体、共同体。这种国家的联盟、联合体、共同体以某种条约为基础,有的可能存在一个委员会,有的甚至有议会,但是没有统一的宪法、军队、货币、赋税、预算、国籍等。[①] 历史上的邦联制有 1781 年到 1789 年北美 13 个州组成的邦联,1815 年至 1848 年的瑞士同盟,1815 年至 1860 年的德意志联盟,1819 年以前的奥地利与匈牙利的联盟。现在的邦联制有苏联解体后产生的由俄罗斯、乌克兰、白俄罗斯等独立国家组成的联合体,还有以法国、德国、英国等国家为首组成的欧盟。

邦联制国家结构形式的主要特征是:在国家联盟、联合体、共同体下的各国都是独立的,除了协约明确表示各国让与或委托给邦联机构的权力外,各国保留自己的全部主权并且有自己的政府、宪法,除了在某些方面协议共同行动外,各自的内政、外交互不从属;邦联的中央政府实际上是国家间的代表会议,共同协商的机构是成员国首脑会议或邦联、共同体的议会,邦联、联合体、共同体的各种协议、决定或条约必须经过各成员国认可才能有效,各成员国对邦联、联合体、共同体的决定可以认可,也可以不认可,甚至可以在必要时退出邦联、联合体、共同体;邦联、

---

① 虽然欧盟发行了统一货币欧元,但是在欧盟中并不是所有的成员国都同意使用欧元。而且在欧盟中,原先各成员国的货币照样存在。因此,从严格意义上说,欧元还不是欧盟的共同货币。

联合体、共同体执行共同事务的机关的权力是由各成员国授予的,它只能同邦联、联合体、共同体成员国的政府发生关系,只能对成员国政府产生约束作用,而不能对这些成员国的公民直接发号施令,只有各成员国以本国政府的名义作出的决定,才能对本国的公民发生效力。

二、公共政治权力配置的集权制与分权制

虽然人们都在同一政治系统的范围内从事政治活动,但是,由政治活动产生出来的政治关系却是按一定的层级相互依存与相互制约的。在国家公共政治权力结构中必须有最高的权力中心即中央,同时,它还需要有邦、州、省、县、镇等名称不同的所属层次。相对于最高层次的中央,这些层次可统称为地方。

自政治系统中出现国家这一设施以后,国家公共政治权力纵向配置中的中央与地方的关系问题就一直为人们所关注。中外政治学家们对这一问题进行过大量的研究,取得了许多有价值的成果。这类研究主要集中在三个方面:中央与地方关系的实质,中央与地方分权的类型,不同国家结构形式下的分权模式。

先来研究中央与地方关系的实质。在这一问题上主要有以下几种看法。第一种看法是中央为主论。这种看法将中央视为是最重要的,在中央和地方两者关系上,必须以中央为主,地方只能是附属。这是一种站在中央立场上的理想看法,比如将二者看成是主体与代理的关系。这种理解代表了中央政府的一种理想,它将地方政府完全看成是中央政府的派出机关或附属物,地方政府在执行国家政策时完全没有自由处理权。依据这一理解,地方政府不仅要受中央随时制定的各种法规的制约,而且在财政上要完全依赖中央拨款,重要职位的人选要由中央来决定。这种具有传统性的理解将中央与地方的关系完全看成是纯粹法律性的,它没有考虑这二者的实际关系中还有政治的、行政的、经济的等等方面的因素。

作为这一看法的变通说法是中央实力论,将中央与地方之间的关系看成是实力依赖关系。依据这种理解,地方之所以要依赖于中央,乃是因为中央具有实力。中央政府可以不从组织或法律上设法制止或鼓励地方政府的某种行为,但是,它可以通过在财政上拒绝给予或提供援助的不同手段来达到控制地方政府的目的。这一理解其实也告诉我们可以存在另一种相反的行为。假如地方政府恰好掌握着某种富裕的资源,从而也具有了强大的实力,它也就可以抵制、对抗或扭曲中央政府的政策。

与上面完全对立的第二种看法是地方独立论。这种看法认为,地方应当是完全独立与自治的,中央不过是一个协调性的机构。一些人认为一个过分强大的中央政府,必然会侵犯地方的利益。中央机构繁多,供养一批高高在上的官吏必然

会浪费钱财,从而挤占地方财政。有时中央权力过大就会作出不合理的计划,从而阻碍整个社会和地方的发展。持有这种看法的人理想中的国家结构形式是邦联制。

介于这两种极端看法之间的第三种看法是相互合作论。持有这一看法的人将中央与地方的关系看成是彼此合作的关系。从某种意义上可以说中央与地方之间必然是协调合作的。因为不合作,无论是中央还是地方都办不成事。但是这一看法所强调的不是两者相互合作这一方面,而是强调中央与地方是平等的方面。这种理解代表了地方政府的一种理想,而在实际的国家公共政治权力的运行中却是实现不了的。因为两者如果完全平等,就等于没有一定的中央权威,这会导致无政府主义。

作为这一理解的变通说法是相互联盟论。这一看法是通过政策社区这一概念表现出来的。持有这一观点的人认为,中央与地方的关系应当依据不同的政策来考察,对于具体的政策来说,它是将有关的中央与地方的机构或利益团体组织到一个政策社区,或一个联盟中来,在这一政策社区或联邦中,不论中央政府的还是地方政府的,彼此之间都存在于相互依赖、相互依存的联盟之中。这种理解有一定的道理,但是,它仍然未能从整体上说明中央与地方的关系的实质。

中央与地方关系的实质是国家公共政治权力在纵向上如何合理配置,如何正确地实行集权和分权。如果完全实行集权,或绝对集权,就是要将公共政治权力集中于中央政府,要是中央政府完全集权,地方政府就只能服从、依赖、听命于中央政府,就谈不上地方的分权了。如果完全坚持分权,或绝对分权,指的是中央政府将公共政治权力给予地方政府,地方政府一旦具有充分的公共政治权力,就可以完全自治了,也谈不上中央的集权了。在这两种情况下,所谓中央与地方的关系也就不存在了。

可见,如何正确地实行集权与分权是国家权力纵向配置中的一个根本问题。在现代社会中,集权似乎不再是潮流了。在发达国家中分权已经成为流行的政治口号。美国在里根担任总统时,就提出了还权于州的口号。到了20世纪90年代中期,这一口号又一次被提出来。英国在撒切尔夫人担任首相时,也进行了分权的改革。就连有集权传统的法国也开始进行了分权的尝试。原先地方政府的权力就已经比较大的德国和加拿大目前仍在进一步实行中央与地方的分权。第三世界国家为摆脱经济困难,也纷纷搭上分权的快车。社会主义国家在改革、开放中,都程度不等地进行了分权试验。

人们之所以热衷于分权,主要是相信分权的好处:首先是有利于促进居民参与当地的事务,可以消除集权制度下"免费搭车"现象;其次是有利于促使地方政府对本地居民高度负责;第三是有利于发挥地方官员的信息优势,可以消除"蒙骗"中央的现象;第四是有利于促进制度的创新、传播;第五是可以给人们带来更多的选择机会;最后是可以缩小中央政府的规模。

但是,分权的这些积极作用并不是在任何时候都能表现出来的。只有在公民的民主权利得到实现、中央政府对地方政府具有较强的监察能力的情况下,分权才能发挥出积极作用。假如公民事实上并没有自由迁徙的权利,也没有行使投票影响政府构成的权利,中央对地方的控制事实上也比较弱化时,分权所导致的结果只能是地方政府时刻企图摆脱中央的控制,另搞一套;地方政府甚至会出现一小撮豪强把持政坛,腐败之风盛行的现象;地方官吏从小集团的利益出发,只图私利,可能对民众更不仁慈,更不民主。因此离开了一定的条件,就很难讲集权与分权究竟哪一个更好。

从一般的意义来说,分权也存在一些固有的缺陷:首先,分权只能提供地方性的共享物品和公共服务,而无法提供全国性的共享物品和公共服务;其次,分权只能在地方有限的范围内进行制度创新,而无法在全国范围内进行体制革新;第三,分权只提供本地区的资源合理配置,产生的只是局部效益,而无法产生全局性的、跨地区的效益;第四,分权无法保持全国的政治、经济与思想的统一与稳定。

相比之下,一直被人们批评的集权制却显示出优点:能有效地提供全国性共享物品和公共服务;能够将跨地区的外部效应内部化;有利于获得规模经济效应;有利于实现宏观的经济调控,保持政治稳定;有利于在全国范围内进行收入的再分配。

既然集权与分权都有各自的优点和缺陷,绝对的集权与绝对的分权就是不可取的。问题是要找出集权与分权的界线,实行一定程度的集权与一定程度的分权。要找出集权与分权的界线,关键在于要正确划分中央与地方的事权与财权,就是说,要弄清楚中央必须做哪些事,与此相适应,中央应当掌握哪些财权;地方必须做哪些事,与此相适应,应当掌握哪些财权。

作为中央政府,它至少应当承担下列事权:一是应当提供全国性的共享物品和共享服务。从广义上来讲,包括维护主权、领土完整和国家统一,制定实施法律以维持社会稳定,界定、保护产权,监督合同的执行,维系本国货币的价值等等方面都是中央应当承担的事权。具体地说,中央政府最重要的就是要进行国防建设,发展外交,维护和增加全国性的基础设施,为市场经济的正常运行提供政治、法规的保障,维护宪法重申的公民应当享有的均等化的教育、住房、医疗和就业的基本权利。二是应当提供各个地方政府无法提供的跨地区的或行政错位型区域的旨在产生区域的和规模的经济效益的多方共享物品和服务。三是要进行全国的收入和财富的再分配,从而缩小地区之间、群体之间在生活水准上的差别。四是要对全国的宏观经济进行控制,确保总的供求关系的平衡。

作为地方政府,它至少应当承担下列事权:一是要提供本辖区范围内的并且由本地方居民享受的公共物品和公共服务。如消防、卫生防疫、道路、自来水等应由基层政府承担,初等教育、公用交通、治安、公园等应由县级政府负责,中等教育和部分高等教育、省内的大型基础设施则应由省政府负责。二是要提供虽跨行政区划但可产生规模效应,从而对本行政区的发展有益的区域公共物品和服务。三是应当尽量克服本地区内部出现的收入分配上的不公平。

现代国家基本上都是"税收国家"。作为中央政府和地方政府的财权,其主要来源应当是建立在税收基础上的公共预算收支。为了更好地划分与事权对应的公共财权,实行将国家税收和地方税收适当分开的税制是正确的。虽然在国税和地税的比例和税种的划分上,可以根据不同的情况作出适当调整,但在税收和其他收益上,中央政府应坚持以下原则:可能影响宏观经济稳定的税收应由中央负责,地方政府所征的税不应与经济周期相关,否则地方政府的税收政策会破坏中央稳定宏观经济的努力;累进性很强的再分配税种应由中央征收,这类税收由地方征收会造成高收入集团和低收入集团的非正常流动,不仅会扭曲人口的地理分布,也会干扰社会公正目标的实现;其他累进性个人税种应由最有能力全面实施此类税种的那一级政府来征收;税基在各地分布严重不均的税种应由中央征收,如自然资源税,若由地方政府征收则会造成各地之间严重的不平等;税基具有高度流动性的税种应由中央征收。只要有可能,各级政府应向公共服务的受益者收取使用费。

三、公共政治权力纵向配置的模式与类型

再来讨论公共政治权力纵向配置上的集权和分权的模式。由于国家结构形式的差异,国家公共政治权力在纵向配置时所选择实行的集权与分权的模式就不尽相同。对复合制国家来说,在中央与地方关系上,比较多的采用分权模式。我们以典型的复合制国家美国为例来说明这种分权模式。美国长期奉行的是联邦政府与州政府职能相对独立的二元联邦主义。虽然在 20 世纪 30 年代为了对付经济危机,罗斯福总统提出了"合作联邦主义",导致联邦政府权力渐渐扩大、州政府权力相对萎缩的局面,到 60 年代初,约翰逊总统进一步提出"创造性联邦主义",使联邦政府的集权达到了顶峰,但 70 年代以后,尼克松总统就提出联邦政府与州政府"一般收入分享"的政策,下放联邦权力。到 80 年代,里根政府对州政府实行"多项补助"政策,从而使州政府在教育、社会福利等领域有了更多的决策权。其他一些实行联邦制的国家如德国,经过 80 年代公共政治权力纵向配置的调整也使地方政府有了较大的权力。

在美国,联邦政府与州政府的职责权限都是由宪法加以明确规定的。在具体方法上采取"中央列举,各州概括"的原则,即在积极方面,宪法列举联邦享有的权限,在消极方面,宪法则列举各州被禁止行使的权限。另外,为避免因宪法条文的解释而可能引起的权限模糊不清与争议,宪法又分别对联邦禁止行使的权限、联邦和州各自专有的权限一一加以列举。在实践中,要判断某一权限是否属于联邦,则必须积极证明宪法中规定联邦享有这种权力;而要判断某一权限是否属于各州,则只要消极地证明宪法未曾禁止各邦享有这种权力即可。

美国的联邦制实行的是有限分权制。虽然美国法律给了州政府很大的权力,但是宪法仍然保证了联邦的有效集权与统一。一方面,宪法明确规定了联邦地位高于州的原则,联邦制定的法律以及缔结或将缔结的条约,即使与任何州的法律有抵触,各州均应遵守,联邦议会还有权制定为执行宪法而授与联邦政府权力时"所需之法律",另一方面,在很多情况下,联邦可以利用宪法规定不够明确或比较笼统的情况钻空子,联邦最高法院还可以通过解释宪法插手州的事务,联邦还有某些"不言而喻"的"引申"权力。因此,美国联邦政府与州政府的分权是一种分权之中包含了诸多集权的有限分权。

另外,美国联邦制的有限分权还体现在独特的财政体制上。美国根据有利于联邦进行宏观调控以及财权与事权相统一的原则,建立了相应的财政体制,在联邦政府与州政府之间实行严格的分税制。各级政府都有独立的课税权,分别编制自己的预算,制定各自范围的税收政策,管理本级政府的债务。同时实行财政转换支付制度。当州政府经费不足时,中央政府一般给予补助,通过这种经费补助、转移支付,一方面可以使州政府得到适当的收入来发展地方的经济和事业,另一方面又能确保中央能够对地方的行为进行引导,实行有效的监督和控制。

与复合制国家不同,单一制国家在中央与地方的关系上实行集权模式。在这方面,英国与日本具有典型性。在英国,地方各级政府都受国会和中央政府共同管辖。日本二战后仿效英国与美国,既有一个握有很大实权的中央政府,又有宪法明文规定的地方自治制度。

无论是英国,还是日本,中央政府对地方政府的管理都是通过专门的职能部门来实施的。在机构设置上,英国、日本在中央政府都设置了专门的职能机构,对地方事务进行有效管理。如英国对北爱尔兰的管理由北爱尔兰事务部承担,对苏格兰的管理由苏格兰事务部承担,英格兰事务则由环境事务部管理。在日本,中央政府下设三个局作为主管地方事务的中央机构,其任务是制定有关地方自治和公职选举等方面的制度,负责中央与地方的联络,对地方自治进行行政监督、人事监督、财政监督,以及处理有关消防事务。

无论是英国,还是日本,均实行地方自治,地方政府首脑由民选产生。英国是一个具有高度自治传统的国家,地方政府由当地居民选举产生,中央政府无权解散地方政府,地方政府在不侵犯其他政府机构的限度内,有权从当地情况出发做任何该做的事情。日本在 1947 年 5 月实施的新宪法中,对地方自治作了专门规定,规定"地方自治体"在法律许可的范围内均有实行自治的权力。在《地方自治法》中又规定,"地方自治体"选举自己的代议机关和行政机关,对该地方行政事务实行"自主管理"。

在英国和日本,中央对地方实行有效的管理与控制,主要是行政控制、立法控制与财政控制。在行政控制方面,英国法律规定中央政府对不能履行其职责的地方政府机构或官员有权采取措施,或接管其权力,或将其权力转交给其他机构和官员行使;另外,法律还规定有些行政官员的任命须经过中央有关部门批准方能生效。

英国中央政府和有关部门还可颁布大量的行政指令,责成地方政府执行,各部大臣还可经常借助各种通报和备忘录对地方政府的活动给以暗示和建议。日本法律规定,内阁对各都、道、府、县的知事有任免权,内阁大臣可以指责知事或要求最高法院对他认为是施政不力的知事进行传讯乃至审判,并根据判决罢免知事职务。内阁总理大臣通常以劝告、助言、澄清、纠正等方式或由他亲自接管某项工作来对地方实行干预与监督。

在立法方面,英国规定地方政府对中央政府的法律、法规有执行的义务,地方议会、政府的方针、政策,不得与全国的法律、法规相抵触;地方如需增加新的权限,须呈报国会或中央政府批准,地方议会的立法草案,一般要经过中央政府或国会的同意或默许才能正式颁布。在日本,中央政府对立法控制得非常严格,地方议会通过的且有法律效力的条例、规则,其内容必须在国会或内阁制定的法律、决议、政令所许可的范围内,否则一律无效。

在财政方面,英国地方政府经费的来源是中央政府的拨款,中央政府精心控制提供给地方的经费,仔细检查这些经费的实际用途。[①] 必要时,中央政府有权增加或减少甚至停止某项拨款,以此来控制和引导地方政府的行为。在日本,地方政府必须根据中央政府的预算比例制定自己的预算,同时还要接受自治大臣的监督;地方的税收,无论是税种、税率、税款支配都要严格地受制于中央;地方公债的发行和回收,其数量和方法也需报请自治大臣和大藏大臣认可后才能实施。

无论复合制国家的分权模式,还是单一制国家的集权模式,其中央与地方的关系都在朝着中央有限集权制和地方有限分权制的方向发展;中央与地方在权限的划分上都逐步采取以法律的形式加以明确界定和相对固定;中央与地方关系的

---

① 参见戴维·威尔逊、约翰·格林伍德《英国行政管理》,商务印书馆 1991 年版,第 168 页。

调整逐步规范化、法制化,具有稳定性,防止随意性;中央政府与地方政府实行财权与事权相一致原则,在财政分配上,通行分税制。

综合单一制国家与复合制国家中央与地方的关系,可以概括出中央相对集权与地方相对分权的三种类型。

第一种类型是政治式分权(Dp),这一般发生在联邦制下,其特征是中央与地方不分优劣,地方政府权限的司法基础是宪法,地方政府与中央当局是一种对等关系,地方政府是相对独立的政体,地方政府在财政上高度自主,地方政府首长通过选举产生。

第二种类型是行政式分权(Da),其特征是地方政府的法律基础在中央政府,地方附属于中央,但并不完全依附于中央,拥有某种程度的自治,是中央政府的创造物,财政上有部分自主权,地方首长可以由地方选举产生,也可以由中央任命。

第三种类型是行政权转让(TRa),其特征是地方政府在法律上根据中央授与的权限从事行政管理,在政治上,地方从属于中央,地方政府首长由中央任命,地方政府实际上是中央政府的派生机构,因而在财政上也依附于中央。

如果进一步考虑上层权力、中层权力与基层权力的关系,就会有中外三种结构模式:第一种是分离模式。其中又可以分为:双分离与单分离(DPd&DPs)。双分离的特征是上层与中层、中层与基层都呈分离状态;单分离的特征是政治与行政权力的上层与中层分离,而下层则包含于中层之中。第二种是下包含模式(COd)。其特征是基层包含于中层之中,中层包含于上层之中。第三种是相互依存模式(IC)。其特征是上层与中层、中层与基层、上层与基层之间既有相重叠的部分,又有不相重叠的部分。

第四节　政府公共行政权力的配置运行

一、公共行政权力配置中府际关系的实质

加强府际合作,特别是地方政府合作,是当前全球政治体制改革和公共行政体制改革的主要趋势。这方面的研究首先是由经济合作发展组织(OECD)提出来的。其后各个国家也开展了这方面的研究。经济合作发展组织认为,这种全球范围内的府际合作趋势之所以发生,是由下列原因造成的。一是为了更好地实施环境保护和经济持续发展等政策,需要区域内各地方政府间协力合作。二是为了解决区域经济发展失衡的问题,地方政府间必须通力合作解决失业和贫穷等社会问题。三是在全球化的冲击下,区域内各地方政府间必须借助资源和行动的整合,

以发挥综合作用,提升地方竞争力。四是尽管地方政府为提升其效能,已经与许多私部门或非政府组织建立伙伴关系,但地方政府间所建立的伙伴关系,仍旧是其他类型的合作关系所无法取代的。[①]

　　所谓府际关系,从最浅表的意义上来说,就是指各级政府之间的关系。但是,政府之间关系的实质是什么,究竟包含哪些内涵,人们的见解并不完全一致。

　　一种是互动说。这种观点认为从中央到地方,形成责任地位不同的若干级地方政府,各级政府彼此之间发生的互动关系,即为府际关系。政府间所谓的"互动关系"是指不同层级政府之间相互依赖的复杂关系。这种复杂关系又可分为静态与动态两个层面。静态层面包含中央与地方政府之间的权限划分及法规制度设计,部门之间的组织结构关系,人事行政中所讨论的公务员彼此间的职位等级关系等等。动态层面则包含了各级政府所共同执行的扩张性功能的连接性行为以及当政府追求目标与执行政策时,代表各政府部门的官员的行为。

　　另一种是纵横说。这种观点将府际关系视为政府之间在垂直和水平上的纵横交错的关系,以及不同地区政府之间的关系。府际关系既包括垂直的政府间关系,也包括水平的政府间关系。垂直关系是指中央政府与地方政府之间的关系以及地方有隶属关系的上下级政府之间的关系。水平关系是指同级地方政府之间的关系以及不具有隶属关系的不同级别地方政府之间的关系。这种意义上的府际关系研究,关注的是政府运行中的管理幅度、管理权力、管理收益的问题。改革开放前后,中国政府之间特别是地方政府之间的相互关系发生了很大的变化,由单一性走向多样性,由重垂直联系为主发展为以重横向联系为主。

　　还有一种是类别说。这种观点将府际关系划分为不同情况下、不同类别的政府之间的竞争与合作关系。府际关系受政治制度、经济关系、社会文化等因素影响,信息化时代的府际关系呈现出多元化的纵横交错态势,不同级别、互不统辖的府际争议不断衍生,府际关系变得更加复杂多样。府际关系既可分门别类为中央政府与地方政府之间的府际关系,地方政府之间的府际关系,中央政府部门与地

---

　　① 关于府际合作的必要性及其合作形式,已经有大量的相关文献。其中赵永茂阐述了英美日等国地方政府为了应对都市化、多元社会参与、区域化、效率化及地方政府角色、功能变迁适应力等问题的冲击,地方政府间积极开展跨域合作的实践经验,并运用新管理体制理论、限定目的政府理论、区域政府理论、中间机关理论对上述国家中地方政府间的合作形式进行了阐释。国外学者 Helen Sullivan 和 Chris Skelcher 分析了英国地方跨域合作演进的原因,指出政治、操作及财政是影响政府间跨域合作的重要因素;并认为要促使跨域间问题获得圆满解决,可以采用契约(contract)、伙伴关系(partnership)及网络(network)等三种形态;同时提出利用可行的合作机制、协同发展组织,甚至"公司治理"等途径来增强解决政府间跨域合作中问题的能力。

方政府之间的府际关系,同一政府部门之间的府际关系,各区域政府之间的府际关系,等等,又可分门别类为纵向府际关系、横向府际关系、斜向府际关系、网络型府际关系,等等。

上述几种对府际关系的理解,有不同的侧重点。互动说在划分出政府之间静态和动态两类关系后,侧重于研究府际间动态的相互作用。纵横说在划分出政府之间的纵向和横向这两类关系后,侧重于研究府际间复杂的交错作用。类别说主要从不同层级政府及其部门分布出发,强调不同类别的府际关系的特殊性。

依据上述分析,我们可以对政府中公共政治权力配置运行的府际关系作一个简单的界定。所谓府际关系,是指作为国家公共政治权力配置延伸和具体实现的,各层级政府及其部门之间发生的基于利益、权力、财政和行政的,纵横交错的竞争与合作的互动关系。

首先,府际关系是国家公共政治权力配置的延伸和具体实现。在政治系统的实际运行过程中,政治系统的公共政治权力集中于国家设施。国家的公共政治权力要得到组织、管理和使用,就需要在纵向和横向上加以配置。政治国家的功能是通过政府表现和实现出来的。政治国家的公共政治权力的纵横方向上的配置不仅要具体延伸到政府之间的水平和垂直的关系上,而且需要借助于政府间的互动实现出来。在中观的制度、体制层面上,国家公共政治权力的配置就是政府间的水平和垂直的关系。

其次,府际关系是各个政府及其部门围绕利益关系,产生的权力关系、财政关系和行政关系的总和。"各级、各类政府为管理复杂的社会公共事务所形成的关系也是十分广泛的。它包括权力关系、职能关系、政策关系、监控关系、税收关系、预算关系、公务合作关系、法律关系、司法关系,等等。虽然政府间行政关系所包含的内容十分广泛,但从决定政府间关系的基本格局和性质的因素来看,政府间关系主要由四重关系构成:利益关系、权力关系、财政关系和公共行政关系。[①] 各级政府都存在着"利他"和"自利"的双重动机。"利他",就是为社会服务,为人民服务;"自利",就是获取和维护单位利益、部门利益和个人利益。政府官员和公务员为自身的权力、声誉、荣辱、奖惩、升降、福利、待遇等去做事或工作,都含有自利的动机。这就是政府的本质属性之一即自利性所带来的影响与结果。[②] 因此,政府间关系的内涵首先应该是利益关系,然后才是权力关系、财政关系、公共行政关系,府际关系是这几种关系的总和。府际关系实际上是政府之间的权力配置和利益分配的关系。

---

① 林尚立:《国内政府间关系》,浙江人民出版社 1998 年版,第 70—71 页。
② 谢庆奎:《中国大陆政府与政治》,台湾五南图书出版公司 1999 年版,第 15—20 页。

第三,府际关系有水平和垂直两个维度。现代府际关系主要以横向关系为主。与国家公共政治权力纵向和横向配置相对应,政府间关系也主要有两个维度,即水平关系和垂直关系。但这两个维度又是交错的。纵向关系在以往得到较多的研究,特别是在法律上作了较为明确的安排,也积累了调控和化解矛盾的经验。但对于横向的即水平的府际关系,以往研究较少,法律很少作明确规定,特别在实行复杂的单一制国家结构形式的政治系统中,它日益成为府际关系中最为重要的关系。

第四,府际关系主要包含两个方面,即竞争和合作。由于府际关系包含着利益关系,而各个层级的政府及其部门都具有利益追求和满足上的"自利性",因此,从自然状态来理解,各个政府都试图获取最大的自身利益。公共资源的稀缺性,必然导致政府间的竞争。竞争固然会提升政府的效率,但是,政府间的过度竞争会破坏政治共同体的凝聚性和整体性,同一个政府中部门间的恶性竞争也会损害具体政府的整体性。因此,府际关系的研究重点是促进政府间的和谐与合作。

二、公共行政权力配置中府际关系的变迁

中国传统的府际关系存在许多弊端。在中央与地方的关系上,中央居于绝对地位。在改革开放之前,中央政府控制着政治、经济、社会和文化等所有领域,地方政府只是中央政府在地方的代言人与执行人,一切听命于中央的指令与计划,没有相对独立的地位与利益。虽然在经济领域出现过"集权—放权—再集权—再放权"的多次循环,但中央始终居于主导地位。1982 年修订的宪法将民主集中制确立为国家机构设置和运行的基本原则,在中央政府与地方政府的关系上,要求遵循在中央的统一领导下,充分发挥地方的主动性、积极性的原则。但地方政府应当有何种地位、利益、权力,并不清楚。从宪法对国务院与地方政府职权的配置来看,国务院不仅有权决定国务院行政机关的职能分配,还有权决定中央与地方政府的权力配置,有权审定地方行政机关的编制。

在传统的府际关系中,中央与地方的权力配置是通过行政命令和政策手段来推行的。改革开放前主要采用自上而下的行政手段来划分两者的权限。在进入社会转型时期后,中央与地方政府关系的调整与改革,则依靠政策来推行。无论是地方还是中央,在调整相互关系时,所依据的主观因素比较大。地方为得到更大的发展空间,凭主观想法和手段向中央要权。中央如何向地方放权,又如何从地方收权,起作用的也多是长官意志。

在传统的府际关系中,突出的现象是地方政府层级和数量过多。现行的地方政府一般分为省、市、县和乡四级。在部分省、自治区,地方政府分为三级,即省、

县和乡。有些地方,在省与县之间还设有省政府的派出机构地区行政专员公署或称行署,行署被赋予人事权、财政权、行政权,实际上也是一级政府。直辖市一般分为三级,即市、区(县)、乡(街道)。海南省也是三级,即省、县(市)、乡。至于建立在省级政府与县级政府之间的地级市,其存在本身就缺乏宪法上的依据,在我国的宪法与地方组织法中,均没有设立地级市的规定。根据宪法规定,能够实行市管县的只有 46 个"较大的市"和 4 个直辖市,而不是现在的 205 个地级市。市管县的体制,是城乡分治的产物,在改革开放初期,有其历史价值,然而在 20 多年之后,市管县开始被人称为"市吃县"、"市刮县",作为从农业社会向工业社会过渡的交错地带,作为国民经济的关节点,县域经济利益被地级市蚕食,有失公平。

　　传统的府际关系,由于条块分割,形成特殊的条块结构。中央政府自上而下的条条与地方各级政府的"块块"结合起来,形成错综复杂的条块关系。第一类为业务指导关系,上级部门向下级部门下达规划、指标,检查、监督下级部门的执行情况;下级部门必须向上级部门报告执行情况,请求帮助、协调,上级部门称对口的下级部门为"腿",下级部门称对口的上级部门为"主管",两者关系比较密切,也比较好处理。第二类为上下级部门的垂直领导关系。因为下级部门是上级部门的派出或分支机构,它和同级政府的关系就十分淡薄,在人、财、物上与地方政府没有关系或关系不大。但在这些派出和分支机构要按期完成上级部门交办的须由属地政府完成的任务,而同级政府则要求减少或免除时,两者就会发生冲突,往往需要上级部门或更高级部门出面协调才能够解决,一旦久拖不决就会给双方的工作带来麻烦。上级部门的派出和分支机构,可以自行决定自己的编制、福利、奖金、住房和办公用房、用车。这些都可能会引起同级政府的攀比,使同级政府难以统一领导下属的各部门,给机构改革、奖金福利控制、住房用车控制带来麻烦。少数垂直领导部门的存在是必要的,有利于完成一些特别的任务。但这种部门的大量存在,可能会削弱一级地方政府的功能,不利于政府功能的全面实施,对于一级地方政府的改革和发展都是不利的。第三类为管理、监督关系。上级一些部门"主管"和"协办"着对口的国有企事业单位。效益好的单位,上级部门都抢着管,以便从中分利;效益不好或亏损的单位,谁也不愿意管。由于管理和协办中的许多矛盾和纠纷长期得不到解决,留下的只能是一堆烂摊子。

　　在传统的府际关系中,宪法和地方组织法缺乏对府际合作的具体规定。我国宪法第八十九条规定:中央政府即国务院"统一领导全国地方各级国家行政机关的工作,规定中央和省、自治区、直辖市的国家行政机关的职权的具体划分"。宪法与地方政府组织法都规定了县级以上地方各级人民政府依照法律规定的权限,管理本行政区域内的经济、教育、科学、文化、卫生等事务。"县级以上的地方各级人民政府领导所属各工作部门和下级人民政府的工作,有权改变或者撤销所属各工作部门和下级人民政府的不适当的决定。"可见法律只规范了各级政府管理其辖区范围内的事务及上级机关在跨域事务中的角色扮演,对于地方政府在府际合作中合作机制的建立、权利与责任分担等问题,根本没有谈及。这将给政府间的合作带来隐患。地方的合作权限为中央或上级政府所有,地方自治权有被剥夺的危险。这样,地方政府只会注重走"上级路线",竭力从上级机关包括中央政府获得优惠政策,而忽视同级政府间的合作。由于在实际工作中模式未定、法制规定不足,府际合作事务的处理就变成"争权诿责"的过程,反而增生更多问题。

改革开放以后,中国的府际关系发生了变化。这些变化主要表现在下列方面。

一是以地方要求分权为内容的纵向的地方政府与中央政府间关系的演变。从1994年分税制改革以后,地方政府尤其是东南沿海地区政府享有了较大的自主权,成为相对独立的利益主体。地方政府为自身的利益开始向中央要权,分权成为趋势。在中央政府向地方各级政府放权的过程中,形成了三种带有普遍意义的方式。一是纵向分权方式。这种分权方式就是首先由中央政府向省级政府放权,接着由省级政府向市级政府放权,然后再逐级下放权力。下放的权力主要是经济管理权力和部分社会管理权力。二是经济分权方式。这种分权方式就是中央下放经济管理权,包括计划权、管理权、信贷权、投资权、外汇管理权、进出口权等。经济分权是有底线的,诸如公共物品的提供、全国性的基础建设、宏观经济的调控手段、收入的再分配、战略物资的掌控等权力是不下放的。三是倾斜分权方式。20多年来,中国已形成东重西轻的倾斜分权格局。如经济特区海南省、深圳市、珠海市、汕头市、厦门市,都被赋予了较大的经济管理权力。[1] 出现了经济特区到沿海开放城市,到内地经济技术开放区,再到内陆省区等四个不同阶梯的倾斜分权格局。

二是以县级政府扩权为内容的纵向地方政府间关系的演变。目前中国大多数省市实行市管县的体制。这种体制在当时的经济、社会条件下,发挥了一定的作用。但是,随着市场经济的发展,特别是县域经济的发展,市管县体制早已失去当初的功效,反而成为束缚县域经济发展的体制性障碍。由于大部分经济和社会决策权归地级市所有,县级政府的公共行政创新精神受到压抑,直接影响到县级行政的效能。一些经济实力弱小的城市无法对周边地区产生辐射、带动的作用,反而在与管辖的经济强县的博弈中耗费公共行政资源。为了克服这方面的障碍,

---

① 14个沿海开放城市中的大连、青岛、宁波等市,都在东南沿海地区;14个计划单列市以及14个副省级市中的大连、青岛、宁波、厦门、广州、深圳等市,也都在东南沿海地区。

不少地方开始尝试"省管县"的体制。①

三是以联合合作和激烈竞争为内容的地方政府间横向关系的演变。在实施市场经济体制后，作为相对独立的经济实体的地方政府开始在区域内谋求合作发展。因地区的差异性和发展的不平衡性，欠发达地区的政府倍感压力，为了实现超越式发展，主动向发达地区学习、取经，府际之间的横向联系因而得到加强。像西北地区的地方政府就主动向广东地方政府学习，宁夏的地方政府注意向上海学习，吸引投资，引进人才，加强横向联合。一些具有相同地理位置和共同资源的省份和城市，则以此为纽带，相互间采取优势互补的办法，实现共赢战略，走上横向联合、合作发展的道路。1983年建立的上海经济区，包括五省一市，即江苏、浙江、安徽、江西、福建和上海。1992年，成立了华南和西南地区的经济合作区，其中包括四川、贵州、云南、广西、广东、海南六个省区。

与这些横向合作相反的是，也出现了各种府际间的恶性竞争。各个地方政府都知道地区利益本位主义的发展会对整个社会的发展带来不良影响，积累到一定的程度就会导致宏观失控，但各地政府都在扩张，如果谁先停下来，失去的就是自身当前的发展机会，而宏观失控的后果却是各个政府都有份。在这种境况下，理性的地方政府就会不顾一切地追逐眼前利益，而把宏观调控的任务交给中央政府。在没有对政府间利益关系作出制度上的合理安排的情况下，地方政府间的关系常常会陷入"公用地灾难"之中。

三、公共行政权力配置中府际关系的调整

随着现代社会的发展，地方政府间横向的府际关系成为府际关系发展和调整中的重点。要协调好地方政府间的横向关系，首先要合理确定地方政府的层级。在中国历史上，省级政府和县级政府一直是比较强的两级政府，而地级政府和乡级政府则是时强时弱，其作用起伏较大。从西方国家地方政府设置的理论和实践来考察，原则上都是两级政府，即省级政府和县级政府。在西方也有市级政府和乡级政府，但多数都实行自治，只是作为省和县两级政府的补充。在信息技术发达、经济运行通畅、社会交往频率加快的现代社会中，公共行政效能的提高是非常

---

① 2002年8月17日，浙江省委办公厅下发了浙委办(2002)40号文件，313项本属于地级市经济管理的权限"空降"至20个县级政府头上。这313项权限涵盖了计划、经贸、国土资源、交通、建设等12大类事项，该文件同时规定县里主要领导均由省政府直接任命。在财权和人事权方面实际上接近于"省管县"的行政体制。继浙江之后，湖北、河南、福建等省也先后进行了不同程度的强县扩权试验。强县扩权增强了县域经济发展的自主性，为县域经济发展创造了更多公平的机会，减少了行政管理环节，提高了县域行政管理的效率。

重要的。政府的层级的设置必须保证信息准确,决策及时,能迅速回应社会的需求。地方政府的层级过多会造成决策缓慢,管理失控,成本昂贵,效率低下。在部分地区已经推行"省管县"试验的条件下,应当认真总结和评估试验的结果,尽快确定两级地方政府的层级设置。对目前存在的市管县的体制以及地级市、乡镇级政权、行政区划的设置等等方面,应该在严格评估、科学决策的基础上,通过有关法律来调整。

其次要实行府际事权的明确划分。在府际关系中,事权的划分波及到两个层次。一个层次是中央政府与地方政府的事权划分,另一个层次是地方上下级政府之间的事权划分。中央政府的事权主要有:制定国民经济长期发展战略,对于经济发展战略的方向、速度、结构、生产力布局、国民收入分配等全局性的重大问题进行决策,并通过各种手段加以实施;调节总量关系,协调结构偏差,实现总供求和各部门结构的总体平衡,保证宏观经济的正常运行;运用经济、法律以至行政手段来弥补市场调节的不足,包括中央政府对基础产业的直接投资、对垄断性企业和公用事业的直接控制;调节国民收入再分配过程,把社会收入差距限制在有利于经济长远发展和社会稳定的范围内,协调公平与效率的关系;协调国内各地区之间的经济关系,保证各地区经济和社会的协调发展;维护正常的社会秩序和法律秩序,保证社会稳定,维护国家的独立和统一,解决和控制各种社会、经济、政治矛盾;自觉组织和推动市场化改革的进程,培育和完善市场体系,保证市场化改革有计划、有步骤地顺利进行;维护国有财产所有者利益,提高国有资产使用效率,防止国有资产流失,保证国有企业的全民性质。

在确定中央应当具有的职权时,必须从中国的实际出发。一方面,要考虑中国是一个发展中国家,生产力水平还比较低,经济基础也较为薄弱,因此,中央必须适当地多集中一些财力和物力,以便举办一些关系到国家全局利益的大事,另一方面,中国国家大,人口多,情况复杂,各地经济、文化、社会发展不平衡,要保证全国经济的统一性、市场的开放性、竞争的有序性,宏观经济的调控权只能集中在中央。

另外,中国正处于出高度集权的计划经济向社会主义市场经济转轨的过程之中,中央与地方的事权还不太可能在短期内就能完全划分清楚。因此,还要求中央政府在一定的时期内担负更多的事权。要在对中央宏观经济的调控权进行认真清理和合理调整的基础上,将涉及国民经济稳定与统一的重要经济活动的决策权与部分管理权集中到中央,并适当增加中央宏观调控的物质手段。

在合理划定中央的职权的同时,还要坚持集中下的民主,合理划定地方的职权。中央集权太多,在政治上容易产生官僚主义,在行政上严重影响行政效率,在经济上缺乏活力。因此,凡属于地方性的事务,包括制定地方性法规,讨论和决定本行政区域内的重大事项,地区性的科研教育、医疗卫生、环境保护、社会保障、市场管理、基础设施建设以及地区经济调控等等,都应因地制宜,由地方自主负责。

地方政府具有以下的主要事权:制定本地区经济发展战略,对本地区经济发展的方向、速度、结构、生产力布局、国民收入分配等全局性的重大问题进行决策,并通过各种手段加以实施;为本地区提供公共产品,如基础设施的投资,发展地方性公益事业和公共工程,负责本地区的社会保障事务;调节本地区内部区域之间的分配关系,以及区域之间的经济政策,协调公平与效率关系,实现各地区的协调发展;维护正常的社会秩序和法律秩序,保证社会的稳定,协调地区内各种经济、社会矛盾;组织和推动市场化改革的进程,培育和完善区域市场,保证改革的顺利进行;管理好地方国有企业,保证国有资产的完整和增值;执行中央政府制定的各项法律和政策,完成中央政府提出的各项目标和任务。[①]

以往政府间的事权划分都依靠行政手段,改革开放中前五次大的机构精简都是围绕着中央与地方的事权划分展开的,尤其是对经济管理权的划分。但这些事权划分始终都没有纳入法治的轨道。1994年的分税制改革也没有将中央与地方的事权划分清楚,尤其是各级地方政府之间的事权划分几乎没有展开。迄今为止,中央与地方的事权划分,特别是地方政府的权力与权限缺乏成文宪法的明文规定,中央与地方权力的大小,以及利益分配是中央与地方领导人之间的讨价还价谈判的结果,缺乏合法性依据,包括权力来源的法律依据以及权力限制的法律规定。事权不明会导致后果。大量的事权,尤其是决策权集中于中央、集中于上级。下级政府拿不准的事情会请示上级,当然也不排除胆大的地方政府在没有请示和批复的情况下自我"创新"。事权不明也会造成各级政府行为不规范,责任不明确。事权不明还会造成管理链过长,效率低下。因此,有必要按照科学、合理、逐步推进的原则,通过立法程序明确划分中央和地方的事权以及地方政府间的事权。

第三要实行府际财权的合理分配。公共财政权力的分配直接体现政府间的利益配置。传统的集中计划经济体制决定了公共财权的集中。改革开放以来,从20世纪80年代到1994年,中央允许地方政府财政包干,确定了地方政府在公共财权上"剩余占有者"的地位,调动了地方政府发展经济的积极性,但也带来了诸如地方保护主义、中央财政紧张等问题。中央财政收入在整个国家的财政收入中所占的比例,20世纪50年代曾高达70%—80%,60年代仍在60%以上,而80年代下降为50%,1988年只有42.7%。中央财政收入在国民生产总值中的比重,1989年只有18.9%,比1979年的31.9%下降了十几个百分点,1994年又下降为

---

① "正确处理中央与地方关系,进一步推进改革",《经济研究参考》1996年第46期,第9—10页。

11.8％。而其他国家的中央财政收入在整个财政收入中所占比重,一般都在60％—80％之间,其中央财政收入在整个国民收入中的比重,一般都超过40％,即使是低收入的国家,也达到20％—25％之间。中央财政收入的下降,使得中央宏观调控能力必然减弱。

1994年中央政府以分税制代替了包干制。新税制确认了中央政府和地方政府独自享受的税种和共享税的权利,并成立了国家税务局直接为中央政府收税。其中很重要的措施是将增值税的75％划归中央,实行中央对地方的税收返还即转移支付制度。分税制清晰地划分了中央与地方间的财源和财政收入,规范了各级政府间的财力分配关系,它使中央在集权的同时,获得了财政上、制度权威上和宏观调控上的优势,也使地方政府有权依法自主安排以地方税形式获得的财政收入。

但是分税制也并未彻底解决中央与地方利益合理分配的问题。一是分税制未与政府间事权的划分相结合,导致各级财政支出边界模糊,对于一些收益不明显的公共项目支出,中央与地方应如何分担,并没有法律上的依据,存在较大的随意性。二是分税制实行的基数核定法强化了不合理的、不公平的财力分配。因为基数核定是以财政包干体制实行以来形成的各地区财政负担为基础的,不利于有效解决地区间“贫富不均”和差距扩大的问题。三是现行的转移支付模式不当,实行分税制以后,中央从地方集中了较多财力,但是加剧了地方特别是县级财政的困难。据不完全统计,中央财政收入占全国财政收入的比重从1993年的22％大幅度提高至2002年的54.9％。与此同时,省级政府集中的财力也从1994年的16.8％提高到2000年的28.8％。虽然中央从1995年开始规范一般性转移支付制度,但并不到位。现行的转移支付形式有税收返还、体制补助、结算补助和专项补助等,其中前三种形式属于无条件财政转移支付,专项补助属于有条件转移支付。目前采取的主要形式是无条件财政转移支付形式,其政策引导能力不强,不利于国家实施宏观调控。对地方政府供应公共物品和服务缺乏相应激励,也不利于节约支出和提高财政资金使用效率。鉴于目前分税制存在的问题以及财权分配的重要性,应通过法律手段对政府间的财权分配予以调整。

从美国财权分配的经验看,美国地方政府的财政收入有四个来源:税收,使用者付费和专项收益税款,来自其他政府的转移支付,以及借款。20世纪70年代晚期,来自其他政府主要是联邦政府的转移支付开始超过地方税收而成为地方政府最大的收入来源。一般来说,地方政府对他们自己的财政收入、税收、使用者付费等资源依赖越深,对当选官员来说平衡服务的收益和成本并且使他们更有效率地工作的刺激就越大。当地方政府更多地依赖于外来的财政资源时,有效工作的刺激就越小。

第四要引导政府间的合作。在集中计划经济时期,地方政府之间就存在合作,只是当时的合作要服从于中央事先制定的行政命令型的计划,这些合作也是不公平、不对等的,如西部将原材料廉价提供给东部,东部制成产品后高价卖给西部。改革开放后,东西部之间的这种不平等、不对等问题并没有彻底解决,西部在指责东部剥削的同时,加强了内部之间的联合,如西北五省——陕西、甘肃、青海、宁夏、新疆组成西北集团,西南省区也组成了西南集团,共谋发展。但东西部政府之间合作的形式较少。已有的政府间合作,不仅是自发的,而且仅以定期会议商讨的形式出现,而不是以法律的形式来解决共同面临的问题。

从我国政府分布的地域特征来分析,就具体事宜建立跨域合作的空间非常广阔。比如在大河流域的治理方面,下游地区要求上游地区做好水土保持与水源保护,上游地区有自身的经济发展目标,如何在环境与发展之间寻求平衡,直接关系大河流域各省市的切身利益。只要在大河流域有关省市政府之间建立以法律为载体的联合体,实现利益均沾,上游地区作出产业上的牺牲以保护水源,下游地区对上游地区给以补偿,大河流域省市政府间就会形成共赢的局面。政府间合作的目的是为了实现资源共享和优势互补。当然,政府间的合作应当建立在平等、自愿的基础上,合作各方的利益以及权利义务要有法律的保障。

第五要强化对各级政府的监督和控制。对政府的监控以中央和地方的关系为基础。如果实行集权制,则监控是单向的,即只存在中央对地方、上级政府对下级政府的监控;如果采用分权制,则监控是双向的,不仅中央可以监督地方,上级政府可以监督下级政府,而且地方也可以监督中央,下级政府也可以监督上级政府。另外,在法律分权的基础上,地方各级政府的横向监督也是十分重要的。

就中央政府对地方政府的监控而言,目前主要是依赖于人事手段和行政手段,有令不行、有禁不止的情况比较突出,导致中央政令不畅通。如2003年中央政府采取宏观调控,上半年中央政府主导的固定资产投资额同比下降了7.7%,但地方政府的投资额却增长了41.5%。地方政府和企业联手,对中央政府的三令五申置若罔闻。为抑制过快的投资增长,2003年下半年,中央又采取了多种市场化手段调控,但效果仍不甚明显。2004年第一季度投资增长再创新高。中央不得不再采取行政手段,强行调控。人事控制的事后性与随机性决定了其难以对地方的违规行为形成有效约束。

为加强中央对地方的监督和制约,需要探索新的监控手段,如立法和政策控制、财政控制、司法控制等。国外采用的监督地方的手段,如命令履行法律职责、代履行、派驻国家专员、文件决定备案等,值得我们借鉴。在英国,法律赋予了大臣"代位权",如果地方政府不履行适用于全国的法律或政策,他完全可以由自己或自己的雇员来取代这个职责,并且还让地方政府负担费用。除上述行政手段外,西方国家财政上的转移支付也是中央对地方实行政策引导的一个有效手段。以美国为例,联邦或州政府向地方政府的转移支付主要有两种方式。一是通过功能性拨款或合同,二是通过整笔拨款或财政收入共享。

如果采用法律分权制,则应赋予地方自我保护和救济手段,以防来自中央政府的侵害。由于在地方和中央的关系上,地方不具有对抗中央的天然优势,因而应主要采用司法手段实行事后监督和救济。地方政府横向监控的指向是对地方各级政府利益的保护。由于横向地方政府间不存在上下级关系,因而,不存在行政上的直接监督和制约。这里需要采用司法手段保护各自利益。一旦横向政府间发生冲突,可诉诸司法程序。

我国现行《行政诉讼法》虽未明确规定府际争议可通过行政诉讼解决,但不排除在未来修改《行政诉讼法》时,将府际争议的解决纳入其中。从西方国家的经验看,府际争议一般通过行政诉讼或司法审查的途径解决。以美国为例,其各级政府都相对独立,具有公法人资格和行政权利能力。当地方政府与州政府之间或地方政府相互之间就其权限、利益发生冲突时,可向法院提起诉讼。

本章小结

政治系统中基于政治利益而发生的政治权力关系是政治学研究的重要对象。在政治系统中,公共政治权力是集中掌握在国家手中的组织化了的、带有垄断性的强制力量。国家掌控的公共政治权力总量的大小,既和政治系统从整体人类生活系统中获得的权力份额有关,也和国家如何配置这些权力和怎样运用这些权力有关。

国家公共政治权力的纵向配置,首先涉及到整个政治系统的结构形式,是采取单一制,还是采取复合制。其次还涉及到中央与地方关系的集权制和分权制。在国家权力的横向配置上,主要涉及的是不同权力的分立与制衡关系。在现实政治系统的运行中,公共政治权力的横向配置总体上存在两种配置原则和配置方式,即三权分立和议行合一的原则和方式。

作为国家公共政治权力配置的一种延伸和操作上的体现,是政府间的纵向和横向的关系。府际关系是政治系统中权力配置研究中的新课题。

关键概念

权力　政治权力　公共政治权力　三权分立原则　议行合一原则　国家结构形式　单一制　复合制　集权制　分权制　府际关系

权力、政治权力和公共政治权力是什么关系？

政治利益在政治权力中发挥什么作用？

政治权力的组成要素与运行结构是什么？

什么是国家公共政治权力？国家公共政治权力的特点是什么？

如何增加国家公共政治权力的总量？

应怎样正确看待"三权分立"的国家公共政治权力的横向配置原则和方式？

如何正确理解"议行合一"的国家公共政治权力的横向配置原则和方式？

国家公共政治权力结构上的单一制与复合制的各自特点是什么？

中央政府与地方政府关系的实质是什么？

国家公共政治权力纵向配置上的集权制和分权制的好处和缺陷各是什么？

在不同的国家公共政治权力结构形式下，集权与分权的模式有何不同？

什么是府际关系？

中国社会转型中府际关系发生哪些演变？

如何科学、合理地调整府际关系？

相关知识

1. 西方发达国家府际关系的演变

所谓府际关系(Intergovernmental Relations，IGR)，是指一个政治国家内部不同政府及政府部门之间的互动关系。从广义上讲，府际关系又包括各级政府间的垂直互动关系，与同级政府不同部门间的水平互动关系。府际关系的分析框架在研究公共政治权力的配置中，特别强调中央与地方的分权自治、政府机构的合作与冲突、政策执行的过程与结果，在当代新公共管理的研究领域中，府际关系属于政治管理范畴中跨域管理(boundary-spanning management)所关注的课题。

府际关系的概念源自美国20世纪30年代。美国创建之初为邦联体制。邦联为一个由各州所组成的但却是非常松散的组合，各州独立自主，可自由进出邦联，国会无权约束各个州政府的行为。1789年美国宪法确立了分权的联邦体制，联邦政府与各州政府共同分享权力，彼此各有权限，互不侵犯，中央享有宪法列举的权限，地方则拥有宪法未列举给联邦政府的各种权力。美国府际关系的发展主要是在20世纪30年代的"新政时期"。

20世纪30年代,美国联邦政府积极推行新政,为了提防地方政府对宪政分权的破坏,特别提出府际关系调整以强调自由、进步与主动的政策过程观念。由于经济大恐慌带来许多社会问题,而这些问题大多是全国性的,不是单一州政府或郡、市、镇等地方政府所能独自有效解决的,因此联邦政府通过财政补助、专业指导、法令规范等各种方式,实质性地介入到各项公共议题的处理。其后,随着第二次世界大战后福利国家理念的兴起,联邦政府又通过府际关系的调整,对于各项专业政策领域的规划与执行,发挥出相当大的影响力。

自20世纪30年代至今,美国府际关系出现多个阶段的变化。美国学者Wright(1988)依据"那些政策议题在每一时期中支配主导着公共议程","主要参与者的支配性认知","运用了哪些机制与技术以执行府际间的行动与达成目标"等三项标准,将美国府际关系的发展划分为八个阶段。

一是冲突阶段。大约从19世纪至20世纪30年代。美国存在三级政府,底层是地方政府,中层是州政府,顶层是联邦政府。府际关系以"夹层蛋糕式"为象征。其特点是各级政府权限与管辖权有明确界定,凡出现对立、冲突则由联邦法院来仲裁解决。

二是合作阶段。大约从20世纪30年代至20世纪50年代。府际关系以"斑纹式蛋糕"为象征。其特点是强调分工协调,府际团队合作,政府间没有明确的层次之分。

三是集中阶段。大约从20世纪40年代至20世纪60年代。府际关系以"水龙头式"为象征。其特点是联邦政府成为财源集中的蓄水池,中央政府集中转向专业功能,经费补助由上而下,补助款的水龙头须经过专业社群作用才能打开。在约翰逊总统时期促进府际合作的策略机制有三类:政策计划、项目补助、大众参与。

四是创造阶段。大约从20世纪50年代至20世纪60年代。府际关系以"百花齐放式"为象征。其特点是府际互动产生多种方案,强调创造性,关注目标的实现,联邦采取主动补助方式,呈现单一与独立管理的趋势,反贫穷与项目补助计划大幅增加。

五是竞争阶段。大约从20世纪60年代至20世纪70年代。府际关系以"栅栏式"为象征。其特点是不同府际的计划方案,由不同的管辖权所管理,府际之间强烈竞争,呈现出割裂状态。

六是计算阶段。大约从20世纪70年代至20世纪80年代。府际关系以"虚有其表式"为象征。其主要特点是中央政府不再控制全局,州与地方政府不再盲目争取联邦政府提供的补助,各级政府都趋向于投入-产出计算,注重比较成本和利益。

　　七是紧缩阶段。大约从 20 世纪 80 年代至 20 世纪 90 年代。府际关系以"实质式/显微镜式/鞭策式"为象征。实质式是指府际关系发展主轴已逐渐偏离财政取向,强调各层级政府权限划分、协调合作。显微镜式是指联邦法院将州与地方政府的作为放在显微镜下审查与批判。鞭策式是指府际关系受当时政治形势和财政、经济方面的重大冲击而发生变化。

　　八是强制阶段。大约从 20 世纪 80 年代中期至今。府际关系以"拼凑式"为象征。主要特点是联邦政府运用与财政辅助相关的强制性配套措施,管制州与地方政府,各级政府自行想办法,出现了 80 年代的企业型政府,府际关系呈现搀杂拼凑样态。

　　相对于联邦制国家府际关系与府际管理的分析框架,单一制国家(如英国、日本)通常以中央与地方政府关系(Central-Local Government Relations)分析框架来取代府际关系分析框架,主要研究内容是强调权限划分、财政补助、自治监督与政治互动等垂直运作关系。单一制国家府际关系的互动本质,同样也会随着政治、经济、社会、文化教育环境的变迁而产生出不同的模式。以英国为例,第二次世界大战之后,中央与地方的府际互动关系,历经协商咨询、合伙、合并、干预、报复、变革、治理等七个演进阶段,每个时期都针对不同的政治结构问题,设计各种政策运行的网络管理机制。其中,就正式管理机制而言,中央可借助制定法律、颁布行政命令、政策指导、司法审查、拒绝核备、主动视察、行政诉讼、财政补助等各种手段,对地方政府进行控制;在非正式政策互动关系方面,从 1979 年撒切尔夫人推动行政改革以来,中央干预地方的现象也有明显增加的趋势。

　　美国学者狄尔・S. 莱特在考察美国联邦制中各级和各类政府之间的府际关系时,概括出四大特征。

　　第一,府际关系范围广。他认为政府之间的关系比联邦主义概念所包含的范围更广。联邦主义主要强调中央与各州之间的关系,有时也涉及各州之间的关系。而政府之间的关系还包括中央与地方之间、各州与地方之间、中央—各州—各地方之间以及地方与地方之间的关系。

　　第二,府际关系具有动态性。政府之间的关系是一种持续的、灵活的动态关系。他认为政府之间的关系是通过政府官员和公务员之间的日常接触、了解与估价的形式而产生的关系,是以竞争和合作两种形式进行的正式和非正式的关系。

　　第三,府际关系具有人际性。他引用另一个学者的话说:"真正决定政府各部门之间关系的,实际上是打着办公室招牌工作的人们。因此我们有必要明确指出政府之间关系这一概念,主要是指人际关系和人的行为。"在府际关系中,公务员的作用越来越重要。公务员已经成为政府之间关系的主体,其影响越来越突出。

　　第四,府际关系对政策的影响越来越大。在美国,由于政策的作用,政府之间新的权力关系与权力结构正在形成。这种新的权力关系与权力结构,与美国宪法、法律所规定的关系有所不同。

2. 府际关系法律调整研究

目前,我国涉及府际关系的法律规范有三部分:一是宪法的有关条款,如宪法对国家机构设置原则的规定,对地方行政组织设置和权限的规定,对国务院与地方权限调整的规定等;二是国务院组织法与地方组织法,如国务院组织法对国务院与地方政府关系的规定,地方组织法有关地方各级人民政府之间关系的规定等;三是行政法规和国务院决定,如1993年12月15日国务院发布的《关于实行分税制财政管理体制的决定》等。

上述法律规范并不是对府际关系的专门调整,仅在个别条款中涉及到中央与地方的权力划分以及地方政府的建制等内容。从总体上说,现有法律缺乏对府际关系的全面规范,而且已有的规定也过于原则笼统,缺乏可操作性,既没有各级政府的事权划分,也没有中央对地方、上级对下级的法律调控手段。当地方不执行中央决议时,中央可采取何种手段,找不到法律上的明文依据。可以说,现行涉及府际关系的法律,其政策性要大于法律性,未能体现法的基本精神。

府际关系法律调整的基本精神

用法律手段调整府际关系,最重要的是要遵循法的基本精神,尤其是公法精神。

一是民主精神。在府际关系中,民主有两层内涵:一是府际关系的构造应保障民众对公共行政的广泛参与,更多地发挥公民的积极性和创造性,实行直接民主;二是府际关系的法律设定,应保障地方政府的自我管理,保障地方政府对国家立法和决策的参与权,保障下级政府对上级政府决策的参与。上述两种民主的实现,都有赖于通过法律合理设定政府间的关系。从民主的要求来看,过多的中央集权、过多的上级管理都不适宜。相反,法律分权成为一种重要的可选择路径。在法律分权的前提下,地方各级政府的职能和权限得以明确,地方政府的官员可以更多地由地方民选产生,地方的决策可以更多地由地方居民参与。而在地方政府与中央政府之间,法律分权可以使地方政府拥有更多的自我治理的权限。当然,民主的内涵十分广泛,因而在制度构建上有很大的发展空间,如赋予地方政府参与国家的经济和社会决策过程,对重大经济和社会事件的决策可以进行地方听证等。

二是公正精神。在府际关系中,应体现公正精神,强调平等,反对歧视。我国以往对府际关系中的公正问题重视不够。改革初期是东重西轻的倾斜分权，虽然也直接激发了东部地区的经济活力，但却导致了地方政府之间不平等和不公正的竞争，扩大了东西部的差距，出现了资源配置和流向不合理的现象。在实行西部大开发、振兴东北政策后，相形之下，中部地区承受了发展中的不平等竞争。我国的改革已进入深层次的结构调整，在政府间关系上，引入公平竞争、共同发展的公正精神十分必要。

三是理性精神。府际关系中的理性首先表现为要承认地方政府有自身独立的利益。其次，理性精神要求府际关系适应经济社会的发展需要。再次，理性精神要求府际关系遵循经济、社会和管理自身的规律。

四是效率精神。在府际关系上，要体现效率精神。一方面，要以最小的管理成本获取最大的管理效益和社会效益，另一方面，府际关系要简明，便于操作，便于控制，减少内耗。

府际关系立法的基本构想

对府际关系的立法调整是一个复杂的系统工程。府际关系的非规范化非理性化运作，不仅不能推动经济和社会的发展，而且会阻碍社会的进步。通过法律手段规范府际关系，涉及到对宪法和行政组织法相关条款的修改，当然也需要创设新的法律。从国外的情况看，一般在宪法或基本法中明确规定联邦和州的关系以及地方自治的关系，再通过地方自治法、地方组织法或地方政府法、地方财政法等具体划分中央和地方的事权与财权等。鉴于府际关系法律规范的严重缺位，我国应制定一部《府际关系基本法》，解决府际关系的基本问题。在该法之下，分别制定各级政府组织法以及地方财政法等。就《府际关系基本法》而言，需要规定以下内容：

立法目的和适用范围。制定《府际关系基本法》的目的是合理建构府际关系，以适应经济、社会发展的需要。该法的适用范围是处理所有政府间的关系，包括纵向的关系和横向的关系、静态的关系和动态的关系。

处理府际关系的基本原则。处理府际关系应遵循一些基本原则，如民主原则、公正原则、理性原则、分权原则、效率原则和监督原则等。这些原则不仅体现了现代理念，而且指导着府际关系的建构。府际关系中的每一项具体制度都要落实这些原则。

府际关系要解决的基本问题。这些基本问题包括中央和地方的基本关系、地方政府的层级、府际事权的划分、财权的分配、政府间的合作、对各级政府的监督和控制等。

府际关系的司法调控。如果采用法律分权制，则应确立司法调控机制。因为在法律分权制下,各级政府都获得法律上的相对独立地位,有相对独立的利益,有独立的事权、财权,可以横向以及多方位发展,因而需要法律的支持和保障。而一旦发生冲突,应由相对独立的司法机关裁判。

其他条款。可以就府际关系中其他比较重要的问题作出规定,如市和县的关系,县和乡的关系等。

当然,对府际关系的法律调整不仅是法律问题,需要法学界的广泛讨论,同时也是经济和社会发展到一定阶段的要求,需要经济学界、政治学界和公共管理学界的高度重视。进一步说,府际关系需要全社会的充分关注。通过法律手段建构的理性的府际关系必将促进经济发展、社会进步,从而推动我国的现代化进程。

建议进一步阅读的文献

要对中央政府作深入研究,可阅读《马克思恩格斯选集》第 3 卷(人民出版社 1995 年版)中马克思《法兰西内战》中的相关内容,还可阅读《列宁全集》第 33 卷(人民出版社 1957 年版)中"在第九届全俄中央执行委员会第四次常委会上的演说"一文。

要对现代政治系统中的中央政府作深入研究,可阅读《邓小平文选》第 3 卷(人民出版社 1993 年版)中,关于政治体制改革、中央要有权威、一国两制的论述,另外,还可阅读李道揆《美国政府和美国政治》(中国社会科学出版社 1990 年版)中"国会、总统、联邦行政机构、联邦法院"部分的内容。

要对府际关系作深入研究,可阅读谢庆奎《中国政府体制分析》(中国广播电视出版社 1995 年版)中"政府结构分析"、"政府职能分析"部分的内容,还可阅读徐争游《中央政府的职能和组织结构》(华夏出版社 1994 年版)中"各国中央政府机构综述"、"日本中央政府概况"部分的内容。

第五章　政治运行过程

公共政治权力的配置只是从静态的角度探讨了现实政治系统的存在方式。政治系统像世界上所有的现象一样,处在永恒的运动之中。只有在其持续的运行中,现实的政治系统才能更好地存在并实现自身的发展。从动态的角度考察政治系统的运行,主要是研究经过纵向和横向配置的国家公共政治权力,如何以自己为轴心,组织政治系统中的各种力量,将合法并且合理的权威和意志,贯彻到整个政治生活之中,使政治系统在一定的秩序下和谐有序发展的途径和过程。

掌握着公共政治权力的国家是整个政治系统存在和发展的轴心。因此,政治系统运行过程中最为重要的环节和途径是实现国家意志和权威的政治统治活动。

但是要保证整个政治系统内的政治生活稳定、和谐、有序,仅仅有国家的政治统治是不够的,必须以政治统治为基础,进行范围更为广泛的政治管理。政治管理活动的目的是在保障政治统治的前提下,保证和促进整个政治生活的正常运行。

与政治统治和政治管理密切相关的是政治系统运行过程中的政治决策和政治监督活动。虽然在经济管理中,人们较早地接受了管理就是决策、管理必须监督的观念,但在政治管理中,决策和监督的重要性很迟才显露出来。在现代政治系统的运行中,特别是在社会转型时期,人们越来越倾向于将政治决策和政治监督作为政治系统运行中两个相对独立的途径和环节来加以分析、研究。

第一节　政治统治

一、政治统治的实质与特点

政治统治的实质

政治统治是掌控公共政治权力的国家凭借一定的手段,运用多种方式使政治系统内的政治行为主体服从其权威和意志,从而将政治系统内的矛盾、竞争和冲突控制在既定秩序范围之内的强制性活动。所有的政治统治都是由一定的政治力量来加以实施的活动。因此,政治统治也就是在政治系统中占统治地位的政治力量凭借手中所掌握的国家机构,并联合某些非国家机构,以各种手段迫使整个政治系统的成员服从其权威、意志的过程。

政治统治是现实的政治系统存在和运行的主要方式,是政治系统的轴心即国家公共政治权力最主要、最经常的职能。政治系统中一定的政治行为主体掌控公共政治权力并能够独立使用这种组织化了的权力,是政治统治得以推行的前提;由国家公共政治权力产生出来的权威和意志得到普遍的服从,是政治统治得以实现的关键;运用公共权威、公共意志将政治系统中的矛盾、竞争和冲突控制在国家公共政治权力掌控主体所希望的秩序范围之内,是实施政治统治的目标;通过政治系统中政治行为主体对国家权威和意志的服从来实现政治系统的安全稳定、和谐有序是政治统治的价值取向。

政治统治的要素

政治统治作为政治系统中占据统治地位或领导地位的政治行为主体实际实施的统治活动和国家公共政治权力所要求实施的统治活动的有机统一,表现为一个严密的有组织的活动体系。政治统治的活动体系,包含着政治统治主体、政治统治手段、政治统治对象、政治统治效果等基本要素。

所谓政治统治的主体,在存在阶级关系的政治系统中,从抽象的角度来审视,应当是在政治系统中占据统治或领导地位的整个阶级。政治统治正是政治系统中的统治阶级或领导阶级集体权威、集体意志和整体力量的作用和作用结果。比如,在资本主义社会,"国家政权不过是管理整个资产阶级的共同事务的委员会罢了"①,资产阶级的政治统治就是整个资产阶级的专政。但是,从政治统治的具体实施来说,它又无法让政治系统中的统治阶级或领导阶级的所有的成员都来直接加以实施,它只能由代表统治阶级或领导阶级整体利益的少数政治行为主体,组成被授予公共政治权力的政治组织,再以整个统治阶级或领导阶级的名义来直接进行政治统治。正因为如此,"无产阶级的专政不能由直接包括整个这个阶级的组织来实现。只有吸收了阶级的革命力量的先锋队,才能实现这种专政"②。

所谓政治统治的手段包括两个方面。一个方面是政治机构。实行政治统治的机构可以是掌管公共政治权力的国家机构,也可以是只具有特定政治权力的非国家的政治机构。两者合起来称为政治统治机构。其中,掌管公共政治权力的国家机构是主要的。实施政治统治的各种机构并不是分散地、孤立地进行活动的,它们总是结合成一个相互关联、相互制约,内在结构有序、行动目标明确的有机体来充分发挥其统治或领导职能。

政治统治手段的另一个方面是上升为国家意志的法律、政策、命令。对于任何一个政治系统中的统治阶级或领导阶级来说,要使被统治阶级、被领导阶级服从其权威和意志,就要让这些阶级接受其政治原则、规范、价值。而要做到这一点,最主要的方法是首先将这些属于统治阶级或领导阶级的政治原则、规范、价值转变为由掌管公共政治权力的国家所制定、颁布和实施的法律、政策、命令,再强迫被统治阶级、被领导阶级去认同、服从和遵守。

所谓政治统治的对象主要指两方面的成员。一方面是政治系统中的被统治阶级或被领导阶级的成员,这是政治统治的主要对象,另一方面是统治阶级、领导阶级中破坏阶级的整体利益的群体、集团和个人。按照政治统治对象的多少也可以划分出两类不同的政治统治。一类是多数人对少数人的政治统治,另一类是少数人对多数人的政治统治。在人类历史上,在存在阶级关系的社会中,以往所有的剥削阶级所实施的政治统治都是少数人对多数人的政治统治,唯有在社会主义人民民主的政治形态中,政治统治才第一次实现了由多数人对少数人的政治统治。

① 《马克思恩格斯选集》第 1 卷,人民出版社 1995 年版,第 274 页。
② 《列宁选集》第 4 卷,人民出版社 1960 年版,第 404 页。

所谓政治统治的效果可以从质与量两方面来评估。政治统治的质可以是两类。一类是维护和巩固了统治阶级专政;一类是造成了整个统治阶级专政的削弱乃至崩溃。政治统治的量主要是统治范围的大小、稳固程度的强弱。一个统治阶级或领导阶级的政治统治愈是能从国家扩展到整个政治系统,统治阶级或领导阶级统治的稳固程度越强,就说明其政治统治的水平较高,反之,则表明其政治统治的水平较低。

政治统治的特点

政治统治是政治系统中统治阶级或领导阶级主要凭借国家公共政治权力机构所实行的阶级专政,因此,任何政治统治都具有强烈的阶级性。除了具有阶级性这一特征外,政治统治还具有另外一些特征。

首先,政治统治具有组织性。政治统治决不是单个人之间的控制与服从关系,它是整个统治阶级或领导阶级集体意志、集体权威和整体力量的表现。因此,统治阶级或领导阶级在实施对政治系统的政治统治时,必须把本阶级的权威、意志和力量自觉地组织起来,通过一定的政治统治机构将本阶级的政治利益加以集中,并把这些政治利益转变为国家的权威和意志,制定出迫使全社会必须认同和遵守的法律、政策、命令。同时,统治阶级或领导阶级还必须将国家公共政治权力机构和其他非国家的政治权力机构加以分工、协调,并按其功能有机地组织起来,确保体现本阶级集体意志、权威和力量的各项法律、政策、命令,在政治系统中加以贯彻执行。缺乏主动的、自觉的、科学的组织,不仅统治阶级或领导阶级的意志、权威和力量无法集中,国家公共政治权力机构也会失去整体功能,各项法律、政策、命令就无法在实际政治生活中得到认可、服从和遵守,这样,政治统治就不可能维持下去。

其次,政治统治具有整体性。在现代政治生活中,政治统治的机构通常由三个部分组成:政党组织、国家机构、社会政治组织。这三个部分机构在政治统治的过程中,有各自的功能与作用。但是,要保证统治阶级或领导阶级的政治统治能够维持和巩固下去,就必须将这几部分机构有机地结合起来,形成整体的意志、权威与力量。如果机构之间相互矛盾,甚至对立冲突,则整体意志、权威和力量将会趋于瓦解,甚至分崩离析。如果其中一部分受到损害,则整体的运转将会中断。要保证政治统治的整体性,政党组织、国家机构、社会政治组织都必须保持良好的运转状态,充分发挥出各自的功能。同时,政党组织、国家机构、社会政治组织相互间又要密切配合,才能形成强大的政治统治的合力。列宁在谈到无产阶级专政时,提到要把它看成是由一系列齿轮和螺丝钉组成的系统,只有相互配合,协调运行,才能保证无产阶级专政的巩固和发展。

再次,政治统治具有程序性。作为整体的政治统治体系要充分发挥出功能,就需要在具体的运行中保持一定的程序性。这种程序性既表现在实施政治统治的各种机构的内在结构上,也表现在这些机构的活动机制上。在政治统治的整体系统中,政党组织、国家机构、社会政治组织以及它们所属的机关、团体,在统治阶级或领导阶级实行本阶级的专政时,都应明确各自的位置与职能,一旦各个机构随意地改变自身的地位或职能,整个统治系统的内部结构就会产生混乱。在政治统治过程中,各个机构也必须遵循一定的程序。政治统治一般都是自上而下的,要保证处于政治统治系统上层的机构能及时、有效地把政治信息传达到下层,下层要将贯彻、执行的实际情况反馈到上层,就要求由上而下的各个环节时刻必须按照既定的步骤、原则和渠道运转。任何一个中间环节一旦违反既定程序,整个运行过程就会发生紊乱甚至中断。

最后,政治统治具有变动性。政治统治的有序性并不是政治统治的凝固性。对于每一个具体的政治系统来说,它要求统治阶级或领导阶级的政治统治具有一定的稳定性。有序性正是稳定性的保障。但是任何政治系统的运行都离不开具体的自然环境和社会环境,一旦具体的自然环境和社会环境变化了,特别是经济关系改变了,政治统治也就需要相应地发生变化。从整个人类的政治生活发展来看,先后出现过不同性质的政治统治类型。在原始政治平等的政治形态结束以后,从阶级、国家产生以来,最先出现的是奴隶主阶级的政治统治,其后是封建主阶级的政治统治、资本家阶级的政治统治。无产阶级的政治统治即社会主义人民民主的政治形态则是存在阶级关系的社会中最后一种类型的政治统治。

西方当代的政治学家们尽管也谈到前资本主义政治形态中不同政治统治的产生、发展与崩溃,但他们却把资本家阶级的政治统治永恒化。马克思主义政治学把发展原则贯彻到一切政治统治之中,坚持认为资本家阶级的政治统治也同它以前存在过的政治统治一样,有其产生、发展和灭亡的过程。而且,也坚持认为取代资本家阶级政治统治的无产阶级专政最终也会消亡。

从同一类型的政治统治来看,其内容和程度也必然存在变动性。每一种类型的政治统治在它存在的范围内,都有一个从低级到高级、从简单到复杂的量变过程。资本家阶级的政治统治在它的经济基础所能允许的范围内,其政治统治的体系变得日益严密,内部运行变得日趋复杂、有序。但是,一旦经济基础发生质变,这套内部编织得相当严密细致、外部显示出无比强大的政治统治体系同样会瓦解。

对于上升为统治阶级和领导阶级的无产阶级来说,在社会主义人民民主的政治形态中,政治统治不可能一经建立就立即变得非常严密和强大。如果不居安思危,时刻提高警惕,严加防范,如果不自觉、主动地加以巩固和坚持,就可能会产生严重后果,或者阵脚从内部被搞乱,或者堡垒从外部被攻破。某些已经建立社会主义政治形态的政治系统在 20 世纪最后 10 年中出现的悲剧向我们敲响了警钟。唯一的办法是居安思危,不断地完善和巩固无产阶级的政治统治,促进社会主义政治形态的发展。

二、政治统治的基础与类型

政治统治的基础

政治统治作为一种强力的支配与控制活动,其核心问题乃是权威与服从的关系问题。因此,政治统治的基础实质上就是政治统治行为主体的权威、意志和力量的基础。构成政治统治基础的是以下几个方面。

首先,法律是政治统治的规范基础。除了在原始政治平等的政治形态中,政治生活是依据习惯、禁忌来支配、控制的以外,在所有存在阶级关系的政治系统中,凡是不以法律为规范基础的政治统治都不可能长久地坚持下去。在现代资本家占统治地位的政治形态中,资产阶级已经逐渐认识到政治统治必须有合法性基础。在社会主义政治形态的曲折发展过程中,无产阶级及其政党也已经从痛苦的经历中深刻地认识到依法执政和依法治国的必要性。

其次,暴力是政治统治的物质基础。政治统治是将统治阶级或领导阶级的权威、意志强加给被统治阶级、被领导阶级的活动。对于政治统治的对象来说,接受政治统治就意味着不仅失去自己的权威和意志,更为重要的是失去自己的政治利益。因此,为了争回自己的利益、权威和意志,被统治阶级、被领导阶级必然会反抗。要实现自己的政治统治,统治阶级或领导阶级就必须借助于暴力手段,来制止和平息被统治阶级、被领导阶级的反抗及其产生的对立、冲突。纵观人类历史上的政治统治,作为其主导机构的国家机构,无一不是由军队、警察、监狱、法庭等工具构成的组织良好的暴力体系。

第三,履行社会、文化、经济、政治职能是政治统治的社会基础。政治统治是统治阶级或领导阶级运用各种手段在政治系统中贯彻自己的权威、意志的过程。如果只依仗统治阶级或领导阶级中的少数人,只凭借国家政治机构,但缺乏广泛的社会基础,这种政治统治是实施不了的,即便强行实施了,也持久不了。统治阶级或领导阶级要坚持和巩固政治统治,就必须要调动本阶级中的积极力量,还要调动整个政治系统中的积极力量,将国家政治机构和非国家的政治机构结合起来贯彻自己的权威和意志。要能够调动这么多的积极力量,组织那么多的机构共同合作,统治阶级或领导阶级就必须通过履行发展经济、繁荣文化、保障社会和稳定秩序等多方面的职能,使其政治统治充分显示出社会性和合作性,整个政治系统才能支持和服从政治统治。

第四,国家权威和意志得到社会服从是政治统治的心理基础。在政治系统中活动的各类政治行动主体,都有自己的权威和意志,都会根据内在的心理倾向,展开政治行动。要让被统治阶级或被领导阶级在行动上接受统治阶级或领导阶级的表现为国家权威和意志的集体权威和集体意志,非常重要的前提就是要先让他们在心理上服从这种权威和意志。这就需要统治阶级或领导阶级充分利用政治社会化的过程,将包含统治阶级或领导阶级权威和意志的政治文化,传输到被统治阶级或被领导阶级那里,并内化为他们的政治立场、政治态度和政治心理倾向,从而产生认同性。

第五,政治稳定和发展是政治统治的绩效基础。政治系统中的政治行为主体都希望政治生活的稳定、和谐和发展。政治统治要能获得合理性,就需要改变政治统治的手段,提升政治统治的艺术,使政治统治起到稳定政治生活、协调政治利益、解决政治矛盾和冲突,并使其政治民主健康发展,有了这些成果,显示出政治统治具有良好的绩效,政治系统中的政治行为主体就会信服。

在实施政治统治的过程中,建立法律基础会增强政治统治的合法性,建立物质基础会增强政治统治的有效性,建立社会基础会增强政治统治的合作性,建立心理基础会增强政治统治的认同性,建立绩效基础会增强政治统治的合理性。

暴力基础是贯彻实施政治统治的必要条件,社会基础和绩效基础是贯彻实施政治统治的充分条件,心理基础是贯彻实施政治统治的可能性条件。只有这几者结合起来,政治统治才能获得政治与暴力的、经济与社会的以及心理与文化的支持,也才能长久地维持和巩固下去。

政治统治的类型

可依据政治统治的主体、政治统治主体与统治对象的关系来划分政治统治的类型。其中最重要的因素是谁统治即统治主体,这是确定政治统治类型的基本标准。还有为什么统治即主导利益的规定及其实现也是需要考虑的因素,它是确定政治统治类型的现实依据。另外统治得如何即控制、支配的程度也是不可忽视的因素,它是确定政治统治类型的重要标志。依据上述标准可以从总体上划分出少数剥削者维护少数人利益、对多数人以暴力强制为主的政治统治,多数劳动者联合起来维护多数人利益、对少数人以协调控制为主的政治统治。

再将这两大类政治统治类型作更为具体的划分,可以区分出奴隶主阶级的政治统治、封建主阶级的政治统治、资本家阶级的政治统治、无产阶级的政治统治。这几种政治统治的类型在政治统治的实施主体、统治阶级与被统治阶级的相互关系上是有区别的。

在奴隶社会的政治系统中,奴隶主阶级依靠经济上的垄断权,成为这一政治形态中的统治阶级。在封建社会政治系统中,在经济上占据统治地位的封建主阶级,成为这一政治形态的政治统治的主体。

在资本主义社会的政治系统中,特别是在现代发达的资本主义政治系统中,资本家阶级越来越采用高超的手法,将政治统治的阶级性质掩盖起来。现代资产阶级在实施政治统治时,更多的是发挥政党的作用。在实行两党制或多党制的国家中,资产阶级政党之间,资产阶级政党同其他阶级的政党之间,通过竞选来取得对国家政治机构的控制权。即使是实行一党制的国家,党内也派别林立,竞争不断。这样,就容易使一些只喜欢从表面看问题的人得出资本家阶级的政治统治是公平施政的看法。再加上不少资本主义国家在国家机构的组织方面实行三权分立原则,仿佛资产阶级国家机构在实施政治统治时,能公正地代表全社会利益。但真实情况完全不是这样。

美国当代社会学家弗斯卡皮蒂在分析究竟是谁在统治着当代美国社会的问题时指出,美国人民无论是作为"选民"还是作为"消费者"都已失去了支配社会、支配自己的主权。在当代美国,尽管民众主权的华丽辞藻仍然在大用特用,但这种政治制度是国会议员拜倒在大公司顾问和支持者脚下的制度。在这种制度下,总统从大公司行政负责人和专家们那里得到忠告,他进行的许多活动也要得到他们的支持;各种专门委员会也向大公司让步,这些大公司不是掌握在别人手中,而正好是由极少数的垄断资产阶级所把持的。因此,当代资本主义政治系统中的政治统治其性质只能是资本家阶级的专政。

在社会主义的政治系统中,无产阶级成为整个社会的领导阶级。无产阶级虽然在人数上并不是社会成员的绝大多数,但是,它所代表的却是全社会的长远的、根本的利益。无产阶级通过自己的先进分子组成无产阶级政党,由这个政党来实施对整个政治系统的政治领导。无产阶级政党在实行政治领导时,必须把整个阶级同时也是整个社会的长远的、根本的利益变为国家的权威和意志,即由国家制定的法律、政策、命令,然后再要求全社会来服从和遵守。因此,社会主义政治形态的政治统治其性质必然是无产阶级专政。当然,这种专政已具有了根本不同于以往任何政治统治的新质,它是一种同新型的民主即人民民主结合在一起的新型的专政。

在现实的政治系统中,占统治地位的阶级要把阶级统治与国家政治统治统一起来,光凭本阶级的力量是远远不够的。因为无论是在奴隶社会、封建社会、资本主义社会中,还是在社会主义社会中,占统治地位的阶级在全社会的总人数中都不可能是绝对的多数。它们要在全社会强制性地推行反映本阶级意志和力量的法律、政策、命令,就比较困难。因此,任何一个统治阶级或领导阶级在实行对全社会的政治统治时,都必须要争取和联合社会中其他的阶级、阶层和集团。这些阶级、阶层和集团在一定的时期中,在一定的范围内,或者在一定的方面,同占统治地位的阶级有着共同的政治利益,它们有可能与统治阶级或领导阶级结成一定的联盟关系。

由于在现实的政治形态中,统治阶级或领导阶级与其他阶级、阶层、集团的政治利害关系不仅十分复杂,而且经常变化,因此,统治阶级或领导阶级和其他阶级、阶层、集团所结成的政治联盟关系在范围的宽狭、时间的久暂、程度的松紧上是各不相同的。一般地说,政治联盟越广泛、越持久、越牢靠,统治阶级或领导阶级的政治统治就越稳固;反之,政治联盟越狭窄、越短暂、越分散,统治阶级或领导阶级的政治统治则越动摇。

从整个人类政治生活的发展来看,剥削阶级及其国家的政治统治基础比较狭窄,而且不牢靠。在奴隶主占统治地位的政治形态中,奴隶主阶级在一定程度上有可能与个体农民、个体手工业者、商人结成联盟关系,在政治系统中实施政治统治。但是,奴隶主同个体农民、个体手工业者、商人之间也存在利益矛盾,一旦奴隶主加紧经济剥削,他们同这些个体劳动者的矛盾就会尖锐化,从而使原先的政治联盟关系缩小,乃至瓦解。在封建主占统治地位的政治形态中,封建主阶级往往寻找大商人、高利贷者、行会师傅、小手工业者作为自己的政治同盟者。在封建社会末期,封建主甚至会同新兴的资产阶级勾结起来。显然,封建主所能建立的政治同盟关系要比奴隶主所建立的要来得广泛、牢固。但是,这种联盟关系同样在整个政治系统中只占极小的部分,而且由于经济、政治利益上的矛盾,这种联盟关系注定是短暂的。

资本家阶级在进行政治革命时,曾以整个被压迫阶级的代表自居,将农民、城市小资产阶级、无产者都组织到反封建的队伍中来,从而扩大了自己的联盟关系。这种联盟关系在资产阶级革命的过程中,曾一度发展到相当广泛的程度。但是,资本家阶级在打垮封建主阶级并建立起资产阶级专政以后,它与无产阶级的阶级对抗就日趋公开、激烈。同时,资本家阶级越是站稳脚跟,就越是要对小生产者、小私有者进行剥夺。所有这些,就导致资产阶级政治统治日益狭窄,越来越不稳定。

与一切剥削阶级不同,无产阶级在政治革命的过程中,总是同一切被剥削、被压迫的阶级、阶层、集团联合起来。这种政治联盟关系在无产阶级建立国家政权以后,不仅不会削弱,反而会进一步扩大和加强。在社会主义人民民主的政治形态中,"无产阶级同人数众多的非无产阶级的劳动阶级(小资产阶级、小业主、农民、知识分子等)或同他们的大多数结成特殊形式的阶级联盟"①。这种政治联盟在中国是以爱国统一战线的形式出现的。在统一战线中,无产阶级是领导阶级,无产阶级与农民阶级的联盟是基础,同时包括各民主党派、个体劳动者、私营企业主,以及其他拥护社会主义和祖国统一的爱国者。这一政治联盟关系事实上已经包括了整个社会成员中的绝大多数,因而其范围极其宽广。同时,由于无产阶级在根本的经济与政治利益上与农民阶级、个体劳动者、私营企业主、各民主党派之间不存在对立和冲突,因而其关系是相当牢固的。

当然,社会主义人民民主政治形态在自身的发展中,还必须时刻注意协调好无产阶级特别是其先锋队——共产党同广大人民群众的关系。如果共产党本身不廉政,发生腐败,或者搞不好经济,不能让绝大多数人提高生活水平,农民、个体劳动者、私营企业主、民主党派就会脱离已经建立起来的政治联盟关系,无产阶级专政就会失去坚实与广泛的社会基础。

政治统治的范围

政治统治的范围有两层含义。第一层含义是掌控公共政治权力的主体凭借国家机构和其他的非国家机构究竟能在多大的政治空间上让其权威和意志得到服从。这里所讲的政治空间既指地理上的规模又指社会生活的领域。当使用公共政治权力的政治统治主体只能将法律、政策、命令在某些政治中心加以贯彻,或只能在某些领域得到认可和贯彻时,这种政治统治的范围就比较小。当掌控公共政治权力的政治统治主体能通过国家机构和其他政治组织使其权威和意志在整个政治系统之中并且在绝大部分社会领域中得到普遍的认可和服从时,这种政治统治的范围就比较大。

政治统治范围的第二层含义是指在一个政治系统中,享受政治民主的人数与被专政的人数的比例。一般地说,享受民主的人数越多,被专政的对象越少,则政治统治的范围就越大;反之,政治统治的范围则越小。

政治统治范围的这两层含义是一致的。当一个统治阶级和它所掌握的国家机构所实施的政治统治在空间上规模越大时,其政治上民主的程度也就越高。反之,一个阶级专政的对象越多,民主越少,它的政治统治也不可能在整个政治系统、在所有的人类生活领域得到落实。

剥削阶级的政治统治总的来说范围不可能很大,或者说它不可能扩展到一切领域、一切空间,享受民主的人数也非常有限。但对由剥削阶级控制的不同政治系统来说,政治统治的范围也不尽一样。奴隶主阶级在进行政治统治时,中央政

---

① 《列宁全集》第29卷,人民出版社1985年版,第343页。

府所管辖、控制的范围很有限,而且也常常仅限于军事的领域,只有极少数的奴隶主贵族、平民享受民主。在封建主占统治地位的政治形态中,封建主阶级的国家政治机构不仅繁杂,而且从中央到地方联系较为紧密,封建主阶级能在较大的地理空间上强制性地让被统治阶级接受自己的权威和意志。农民阶级也不再是完全受制于封建主,民主的程度有所扩大,但政治专制仍然是封建主阶级政治统治的主要特征。

资本家阶级的政治统治无论在空间的规模上,还是在民主化的程度上,都要大大高于封建主阶级的政治统治。资本家阶级依靠铁路、通讯,将一个社会的政治生活连成一片,资本家阶级的国家政治机构遍布全国各地,法律、政策、命令基本上能强行贯彻下去。另外,资本家阶级也能在形式上扩大民主。这说明,资本家阶级的政治统治在剥削制度下已达到了较广泛的范围。但这个范围仍旧是有限的,它的极限是由资本家阶级政治统治的性质和社会基础所决定的。

社会主义政治形态中的无产阶级政治统治的范围是由这一阶级的阶级属性和最广泛的社会基础决定的。无产阶级本身的先进性以及它同其他阶级、阶层在根本利益上的一致性,使得这一阶级能将社会主义社会的政治生活联成一个完整的系统,国家政治机构能按照民主集中制的原则严密地组织起来,人民成为国家的主人,民主不仅在形式上,而且在内容上真正地得到扩展。所有这些,使得无产阶级的政治统治所能达到的范围是历史上任何一种剥削阶级的政治统治所无法比拟的。

当然,社会主义政治系统的政治统治还在发展和完善之中,由于国家政治机构的配置还不尽合理,工作效率还不够高,政治生活的民主化还有待扩展,因此,社会主义社会政治统治所应达到的范围现在还没有完全达到,这就要求社会主义国家努力深化政治体制方面的改革,不断扩大政治统治的范围。

三、政治统治的目标与方式

政治统治的目标

政治统治的目标是指在政治形态中占统治地位的阶级主要凭借国家政治机构对政治系统加以控制时所要达到的目的,它是统治阶级或领导阶级集体意志和根本利益的体现。任何政治统治都是占统治地位的阶级对整个政治系统的控制与支配,因此任何政治统治都有其社会目标与阶级目标。作为统治阶级或领导阶级来说,政治统治主要是维护和加强其经济利益并由此来保障和巩固其政治统治的地位。这些正反映了政治统治主体的阶级利益,是政治统治的阶级目标。对奴隶主阶级来说,政治统治首先是保护奴隶主阶级的经济基础和由它所决定的政治权利。封建主阶级之所以要进行政治统治,最直接的目标也是为了保障封建主对农民的剥削和享受政治上的特权。资本家阶级尽管常常以平等、自由、博爱作为自己的政治口号,但资本家阶级的政治统治从来都是为资本家剥削雇佣工人提供保障的,都是为保证政治权利垄断在占人口极少数的资本家手中服务的。无产阶级的政治统治也有明确的政治目标,这就是发展社会主义的经济,建立和谐社会,满足最大多数人的利益要求,并保证无产阶级及其政党在政治生活中的领导地位。

任何一种政治统治除了有阶级目标外,还有社会目标。政治统治的社会目标是维持社会正常运行、秩序的稳定和一体化。当一个社会的经济秩序、文化秩序和社会秩序发生混乱,或者社会共同体赖以生存和发展的地理资源、生态环境、气候状况被无端破坏而日趋恶化时,政治系统因失去正常的社会环境和自然环境就会走向崩溃。这样,在政治系统中占统治地位的阶级也无法实现自己的阶级目标。因此,任何一个统治阶级,即使是最反动的剥削阶级也会在政治统治中或多或少地把维护社会共同体的生存与发展作为自己的任务。特别是当代西方发达国家中的垄断资本家阶级也会在政治统治的过程中,花费一定的气力,通过制定法律、政策来发展全社会的交通运输、邮电通讯,并努力保护生态环境。

由于剥削阶级的阶级利益同社会的共同利益乃至全人类的利益并不总是一致的,从归根到底的意义上说是矛盾的,因此,在剥削阶级占统治地位的社会中,政治统治的阶级目标与社会目标往往会发生冲突,剥削阶级会用狭隘的阶级目标去破坏社会目标。在社会主义社会,无产阶级政治统治的阶级目标第一次同社会目标统一起来,因为无产阶级的经济、政治、文化、社会利益与全社会乃至全人类的政治、经济、文化、社会利益在本质上是一致的。

在政治统治的目标上,除了可以进行阶级目标与社会目标的区分外,还可依据在不同时期政治统治所要解决的不同问题区分为总体目标和阶段性目标。总体目标是针对统治阶级或领导阶级实施政治统治的根本任务而言的。阶段性目标则是就某一时期所要解决的主要政治、经济、文化、社会任务而言的。阶段性目标总是服务于总体目标的。从1945年到1974年,美国先后换了4位总统,每一位总统在任期内都要提出不同的政治统治的具体目标。杜鲁门从战后美国人口猛增、大批军人复员、军事订货锐减、失业人数骤增、劳资关系恶化的现实情况出发,提出了"公平施政"的目标。20世纪50年代初,艾森豪威尔上台执政,组成了"9个百万富翁和1个管子工"的富豪内阁,为对付1953年的经济危机,确立了赤字财政和福利国家的"新共和主义"目标。到了20世纪60年代初,面对大批"结构性"失业大军、持续上涨的物价和频繁的经济危机,肯尼迪不得不在"公平施政"的基础上,确定发展空间技术、反对种族歧视、向贫困开战的所谓"新边疆"目标。而在

20世纪60年代末,美国联邦开支越来越大,通货膨胀日益严重,国际收支逆差扩大,美元地位受到威胁,刚登上总统宝座的尼克松只好采取减少联邦开支、收缩信贷、控制货币流通量的"新经济政策"。所有这些阶段性目标说到底都是为巩固美国垄断资产阶级专政这一总体任务服务的。

社会主义国家在政治发展中也会围绕总体目标制定出各个时期的具体目标。中国在确立了把整个国家建设成为富强、民主、文明、和谐的社会主义现代化国家的总体目标的基础上,进一步确立了分三步走即解决温饱、实现全面小康和达到中等发达国家水平的阶段性目标。这三步走的阶段性目标都是围绕总体目标规划和设计的。

政治统治的方式

政治统治的目标需要借助于一定的政治统治的方式才能实现。政治统治的方式可以从不同的角度加以分类。从政治统治过程中强制性程度的高低来划分,可以将政治统治的方式分为和平的与暴力的两大类。和平的政治统治是不动用暴力工具的政治控制。和平的政治统治手段也是强制性的,因为凡是政治统治都同国家机构相联系,都以暴力为后盾,从而也都带有强制性。但和平的政治统治不是直接地使用武力,其强制程度相对就要低一些。和平的政治统治常常表现为统治阶级或领导阶级通过谈判、协商的方式或经过思想上的分化、诱导来迫使被统治阶级、被领导阶级承认并遵守国家制定的法律、政策、命令。

和平的政治统治方式,在剥削阶级占统治地位的政治形态中是经常被使用的。剥削阶级通过这种方式来瓦解革命阶级在政治、经济与思想上的反抗。特别在资本主义社会中,资本家阶级通过收买工人的上层,使工人运动向右转,从而维护资产阶级政治统治的稳固性。这种使工人的运动资产阶级化,不仅是当代西方资产阶级对付本国工人斗争的重要方式,而且也日益成为国际资本家阶级演变社会主义政治制度的重要途径。

暴力的政治统治的方式是直接凭借暴力工具所实行的政治统治方法。统治阶级或领导阶级在和平的政治统治失效时,会动用军队、法庭、警察,以高度强制的方式迫使被统治阶级中的一部分人遵守和承认国家的意志与力量。一般地说,使用暴力的方式会付出较大的代价,因此,即使是剥削阶级国家也不是随便就使用这一方式的。对于无产阶级来说,在使用和平的政治统治方式的同时,也并不是一概不使用暴力的方式,但是在社会主义的政治形态中,暴力方式的使用不仅日益减少,而且绝不是针对人民的。

以个人主观意志,还是法律规范为根据来划分,政治统治可以区分为人治的方式与法治的方式两大类。政治统治中的人治指的是国家的政策、法令不是由集体的意志而是仅仅由个别人的意志决定的。在奴隶制和封建制的政治形态中,人治是十分普遍的政治统治方式。君主将政治权力集于一身,他的意见便是国家的意志。这种人治虽然在不同民族的历史上对社会政治发展也起过某种积极的推动作用,如英国的君主制定的重大政策也确实在个别民族的发展史上留下了不可磨灭的痕迹,但是,这终究是少量的,人治的方式所导致的结果大多是消极的、灾难性的。在今天的世界上,在一些奴隶制、封建制残余比较多的政治系统中,人治的方式还没有消失。这常常造成这些政治系统中政治统治的不稳固,甚至出现危机。与人治相对的是法治。政治统治中的法治指的是统治阶级或领导阶级的意志和力量的表达、贯彻、维护都是采用法律的形式。一方面,统治阶级或领导阶级以及手中所掌握的国家机构的统治目标、范围、内容都要以法律的形式加以规范化,另一方面,对整个社会中破坏或违背统治阶级或领导阶级及其国家机构意志的行为必须以法律为准绳加以制裁。法治的方式要求政治统治完全成为统治阶级或领导阶级的集体性行为。

第二节　政治管理

一、政治管理的实质与作用

政治管理的实质

关于政治管理人们存在不同的认识。一些人将政治管理视为全部的政治活动,特别是政治统治活动。孙中山就把政治看成是治理国家之事,将政治管理与政治统治明确联系起来。在西方政治学界有相当多的人把政治统治和政治管理等同起来。但是也有不少学者比如马克斯·韦伯、伍德罗·威尔逊和F.J.古德诺等人就非常明确地将两者区分开来。

政治管理与政治统治两者是同一的。政治管理与政治统治都是以国家政治机构为主的政治行为,目的都是为了维护特定的社会秩序,实现和维护统治阶级或领导阶级的政治利益。政治管理与政治统治两者是相互依赖的。政治统治是政治管理的政权前提,政治管理是政治统治的社会基础。任何政治管理都服务于一定的政治统治,反映着统治阶级的利益,其最终目的都是为了维持现存的政治统治。这是政治管理活动的本质所在。

但是,政治管理与政治统治两者又是有区别的。政治管理和政治统治的行为主体不完全相同。政治统治活动的主体在存在阶级关系的政治系统中是整个的统治阶级或领导阶级,其具体的实施主体主要是国家政治机构和执政党这一类非国家政治组织。其中国家政治机构是由统治阶级或领导阶级组织起来的以暴力为基础的国家公共政治权力体系,主要表现为军队、警察、法庭、监狱等物质形式。

政治管理活动的主体主要是政府组织,以及组织政府的执政党、与政府合作的参政党组织。当政治系统中的各类政治社团、政治集团、政治法团的行为与政府的行为在基本价值取向上保持一致时,也能够成为特定的政治管理的行为主体。在相当多的政治系统中,作为政府首脑、政党领袖、杰出政治思想家的政治精英都在政治管理中发挥较大作用。因此,凡是能够参与国家权威、意志的贯彻、实施活动并发挥作用的政治行为主体,都会产生政治管理行为,政治管理活动的行为主体范围要比政治统治活动的行为主体范围来得大。

政治管理和政治统治的对象也不完全相同。政治统治的对象在资本主义政治系统及其以前的奴隶主阶级、封建主阶级占统治地位的政治系统中,都是多数人。在社会主义人民民主的政治形态中,政治统治的对象才变成少数人。政治管理在所有的政治形态中都表现为少数人对多数人的领导、组织、沟通、协调。管理总是少数人的事,政治管理也是如此。那些具有管理才能、管理经验并经一定程序走上政治管理岗位的行为主体只能是政治系统中的少数人,政治管理的对象必定是政治系统中的大多数成员。

政治管理和政治统治的作用方式也不尽相同。政治管理主要是引导、组织、协调人们的政治性行为和社会公共事务,因此,管理者和被管理者在根本利益上是一致的,这就决定了政治管理的作用方式基本上是非暴力的。政治统治是统治阶级或领导阶级强行贯彻和实施自己的权威、意志,统治者和被统治者的根本利益是对立的,特别是当被统治阶级、被领导阶级的行为威胁和动摇着统治阶级、领导阶级的权威地位时,统治阶级或领导阶级必须直接借助于国家政权的力量,以暴力为基础并辅以意识形态的宣传来实现统治阶级或领导阶级所需要的某种政治秩序,维护和巩固自己的统治地位。从这一意义上来说,政治管理不能从根本上取代政治统治。政治管理只是政治统治的表现形式和社会基础。

还有一些人认为政治管理就是行政管理。在政治管理与政治统治职能分化较为明显,但政治管理与行政管理区别尚不突出的年代,马克斯·韦伯、伍德罗·威尔逊和 F. J. 古德诺等人在很大程度上都把政治管理看作是行政管理,认为两者都是执行和管理国家意志的活动。

目前国内学者对公共行政活动的范围存在不同的认识,大体存在三个不同的层次。第一个层次是将公共行政看作是狭义政府即行政机构对其内部事务的管理,不涉及对社会公共事务的管理。第二个层次是将公共行政的范围从对行政机关内部事务的管理,扩大到对社会公共事务包括政治性事务的管理。第三个层次是将公共行政视为广义政府即所有国家机构,甚至包括政党组织、第三部门等相关组织对社会公共事务的管理。在第一个层次上,公共行政的范围要小于政治管理的范围。在第三个层次上,公共行政即目前流行的公共管理,其范围则等同于政治管理的范围。

比较合适的理解是第二个层次上的公共行政。与这一层次上的公共行政相比,政治管理的主体多于公共行政的管理主体。政治管理的主体不仅主要是指政府行政机关,而且还涉及到其他政府机关及相关的政治性组织。政治管理的范围也大于公共行政的管理范围,政治管理不仅将国家行政事务纳入其中,而且还涉及到国家的立法活动、司法活动和党派活动等政治性事务。因此,公共行政只是政治管理一种具体的表现形式。

还有一种是传统的、现在仍旧有少部分人坚持的观点,是将政治管理看成是大社会管理。这种观点是高度集中的计划经济体制下的理论和实践的产物。苏联宪法曾规定,社会主义政治体系保障对于所有社会事物的有效管理。这种观点显然扩大了政治管理的范围。政治管理不应局限于公共行政的狭窄内容,但也不能无限扩大管理的边界。如果把政治管理理解为一种事无巨细、无所不包、无所不能的高度集中的大社会管理,而忽视政治管理之外政治系统中各类政治行为主体的自治能力,必然导致对公民的自由和权利的侵犯。

所谓政治管理,就是政治系统中的国家公共政治权力,按照某种特定的秩序和目标对政治生活自觉地、有计划地进行约束或制约的一种方式。通过这种特殊的约束方式,政治生活的各方面都能按照某种既定的秩序和目标运行和发展。

政治管理是国家公共政治权力对社会政治生活的协调和控制。政治管理活动的行为主体是国家公共政治权力主体及其延伸而构成的政治权力体系。政治管理活动的目的是保障政治统治并保证社会政治生活的正常运行。政治管理活动的方向与方式是自上而下地、自觉地进行约束或协调。政治管理活动的对象是政治系统中的所有成员。政治管理活动的组织结构是呈现出一种金字塔式状态的层级结构,人数不多的管理者处于金字塔的顶端,而为数众多的政治系统成员则处于金字塔的底座。

政治管理的作用

政治管理是国家公共政治权力为了实施政治统治的需要,对政治生活实行的协调和控制,它对于社会政治系统的运行和发展有着重要意义。首先,政治管理能够加强和维护政治系统存在和运行的社会经济基础,保障经济健康发展。政治管理属于社会上层建筑,它是建立在一定的经济基础之上并为其服务的。政治统治虽然是人类生活中阶级分裂的结果,但政治统治并不能消灭存在阶级对立、对抗的政治系统中人们生活的共同性。统治阶级或领导阶级出于巩固本阶级统治地位的需要,一方面要保证社会经济体系的正常运行,另一方面还要保证统治阶级掌握的经济成分在经济系统中处于支配地位。这就要求国家政治机构必须通过政治管理,对经济生活中的宏观问题进行干预、调节和控制,确定国家经济活动的方向、原则、目标和任务,保证国家基本经济制度的性质,并使国家经济活动不偏离正常的发展轨道。

其次,政治管理能够调节政治系统中各种政治利益的矛盾与冲突,维持政治秩序的稳定。调节政治系统中各种政治行为主体的政治利益,消除或缓解冲突,维持政治秩序的稳定是政治系统存在和发展的重要条件,也是政治管理的基本职能之一。政治系统的运行和发展不可避免地会导致政治利益群体的分化,引起各种各样的包括政治上的冲突和矛盾,如果不加以有效的调节,政治利益群体的冲突和矛盾就会扩大,从而给政治系统造成极大危害。政治管理虽然不可能彻底消灭政治系统内利益分化和利益冲突的现象,但是可以缓解利益分化和利益冲突的程度,使其在一定秩序范围内合理存在,各得其所,从而形成一定形式的利益格局。政治管理的作用就是对政治系统中政治行为主体的各种利益包括政治利益的分化进行适当调节,避免冲突,防止因矛盾激化而引发的社会动荡,有效地控制和调节利益分化、差异和矛盾,维持政治秩序的稳定。

第三,政治管理能够确定政治系统的发展方向,提升政治民主水平。政治生活方向对政治系统的运行和整个人类生活系统的运行都具有重要的意义。政治生活的方向只能由政治管理的行为主体来确定。政治管理的行为主体是以国家公共政治权力代表者的身份出现的、以国家政治机构为载体、以国家的政治权威和意志为后盾来从事政治管理活动的,因而具有最高的权威性和强制性。政治管理活动的权威性可以使政治系统中的成员产生普遍的和自觉的服从心理。政治管理活动的强制性可以对政治系统中的成员产生普遍的和巨大的约束力。政治管理活动正是凭借着国家公共政治权力所产生的强大的精神力量和物质力量,以统治阶级的意志,来确定和规范政治系统中所有成员的行为方向和整个系统运行发展方向的。

第四,政治管理是政治系统中民主政治正常运行的保障。统治阶级和领导阶级在实施政治统治,对政治系统中的敌对的、异己的势力进行控制和支配,即实行必要的专政的同时,还担负着在统治阶级或领导阶级成员内部实行政治民主的任务。政治管理的关键在于建立相应的民主制度,来保证统治阶级或领导阶级内部成员政治生活的正常运行。此外,政治管理还对政治系统中所有公民的民主政治权利提供保障。政治系统中全体公民的民主权利即公民权,也就是宪法和法律重申和要加以保护的每个公民与生俱来所享有的基本权利,包括政治民主权利。公民权主要包括两个方面的基本内容:一是公民的基本政治权利,二是在基本政治权利的基础上参与各种政治活动的权利。不管公民哪一方面的政治权利的实现，都离不开政治管理活动。通过政治管理活动可以培养公民政治意识和民主政治观念，可以引导和规范各种政治组织的行为，可以加强和促进政治制度和法律制度的建设，从而为政治系统的民主政治的运行和发展提供基础和保障。

二、政治管理的类型与特点

政治管理是随着政治生活的发展而不断变化的。迄今为止，历史上出现了许多不同形式的政治管理。按照政治管理的经济基础、主体特征、权力特性、管理功能和管理方法等因素，可以把政治管理分为两大类，即传统的政治管理和现代的政治管理。传统政治管理是与农耕、手工业生产方式相适应的政治管理。奴隶主占统治地位的政治形态和封建主占统治地位的政治形态中的政治管理就属于这种传统类型。现代政治管理是与现代工业生产方式相适应的政治管理，资本家阶级占统治地位的政治形态和社会主义人民民主政治形态中的政治管理都属于现代政治管理的类型。

传统的政治管理

传统的政治管理的经济基础是以农耕和手工业生产为主的小农自然经济。在这种小农自然经济充斥的社会中，基本的生产资料是土地，重要的生产生活单元是家庭，生产方式分散，生产力水平不高。劳动的产品主要不是用于交换，而是满足生产者或经营者本身消费的需要。生产方式和经济状态的落后性、分散性和封闭性影响和决定着奴隶主阶级占统治地位的政治形态和封建主阶级占统治地位的政治形态的政治管理的某些特征。

传统政治管理的行为主体具有单一性。由于农耕社会利益结构简单，社会分化也不那么复杂，国家公共政治权力体系的构成相应地具有单一性。政治管理活动的行为主体一般只局限于政府官方机构。由于在奴隶社会和封建社会中，多数的政治系统中还未形成现代意义上的政党，更没出现以政党为依托的各种政治组织，配合政府机构发挥政治管理作用的只限于宗教组织和家族组织。这些组织往往与政府组织同构。如在西方的中世纪就形成了"政教合一"的局面。在中国的封建社会的政治系统中就出现"家国一体"的现象。即使在政府政治机构内部，其组织结构和功能分化的程度也相当低，还未出现行政、立法和司法机构的明确分工。

传统的政治管理的权力运行具有高度的集中性和随意性。农耕社会生产力的低下，技术的落后，决定了政治关系单一、政治权力分化不明显，这些就促成了政治管理权力的高度集中。当不受限制的政府政治权力高度集中于少数人甚至一人之手时，其使用就必然具有随意性和任意性的特点。在奴隶社会和封建社会中，君权、王权既是垄断的，也是至高无上的。集立法、行政、司法三权为一体，集军权、政权、法权、财权为一身的现象比比皆是。最高统治者可以随心所欲，独断专行。在奴隶社会和封建社会中，政治系统都沉浸在宗族关系、宗教关系之中，传统政治管理中的公共政治权力又必然与宗法权力、宗教权力相互勾结。君主与宗室、外戚、宦官等共同拥有政治管理权，成为奴隶社会和封建社会政治管理的鲜明特征。

传统的政治管理具有强烈的排他性。传统的政治管理是自然经济的产物，与自然经济条件下的农业占据主导地位、手工业和商业较为弱小的经济结构相适应，奴隶社会和封建社会的政治统治者一般都把"重农抑商"作为基本国策。古代中国有士、农、工、商四个阶层，除了当官的，"农"在社会生活中始终占据中心地位，"工、商"都依附于"农耕"而存在。中世纪的欧洲，总体情况也大致如此。除了在佛罗伦萨、威尼斯、马赛等地中海沿岸的某些城市中，工商业阶层因实力较强通过赎买方式取得了城市自治权以外，其他地区的工商业者基本上处于无权的地位。不仅如此，在权力与财富的关系上，农耕社会通行的原则是权力支配财富而不是相反。与此相对应，官本位就成为传统政治管理中决定社会经济、政治利益分配的标准。在思想控制方面，传统政治管理的排他性突出地表现为一切思想必须定于一尊。中国历史上发生的"焚书坑儒"及"罢黜百家，独尊儒术"，就是这种政治思想管理中排他性的典型例证。

传统政治管理注重人治，忽视法治。传统的政治管理主要实行家长式的独断领导，政府官员即为"父母官"，长官意志即为家长意志。以言代法，以权代法，凡政治上有权力的人，他的话、他的权力就是法。政治系统之中，不仅缺乏法律，即便有了法律，也会无视它的存在，无法可依固然可怕，但有法不依则更加可怕。在无法规和无视法规的条件下，政治管理必然是既无严格的程序，又无明确的目标，更谈不上追求效应，另外还缺乏信息反馈与政治管理的绩效评估。同时，在人治状态下，政治管理只能沿袭古训和惯例，推崇名分，注重伦常，采用人格化的行为规范。这种类型的政治管理的或然性非常大。在特定的历史条件下，也许会出现少数几个清官，甚至出现一时的高效率，但从长远来考察，造成的必然是危机、腐败、政治动荡、"人存政举，人亡政息"等恶果。

传统政治管理方法简单、手段落后。传统的政治管理采取的大多是暴力威胁、行政强制、思想禁锢、驯服教化的方式和途径，很少采用经济和法律的方法，更不可能用协商、对话、沟通、合作等方法处理利益矛盾和冲突。传统政治管理的手段也很落后，采取的基本上是手工式的管理方式。在政治决策上，依仗的主要是政治领导者的主观经验和个人智慧,有时则依靠个别高明的谋臣术士,谈不上建立科学、民主的决策机制。

现代的政治管理

现代政治管理则是以工业化大生产和市场经济作为基础的。这是从 17、18 世纪开始,伴随着资本主义生产方式的充分发展和资本家阶级占统治地位的政治形态确立以后形成和发展起来的一种新型的政治管理形式。20 世纪初,社会主义人民民主政治形态建立以后,又形成了一种完全新型的政治管理形式。虽然社会主义政治形态中的政治管理与资本主义政治形态中的政治管理在性质上根本不同,但都是以工业化大生产为前提的。特别是经过 20 世纪最后 20 多年和新世纪开初的经济体制改革,社会主义也已经建立起市场经济的基本框架,它已经成为社会主义政治形态中政治管理的基础。因此,建立在大体相同的基础之上的现代资本主义政治系统的政治管理和转型中的社会主义政治系统的政治管理,都属于现代类型的政治管理。工业化大生产和市场经济的发展,促进和影响着现代政治管理的形成和发展,也决定了现代政治管理的特征。

现代政治管理活动的行为主体具有多元性。在现代政治系统中,由于人类生活结构的分化和各种利益包括政治利益的多元化,特别是政治党派和非国家的、非政府的政治社团、集团、法团在政治生活中的作用越来越大,因而政治管理活动中的行为主体也越来越多,呈现出多元化趋势。实际参加政治管理的,除国家政治机构外,还有执政党组织,非执政党组织,各种杰出的政治个体、政治群体和政治社团、集团。

执政党组织在现代政治管理中成为非常重要而特殊的行为主体。一些强大的、长时间处在执政位置上的政党,持续地表达着政党的权威和意志,将由政党控制和组织的政府作为政治决策和权威意志得以实施、执行的政治机构,它们通常以政府的名义对政治生活进行引导、协调与控制。非执政党组织,某些特定的政治群体、政治社团和集团也在政治管理中发挥重要作用。如资本主义国家的参政党组织、在野党组织、工会组织、利益集团,都是政治管理的行动主体。在中国,民主党派,人民政协,工会组织,妇联组织,共青团组织,行业协会,等等,虽然它们不能在全局意义上进行政治管理,但在一定范围内特别是在本组织范围内可以运用准公共政治权力,对其成员的公共政治生活进行不同程度的协调、沟通、引导。

现代政治管理具有规范性和有序性。现代人类生活处在复杂的交换网络之中,技术的进步使得产业结构不断升级,市场经济更是充满了竞争与变动。政治生活变化的步伐也比以往加快了。为了保证人类所有的生活都能有序地进行,就需要首先建立一定的政治行为规则、规范和程序,并以此来影响其他人类生活领域的运行和发展。只有严格按照相关的政治规则、规范和程序进行政治管理,才能减少管理中的越位和失范,避免管理中的随意性和盲目性。

现代政治管理中的规范性和有序性还表现在政治管理活动中的行为主体所运用的公共政治权力和准公共政治权力是一种规范化的和有序性的权力。这是一种非人格化的权力,它不依某个人或某些人的意志为转移,也不得随心所欲地滥用。而且权力自身的更迭也必须受到既定程序方面的约束和保障。

现代政治管理具有更广泛的开放性。工业化大生产和市场经济是开放的,它要求资源的配置和生产的过程最大限度的开放。市场经济从本性上讲就是没有自然边界的交换活动。打破种种贸易壁垒和障碍的自由贸易让人们感觉到整个地球是平的。现代政治管理要适应这种经济上生产和交换的开放性,就必须彻底抛弃传统政治管理的封闭性,走向开放性。现代政治管理活动中的行为主体,必须能兼容多种政治利益,作为宏观调控者对它们加以平衡、协调。同时,政治管理活动要置于大众时刻的监督之下,使政治管理变得更加公开和透明。另外,不同政治系统、不同政治形态之间在政治管理上也应当加强沟通和协调,相互交流借鉴管理经验,取长补短,共同提高管理质量。

现代政治管理具有更高程度的法治性。现代社会是一个逐步走向法治化的社会。在传统的政治管理中,在欧洲一些封建主占统治地位的政治形态中,政治管理已经提出了法治化的要求。新型的现代政治管理应当是具有更高程度的法治化特征。政治管理的严格法治化表现为政治管理活动的行为主体必须坚持"法律至上"和"法律面前人人平等"的原则,坚决维护法制的权威,反对人治,反对以人代法、以人压法、以人废法的行为;坚持做到有法可依、有法必依、执法必严、违法必究。政治管理的严格法治化还具体体现在政治管理法律规则体系的完善化、政治管理权威的法制化、政治管理责任的明确化和政治管理过程的程序化等等方面。

现代政治管理具有科学性和先进性。现代政治管理倡导民主精神,强调集体决策,反对个人凭经验主观臆断,在政治管理中要求目标明确,程序严格,具有完善的效果评估系统和及时的信息反馈网络,以达到最优化的管理效果。在管理技术上,现代政治管理采用定量化、系统化与信息化的科学方法,并充分利用计算机、互联网等先进手段和电视、广播、报刊等现代媒体,大大提高政治管理的精确性、预见性、及时性和可靠性。

三、政治管理的原则与方式

政治管理有自身的特点和要求,要使政治管理卓有成效,必须遵循政治管理的规律和基本原则。在现代政治系统中,民主与法治、科学与高效、协调与统一,则是政治管理中最为基本的原则。

政治管理的原则

现代政治管理必须贯彻民主与法治原则。在现代政治系统运行中,政治管理首先要遵循民主原则。民主具有多层含义,作为政治管理中的民主,主要是要遵循人民主权原则、"服从多数,保护少数"的原则,以充分维护公民的平等权、选举权、监督权及对国家和社会管理的参与权。政治管理的合法性和有效性应以大多数公民的认同为基础。政治民主的基本方式为代议民主和直接民主两种。代议民主是由政治系统的成员选举出特定的公职人员实施和进行政治管理的方式;直接民主是由政治系统全体成员直接管理或决定社会事务的方式。坚持政治管理中的民主原则,就是要坚持和尊重人民主权,坚持用民主的方法进行政治管理。

政治管理还必须遵循法治原则。政治管理活动中所依据的是上升为国家宪法和法律的统治阶级或领导阶级的权威和意志,因此,一方面,政治管理活动中的行为主体在管理过程中必须以国家宪法和其他有关法律为依据,严格依法办事,维护宪法和法律的尊严,另一方面,政治管理活动中的行为主体必须严格按照法定程序进行管理,不能随意而行,不能减少或避开法定程序,不论是政治管理活动中的行为主体还是管理的对象,一旦违反法律就必须予以追究、查处,以保证整个政治管理依法进行。

现代政治管理还必须贯彻科学与高效原则。在现代政治系统中,政治管理必须符合科学精神,坚持科学管理的原则。坚持科学原则就是要求政治管理活动要遵循政治管理的客观规律,立足本国的国情和民情,按照一定的程序进行,以尽量减少和避免管理中产生的失误和偏差。同时,政治管理要坚持高效原则。坚持高效原则就是要求政治管理活动中的行为主体办事效率要高,管理效果要好。要做到这一点,就需要政治管理是及时的、精干的,应尽量避免政治管理中的繁琐、延误和失职。为此,要减少多余的管理机构和中间环节,规定和明确各管理机构的职责和权限,消除管理过程中的拖拉、推诿现象,要不断提高政治管理行为主体的思想素质和业务素质,调动他们的积极性、主动性和创造性。

现代政治管理还必须贯彻协调与统一原则。政治管理是一个复杂的系统工程,它需要各方面的协调配合和统一行动才能成功和达到目的。

首先,政治管理的对象非常广泛,它包括被统治阶级的全体成员和统治阶级中的绝大多数成员。这些成员分布在各行各业,囊括人类生活的各个方面,要把如此广泛的政治生活管理好,单靠国家、政府机构、执政党组织是不行的,在调动非国家、非政府的政治组织参与的同时,还需要创造条件和机会,让作为国家公共政治权力来源的政治系统中的各种政治个体、政治群体都加入到政治管理的活动中来。

其次,政治管理活动的行为主体体系是由政府机构、执政党组织、参政党组织和其他特定的非国家的、非政府的政治组织构成的,各个政治管理机构和组织都有自己的特点、功能、职权和任务,只有相互协调配合,才能形成合力,产生整体效益。政治管理活动中的各个行为主体之间必须协调统一,不仅平行的各种管理的行为主体要协调统一,上下级之间,即中央政府与地方政府、执政党中央委员会与党的地方组织也要协调统一。只有纵横两个方向都协调统一,才能实现政治管理的目标。这是政治管理实践的总结,也是政治管理实践的规律。

政治管理的方式

政治管理的目的和任务是通过政治管理的行为过程来实现的,政治管理行为的过程实质是国家政治权力体系对政治生活所作的一定调节和控制,它表现为各种政治管理手段或政治管理方式,主要包括政治领导、政治决策、政治协调、政治沟通、政治监督等等。我们先介绍政治领导、政治协调和政治沟通等政治管理的方式,政治决策和政治监督的政治管理方式到后面再讨论。

政治领导是指政治管理活动的行为主体运用公共政治权力和公共权威,通过对政治管理的对象施加政治影响力,来确立政治生活的原则和方向,以实现政治统治目的的行为过程。政治领导是由政府机构、政党组织、政治集团和政治领袖等构成的政治领导主体,以引导和带领政治系统中的行为主体为内容,通过公共政治权力和公共集体权威而形成的一种引导与被引导、带领与被带领的关系。

在政治管理日益科学化和技术化的今天,政治领导活动主要体现在对当前社会变革的引导和对未来政治发展方向和战略的把握等重要方面,其实质是执政党控制的国家公共政治权力体系对有关政治生活中的根本性问题进行权威性的指导、引领和带领的过程。从这一意义上说,政治领导在现代被认为是一种民主治国方略,其主要任务是保证各种体制和价值观念能紧紧跟上愈来愈快的历史发展步伐,使政治系统有可能控制由于现代生产和科学技术而解放和培育出来的各种政治力量。

首先,政治领导对国家政治生活起着主导作用,这是政治领导的首要特征,也是政治领导与其他政治管理方式的显著区别之一。政治领导关注的是国家和民族的整体利益和长远利益,政治领导活动的主要内容是确定整体政治生活的价值、规范、方向、目标和基本原则。正因为政治领导事关全局,所以政治领导的正确与否关系到国家的前途、人民的利益和民族的兴衰。

其次,政治领导主要表现为政治领袖的活动。政治领袖通常是指最有威信、最有影响、最有经验而被选出来担任最重要职务的人物,他们是执政党的灵魂,而执政党在现代社会中是政治统治和政治管理的核心力量。因此,政治领袖是政治管理主体中的关键人物。政治领袖是通过统领政治管理主体并对全社会发挥其导向作用来实现政治领导功能的,从这个意义上说,政治领导的好坏主要取决于政治领袖的执政能力的大小和执政水平的高低。

再次,政治领导以公共政治权力与公共权威作为后盾和保障。政治领导是一种特殊形式的社会领导力量和活动方式,它是以特定的公共政治权力体系作为后盾和保障的,具有特殊的权威性和强制性。马克斯·韦伯认为,权力是一种支配性力量,权威则是自愿的服从。显然,公共政治权力是实现政治领导的基础力量,而政治权威则是维护政治领导的必要保障。

最后,政治领导是一个动态的过程,它包括政治判断、政治动员、政治指挥等具体环节。政治领导中的政治判断就是预测和认定民众的政治需求、社会政治生活的态势及发展趋势,在此基础上确立政治管理的目标、任务和原则,提出政治管理的纲领、方针和政策。政治判断是政治管理中极为重要的环节,政治判断的正确与否直接关系到政治管理的成败。

政治领导中的政治动员是指政治管理主体为实现政治管理的目标和任务所进行的调集与配置人力、物力、财力的活动。政治管理的目标和任务,一般是由政治管理主体特别是政治领袖等少数人筹划和确定的,国家元首、政府首脑以及对历史的发展有重大影响的政治家,必须通过充分的政治动员来调动广大人民群众的积极性,使他们认同、支持、参与并积极执行政治领导所作出的政治决策,政治管理的目标和任务才能实现。这就要求政治领导必须经常对政治管理客体即公众进行政治宣传和政治教育,提高他们的政治素质,激发他们的政治热情,动员他们与政治管理主体一道共同实现既定的目标和任务。

政治领导中的政治指挥是政治领导活动的实质性表现,是政治领导对公众意志的引导和对公众行为的支配。在政治指挥中,政治领导要发挥其权威性的引导作用和强制性的干预作用,即利用自己的权力和影响力来保证政治管理客体执行既定的决策方针,并对可能出现的偏差予以纠正。

政治协调是指政治管理活动中的行为主体对社会政治生活中存在的矛盾和冲突进行调节或调解,使之趋于平衡与和谐的政治管理过程。社会的利益分化与整合向政治管理提出了政治协调的要求。一方面,分工、地域、经济关系和文化层次等因素的作用,导致在现实的政治生活中,人们的社会利益、政治利益有所不同,价值观、信仰和规范出现差异,人们在政治交往中难免产生隔阂与矛盾,另一方面,现代社会发展的整体化、系统化和规范化趋势,要求社会政治生活必须整体运行并保持和谐一致。因此,政治协调在现代社会是不可缺少的,它是化解矛盾、减少冲突、避免政治分裂的必要措施,也是政治管理主体统一政治思想、协同政治行为、维护政治秩序的有效手段。

政治协调必须通过一定的方式进行,有效的协调方式是产生好的协调效果的保证。在现实社会政治生活中可采取以下的政治协调方式:一是政治干预。政治管理主体对冲突各方予以主动介入、干涉和压制,强迫冲突各方作出一定的让步以平息冲突。二是权威仲裁。当冲突双方不能以谈判方式解决问题而陷入僵局时,可请求特定的权威机构进行仲裁。这些机构可以是国家司法机关,也可以是双方共同的上级部门。仲裁机关在充分了解和考虑各方意见的情况下,明确是非和责任,根据合法合理的原则作出裁定。三是协商妥协。当出现分歧和冲突时,冲突双方的领导者或主动接触,或由上级部门出面斡旋,通过谈判求同存异,各自作出让步,以化解矛盾,解决问题。四是协同合作。在出现政治矛盾和分歧时,分歧各方主动协商,解决矛盾,变对立为合作,建立互相信赖的合作关系,以求得共同的发展。五是搁置回避。对政治生活中的某些分歧和矛盾一时难于明辨是非而冲突各方又相持不下时,如果这种分歧和矛盾无碍政治生活大局,政治管理主体可以采取搁置回避的办法,不要急于决断,等待政治环境发生变化而出现转机时再予以解决。

政治沟通是指政治管理主体与管理客体之间通过相互交流、相互理解、相互信任以达到某种政治共识的过程。政治沟通有广义和狭义之分。广义的政治沟通是指传递政治信息、交流政治思想的全部活动。狭义的政治沟通是指政治体系在输入输出过程中交流与转换政治信息的活动。政治管理过程中的政治沟通属于狭义的政治沟通。政治管理主体通过由上而下的政治沟通,使政治管理客体及时了解和理解政治管理主体的政治决策、政治计划、政治指令、政治信息等,以实现某种政治共识;而政治管理客体对政治决策的反应,对政治管理效果的评价,则会反馈到政治管理主体那里,从而促使政治管理主体对其政治决策或政治行为及时作出必要的调整或修正。

政治沟通是现代政治管理的中枢神经,对整个政治管理活动起着不可替代的重要作用。完备的政治沟通系统是一套复杂的网络结构,构成这一网络结构的基本要素是信息、决策、发布、接受和反馈。政治沟通的内容主要是传递政治信息。政治沟通的主体是执政党、各利益集团和其他政治性组织,他们对收集到的社会上的各种信息进行筛选、甄别和整理,并作出某种政治决策。政治沟通的信息发送通常是以国家权力机关公布决议、政府发布命令或政治领袖作出指示的方式来进行的。政治沟通中的信息接受是政治管理客体对政治信息的学习和认识,并在学习和认识中作出必要反应的过程,通过学习和反应,政治决策的内容就会转变为相关的政治行为。政治沟通的信息反馈是政治管理客体对接收的政治信息,以意见或建议的方式返回政治决策中心的过程。反馈回来的信息经过政治决策评估系统的分析,成为下一轮决策参考的依据。

第三节　政治决策

一、政治决策的实质和作用

政治决策的实质

决策就是作出决定。它是人类的一种基本社会活动。对于人类生活极为简单的古代社会来说,以"作出决定"去解释决策显然是充分的。但是到了现代社会,随着社会生活日益复杂,决策的内涵也日渐丰富起来了。

政治决策是同一般决策密切相关的。就它是一种决策而言,政治决策具有一般决策的特性,必须遵循一般决策活动所应当遵循的规律和规则。而就它具有政治性而言,政治决策又表现出不同于一般决策活动的特殊性,具有其自身活动的特殊规律。因此在一般情况下我们可以将决策划分为政治决策和非政治决策两大类。

现代西方政治学十分重视对政治决策的研究。有的学者认为,政治决策是政治信息运动的过程;有的学者则认为,政治决策是各种利益集团之间相互竞争的结果;还有学者认为,政治决策是政治系统的主要功能,是对社会价值进行权威性分配的过程等等。可以看出,西方政治学家对于政治决策的研究,大多是从技术的角度出发的,更多的是探讨政治决策的一般特性,而忽略或有意地回避了政治决策的实质性内容。

应当说,在技术的层面上,政治决策像其他决策一样,也是由信息的搜集,方案的设计、抉择,政策的实施、评估、反馈等一系列活动构成的过程。但这并不足以区分出政治决策和非政治决策。政治决策区别于非政治决策的根本点在于它的政治性。这表现在:政治决策活动的行为主体是国家公共政治权力体系中的政治组织、政治机构和政治个体,以及参与到政治决策过程的其他组织、机构和个体。政治决策的对象是政治生活和社会生活中重大的政治和社会问题,这些问题的解决与否将影响政治系统的运行和国家的政治统治。政治决策是一个动态的政治过程,它包括政治决策的形成过程和政治决策的实施与反馈过程。政治决策是以国家公共政治权力的强制力为后盾的,具有普遍性和强制性。政治决策的目的是为了贯彻、实施国家的权威、意志,规定国家政治生活的方向和主要内容。在存在阶级关系的政治系统中,政治决策带有强烈的阶级性,政治决策总是对政治系统中占统治地位或领导地位的阶级有利的。由此,我们可以知道,所谓政治决策是指国家政权在实施政治统治的过程中,为了指导国家的政治生活、调节各种政治关系而发生的体现统治阶级意志的一系列活动的总和。

尽管政治决策的概念和理论只是在 20 世纪 50 年代才真正得到阐述和研究,但作为一种政治实践活动,政治决策却是随着阶级和国家的产生而出现的。在不同历史时期政治决策有着各自的特点。

根据政治决策的技术性指标,我们可将政治决策的历史发展区分为传统政治决策和现代政治决策两大类型。前者是指前资本主义社会的政治决策,包括奴隶社会的政治决策和封建社会的政治决策;后者是指资本主义产生以来的政治决策,包括资本主义政治系统的政治决策和社会主义政治系统的政治决策。就政治决策的技术层面而言,"决策是或然的和非常规的,这是传统状态的真正本质"[1],而现代政治决策则是一种有着明确规则和程序的、专业性极强的决策活动。政治决策活动的产物或政治决策的产出是公共政策。它包括以下几大类别。一是政治性政策,主要包括对外政策、军事政策、选举政策、公民政策。二是经济性政策,主要包括劳动工资政策、税收政策、财政政策等。三是社会性政策,主要包括人口政策、教育政策、民族政策、福利政策、治安政策等。四是科学和工程性政策,主要包括环境保护政策、科学技术政策、资源能源政策等。[2] 随着社会生活的发展,社会一体化程度的日益提高,将会有越来越多的非政治性决策对象进入政治决策的领域。

政治决策的作用

社会化的大生产使得现代社会生活迅速地朝着一体化的方向推进,社会生活诸多方面的联系日益密切并相互联结成一个相互关联的有机整体,任何部分的变动都将迅速地影响到整个社会生活,而政治决策在现代社会政治系统中更是有着牵一发而动全身的性质,政治决策尤其是现代政治决策的政治意义和社会意义变得越来越重要。政治决策的政治作用主要有以下三个方面。

第一,政治决策是国家意志从而也是统治阶级意志的直接的、集中的体现。每一时代、每一政治系统中的统治阶级都是通过掌握和控制政治决策权,将本阶级的意志上升为国家的意志,在整个社会政治生活中加以贯彻和执行的。因而政治决策的科学与否、成功与否,直接关系到统治阶级能不能维护自身的利益,关系到国家政权能不能得到巩固。

第二,政治决策是国家政权活动的前提和基础,并且贯穿于国家政权活动的

---

① 参见阿尔蒙德、小鲍威尔《比较政治学:体系、过程和政策》,上海译文出版社 1987 年版,第 286 页。

② 王沪宁:《比较政治分析》,上海人民出版社 1987 年版,第 132—136 页。

全过程。一方面,政治决策就是给国家的活动确定方向,规定国家活动的任务和内容,因而,政治决策对于国家政权的活动有着导向作用。没有政治决策,国家政权的活动就失去了政治方向,也失去了动力。错误的政治决策将导致错误的政治方向,降低政治统治的合法性和实施能力。另一方面,由于在国家政权活动的每一个阶段和层次上都需要作出政治决策,因而,政治决策贯穿于国家政权活动的全过程,国家政权的活动正是通过多方面的、连续不断的政治决策来实现的。

第三,政治决策是政治领导活动的基本职能,政治决策的科学与否直接影响到政治领导的效果。毛泽东早就指出:"领导者的责任,归纳起来,主要的是出主意、用干部两件事。一切计划、决议、命令、指示等等,都属于'出主意'一类。"①这里的"出主意",即是指决策。决策是领导活动的基本职能。因此,对于政治领导来说,最重要的就是要保证政治决策的正确无误。对于一个国家来说,一项重大政治决策的失误,将导致整个政治领导过程的失控,从而给整个国家带来灾难性的后果。某项重大政治决策的失误导致国家政治局势动荡的案例在世界历史上,在今天的非洲、中东以及南美洲随处可见。而我国在20世纪60年代开展"文化大革命"的一系列错误政治决策,也使广大人民遭受了十年浩劫之苦。

现代政治决策有着巨大的社会意义。现代政治决策不仅深刻地影响着政治系统的运行和发展,而且,它还强有力地塑造着现代国家的社会生活,它的影响延伸到社会生活的每一个重要方面。政治决策的这种强有力的影响,在中国改革开放以来的发展中得到了充分的验证。从十一届三中全会以来,中国共产党作出了一系列重大的政治决策,如将党和国家的工作重点转移到经济建设上来,在农村、城市开展经济体制和政治体制改革等等。正是这些政治决策使得中国社会生活的一切领域都发生了翻天覆地的变化。现代政治决策之所以对社会生活有着史无前例的影响,是因为高度一体化的现代社会生活使得每个领域的问题纷纷冲破自身狭窄的范围而不断地上升为政治问题,成为现代政治决策的对象。而每一项政治决策的结果又迅速地反馈到社会生活的各个方面,从而对现代社会生活产生深刻的影响。

二、政治决策的结构与模型

政治决策的结构

在政治决策过程中,相关的角色、机构或组织以及它们之间的现存关系构成了特定的政治决策结构。一般来说,在政治生活较为简单的古代社会,要确定政

---

① 《毛泽东选集》第1卷,人民出版社1952年版,第493页。

治决策的结构因素并不是一件很困难的事。但是,在现代社会中,由于立足于社会化大生产之上的复杂的经济机制要求有相应复杂的政治机制,因而,政治决策也呈现出日益复杂化的趋势。在这种情况下,要确定现代政治决策的结构到底是由哪些政治角色、机构或组织所组成的,就成为一件相当不容易的事。因此,现代政治决策研究极为关注政治决策的结构,十分注意研究是哪些角色、机构或组织在进行着政治决策,它们之间的关系怎样,它们在政治决策过程中的地位、作用和实际影响如何,等等。与传统政治决策的结构相比,现代政治决策的结构有以下几方面的特点。

首先,现代政治决策机构高度分化和专业化。在现代社会中,大多数国家都存在着许多专门化的政治决策的机构和组织。从政治决策所涉及的问题领域来看,在大多数现代国家中,专门的政治决策结构往往只涉及为数很少的、特定的政策领域。如罗伯特·达尔在他对纽黑文市所作的研究中发现,有一些非常不同的结构在执行着教育、城市发展和政党提名这三个领域中的许多功能,但只有市长这个角色和其他很少几个角色才涉及一个以上的政策领域。这说明,在现代社会中,大多数政治决策结构都是专业化的,多种多样的政治决策结构都与特定的问题和领域相联系。

再从政治决策的过程来看,在过程功能方面,现代政治决策过程中的利益表达、利益综合、政策的制定与执行等活动,分别都由特定的或专门化的政治决策机构来承担。在技术过程方面,现代政治决策结构也存在着信息搜集、谋断、执行以及反馈等方面的分化。当今的政治系统中,大多数国家都存在着众多的情报信息机构、参谋咨询机构、决断机构、庞大的执行机构以及专门化的监督反馈机构等。

一般来说,政治决策结构的分化程度和专业化的程度,是与政治结构的分化程度相适应并受其决定的。在政治结构高度分化的政治系统中,其政治决策的结构也将是高度专业化的,而在政治结构分化程度极低的政治系统中,政治决策的结构也将极为不发达。

其次,现代政治决策结构具有开放性和多样性。不同阶级、阶层、党派以及各种利益团体都会加入到政治决策的结构中来,它们在不同的程度上可以通过各种合法的途径影响政治决策的形成过程。通常在传统政治决策中,与决策所要调节的利益有关联的阶级、阶层和团体是无权进入决策结构的,它们对政治决策的影响主要是通过非法的、暴力的途径。但在现代政治决策中,即使是在资本主义政治系统中也在形式上允许与决策所要调节的利益有关联的各种集团或团体以各种合法的手段去参与政治决策的过程。

当代资本主义政治系统的政治决策结构主要由以下一些相关的角色组成。

首先,从政府内部看,一是行政首脑。在资本主义政治系统中总统、首相、总理、大臣、部长、省长、市长等各级行政首脑对各种政策的形成都具有直接的影响力。当代资本主义政治系统关于社会生活的发展所制定的综合性公共政策,大部分都来自行政机构。二是文官或事务官。尤其是那些长期从事计划工作的文官或事务官对政治决策的影响更大。由于现代政治决策的领域日益广泛,决策的技术性要求日益增强,因而现代文官在政治决策过程中获得了举足轻重的地位。有些西方学者指出,那种认为政治决策是政务官或政客的天职,而文官只负责管理的观点显然是不合时宜的。① 三是立法机构成员。立法机构成员及其助手对政治决策的形成也有直接的影响。从当代资本主义政治系统来看,这部分人注意的焦点主要侧重地方和专门的利益。四是官方及半官方的研究咨询机构。现代政治决策问题日益复杂,决策的技术性日益增强,决策越来越依靠各类政策研究机构。为此,当代资本主义政治系统都建立了自己的研究机构,如法国的经济与社会委员会,意大利的国家经济与劳动会议,美国的管理会议等。有些政治系统建立或资助半官方的研究咨询机构,如日本的综合研究开发机构,德国的基尔世界经济研究所,美国的兰德公司赫德森研究所、斯坦福国际咨询研究所等等。此外,西方各国政府还加强了与非政府性研究咨询机构的联系。各类政策研究机构的成果往往对各种政治决策(如外交政策、军事政策等)的形成有着极大的影响。

其次,从政府外部看,成为决策角色的一是利益集团,二是政党,三是大众传媒。资本主义政治系统中的利益集团往往通过各种渠道去影响与之相关的各类政治决策的形成。在资本主义政治系统中,无论是执政党还是在野党,都积极地通过内阁政府、立法机关、大众传播等途径去影响和干预各类政策的制定和执行。西方的大众传播通常被看作是"第四权力",因而,大众传播往往对各类政治决策的过程产生较大的影响。

在社会主义政治系统中,政治决策结构是由以下部分构成的:无产阶级政党系统(由党的各级组织、党的领导干部和广大党员群众所组成的系统),国家政治权力机构体系(包括国家各级权力机关及其人民代表),由国家权力机关产生并对其负责的国家行政机构体系(包括各级行政机构及其管理干部)以及政治决策所涉及的各种政治和社会性团体、公民个人等相关系统、团体和角色。社会主义政治系统的政治决策结构是由其政治结构所决定的,它具有系统性和广泛的民主性等方面的特点。

首先,社会主义政治系统中的政治决策是由无产阶级政党组织、国家权力机构和国家行政机关作出并执行的。其中,执政党组织的政治决策在所有的政治决策中具有总体指导性、根本性等方面的特点,国家公共政治权力体系的政治决策

---

① 参见乔尔·阿尔巴奇等《两种人:官僚与政客》,求实出版社 1990 年版,第 92—120 页。

具有权威性、强制性、民主性等方面的特点,而国家行政机构的政治决策则具有执行性、专门性、具体性等方面的特点。因此,这些政治决策系统各有不同的功能。此外,这些政治决策系统又都是多层次的,它们在每一层次上都有各自的决策中心,处在同一层次上的决策中心具有统一指导下的分工与协作的关系;低层次的决策中心服从高层次的决策中心。各系统及各个层次上的决策中心都按照民主集中制的原则进行活动。

其次,社会主义政治系统的政治决策结构具有广泛的民主性。一方面,在社会主义国家中,无产阶级政党、国家权力机关以及国家行政机构作为政治决策者,它们都是无产阶级和广大人民群众的共同意志的集中的代表和忠实的执行者,另一方面,诸如选举、罢免、监督、建议、批评等繁多的政治参与使得社会主义国家中各种政治性、社会性团体和组织以及公民个人成为政治决策的真正参与者。因此,从根本上说,社会主义国家的真正决策者是广泛参与并分享政治决策的广大人民群众。这就决定了社会主义国家的政治决策结构具有真正广泛的民主性。

政治决策的模型

政治决策是制定政治政策的过程。政治决策有多种模型,其中较为主要的有:

(一)集团决策模型。这是由戴维·B.杜鲁门首先提出来的。集团决策模型的核心观点是将所有重大的政治活动都描述为利益集团及政治组织之间的相互争斗,政策制定被视为一种处理来自各自利益集团压力的活动,政策则是这些利益集团之间的相互斗争、相互作用以及彼此协商、约定和妥协的产物。[1] 该模型是以在西方政治学中具有突出地位和影响的集团理论[2]为基础的。

集团政治决策模型包括多个要素:一是利益集团。具有共同态度的团体向社会中的其他团体提出主张,旨在建立、维持与增进共同体利益。二是利益要求。具有共同利益的个人会正式或非正式地结合成某团体,以便向政府提出各自的需求。三是政治性集团。当利益共同体向政府有关机构提出利益主张时,它们便成为政治性的团体。四是集团地位及影响力。集团影响力的大小则取决于成员的多少、财富的多寡、组织能力的强弱、领导能力的高低、与决策者的接近或远离以及团体内部的凝聚力等诸因素。五是政府决策。"政治就是意在影响公共政策的

---

① 陈振明:《政策科学》,中国人民大学出版社 2003 年版,第 52 页。陈庆云:《公共政策分析》,中国经济出版社 1996 年版,第 21—22 页。

② 有关集团理论的研究,最具影响力的理论家包括戴维·B.杜鲁门、罗伯特·达尔、格兰特·麦康奈尔、西奥多·J.路威以及新近具有广泛影响力的奥尔森。参见格林斯坦、波尔斯比编《政治学手册精选》,商务印书馆 1996 年版,第 375—471 页;以及奥尔森《集体行动的逻辑》,上海三联书店 2003 年版。

集团间的斗争"①,公共决策过程实际上是各个集团争取影响政策的过程。为了控制集团间的冲突,政府决策的任务有四个:建立集团竞争的规则;安排妥协与平衡利益;以制定公共政策的形式规定妥协的方式;执行妥协以解决团体间的冲突。六是决策体系平衡。发挥大量潜在集团的作用,阻止大量交叉重叠的集团成员过多地偏离集团主导价值,在团体间运用制衡等方式实现决策力量的平衡。七是政策实质。政策主要是占支配地位的集团的利益的反映,它是各种集团之间竞争后所造成的均衡,这种均衡取决于各个利益集团的相互影响力,随影响力的格局的变化,政策也就随之改变,最终有利于强势利益集团。

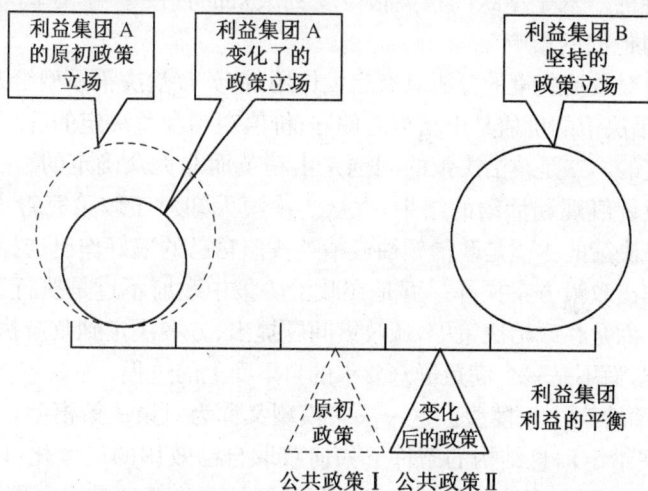

图 5-1　集团政治决策模型

二是精英政治决策模型。这是由戴伊和汤姆逊等人提出来的。精英决策模型认为,公共政策是那些占统治地位的精英人物的偏好和价值观的反映。尽管人们常说公共政策是"人民"要求的反映,但这种观点更多的是一种理想而非政治生活的现实。精英理论认为,公众对于公共政策是冷漠的,并且掌握的信息是极为有限的,在公共问题的塑造方面精英对于大众舆论的影响远远大于大众对精英偏好的影响。因而,政治决策实际上就成为精英价值偏好的结果。政治官员和行政管理者仅仅是执行由精英所作出的决策,政策是从精英流向大众,而不是相反,实际上政策并不是来自于大众的需求。

---

① Thomas R. Dye, *Understanding Public Policy*(10th ed),中国人民大学出版社 2004 年版(英文版),第 21 页。

精英政治决策模型包括下列要素[1]：一是社会被划分为有权势的少数人和无权力的多数人。只有拥有权力的少数人才能决定社会价值的分配,而多数人并不决定公共政策。二是少数人并不代表被统治的大众,精英并不是按比例地从社会的上层中挑选出来的。三是非精英向精英位置的转变是缓慢的并且是连续的,这种转换可以保持社会稳定,避免发生革命;非精英的人物只有接受基本的精英共识才能够被许可进入统治圈层。四是精英们在代表社会基本价值和保持社会体系方面具有较为一致的看法,如对私有财产的保护、有限政府和确保个人自由等。五是政策反映的是精英们的主导价值而非大众的要求,公共政策的变迁是渐进性的而非革命性的。六是活跃的精英很少受到大众的直接影响,他们对大众的影响要大于大众对他们的影响。

精英理论对政治决策的分析具有启发作用,精英政治决策模型给人们带来下列观念:一是政治决策的价值是由精英的偏好、价值观和利益决定的,而不是由大众的价值偏好决定的。二是政治决策的问题是由精英而非大众确定的。三是政治决策的变迁是精英价值观和活动的结果,大众的冷漠无知对于政策完善没有太多的影响。四是政治决策的本质是政治领袖或精英按照自己的偏好作出选择,而不是按照大众的意愿作出政策方案抉择。五是在政治决策中政府不过是执行领袖们意图和指令的机构。六是在政治决策中,从政策问题提出、方案决定到政策执行,是一个自上而下的过程,而不是一个满足群众要求的自下而上的过程。

(三)政治博弈决策模型。这一决策模型又称为对策决策模型,主要是研究政治决策主体在给定信息结构的条件下如何获取自己效用的最大化,以及如何实现不同决策主体之间决策的均衡。博弈决策模型的理论基础是博弈理论(game theory)。博弈论起源于20世纪初,1994年冯·诺依曼和摩根斯坦恩合著的《博弈论和经济行为》奠定了博弈论的理论基础。纳什等人通过努力使博弈论最终趋于成熟并进入实用行列。博弈论由三个基本要素组成:一是决策主体,即参与人或局中人;二是给定的信息结构,即参与人可选择的策略和行动空间,又称策略集;三是效用,即可以定义或量化的参与人的利益,这是所有参与人真正关心的东西,又称偏好或支付函数。参与人、策略集和效用构成了一个基本的博弈结构框架。

博弈论可以分为合作博弈和非合作博弈,二者的区别在于参与人在博弈过程中是否能够达成一个具有约束力的协议。[2] 如果能形成这种协议,则为合作博弈;如若不能,则称为非合作博弈。参与人在选择自己的行动时,优先考虑的是如何

[1] Thomas R. Dye, *Understanding Public Policy*(10th ed),中国人民大学出版社2004年版(英文版),第23—25页。

[2] 有关博弈论在政治学方面的研究,参见宾默尔《博弈论与社会契约》,上海财经大学出版社2003年版。

维护自己的利益。合作博弈强调的是集体主义、集体理性,其结果是效率、公平、公正;而非合作博弈则强调个人理性、个人最优决策,其结果是有时有效率,有时则不然。博弈论强调时间和信息是影响博弈均衡的主要因素,参与人行动的次序以及参与人对其他参与人的特征、战略空间和支付的知识、信息是否了解对博弈结果产生重大影响。作为人与人策略互动过程及结果的有用分析工具,博弈论以其分析、解决冲突和合作的功效在管理科学、国际政治、生态学等领域得到广泛应用。利用博弈论可以证明现实生活中许多有趣的问题,如多劳者不多得,公共资源的过度使用,非合作者在一段时间内选择合作,坏人有时会做好事等。这些结论都是建立在一个很强的假设的基础上,即参与人是理性的,有最大化自己效用的趋势。最为典型的博弈案例,诸如囚徒困境、两性战争与斗鸡游戏则给人们留下深刻的决策启发和思考。

研究政治博弈决策模型,有以下方面值得注意:一是政治博弈决策模型的本质。它是一种抽象的、演绎的政策模型,该模型并不在于描述人们实际上如何制定政治政策,而在于说明在一种竞争的状态中如果人们的行动完全合乎理性,他们将如何作出政治决策。二是政治博弈决策的根本特点。在政治政策制定活动中,并不存在参与者一方就能够独自作出"最优"决策的状况,"最优"的结果依赖于他人的所作所为,即人们无法事先判断一个决定是否为最佳选择,而必须配合对方的行动才能得知,因而决策者之间是相互依赖的。在政治决策过程中,纳入考虑范围的内容,不仅仅是自己一方的偏好和能力,还必须相应地充分考量决策他方的可能战略和策略方案。三是政治博弈决策的适用范围。在有两个或更多的博弈问题情景中,诸如战争与和平的决策、核武器的使用、国际外交政策、在国会或联合国中的讨价还价以及联盟的建立等各式各样政治情景下的重大决策,皆可使用这一模型。四是政治博弈决策模型下的决策有效性。决策者要想使决策活动和政策方案的选择是有效的,即作出具有较强可行性的政策选择,就必须充分考虑别人可能采取的各种对策。这是因为你有政策,别人则有对策,在资源有限的环境中人们都会为谋求自身利益的最大化而努力,人们有权平等地参与利益角逐,利益冲突无处不在,因而政治博弈无处不在,决策需要"知彼知己"方能做到合理决策,为获得较为理想的政策预期创造有利条件。

另外,公共选择决策模型也是常用的政治决策模型。这一模型又称为模拟市场决策模型。公共选择决策模型是以公共选择理论为基础的。该理论于 20 世纪 60—70 年代由詹姆斯·布坎南和丹尼斯·缪勒等人提出,是一种用经济学的观点和方法分析政治决策过程传统问题的"新政治经济学"或"政治的经济学",在 20 世纪 80 年代后被广泛应用于政治管理和公共政策领域。公共选择的主要内容包括：国家理论、投票规则、投票者行为、党派政治学、官僚体制等。①

公共选择理论基于三个基本假设②：一是经济人假设。每个人都是理性自利最大化者，都以成本-收益为行动基础，"政治人"与"经济人"一样，选民和政治家的行为与消费者在市场上的行为没有本质区别，都是以自利为行动原则。二是交易政治学假设。政治领域的基本活动是个体、团体之间出于自利动机而进行的一系列交易过程，但与经济的交换不同，政治中通过交易形成的是协定、契约、规章、条例等公共物品，政治交换是集团之间的交换，政治交换是服从与统治的交换。三是方法论的个人主义假设。这是因为，个人是政治决策的基本单位，政府不是一个抽象的实体，而是个人活动的集合体，个人主义是评价一切行为的出发点。

公共选择政治决策模型主要包括以下四个方面：一是政治决策分析的核心假设。政治行为者，不论是决策者还是投票者，都是被自利动机所引导而选择一项对其最为有利的行动方案。二是政治决策活动中的角色。投票者更像是一个消费者；压力集团可以被看作政治消费者协会或一定程度的合作者；政党成为企业家，他们的竞选方案旨在与选民交换选票；政治宣传等于商业广告；政府机构就是公共公司，他们依靠动员和获得充分的政治支持以掩盖成本。三是交易性政治决策活动的后果。由于政府的政策制定者（政治家、政府官员等）和公民都是理性的"经济人"，决策中都追求个人利益的最大化，因此决策活动这种政治交易过程（即政府决策行为）易于导致"政府失败"，包括政府公共决策失误、政府机构工作低效率、政府扩张以及政府寻租活动，为此需要进行宪制改革、减少福利国家的浪费以救治"政府失败"。四是政治决策方式的更新。决策者与选民之间信息不对称，导致政治决策往往被某一特殊利益团体操纵而成为他们谋利的工具。要改变选民需求显示不充分的状况，采取新的决策方式（如全体一致规则，最优过半数规则，过半数规则，互投赞成票，投否决票等）以改变这种决策格局是必要的，它有利于政治家、官员的决策与选民两者之间的理性偏好达到较为接近的程度。

三、政治决策的原则和过程

在高度综合而又极为复杂的现代政治决策过程中，为了避免失误，保证政治决策的科学性和民主性，就必须遵循那些体现政治决策规律的基本原则。

---

① 参见丹尼斯·C.缪勒《公共选择理论》，中国社会科学出版社2002年版，第4页。
② 参见徐大同主编《当代西方政治思潮》，天津人民出版社2001年版，第396—412页。

政治决策的原则

一是目标性原则。根据一定的政治决策的目的而确定正确合理的决策目标是政治决策最基本的前提条件。目标的正确及合理与否直接关系到政治决策的成败和决策效能的高低。只有确立了正确合理的决策目标,整个政治决策才能顺利,决策所取得的行动方案也才能付诸实施。错误的决策目标必然导致政治决策的失败,而决策目标的不合理则决定着政治决策不可能获得最佳的决策效能。一般来说,好的正确的政治决策的目标必须具备合法性、合理性以及科学性的要求。

二是尽量优化原则。解决政治统治和政治管理中所面临的公共政治问题的途径、方法和手段是多种多样的,也就是说,政治决策者可以寻找的行动方案决不止一个。这就要求政治决策者必须通过广泛调查、反复对比和全面分析,从可供选择的解决问题的众多方案中,尽量选择那些既节约成本,又容易实施,并且符合政治系统运行和发展战略目标的方案。虽然要获取最优化方案的条件非常苛刻,但在实践中,应当尽可能地朝这一方面去努力。在无法获取最优化方案时,也需要尽量寻找较为满意的行动方案。

三是可行性原则。这一原则要求经过政治决策所得到的行动方案必须具有现实的可操作性,能够运用到政治统治和政治的实务中去。一些政治决策方案看上去头头是道,滴水不漏,挑不出毛病,但却是空话连篇,套话满纸,作宣传还可以,但对于解决政治统治和政治管理中的问题却没有丝毫意义。因此,好的政治决策方案一定是可行的、能收到成效的行动方案。

四是渐进性原则。现代政治决策所面对的许多问题都是极其复杂的,要解决这些政治统治和政治管理中的难题,特别是要解决那些结构不优良的政治问题,就不能有"毕其功于一役",急于求成的想法。面对复杂政治问题的政治决策只能是渐进性的。政治决策者必须根据不断变化的情况及时地作出决策,并根据决策方案实施的实际效果不断地加以修改、调整,有时甚至要重新作出决定,以便最终实现决策目标。

五是利益性原则。从归根结底的意义上来说,任何政治决策最终都涉及到各种政治行为主体政治利益的分配与协调。社会主义政治形态中的政治决策者应该是政治系统中最广大人民利益的代表者和维护者,因此,在政治决策过程中必须坚决保障人民的基本政治权利,增进人民的多方面利益,包括政治利益。同时要在维护国家公共政治权力的权威和意志的前提下,协调好政治行为个体、群体、团体、组织之间的政治权利和利益,处理好政治利益和经济利益的关系。只有这样,才能使政治决策最大限度地调动政治系统中所有成员的积极性,实现政治决策的最大效能。

六是民主性原则。政治决策的民主化既是时代发展的必然,也是政治决策科学化的要求。在社会主义政治形态中,一切权力属于人民,人民是最终意义上的政治决策权力的所有者。因此,社会主义国家的政治决策必须坚持"从群众中来,到群众中去"的群众路线,必须扩大政治行为主体在政治决策中平等、有序的政治参与。政治决策的过程要透明、公开,时时处处接受人民的监督。在决策中要努力听取群众的意见,经过分析、对比和论证,作出真正体现人民群众利益的、让广大人民满意的政治决策。

政治决策的过程

实际的政治决策过程是极为复杂的。一方面,不同的政治决策,其过程往往是不同的,另一方面,即使是同一政治决策,其决策过程也具有多样性的特点。因此,确定政治决策过程及其特点,就必须从"决策过程的多样性来进行概括和抽象"①。一般来说,现代政治决策过程主要是由政治决策的体制过程、心理-思维过程、社会过程和技术过程所交织起来的复合过程。

一是政治决策的体制过程。政治决策是政治统治和政治管理的集中体现。政治决策的这一极其重要的意义使得每一时代的不同国家都产生了政治决策的体制过程。政治决策的体制过程在不同的时代有不同构造。一般来说,传统社会中政治决策的体制过程极为简单,政治决策主要由君主、国王或皇帝及其辅助机构制定和执行,而且,体制过程还具有明显的不确定性,体制过程的结构往往随着君主、国王或皇帝的个人意志的变化而改变。这种简单而不稳定的政治决策的体制过程在今天非洲、拉丁美洲的一些由军人政府统治的国家中还能常常见到。现代国家中政治决策的体制过程则是高度分化而且是相对稳定的,一般由利益确定、利益实现和利益维持的过程所构成。

在现代政治系统中,政治决策一般都要通过确定的体制过程来完成。从立法机关制定政策的程序来看,在英国,其体制过程表现为:首先由政府和个人提出提案;其次是一读,让议会成员了解提案内容;第三是二读,主要讨论一般原则;第四是委员会审查,讨论提案的每一条款;第五是报名,初步讨论,考虑修正;第六是三读,就议会修正的议案投票。上院的程序和下院的程序大致相同。如果两院的意见一致,则由女王颁布法律;如果不一致,则考虑上院的修正。此外,"经费提案"不受上院限制,而下院两次通过的提案也无需上院的认同。在中国,全国人民代表大会及其常务委员会的立法程序则分为四个阶段:一是法律草案的提出;二是法律草案的审议;三是法律草案的通过;四是法律的公布。由此可以看出,不同类

---

① 阿尔蒙德:《比较政治学:体系、过程和政策》,上海译文出版社 1987 年版,第 290、291 页。

型的现代政治系统中政治决策的体制过程也有着巨大的差别。这种差异的产生主要是由于政治结构的性质和形式的不同造成的。

政治决策的体制过程对于政治决策及其整个过程有着至关重要的意义。它是政治决策活动的形式方面，规定着政治决策活动的范围，也规定着哪些问题可以进入决策过程；它的根本目的在于保证整个政治决策过程的顺利展开，保证政治决策的合法性。

二是政治决策的心理-思维过程。政治决策过程不仅包括决策体制中的相关角色按照一定的程序进行活动的过程，同时，它还包括在政治决策者内心所进行的心理-思维过程。事实上，在政治决策过程中，自始至终都伴随着决策者的心理-思维活动，心理-思维对政治决策者有着直接和间接的制约作用。

政治决策的心理-思维过程是理性因素与非理性因素的综合。前者指价值观念，后者指决策者的个性特征。首先，政治决策过程受到决策者价值观念的制约。一定的价值观念决定着决策者的态度、信仰和原则，从而直接或间接地影响着政治决策过程，使政治决策带有特定的价值倾向。决策者的价值取向是社会主义，还是自由主义、保守主义、民族主义，或是宗教信条，都将使政治决策的过程和结果表现出巨大的差异。其次，决策者的个性特点，诸如"愿意承担巨大风险的倾向，对模棱两可和不确定性的容忍程度，智力，创造性，自尊心，支配能力，顺从性，权力欲望，事业心和对私人交往的需要，等等"[①]，都在一定程度上影响着政治决策的过程。

三是政治决策的社会过程。体制过程是政治决策过程的形式方面，心理-思维过程是政治决策过程的深层结构，而社会过程则表明政治决策过程的实质。政治决策往往并不是决策者一厢情愿的结果，它在实际上常常表现为各种政治力量和社会力量的交互作用。因此，政治决策的过程在本质上是各种政治力量和社会力量之间政治斗争的过程，政治决策则是这种斗争的结果。

在资本主义政治系统中，政治决策的社会过程主要表现在两个方面：首先，这一社会过程表现为统治阶级内部的相互斗争，政治决策则成为统治阶级内部的政党、利益集团以及垄断资本集团之间相互斗争的结果。比如在中东政策问题上，美国亲以色列者的利益与石油工业界的利益相互冲突，因此，美国关于中东问题的决策过程，在很大程度上就成为这两大利益集团之间相互斗争的过程。其次，政治决策的社会过程表现为阶级间的斗争。例如，资本主义国家的最低工资政策，并非是科学分析的结果，而是工人阶级与资产阶级及其政府之间斗争的过程和结果，最低工资的具体规定在很大程度上反映了工人阶级的阶级状况和斗争状

---

① 参见詹姆斯·多尔蒂等《争论中的国际关系理论》，世界知识出版社 1987 年版，第 508 页。

况,反映了劳资双方的力量对比。

在社会主义政治系统中,政治决策的社会过程则主要表现为人民群众为行使当家作主的权利,积极参与政治决策,为政治决策献计献策的过程。当然,由于在社会主义政治系统中还存在着个人、集体和国家之间以及地方与中央之间的矛盾,因此,社会主义国家的政治决策过程,也有各种利益之间相互斗争的一面。但由于各方在根本利益上是一致的,这就决定了社会主义条件下政治决策的社会过程在本质上是各种利益之间彼此协调的过程。

四是政治决策的技术过程。政治决策的技术过程是整个政治决策过程的技术层面,是政治决策的技术性保障,政治决策效能的高低与政治决策的技术过程所达到的水平成正比。在技术过程这个层面上,政治决策与非政治决策在很大程度上是一致的。一般来说,政治决策的技术过程也像其他决策一样,是决策者采用各种决策技术,按照一定的程序进行决策的过程。

首先,政治决策的技术过程表现为一定的技术程序。从总体上说,这一技术程序由决策的形成、决策的实施与反馈两大阶段组成。具体地说,这一技术程序包括:第一步,确定问题,设立目标。这是整个决策程序的起点。在现代政治系统中,各种问题如潮水般地向政治决策结构涌来,但决策者并不需要对所有的问题都要作出反应。这些问题可分为例常、例外和偶然性例外三类。其中,例常问题有"常规"可循,因而无需重新作出决策。只有例外和偶然例外的问题,由于没有"惯例"可以援引,才成为政治决策问题。在明确了决策问题之后,就要设定决策目标。目标的内容必须明确具体,主次分明,易于分解。

第二步,调查预测,拟订方案。确定了决策目标之后,就必须围绕着决策问题和目标进行调查预测,拟订预选方案。一般来说,调查预测的内容主要包括问题的性质、原因、现状和发展、相关因素、条件以及代价等,在调查预测的基础上就可以拟订预选方案了。决策方案应该具体详尽,要有多样性、层次性、创造性。

第三步,评估并确定方案。拟订好各种备选方案之后,就进入对各种方案进行评估并确定方案的阶段。对政治决策方案进行评估,要求决策者从整体利益、战略角度和全局观点出发,反复权衡和对比各种方案的利弊得失,寻求最优化的方案。最终的结果或是从预选方案中选择一个最佳方案,或是从各种方案中综合出一个新的方案来。至此,政治决策便形成了,其形式一般表现为法律、法规、规章、决定、命令以及纲领、路线、政策等。

第四步是政治决策的实施。政治决策一经作出,决策的实施阶段也就随之开始。决策的实施过程是实现决策目标的过程,也是检验决策是否正确的过程。决策的实施通常可以划分为准备阶段(确定行动的方针、制定工作程序、各种条件的准备)、行动阶段和验收总结阶段。在决策的实施过程中,要向群众宣传决策,让群众了解决策内容;要进行及时有效的指导,防止行动脱离决策目标;要注意试点工作,取得有关决策实施的科学依据,适时到面上推广;要在实践中发现问题,以便将来及时地修改或重新决策。

第五步是反馈。反馈是指把决策实施过程中出现的问题,通过各种信息渠道迅速地传送到决策中心的一种机制。通过反馈,决策者可以不断地调整、修改或重新作出决策,从而消除决策中的问题,增强其准确度,实现决策的最优化。而反馈要充分发挥其作用,就必须做到灵敏、准确、全面、有力。

其次,政治决策的技术过程又表现为决策者运用各种决策技术进行决策的过程。现代政治决策对各种各样的决策技术和预测技术的需求日益迫切。信息的搜集和传递、因素分析、线性规划、多元回归分析、成本利益分析、外推预测、模型预测、特尔菲技术、标准分析、网络分析等等已经被广泛地运用于决策程序的每一个阶段上。可以这样说,没有现代的决策技术,现代社会中的一些重大的政治决策就寸步难行。

政治决策过程是由以上诸种过程所构成的复合过程。这些过程并非是独立发生的,它们同时存在于整个政治决策过程之中,相互交织,相互纠缠,从而使整个政治决策过程呈现出一幅极为繁杂的图景。

四、危机事件与应急型政治决策

之所以要研究、制定、实施和管理应急型政治决策,是因为在社会转型时期,政治系统经常会遇到因突发事件而产生的局部的乃至全面的危机,包括政治危机。应急型政治决策就是应对、缓解社会危机事件的行动方案和行动过程。对应急型政治决策的管理就是针对危机事件,推动、促进相关政策的规划、决策和实施。

危机事件的实质

应急型政治决策总是和突发事件、社会危机联系在一起。人们对突发事件、社会危机和社会公共问题相互关系的认识是多种多样的。有的将突发事件与社会危机等同起来。的确像出现了大范围的高致病性传染病这类突发事件,就会酿成局部的社会危机。当然也就形成了政府必须要紧急加以解决的特大社会公共问题,构成了政治管理和决策上的挑战。但也不是所有的突发事件就一定会导致局部的社会危机,比如一些地方出现桥梁倒塌、山体滑坡、煤矿瓦斯爆炸,等等,虽然这的确是突发事件,并且因人员伤亡事发地区秩序会出现混乱,政府也会面临较大的压力,但这还不至于构成社会危机。

应急型政治决策主要侧重于采取行动应对引起社会危机的突发事件。我们将这类事件称为社会危机事件。这类事件通常包含下列一些重要因素：一是事件是在人们的预料之外突然发生的，并且持续存在，不断扩散，产生较大的负面影响；二是事件的发生已经对社会系统的某一局部甚至整体的正常运行构成了冲击和破坏；三是事件已经对人民的生命财产造成了巨大威胁和损失，而且这种威胁和损失如果不采取措施将会不断增大；四是个人、家庭、民间组织已经对付不了这类事件，迫切需要社会公共机构强制介入，实施包括动用强力机构在内的特殊控制方案和手段，才能控制和缓解事态，避免更大的社会混乱。

危机事件的特点

社会一旦发生危机事件，之所以急迫需要政府制定和实施应急型公共政策，是因为社会危机事件具有突发性、破坏性、紧急性、扩散性、恐惧性等基本特点。

一是危机事件具有恐惧性。任何突发的危机性事件除了造成巨大的破坏外，它还会导致人们心理上的恐惧。由于危机事件来得过于突然，人们对事件的状况、引发的原因、未来的走势、对个人和家庭生存的威胁等等都不甚了解或无从判断，从而就会产生心理上的紧张、焦虑、慌乱、惧怕。在发生社会危机事件时，人们的恐惧感会陡然上升，而且有感染效应，恐惧感会从一些人传给另一些人，最后导致人人自危，惶惶不可终日。而且即便危机已经过去，人们的心理还残留恐惧感。这就要求政府在对应急型政策进行管理时，要注意增强人们在危机状态下的自信心和镇定感，危机过后，仍然需要重视对人们作心理疏导工作，消除危机过程中的恐惧、悲观情绪。

二是危机事件具有扩散性。社会危机事件的发生尽管是出乎人们通常的预料之外的，但是，所有的危机事件的发生都有其深刻的自然、社会、历史的原因。危机事件虽然最初只是在某一时刻、某个空间中突发，但由于存在深层的和积累性的矛盾，它在一定时空引发以后，就会向其他更大空间蔓延，从最初的狭小范围向更大的范围延伸、弥漫、扩散。如果不在最初的引发范围内控制住危机事件，任其扩散，最后就会酿成大范围的动乱。1992年印度政府遇到独立以来最为严重的一次宗教冲突，即印度教和穆斯林的寺庙之争，因为政府处理不够及时和果断，以致于最后扩大为全国规模的骚乱，严重地影响了印度政府的形象。

危机事件的扩散性，要求政府在对应急型政策管理时必须果断。对于决策者来说，事件一旦发生，他只有非常有限的反应时间，应该运用敏锐的洞察力，恰当估计形势，在十分有限的资源和信息基础上，随机应变，快速决断，及时疏导，稳、准、狠地控制局面，尽量缩小危机事件作用的区域，强行制止危机状态的蔓延，谨防事态扩大。

三是危机事件具有不确定性。危机事件是突如其来的,但是,危机事件并不是绝对偶然的。或者是人们生活的自然界,或者是人们生活的社会,总存在两类矛盾,一类是显露的,人们容易察觉,也容易防范,一类则是潜在的,人们不易察觉,也疏于防范。危机事件基本上是自然界和人类社会中潜在矛盾激化的结果。一旦从潜在转为显露,矛盾的程度提升,作用范围扩大,伴随危机事件的种种因素就会活跃起来,聚合起来,变化的速率会迅速加大,因此危机事件的变化是无规则的,常常是出乎人们的预料之外的。加上在危机事件面前,人们会产生心理恐惧、思想混乱,行动无序,不能准确地应对危机事件,就更增加了危机事件变化的不确定性。

危机事件的不确定性,要求政府和公共部门在对应急型公共政策进行管理时,不能仍然按正常情况来思考问题,不能仅仅运用平常的逻辑推理来作判断,更不能只作机械的应付。但是,危机事件的不确定性并不是绝对的无序,任何事件总是依照因果关系来变化的,只是危机事件中的矛盾复杂一些、变动剧烈一些,因果联系多样一些。因此,一旦发生危机事件,人们就进入了一种混序状态,即表面上的不确定、混乱,内里还是有一定的规则和秩序的。应急型政策的管理者需要有权变的思维,有灵活应对的本领,善于随机应变。

四是危机事件具有紧急性。危机这一概念通常总是和威胁或逆境等词语相互通用的。危机就意味着个人或某个群体处在逆境之中,遇到了一定程度的威胁,若不采取某种形式的应对和救援行动,人们不仅不能按常规生活下去,而且还会有生命和财产的损失。因为危机事件对人们的影响绝大部分是负面的,而且这种影响,无论是速度、力度、程度来说,都是异乎寻常的。如一座化工厂的剧毒物质突然泄漏,空气中弥漫着毒素,河水中混杂着毒质,人们一旦呼吸了这种空气,饮用了这种河水,就会呕吐、腹泻,甚至死亡,这就形成十分紧急的状态,必须火速地将人们从已经污染的空气、水流范围中疏散出来,必须严密封锁出事地点,不让其他人员进入,否则后果将不堪设想。

危机事件的紧急性要求政府在对应急型政策进行管理时,必须雷厉风行,刻不容缓。一旦发生危机事件,作为当地的政府负责人必须在第一时间赶到现场,快速到位稳定局面,果断制止事态扩大,当机立断处理问题。在面对危机事件时,决不能拖延,不能推诿,不能贻误时机,否则,轻则是人们的生活质量会降低,重则有人可能会失去性命和财产。

五是危机事件具有阶段性。虽然危机事件具有突发性、紧急性的特点,但是,正像其他任何现象、事件一样,危机事件也有其孕育、爆发、演变、衰退的过程。而且危机事件与公共部门组织人们的应对之间也存在互动。当危机事件刚刚爆发时,公共部门在危机事件面前处于招架和应付的被动地位。当人们在公共部门组织下行动起来,采取积极措施隔离和控制危机事件时,双方可能进入相持状态。当公共部门进一步实施应急型政策并逐步消除危机事件时,这时政府则处于完全主动的地位。

危机事件过程的阶段性要求政府在处理危机、管理应急型政策时要有谋划和策略。在危机事件突发阶段,应急型政策的管理者决不能蛮干,更不能意气用事,用零和博弈的观点来处理问题,否则很可能就是两败俱伤,鱼死网破。有些地方政府遇到特大群体性事件时,一急之下就和当事人发生冲突,结果,不仅没有解决问题,还导致事态进一步恶化。这时政策管理者的策略是避其锋芒,先安定人心,平息事态,尽量缩小危机事件的范围,从而存留更多的空间和余地化被动为主动。到危机事件得到约束,情况变得清楚,掌握的信息更为对称、充分时,就可以采取积极措施,缓和冲突,化解矛盾。有些危机事件需要相当长时间的努力才能消除,应急型政策的管理者更需要有耐心,在科学预测的基础上,进行一番战略规划。在危机的每一发展阶段,决策者都必须维持和采取切实可行的目标和对策。

六是危机事件具有警示性。通常人们总是希望平平安安,按部就班地办事、学习、管理。对于突发的危机事件,无论是公众,还是政府部门的负责人和公职人员,一时都难以接受,措手不及、充满恐惧、怨天尤人。一些公众会把危机事件的发生看作是政府治理能力低下的表现,有些政府部门会在危机事件面前丧失信心,有些公共部门的负责人则担心危机事件的发生会败坏政府形象。这些表现都有一个共同点,即都将危机事件看成是不应该有的,全是消极的。

其实回避危机事件、消极看待危机事件并不正确。传统的社会治理理论与假设认为,社会危机与冲突都是病态的,完全偶然的。然而,现实的经验证明:没有一个社会系统是完美无缺的,冲突和危机是普遍的。冲突和危机固然有其负面的影响,但它却是促进社会的协调、整合,从而走向统筹、和谐所不可避免的因素与环节。从这一意义上来说,社会事件有极大的警示性,让公众和政府在社会治理中善于发现矛盾,主动采取适合的手段和工具化解矛盾和冲突。在应对危机事件过程中,政府通过分析危机事件的起因、特征,抓住那些足以影响和改变危机的关键性因素,集中资源,采取强化的干预措施,甚至包括合法使用强力手段,促使事态朝良好方向发展。从这一意义上说,危机事件不仅仅意味着危险,而且还有转机契机之意。因此,政府在应急型政策的管理中,更要有意识地发挥危机的警示作用、挑战作用,遏制危机的消极作用,并创造各种便利条件,以便把消极转为积极,变不利为有利。

危机事件的类型
对社会危机事件可以以不同标准来分类。

一种是以引发社会危机事件的原因为标准进行的分类。引发社会危机事件的原因简单一点说有两类：一是天灾，二是人祸。因此，社会危机事件也就有两大类。一类是因自然原因引发的危机事件，一类是因人为原因引发的危机事件。

一种是依据人们对危机事件的可控程度为标准所作的分类，可以分为四类。一类是由完全不可控制的自然灾害引发的社会危机事件，包括地震、山洪暴发、海啸、台风等。一类是由间接可控性的自然灾变引发的社会危机事件，包括洪涝、旱灾、病毒等。一类是由直接可控性特大的事故引发的社会危机事件，包括交通（航空、水上、陆路）事故，火灾、爆炸、剧毒危险化学品大量泄漏等特大安全生产事故。一类是由完全可以控制的社会利益冲突引发的社会危机事件，包括群体性骚乱、恐怖主义行为、重大政治和经济事件等。

还有一种是以社会危机事件所直接面对的主体为标准进行的分类。这种依危机事件承担主体划分的危机事件主要有两大类。一类是企业面临的危机。企业生产和销售形势恶化、金融状况突变、发生灾难性事故，所有这些都会使企业遭受沉重打击，使企业的形象受到损失，严重的导致企业倒闭，如东芝笔记本事件、三菱帕杰罗事件、安达信用全面瓦解事件以及中国发生的一连串严重的煤矿灾难事件就属于企业面对的危机。另一类就是政府管理的危机。这是指在政府责任范围内，政府及其部门需要以自己为主处理、缓解和消除的危机事件。企业的危机事件由企业管理来解决。个人、家庭遇到的危机事件主要由个人和家庭来克服和解决。超越个人、家庭、企业之外，作为整体社会的，仅仅由个人的、民间的、企业的能力不足以处理的危机事件，则应当由政府出面应对。许多涉及面广，解决起来需要相当多的人力、物力和财力资源，并且要有公共权力和权威作为工具和手段的危机事件，必须由政府自身，或由政府组织社会力量来处理和解决。政府面临的危机范围较宽，它基本上与政府治理社会和提供公共服务的范围相一致。

在进行社会危机类别划分时，还必须考虑一种特殊的社会危机即政府自身的危机或称政府危机。在通常情况下，政府是应对社会危机事件、处理社会危机事件的主动的、最有权威的、也是最有能力的主体。政府总是去积极解决外界出现的灾难、冲突、危机。但随着社会危机的升级，又会引发更大的危机，那就有可能危及到政府的运行，就会引发政府自身的危机，这里包括一国的政局的动荡，或局部出现混乱，暴动，甚至于战争，整个社会的秩序受到严重破坏。此时的危机已经直接表现为政府自身所面临的危机，又可以称之为政府的合法性危机。

最后还可以依据社会危机影响的范围和造成的危害程度来对危机事件进行分类，可以将社会危机事件分为轻型的、中型的、大型的和巨型的四个类别。轻型危机事件，危机事件范围不大、人员生命和财产损失小；中型危机事件，危机事件中相当多区域卷入，已经出现较多人员伤亡和财产损失，恐惧感蔓延；大型危机事件，危在全社会扩展,正常生活基本中断,国家发出紧急动员命令;巨型危机事件,危机使社会基本制度、治理权威、基本价值受到挑战。

危机事件的危害

社会突发危机事件具有极大的危害性。从 21 世纪初已经发生的国内外重大危机事件造成的社会损失来分析,主要有以下几方面。

一是人民生命遭受威胁。21 世纪初的印度洋海啸吞噬了几万人的生命。美国新奥尔良地区几次大的飓风,让上万人流离失所。一场大的地震会夺取成千上万条生命。横扫全球的禽流感则让几十个国家人民的生命受到威胁。由于许多突发危机事件或者根本无法预测,或者无法精确预报,一旦危机来临,人们往往无法保护自己的生命。而突发危机事件之所以引起人类深切的关注,其主要原因也是在于它会严重地威胁人们的生命安全。

二是社会财产遭受损坏。社会突发危机除了会造成人们生命的损害外,还会严重破坏社会的公共设施,毁坏人民的财产。一场台风会刮倒居民住宅。海啸过后,留下的是一片汪洋和废墟。一次大的地震会将一个耗费了人们数十年辛劳建设的城市毁于一旦。虽然公共设施的损坏和财产的损失比起人的生命的丧失给人们的打击要小一点,但是,也不可小看危机过程中财产的损失。特别是其中一些历史性的建筑物如果被毁坏,那将是无可挽回的损失。即使是普通的建筑物,在遭到损坏后要恢复和重建也需要花费时间、人力、物力和财力。

三是社会正常生活中断。任何突发性危机事件都会使一个地区、一个国家人们的正常生活突然中断。人们平时过着正常的生活。这种生活有一定的结构和体系,有一定的分工和协作。人们在日复一日的正常生活中建立起生活的规范和秩序,正是这些保证了社会发展的延续。但是,突发危机事件,无论是自然灾害、瘟疫还是恐怖袭击、重大生产事故,如一场特大暴风雪的袭击,都会一瞬间冲垮生活的正常结构和体系,社会一时变得毫无秩序。停电、停水、通讯中断、交通阻断,使人们突然陷入混乱之中。不仅危机本身会造成这种混乱,而且社会的恶势力也会乘机浑水摸鱼、趁火打劫,更加剧了社会的无序和混乱。

四是人们精神上悲观恐惧。许多已经发生过的突发危机事件告诉我们,在社会危机中,人们精神上的恐惧更甚于物质的匮乏。一方面是突发危机事件在极短的时间内造成大量生命的毁灭,财产的毁坏,另一方面是生活突然失去规范和秩序。这两方面会让许多人陷入恐慌之中。人们突然发现生命是如此的脆弱,世界是如此的不可预测。活着的人们不知道死神何时会降临到他们的头上。这种恐惧带来的过度和连续的紧张会使一些意志薄弱者处于精神崩溃状态。恐怖是一种可怕的传染病,一些人的恐惧会迅速传染给其他的人,最后导致人人自危。

常态的政治决策

社会突发危机事件条件下的公共政策的规划和制定有其特殊性,它与平常社会条件下的公共政策决策是不一样的。在平常状态下,社会也会发生一些与正常的社会秩序不相一致的行为和活动,社会也会出现一些急需解决的政治政策问题,但这是社会运行的常态或平常状态。在这种状态下,政治政策的决策无论在目标取向、约束条件、决策程序和决策效果等方面都有某些特点。

常态下的政治决策,要解决的问题比较清楚,解决问题的目标较为单一。社会处于平常状态时政策的管理者要解决的是某些常见的公共社会问题,尽量协调多方需求,政策目标容易统一,公共利益也容易实现。

在决策的条件约束方面常态的政治决策也有特点。在决策时间上,常态下的决策由于不是十分紧急,因此可以有充足的时间进行反复对话、平等论辩。在信息方面,常态下的决策则可以花费较多时间获取较为完整的资料,对多种政治信息可以进行详细的分析和选择。在决策的人力资源方面,在常态下则有机会通过日常培训、训练、教育等措施提高决策者素质。在决策技术上,常态下的决策可以尽量地使用较为成熟的、常规的技术手段,有时则充分利用现代科技条件,实现决策的计算机模拟。

常态下的政治决策,还可以严格遵循法定程序,实施标准化操作。决策者可以利用社会网络,实现决策权力分散化,通过民主协商决定最终方案,真正使政策决策民主化、科学化。

由于有充裕的时间和足够的人力资源,在常态下的政治决策中,还可以通过局部试验来增强政策的可行度,可以监测政策的执行过程,可以及时对政策作出调整修正,政治决策的结果是可以预期的、可以控制的。

危机状态的政治决策

在社会因多种原因发生突发危机事件时,社会的平常状态就消失了。在紧急危机状态下,人们没有充足的时间,也不能四平八稳地依据程序办事,决策的信息不可能完备,许多常规分析技术用不上,决策的结果因上述的条件,再加上危机事件的变动不居而无法预期。因此,危机状态的政策决策只能是特殊决策。

危机状态下的决策者,在目标取向上,必须选择迅速控制危机事件蔓延、保护人民生命财产安全的简单目标。在时间约束上,因时间急迫,必须是即时决策。在信息约束上,信息常常是不完全的、不及时的、不准确的,只能是快速决断。在危机状态的特殊政治决策中,会出现决策的人力资源问题,因临时急需,而且面对的都是原有的知识储备不足以应对的特殊问题,出现决策者的自身素质低下和专业技术严重匮乏的现象。也会出现决策技术方面的问题,一般的政策分析技术和设备在应对危机的特殊决策中往往会失灵,人们需要的是特别的高精尖的技术。由于面临危机状态,在决策程序上也会发生问题,因为时间急迫,必须快速决策,决策权必须高度集中,决策者主要是依靠自己的智慧审时度势,而且需要多方面专家形成综合智力来参与。在决策效果方面,危机事件下的决策只能在模糊和不清晰的条件下作出模糊决策,这种决策常常具有非预期性,决策的结果难以预料,风险极大。

表5－1　危机状态政治决策和平常状态政治决策的比较

内容 \ 类型		危机决策	平常决策
目标取向		迅速控制危机事件蔓延,保护人民生命财产安全	解决某些常见的公共问题,实现公共利益
约束条件	时间	时间急迫,即时决策	时间充足,反复决策
	信息	信息不完全、不及时、不准确	信息较完全:经过详细分析获得全面深刻的信息
	人力	决策者缺乏应对危机的素质和专业技术	可通过日常培训、训练、教育等措施提高决策者平常决策的素质
	技术	危机时一般专业技术设备往往失灵,需要特别的高精尖的技术	技术手段较成熟,能基本实现自动化
决策程序		需要快速决策,决策权高度集中,决策者主要依靠自己的智慧审时度势,也有专家参与	有足够时间进行民主科学决策,遵循特定程序,标准化操作,决策权力分散,民主协商决定最终方案
决策效果		模糊决策的非预期决策,结果难以预料,风险极大	可通过局部试验、修正、监测执行过程,结果可控可预期

第四节　政治监督

一、政治监督的实质与依据

政治监督的实质

监督是"自古至今,人类的永恒主题"①。在英语中,"监督"是"supervision"。

---

①　孔令望:《国家监督论》,浙江人民出版社1991年版,第2页。

"super"有"在上的"意思,"vision"有"察看"的意思,合起来就是从上对下的察看。据《词源》考,汉语中的"监督"一词,始见于《后汉书·荀彧传》:"古之遣将,上设监督之重,下建副二之任。"这里的监督乃指督察军事的专职官员。后来监督逐渐被引申为在一边察看、检查、督促、防止出错并纠正错误的意思。

政治监督是政治系统对国家公共政治权力的运用及其运行过程所作的各种监察与督促。"监督用于国家政治权力领域,是指为保证国家权力在所负担职权的正当范围内和轨道上运行,而对其进行监督、检查、调节、控制、纠偏的各种活动。"[①]

政治监督的要素

政治监督有其内在的结构要素。首先,任何政治监督都需要有政治监督主体。政治监督只能是具有法定监督权的主体所行使的权利和施加的行为,这种具有法定监督权的主体除国家机关和公民、组织外,还包括执政党、参政党和各种社会团体。

其次,任何政治监督都要有监督客体。政治监督主体总要将自己的行为指向一定的对象。这种与政治监督主体的行为相联结的对象,就是政治监督客体,它是国家机关及其工作人员的政治行为。

第三,任何政治监督都体现了一定的统治阶级或领导阶级的意志。作为一种政治制度的政治监督,是一种现实的、具有特殊限制作用的力量,它可以改变人们的意志,使其自愿或被迫地按照统治阶级或领导阶级的意志去规范自己的政治行为。在存在阶级关系的政治系统中,政治监督具有鲜明的阶级性。在社会主义政治系统中,政治监督具有鲜明的人民民主性。

最后,任何有效的政治监督都是直接的或间接的以政治系统中的国家设施的强制力作为保证的。国家的立法机关、行政机关、司法机关所进行的政治监督是直接以国家机器的强制力为后盾的;执政党、参政党、各种社会团体和公民所进行的政治监督最终也只有通过国家的强制作用才能实现。

政治监督的依据

政治监督是政治运行的一个环节。它是随着政治生活的出现而产生,随着政治生活的发展而不断完善起来的。在古希腊的民主政治生活中,人们就开始对有野心、想个人专权的人实行监督。但这种监督是偶然的、简单的。古代中国从春秋战国起,皇帝与中央政府对官吏的监督、管辖就开始形成一套制度。汉代的政

---

① 蔡定剑:《国家监督制度》,中国法制出版社1991年版,前言,第1页。

治监督则已较为完善,中央设丞相司直,官在司隶、校尉之上,对司隶、校尉加以监督;郡设督邮,分别督察郡内各县。隋唐时期,御使台成为独立的监督机构,内部分工细密,职责明确。中国封建社会的自上而下的政治监督,是以"忠君"为思想基础的、单向性的政治监督,政治监督为皇帝而设,只对皇帝负责,替皇帝监督,而不能监督皇帝。"忠君"是贤肖的首要标准,"治吏"最终是为了"治民",其实质是为了维护和延缓封建地主阶级的统治。

西方资本主义政治系统在几百年的政治发展中,政治监督经过原始分权监督、神权监督,最终建立起比较完善的以现代分权制约为基础的现代政治监督制度。这种政治监督是以"三权分立"为思想基础的、多线性的政治监督。在政治监督的制度化方面,瑞典起过领头的作用。瑞典的做法后来影响了美国人。二战以后,西方国家又普遍效法美国,通过"程序"来控制国家机构的行为。英美等国还通过将主要的政治行为纳入司法或准司法的系统,来迫使国家机关遵循法定的司法性行为准则。从形式上看,资产阶级政治系统的政治监督是建立在民主与法制的基础上的,这一点要比封建政治系统的政治监督进步得多,但是这种民主说到底是与资产阶级对财富的垄断联系在一起的,因而民主归根到底是不真实的。在多少有点虚假的民主之上建立的政治监督也不可能是全面的、真实的。

社会主义政治形态宣布国家的主权在民,要求在政治生活中实现人民民主。这就决定了社会主义的政治系统必须有真实的、可靠的政治监督。马克思恩格斯在总结巴黎公社政权建设的历史经验时指出,人民群众掌握监督权是实现自己当家作主的根本保障之一。马克思认为,在巴黎公社中,由选民直接选举产生的公社委员对选民负责,并且可以由选民随时撤换,这种做法是一个伟大的创举。恩格斯也指出无产阶级在取得政权以后仍然要大力加强对国家权力的监督。

在社会主义现实的政治制度以后,无产阶级及其政党在建立政治监督制度的过程中有过创造,也有过不少惨痛教训。在社会主义的政治体制改革中,努力探索,积极创新,建立系统、科学、完善的政治监督体系已成为一项迫切的任务。

人类之所以要在政治生活,特别是在现代政治生活中实行政治监督,其理论依据有以下几个方面。

首先,任何政治权力都存在失衡的可能性。政治权力依据其来源与目的,具有两重属性:一是政治性,指的是它必须体现政治系统中统治阶级的国家意志和统治者对全社会治理的需要;二是社会性,指的是它必须体现保持社会稳定和满足被统治者生活水平提高的需要。这两种属性相互作用,共存于一体。对任何一方的偏颇都会导致政治权力实施中的失衡,并由此引起社会结构的变动,乃至社会整体的动荡。这种失衡与动荡,无论是对于统治者还是被统治者、管理者还是被管理者都会带来严重的后果。因此,为了防止失衡与动荡,就需要对国家机构的政治行为加以监督。

另外,任何政治权力都要分成权力的确立、权力的行使与对权力行使的评价三个有机的部分。首先要有共同意志的确立,只有先表达和确立了共同的意志,才能对这种共同意志加以执行。但是,实施的共同意志有时并不一定就是表达过的共同意志,因此,还需要对共同意志执行的正确与否加以裁决。如果政治权力运行中的这三个部分不相互制约,各司其职,就可能导致政治权力的结构失衡。一旦失衡,就会造成权力某些方面的滥用。因此,有必要对政治权力内在的结构进行严格的监督。①

其次,任何政治权力都存在变异的可能性。这种政治权力的变异可以是国家政权自身的变异,即"人民的政权"变成人民权利的侵害者,国家的权力不断膨胀,人民的权力不断丧失,最终造成国家与人民的冲突。政治权力的失衡与变异还可以表现为政治权力的执行主体的变异,即国家机构的工作人员从"人民的公仆"变成"人民的主人"。恩格斯就讲过,只要国家存在,就有社会公仆变成社会主人的可能。这种变异可能是国家工作人员为满足私利的主观变异或私权变异,也可能是因为信息、素质、外在压力造成的权力变异即客观变异或公权变异。无论是那一种政治权力的失衡与变异,既背离国家政权的政治属性与社会属性,也从根本上违背了作为国家政权基础的人民的意志。因此,对政治权力的失衡必须矫正,对其变异必须消除,要做到这一点,就必须事先对国家权力行使的范围、方式、程序加以限定,事中对国家机关的行为的状况加以检查督促,事后对国家机构行为的错误后果加以矫正。

第三,任何政治权力的行使都存在低效的可能性。政治生活系统既是社会、经济、文化发展的前提,又是社会、经济、文化发展的资源。稳定的政治制度与高效的政治体制不仅能维持自身的存在与发展,也能够促进社会、经济、文化的进步。但是,一旦国家的政治机构臃肿、涣散,其行为不再受宪法与法律的约束,其功能不再与社会、经济、文化的发展相协调,政治体制的运行遇到严重阻滞,政治统治的效能低下,政治秩序混乱,就必然会导致政治制度的动摇和政治体制的崩溃。

为了保证政治体制运行通畅、政治秩序稳定,就必须经常地对政治机构的设置、规模、功能加以评价,对政治体制运行的过程、目标、规范加以评价,对整个政治系统的稳定程度与效益加以评价。这种政治评价无论是由外在力量作出的,还是由内在力量实行的,无论是自觉进行的,还是强制实行的,都是政治监督。

---

① 朱维究:《政府法制监督论》,中国政法大学出版社 1994 年版,第 9—11 页。

二、政治监督的原则与体系

政治监督的原则

在以皇帝一人专制为政治统治特征的政治生活系统中,政治监督的根本目的是为了"清君侧",防止政治统治大权旁落。封建社会政治监督的这一实质决定了其基本原则:保君原则、治吏原则、治民原则、人治原则。封建政治制度设立专门机构,实施政治监督的首要原则是为了保住封建地主阶级政治统治、暴力专制的代表即封建帝王。要维护这一原则,就需要臣僚俯首听命,因而政治监督的第二个原则就是管束官吏,迫使他们忠君。"忠君"的最终目的是为了统治和奴役百姓。因此封建社会政治系统中政治监督的另一个原则是"治民"。最后,封建社会政治统治的固有特征——人治也成为政治监督的一条原则。

资产阶级是在反封建的斗争中,逐步将自己上升为社会统治阶级。在夺取政权以后,作为新兴力量的资产阶级在维护政治制度的斗争中形成了适合本阶级利益与需要的政治监督体系。资产阶级的政治监督遵循着某些不同于封建社会政治监督的原则:阶级统治原则、三权分立原则、法律控制原则、抽象民权原则。资产阶级之所以不惜工本地加强政治监督,甚至有时向个别资产阶级政客或集团开刀,其目的是为了维护整个资产阶级利益,因此,阶级统治是其政治监督的第一原则。资产阶级赖以存在的私有制基础和普遍推行的个人民主制,使得政治权力成为不同利益集团的垄断物。为了对事实上被分割的政治权力加以制约,必须分权、制衡,因此,其政治监督的一条重要原则是"三权分立"。在三权分立的制度下,立法、司法都获得了相对独立的地位,政治监督更多地依据宪法和法律,因而法律控制成为一个原则。最后,资产阶级在口头上从来都标榜主权在民,但是,他们是不可能在行动上真正实现这一点的,主权在民只不过成为一种抽象的、不真实的东西。

社会主义政治形态建立起来的是一种全新的政治运行过程,作为这种运行过程一个环节的政治监督遵循的是新的原则。

首先是人民当家作主的原则。社会主义政治形态不仅公开宣布主权在民,而且在实际的政治系统运行中,也是由人民当家作主。人民通过直接或间接的选举产生出人民代表大会,代表人民意志形成国家最高权力,行使立法权,其他国家机关的权力均来自人民代表大会的授权。在政治生活中,社会主义政治系统则将"防止人民的公仆变为人民的主人"作为基本的政治要求。因此,人民当家作主是社会主义政治形态中政治监督的首要原则。

其次是共产党领导的原则。在社会主义政治系统中,作为工人阶级先锋队的共产党代表着人民的根本利益和愿望。宪法与国家的性质规定了共产党是领导社会主义事业的核心力量。因此,共产党是社会主义政治形态中政治监督的基础,社会主义政治监督的重要原则是坚持共产党的领导。当然,共产党本身也要接受人民的政治监督。

第三是廉政高效的原则。社会主义社会的本质之一就是要创造出超过资本主义的更高的社会经济效率,社会主义政治形态要求的政治应当是公正、民主、廉洁的政治。社会主义政治形态实行政治监督的目标就是要保证政治生活的高效与廉洁。因此,廉政高效也必然成为政治监督的一个原则。

最后是依法监督的原则。在很长时期里,社会主义法制建设不完善,人治的残余很浓厚,结果给社会主义发展造成了巨大的危害。在社会主义的政治体制改革中,人们日益认识到要形成有效的政治监督必须坚持两条:一是政治监督的法律化、制度化;二是必须依据法律实施监督。这就要求将依法监督作为政治监督的一项原则。

政治监督的体系

社会政治系统是由各种因素、关系构成的复杂系统,只有形成完整的监督体系,才能对这一系统的结构、职能及其运行进行全面的、有效的监控与督察。政治监督体系可以从不同的角度进行分析。

一是以政治机构纵向结构的层次为标准加以分析。任何政治系统的机构在纵向上都可以分为上级、平级与下级。这样,政治监督的体系就包括上级对下级的监督、平级之间的监督与下级对上级的监督。一般地说,上级对下级机构的政治监督具有较大的权威性。但是光有上级监督是不完全的。因为上级监督也有其局限性:上级可以对一连串的下级进行监督,最靠近的下级总可以很方便地正当或不正当地博取直接上级的好感,远一点的下级则没有这种便利。而上级一旦对于直接的下级任人唯亲或考虑其失察的责任,就往往姑息、迁就乃至包庇、纵容;上级层次越高,与下级的距离越远,由于是少数人对多数人的监督,加上信息渠道不畅、违法乱纪富有隐蔽性,虽然监督的势能越来越大,但监督的效能却越来越小,所谓“天高皇帝远”,鞭长莫及;上级对下级的监督往往因领导者的注意力、思想作风、原则性、对部属的宽严不同而带有随意性。这就决定了在上级监督的同时必须有平级之间的监督和下级对上级的监督。

二是以机构的内外为标准进行分析。在政治生活中,无论是分权的政治系统还是职权分工的政治系统,都存在立法权、决策权、议事权与各项国家事务具体执行权相分离的情况。国家公共政治权力体系中的立法权、决策权、议事权与执行权各自的政治监督是内部监督。内部政治监督是一种自我监督,这种监督是一切监督的基础,离开了自我监督,外在监督也不会奏效。但是,内部监督是一种封闭监督,在这种监督中,处于最上层的权力金字塔顶,会成为监督的"盲点"。而这一"盲点"却是造成决策失误和权力滥用的"危险地带"。因此,完整的政治监督还必须有外部监督。政治权力的拥有者与行使者的这种分离,就使得前者即权力机关、立法机关对后者即政府或行政执行机关的监督是必不可少的。政治监督按其本质来说是一种外在的强制,而不是行为主体内在的道德约束;是一种异体监督,而不是自己给自己动外科手术。

三是以政治生活的不同方面为标准进行分析。在国家公共政治权力体系中,最为重要的是由立法、行政、司法等机构组成的国家政治机构;同时政党组织也是现代政治的重要组成部分。另外,在现代政治生活中,越来越多的非国家、非政府的社会团体通过各种渠道进行利益表达,也对政治决策产生制约、影响作用。

因此,一个政治系统的完整的政治监督,就应当是包括这几大部分的监督。

一是国家的政治监督,主要有:通过听取与审议政府工作报告,审查与批准社会经济发展计划和财政预决算,审议政府的法规与命令,视察、调查、执法检查、受理公民申诉、对政府提出建议和批评进行的立法监督;通过内部的层级监督、部门之间的监督、下级对上级的监督、行政监察、审计监督等手段进行的行政监督;通过检察监督、审判监督等手段进行的司法监督。

二是政党的政治监督。在实行多党制的政治系统中,政党监督包括执政党的监督与反对党或在野党的监督。在中国这样的一党执政、多党参政的政治系统中,政党监督则包括执政党监督、参政党监督、人民政治协商组织或统一战线组织的监督。

三是社会政治监督。主要包括:通过批评建议、申诉、控告、检举、举报、信访、协商对话等形式进行的公民个人政治监督;通常借助于大众传播媒介如报纸、杂志、书籍、电影、广播、电视,通过批评、揭露、呼吁、谴责等形式进行的社会舆论政治监督;通过议政、参政、协商对话和其他途径进行的社会团体的政治监督。

三、政治监督的改革与完善

在资本家阶级占统治地位的政治形态中,无论是发达的政治形态,还是刚刚步入现代化行列的、正处于发展阶段的政治形态,都在探索完善政治监督的体系与途径。由于在这些政治形态中,根本的政治制度有问题,不可能形成统一的政治生活,因而它们虽然在不断地修补政治监督之网,但最终只能是"疏而有漏"。由于社会主义政治形态的根本政治权力来自人民,政治系统的各个组成部分、各个层级也只能是代表人民并服务于人民的政治利益,因而整个政治生活是统一的。因此,只要严肃认真地、坚持不懈地进行改革,就能够不断地健全和完善政治监督体系,从这一意义上来说,社会主义政治形态的政治监督之网是能够做到"疏而不漏"的。

社会主义政治形态中政治监督体系的完善和发展与社会主义政治体制的完善和发展是联系在一起的。中国的政治体制经过建国以后几十年的探索与变革,总体上是有利于社会主义制度的巩固与发展的。但是,由于这种体制在 20 世纪 80 年代以前是建立在集中计划经济模式的基础之上的,因而还存在与社会主义政治系统的完善和发展不相适应的方面。与此相应,社会主义的政治监督体系也存在某些不完善的地方。当社会主义市场经济迅速成长起来以后,政治监督体系的缺陷就开始明显地暴露出来。

现行的政治系统中的政治监督体系的缺陷之一是监督层级不全,造成某些监督环节的空档与误区。在政治系统中,监督的指向应与权力的指向一致。一个健全的民主社会,其政治监督的指向应当是自上而下的监督、平行监督和自下而上的监督三者的平衡配置、有机统一。而在中国现有的政治监督体系中,只讲上级监督,以自上而下的监督取代平行监督和自下而上的监督,从而导致监督结构失衡。由于政治系统中只存在上级监督或主要是自上而下的监督,结果造成下列状况:监督权源出于个人,监督效果的好坏取决于政治领袖的诚实与清廉;监督在很大程度上决定于个人的好恶,带有较大的随意性;下级会相互勾结,利用上级信息不全和自身行为的隐蔽性蒙骗上司。

现行的政治系统中的政治监督体系的缺陷之二是监督权受制于执行权,致使相当多的环节出现"弱监"和"虚监"。在政治监督实践中,内部监督即同体监督与外部监督即异体监督应当有机统一,相互补充。如果只有同体监督,而缺少异体监督,就会使监督形同虚设。而且对于监督来说,它更多的是强调外在的强制性。因此有效的监督客观上要求监督主体与受监客体不应当共存于一个组织单元中。中国以往的各级政治监督,都以执行权为中心。监督主体的地位不仅低于监督客体的地位,而且还受制于监督客体。虽然有关部门一再提倡要敢于监督、秉公执法,但监督部门的工作人员出于现实的考虑,对同级领导实施监督还是有所畏惧的,从而造成许多监督部门不敢监督,不能监督,"有监无督"。

现行的政治系统中的政治监督体系的缺陷之三是重追惩性的事后监督,轻预防性的事前监督,重违法乱纪的监督,轻失策的监督,无法避免决策的重大失误,不能防患于未然。从监督的过程来说,完整的政治监督应当包括事前监督、事中监督和事后监督。拥有监督权力的主体一般应在全过程介入监督客体的工作过程,否则就会产生监督环节上的疏漏。我国以往的政治监督常常只将注意力放在追惩上,等到有了失误再去抓人。而且在事后的追惩上,又只注意违法犯罪的案件,对于那些重大的决策失误,往往无人负责。

长期以来,由于社会主义的政治监督体系还不是强大而有效的,因此,改革政治体制、完善监督体系是一项非常重要的任务。要完善社会主义的政治监督体系,首先要加强对执政党的监督。共产党是执政的马克思主义政党,是工人阶级的政党,社会主义事业必须有共产党的领导,但是,在坚持共产党领导的同时,当然也要对它进行监督和制约。共产党要受监督,共产党员也要受监督。这是因为执政党占据着特殊的地位,如果对它缺乏有效的制约和监督,就会使一些领导干部和党员沾染了不受监督的习气,就有可能导致公共权力的掌握者产生腐败。而且,一旦不能对执政党进行严格的监督,也就不可能对其他的机构施加真正有效的监督。

在社会主义的政治生活中,对共产党的政治监督是多方面的。有党组织的纪律检查监督,有国家权力机关的监督,有政府的行政监督,有检察机关的法律监督,有人民政协和民主党派的监督,有人民团体和人民群众的监督,只要真正发挥这些方面的监督作用和效能,就会大大地减少决策失误、违法乱纪及腐败现象。但是,应当看到由于历史上遗留下来的家长制、裙带关系、帮派关系残余的影响,某些滥用权力者依然能得到关系网的庇护,使得对共产党的多方面的监督流于形式。要使得上述各方面的监督发挥效用,必须加大新闻舆论监督的作用,以此为突破口和曝光点,使各方面的监督渠道通畅无阻。

要完善社会主义政治系统的政治监督体系,除了要加强对执政党的监督外,还需要强化对权力的约束,以权力制约权力。中国传统的政治模式总是给垄断公共权力的官员以捷足先登的地位和得天独厚的优越条件。因此必须强化纪委监察、人大及司法机关对执政党和政府的监督。应该让执政党的代表大会选举产生的纪律检查委员会,具有与党的同级决策机构同等的地位,成为相对独立的专门机构,形成一个自上而下的,只有监察系统才存在隶属关系的监督机制。

人大及其常委会要成为名副其实的国家权力机关,成为人民监督系统的中枢,并且要处理好国家权力机关与执政党及"一府两院"的关系。执政党的权限在于政治领导和作出决策,保证国家权力机关活动方向的正确性,使党的方针政策通过法定程序上升为国家意志。国家权力机关与"一府两院"的关系是决定与执行、监督与被监督的关系。

要完善社会主义政治监督体系,还必须完善司法体制,实现依法治国。目前社会主义国家司法、执法部门的问题,一是公、检、法内部也在滋生腐败现象,出现司法腐败,二是社会主义司法体制不完善,要下决心纠正司法、执法部门贪赃枉法的现象。公检法系统在接受执政党的政治领导和人民代表大会及其常委会的监督的基础上,要完善公、检、法、司四大机关在刑事司法中的分工、配合及制约关系,实行审判责任制度和赔偿制度,杜绝司法专横和办案中的渎职行为。

完善司法体制的关键是司法机关除了必须接受各级权力机关的宪法监督和检察机关的司法监督外,不能允许执政党和政府部门随便介入司法活动、干涉案件审理。同时,还要理顺法院行政保障体制。将法院执行职务所应提供的条件列入国家专项预算,经权力部门审批,给予法律保障,改变过去那种依靠行政部门批、拨、给的方式,从体制上使得司法摆脱行政的支配与控制。

发扬人民民主,保障公民权利是完善社会主义政治监督体系所不可缺少的环节。在社会主义政治系统中,人民是国家权力的最终来源,所有权力主体所掌握的权力,都是人民委托的。因此,权力主体如果滥用权力,也就是对人民的不负责任,对人民民主权利的亵渎,因而人民完全有权也有必要对这类行为进行监督,直至收回权力。凡是搞特权、特殊化,经过批评教育而又不改的,人民就有权依法进行检举、控告、弹劾、撤换、罢免。

作为社会主义国家的执政党及国家政权机关,在党内、党外要努力创造自由讨论的环境,允许不同意见存在,容忍多种声音说话。而且还要努力提高政治活动的透明度,增强党务政务的公开性。对于党务与政务活动,凡是能公开的一律要公开。要公开行政部门的职责权限、办事程序,要公开各级负责人的主要行政活动,要公开各级领导干部包括公务人员的个人财产和家庭的某些重大事务,以便让人民知政、知情、知人,从而便于监督。对人民来说,要发扬民主,就要提高政治参与意识,就要逐步改变头脑中积蓄已久的对权力的盲目崇拜,以及与此相联系的用权力判是非、以权力定对错的价值取向,敢于及时地、大胆地批评执政党和政府工作中的缺点和错误。

要完善社会主义政治监督体系,还必须充分发挥舆论监督的作用。舆论监督是社会的预警系统,它在整个政治监督体系中具有预警性的独特功能。由于舆论监督容易迅速形成巨大的社会压力,对政治上、经济上的腐败行为产生极大的震慑作用,因而它可以弥补法制和道德规范方面的缺失,起到专门监督机构所起不到的作用,成为政治监督中的有力武器。要完善社会主义的政治监督机制,就必须重视传播媒介的舆论监督,使各级国家机关及其工作人员置于有效的监督之下。当然,在运用舆论工具时,也要防止某些人趁新闻舆论曝光之机,别有用心地夸大事实,无中生有,扰乱人心。而要有效地、规范地使用舆论监督工具,必须及早地制定新闻法。[1]

① 孙富海:《社会主义监督体制研究》,《新华文摘》1996年第5期,第14—19页。

※※※※※※※※※
※※本章小结※
※※※※※※※※※

现实的政治系统不仅仅是一个围绕国家这一轴心建构起来的公共政治权力结构体系,更为重要的是,它是一个包括多个环节和方式的运行过程。公共政治权力结构只是政治系统的骨架,只有在运动中,以骨架为支撑的政治系统才会有生命力。政治系统的运行是由政治统治、政治管理、政治决策和政治监督组成的相互关联的过程。政治统治是贯彻、实施国家权威和意志的活动。只有在牢固的政治统治的基础上,才会有良好的政治管理,也才能为政治决策和政治监督提供前提条件。良好的政治管理、政治决策和政治监督则是保障和巩固政治统治不可缺少的环节。

政治统治是由多种要素构成的体系。只有加强政治统治的基础,扩大政治统治的范围,并且正确地运用政治统治的方式,一个政治系统的政治统治才能得到巩固和提升。

政治管理是国家为公共政治权力体系对政治生活所作的调节与控制。现代政治管理具有主体的多元性、行为的规范性、方式的开放性、过程的法治性、手段的科学性等特点。政治管理包括政治领导、政治协调、政治沟通等环节。

政治统治与政治管理都离不开科学民主的政治决策。建立合理的政治决策结构和选择切实有效的政治决策模型对提升政治决策的水平非常重要。在社会转型时期,必须研究危机状态下的政治决策的特点。

政治监督是保证政治统治、政治管理、政治决策顺利进行,并且卓有成效的重要环节。在政治体制改革中,一个非常重要的任务是真正完善和健全政治监督体系。

※※※※※※※※※
※※关键概念※
※※※※※※※※※

政治统治　政治统治要素　政治统治基础　政治统治范围　政治统治目标　政治统治方式　政治管理　传统政治管理　现代政治管理　政治领导　政治协调　政治沟通　政治决策　集团政治决策模型　精英政治决策模型　政治博弈决策模型　公共选择政治决策模型　政治决策的原则　危机事件　危机状态的政治决策　政治监督　同体政治监督　异体政治监督

****
研究与思考
****

什么是政治统治？政治统治活动有哪些要素？

政治统治的基础是什么,如何加强现实政治统治的基础？

什么是政治统治的范围？

有哪些政治统治的方式？

政治管理与政治统治是什么关系？

传统政治管理与现代政治管理的特点是什么？

什么是政治领导？

什么是政治协调？

什么是政治沟通？

现代政治决策的结构是什么？

政治决策有哪些原则？

政治决策有哪些模型？

如何认识危机状态下的政治决策？

完整的政治监督的体系包含哪些方面？

如何促进社会主义政治形态中的政治监督趋于完善？

****
相关知识
****

1. 治理与善治的研究

与政治管理既有区别又密切相关的是行政管理。从 20 世纪 80 年代末开始,国际范围内的行政管理体制发生了巨大变化,从统治型行政,转向治理型行政,再转向善治型行政。

治理型行政

"治理"(governance)一词原本的含义是控制、引导和操纵。以往人们经常将它与统治(government)交叉使用。但从 1989 年世界银行在描述当时非洲社会管理的状况,首次使用了"治理危机"(crisis in governance)以后,西方政治学家、行政学家和经济学家们开始赋予"governance"以新的含义。"治理"一词被广泛地运用于政治发展的研究中,被用来描述后殖民地和发展中国家的政治和行政状况。1992 年世界银行年度报告的标题就是"治理与发展"(Governance and Development)。1996 年经济合作与发展组织(OECD)发布了一份"促进参与式发展和善治的项目评估"(Evaluation of Programmes Promoting Participatory Development and Good Governance)的报告。1996 年联合国开发署(UNDP)的一份年度报告用的标题是"人类可持续发展的治理、管理的发展和治理的分工"(Governance for Sustainable Human Development, Management Development and Governance Division)。1997 年联合国教科文组织(UNESCO)也提出了一份名为"治理与联合国教科文组织"(Governance and UNESCO)的文件。1998 年《国际社会科学杂志》第 3 期出了"治理"(Governance)为题的专号。同时,联合国还成立了一个"全球治理委员会"(the Commission on Global Governance),并出版了一份名为《全球治理》的杂志(*Global Governance*)。

由于"治理"概念被应用到多个学科领域中,不同的学者又作出了不同的解释。因此,有关治理的含义和用法就变得异常繁杂。荷兰学者基斯·冯·克斯伯根(Kees Van Kersbergen)和佛朗斯·冯·瓦尔登(FransVan Waarden)在 2004 年 3 月出版的《欧洲政治研究杂志》上发表了题为"作为学科间桥梁的'治理'"的文章,对治理概念的含义和用法作了归纳。他们认为,有关治理,至少有下列九种用法:被世界银行以及其他国际组织用于经济发展领域的所谓"第二代改革"的治理,来自国际关系理论的指没有政府的全球治理,由市场制度创造和维持的经济秩序治理,新法团主义关注的部门治理,经合组织成员国实现的公司良好治理,新公共管理提倡的公共部门治理,将网络视为复合中心形式的治理,由不同政府层次以及公共、私人部门在各个层次上参与的多层次治理,经济部门中经过等级阶段后到更小规模公司结成网络的从等级到网络的治理。

尽管这些用法对"治理"的理解有所不同,但也存在一些共同之处。(1)研究方法是多中心而非单一中心的;(2)无论是何种形式的治理都具有重要作用;(3)它们都强调治理的过程,而不是单纯的治理结构;(4)它们都认为不同的部门可发展出各自不同的制度来减少风险,提高合作的可能性;(5)这些用法所描绘的治理既是理想意义的也是实证意义上的。

另一位学者格里·斯托克(Gerry Stoker)在对目前流行的各种治理概念进行分析的基础上提出,作为一种理论的治理包含五种观点:(1)治理意味着一系列来自政府,但又不限于政府的社会公共机构和行为者。各种公共的和私人的机构只要其行使的权力得到了公众的认可,就都可能成为在各个不同层面上的权力中心。(2)治理意味着在为社会和经济问题寻求解决方案的过程中,存在着界线和责任方面的模糊性。各种私人部门和公民自愿性团体,它们正在承担越来越多的原先由国家承担的责任。国家与社会之间、公共部门与私人部门之间的界限和责任日益变得模糊。(3)治理明确肯定了在涉及集体行为的各个社会公共机构之间存在着权力依赖。为达到目的,致力于集体行动的各个组织必须交换资源、协商谈判、达成共同目标;交换的结果不仅取决于各参与者的资源,而且也取决于游戏规则以及进行交换的环境。(4)治理意味着参与者最终将形成一个自主的网络。这一自主的网络在某个特定的领域中拥有发号施令的权威,它与政府在特定的领域中进行合作,分担政府的行政管理责任。(5)治理意味着办好事情的能力并不仅限于政府的权力、命令和权威。政府有责任使用社会上存在着的那些新的方法和技术来更好地对公共事务进行控制和引导。

善治型行政

在治理概念和理论的扩展中,人们进一步在理论和实践上探讨更为民主、更为有效的行政管理,并把这种行政管理体制称为"善治"(good governance)或"良好的治理"。

一些学者概括出善治包含的六个基本要素:

一是合法性(legitimacy)。指的是社会秩序和权威被自觉认可和服从的性质和状态。只有那些被一定范围内的人们内心所体认的权威和秩序,才具有合法性。合法性越大,善治的程度便越高。取得和增大合法性的主要途径,是尽可能增加公民的共识和政治认同感。

二是透明性(transparency)。指的是政治信息的公开性。每一个公民都有权获得包括立法活动、政策制定、法律条款、政策实施、行政预算、公共开支等等在内的与自己的利益相关的政治信息。透明程度愈高,善治的程度也愈高。

三是责任性(accountability)。指的是在公共管理中与某一特定职位或机构相连的职责及相应的义务。没有履行或不适当地履行他或它应当履行的职能和义务,就是失职。公职人员和管理机构的责任性越大,表明善治的程度越高。

四是法治(rule of law)。指的是政府官员和公民都必须依法行事,在法律面前人人平等。法治与人治相对立,它既规范公民的行为,但更制约政府的行为。它是政治专制的死敌。没有健全的法制,没有对法律的充分尊重,没有建立在法律之上的社会秩序,就没有善治。

五是回应(responsiveness)。指的是公共管理人员和管理机构必须对公民的要求作出及时的和负责的反应,不得无故拖延。公共管理机构应当定期地、主动地向公民征询意见、解释政策和回答问题。回应性越大,善治的程度也就越高。

六是有效(effectiveness)。指的是管理的效率。管理机构设置要合理,管理程序要科学,管理活动要灵活,还需要最大限度地降低管理成本。善治程度越高,管理的有效性也就越高。

正如一些学者所指出的,善治实际上是国家的权力向社会的回归,善治的过程就是一个还政于民的过程。善治表示国家与社会或者说政府与公民之间的良好合作,从全社会的范围看,善治离不开政府,但更离不开公民。善治有赖于公民自愿的合作和对权威的自觉认同,没有公民的积极参与和合作,至多只有善政,而不会有善治。所以,善治的基础与其说是在政府或国家,还不如说是在公民或民间社会。从这个意义上说,民间社会是善治的现实基础,没有一个健全和发达的民间社会,就不可能有真正的善治。

善治的理论在美国也成为政府改革的指导思想。在克林顿担任美国总统期间,副总统戈尔受委托主持美国的政府改革,大部分思路来自戴维·奥斯本(David Osborne)和特德·盖布勒(Ted Gaebler)合著的《改革政府:企业家精神如何改革着公共部门》一书。戴维·奥斯本是《民主的实验室》的作者,经常为《华盛顿邮报》、《治理》和其他刊物撰稿。他极力主张高效率的政府,长期担任共和党和民主党主要政府领导人和候选人的顾问。特德·盖布勒是国际著名的政府改革理论的倡导者和实践者。他将"政府需要改革"这一理念传输给美国及国外各级政府,担任了许多外国政府的顾问。他还是著名的公共部门管理咨询公司盖布勒集团的总裁,改革政府网络公司的合伙人,以及美国公共管理研究的成员。

在《改革政府:企业家精神如何改革着公共部门》一书中,他们提出善治的政府应当是:

催化作用的政府:掌舵而不是划桨。

社区拥有的政府:授权而不是服务。

竞争性政府:把竞争机制注入到提供服务中去。

有使命感的政府:改变照章办事的组织。

讲究效果的政府:按效果而不是按投入拨款。

受顾客驱使的政府:满足顾客的需要,不是官僚政治的需要。

有事业心的政府:有收益而不浪费。

有预见的政府:预防而不是治疗。

分权的政府:从等级制到参与和协作。

以市场为导向的政府:通过市场力量进行变革。

2. 危机管理研究

危机准备模式理论

艾尔沙伯格、费尔德斯和罗斯(S. Elsubbaugh,R. Fildes & Mary B. Rose)在2004年建立了危机决策准备模式(crisis preparedness model)。这是对Reilly在1993年所提出模式的进一步完善。这一模式包括三个主要阶段:一是一般决策准备阶段,这一阶段包含着两个重点:(1)应对危机的策略规则;(2)有利于危机管理的文化。二是早期预警信息交流阶段。最后则为危机管理阶段,其中的重点是:(1)迅速的响应;(2)资源的动员;(3)有效的信息沟通。

危机管理六阶段理论

崇恩(Chong)认为危机管理是策略管理中一个很重要的部分,其实质是确保组织的稳定和生存,并在追求组织目标的过程中继续成长。实施有效的危机管理需要系统化的思考,并且要经常加以训练。这两者又是建立在对危机的警戒,管理上的敏感度,组织反应的敏捷能力,以及组织认知到谨慎规划的重要性的基础之上的。

崇恩提出了"危机管理六阶段模式"。这六个阶段分别是:(1)克服(coping)阶段;(2)重新思考阶段(rethinking);(3)创意改善(initiating)阶段;(4)察觉(sensing)阶段;(5)干预(intervening)阶段;(6)防堵(sandbagging)阶段。

整合性危机管理系统(IEMS)理论

危机管理(crisis management)是20世纪80年代美国公共事务(public affairs)实务及理论界所面临的极重要挑战。在此之前,政府部门并没有一套专职的行政系统来从事危机管理决策的统筹规划及执行工作。在公共事务学术界包括传统社会科学中所界定的公共行政及公共政策知识领域也并没有将危机管理看作是主要的研究课题,从而普遍缺乏对危机状况的决策管理作系统性及科学性的探讨。传统的公共事务研究者中即使有些人也产生过对危机状况加以决策和管理的想法,至多也就是提出消防、灾难后的公共卫生、民防等含混而零散的概念。

危机管理理论学者纽德(Mayer Nudell)及安托可(Norman Antokol)在1989年"紧急及危机管理手册"(The Handbook for Effective Emergency and Crisis Management)中界定了五大危机类型:自然灾害(natural disasters),包括风灾、地震、洪水等;交通意外事件(accidents);科技意外事件(technological accidents),如化学、核能意外灾难;人为诱发的灾难(induced catastrophes),如政治示威事件、绑票犯罪等恐怖事件;战争对民众所形成的危机(war-related emergency of civilians)。

危机管理的目标包括处理平时自然和人为的灾难,以及战时的兵灾。从总体的观点来看,危机管理政策不应该是以单一灾难的预防计划为导向(single hazard program orientation),行政体系应利用有限的人力资源,综合考虑行政辖区内各种可能产生的危机,从而在预案中形成以多目标为导向(multi-hazard objectives)的危机决策和管理政策。

　　"整合性危机管理系统"(Integrated Emergency Management System, IEMS)正是对多目标危机管理的一种思考。这一系统将危机管理分为以下四大阶段的政策规划及执行过程。

　　第一阶段:防范政策(mitigation policy)。这一阶段的政策包括规划足以减轻灾难损害的各种因应措施。危机管理中的防范性政策可分为两种类型:一是结构性的(structural),例如推动兴建水坝防洪计划、改善镇暴装备及技术计划等;二是非结构性的(un-structural),例如制定房屋建筑法规增强抗震能力,制定灾难保险给付规则,制定规划土地(或山坡地)使用规则,改革奖励及处罚性税制诱因(tax incentives and disincentives)。

　　第二阶段:准备政策(preparedness policy)。这类阶段的政策主要是发展因应危机的运作能力。其计划包括设计危机运作计划,建立危机信息沟通网络,建立紧急事件处理中心,设立危机警报系统,紧急事件处理人员训练计划及模拟,资源管理计划。

　　第三阶段:回应政策(response policy)。这一阶段的政策特色在于强调当危机已无可避免地转换成灾难时,所应采取的行动。例如,启动医疗救援系统,紧急事件处理中心开始运作,组织救难和撤离,收容灾民,对第二波可能发生的灾难采取预防措施等。

　　第四阶段:恢复政策(recovery policy)。近期恢复政策包括重建基本民生支持系统,例如将水源、电力恢复至最起码的运转程度。长期恢复政策则包括重建交通运输系统,强化对污染放射物的控制,加强对疾病卫生控制等。

　　亚历桑那州立大学两位研究公共政策的学者穆斯卡德(Alvin Mushkatel)及魏斯克勒(Louis Weschler)将政策制订过程的理论与危机管理政策相结合,发展出一套"美国各级政府危机管理政策矩阵"(The Intergovernmental Crisis Management Policy Matrix),用以说明当前美国危机管理政策运行和操作的过程及现状。这一矩阵包括三个主要方面的内容。

　　(1) 政策制订过程。其基本内容依据政治学者伊斯顿(David Easton)及公共政策的过程论者琼斯(Charles Jones)的政治系统观念和政策制订过程模型(process model),将任何政策的形成(包括危机管理政策)归结为规划(formulation)、采纳(adoption)、执行(implementation)及评估(evaluation)四阶段。

　　(2) 危机管理过程中四种类型的政策也有其时间的顺序性,可按防范、准备、反应及恢复四阶段循环进行。

　　(3) 联邦制度下的各级政府,包括联邦、州、地方各级行政体系。

表5-2　危机管理矩阵

危机管理过程				
政策过程	防范	准备	反应.	恢复
规划				
采纳				
执行				
评估				

资料来源：Mushkatel & Weschler, 1985.

　　穆斯卡德及魏斯克勒两人所建构的"危机管理矩阵"既是对在联邦制下美国各级政府危机管理政策运作的实际情况的描述，同时也强调当前美国的危机管理政策是一项跨越政府层级，需各级政府通力合作的任务，并非由任何单一阶层的政府部门所可以主导。在矩阵中共包含有16个区格（cells），每一区格代表着各级政府在危机管理四个阶段中的政策任务，亦可代表着危机管理相关的各类标的团体或利益相关者（stakeholders）相互妥协、谈判、互动的政治空间（political space）

❋❋❋❋❋❋❋❋❋❋❋❋❋❋❋❋❋❋❋
建议进一步阅读的文献

　　要对无产阶级专政作更深入研究，可阅读《马克思恩格斯选集》第3卷（人民出版社1995年版）中"法兰西内战"一文。还可阅读《列宁选集》第4卷（人民出版社1972年版）中"无产阶级专政时代的政治与经济"一文。

　　要对现代决策理论、模型有深入研究，可阅读赫伯特·西蒙的《现代决策理论的基石》（北京经济学院出版社1991年版）中"理性抉择与环境结构"的内容和"企业组织的理性决策"的内容。

　　要对政治管理中的公共选择的机理作深入研究，可阅读阿瑟尔·奥尔森的《集体行动的逻辑》（上海人民出版社1995年版）中"集团和组织理论"的内容、"集团规模和集团行为"的内容。

　　要对应急型政治决策作更深入研究，可阅读卡尔·帕顿、大卫·沙维奇的《政策分析和规划的初步方法》（孙兰芝等译，华夏出版社2001年版）中的"政策分析的框架"中的"政策分析的含义"和"政策分析形式"的内容。

　　要对政治决策原则作更深入研究，还可阅读迈克尔·豪利特、M.拉米什著的《公共政策研究：政策循环与政策子系统》（庞诗等译，三联书店2006年版）中"公共政策决策：超越理性主义、渐进主义和非理性主义"的内容。

　　要对政治决策的民主性作深入的研究，可阅读海伦·英格兰姆、斯蒂文·

R. 史密斯的《新公共政策：民主制度下的公共政策》(钟振明等译,上海交通大学出版社 2005 年版)中"政策塑造和公民权"的内容。

要对政治监督的相关问题作深入研究,可阅读刘明波的《外国监察制度》(人民出版社 1994 年版)中的议会监察制度、监察专员制度、行政监察制度和司法监察制度的内容,以及反贪污贿赂制度的内容。同时还可阅读朱维究的《政府法制监督论》(中国政法大学出版社 1994 年版)中"政府法制比较研究"和"国家监督篇"的内容。

第六章　政治演变发展

　　政治形态不是某种凝固不变的僵化体系,而是一个动态的历史过程。一般来说,政治形态的变迁往往是先从局部的调整开始。局部调整一旦经过必要的量的积累,便会进一步导致总体结构根本性质的变化。政治关系和政治结构的这种调整与变革,政治形态由低级向高级的上升变化,政治文明向更高水平的跃进,就是政治发展。

　　政治系统的发展是与经济系统、文化系统、社会系统发展相伴的概念,归根结底它是由人类生活中的生产力和生产关系的矛盾引起的。因为"随着经济基础的变更,全部庞大的上层建筑也或慢或快地发生变革"①。政治发展的重要意义在于,它将对经济生活以及全部社会生活起着巨大的推动作用,因此,政治发展是经济发展、文化发展和社会发展的重要条件。

政治发展既是包含多重目标追求的政治生活演变的结果,又是包含多种途径的政治演变的过程。政治现代化、政治民主化和真正普遍实现的人权是重要的政治发展目标。政治革命和政治改革是政治发展的基本途径。政治革命是政治制度的质变过程,它导致政治形态的新旧更替。而政治改革则是政治制度的具体组织形式、管理形式和运行形式的内部调整,其主要目标在于促成政治形态的改进与完善。

西方发达资本主义政治系统较早地开始了现代化进程,也较早地经历了政治发展,虽然取得了许多政治文明的成就,但也有其历史局限性。第三世界的政治发展则经历了曲折的过程。真正能持续推动政治发展的是社会主义人民民主政治系统。社会主义革命结束了少数剥削阶级占统治地位的局面,是人类政治发展史上的一场最伟大的变革。社会主义政治体制改革既是社会主义经济发展、文化发展和社会发展的客观要求,同时也是巩固社会主义经济基础,推进政治发展和社会全面进步的重要手段。

第一节　政治发展的实质与内容

一、政治发展的实质

对政治演变发展的理解,存在着两种不同的观点。一种是西方政治学的政治发展观。西方政治学立足于资产阶级政治价值观,将政治发展局限于第三世界,同时把西方的一整套制度模式视为第三世界政治发展应追求的终极目标,具有明显的狭隘性和片面性。另一种是马克思主义的政治发展观,马克思主义政治学以历史唯物主义为指导,从分析社会基本矛盾运动入手,深刻、全面地考察了政治系统发展的真实进程,揭示了政治发展的实质、动力、途径和趋势,形成了完整的政治发展理论。

西方政治发展观
在一般意义上,发展是人类社会的一种固有属性。自人类文明诞生的那一天

---

① 《马克思恩格斯选集》第2卷,人民出版社1995年版,第33页。

起,发展的历程就开始了。但是,当人们把和平与发展并列,称之为当今世界的两大主题的时候,又对发展赋予了一种特定的时代内涵。这种时代内涵,是同现代化进程在全球范围内的迅速扩展,特别是第三世界或发展中国家追求现代化的要求与努力密不可分地联系在一起的。

二战结束以后,亚洲、非洲、拉丁美洲诞生了一大批新兴的民族国家,它们纷纷摆脱殖民宗主国的统治而获得独立。但在东西方冷战对峙的条件下,第三世界国家朝什么方向发展,不仅关乎它们自己的命运,而且也影响到国际政治格局的演变,牵涉到西方主要发达国家的利益和地位。美国作为西方阵营的总代表,出于全球战略的考虑,对这一问题格外关注。西方国家以政府和民间资助等形式,建立机构、搜集资料、网罗人才,加强了对第三世界国家社会现状和发展趋势的对策研究。从 20 世纪 50 年代起,此类研究在西方学界逐步成为热点,并于 60 年代达到高潮,形成了具有特殊取向的政治发展理论。

在几十年的历史演变中,西方政治发展理论出现了若干观点不同的流派。它们重点各异,分析框架和具体结论也存在着不小的差别。但由于其基本宗旨是为西方发达资本主义国家的战略利益服务的,因而从总体上看,它们又显现出某些共性特征。归结起来,主要有以下几点。

一是在适用范围上,将政治发展限定于第三世界。当代西方政治学的政治发展理论,就其主要内容而言,只是关于第三世界国家政治发展问题的探讨。西方学者之所以格外关注第三世界国家的政治发展问题,其根本目的是为西方发达国家的全球战略提供对策,以便按照资本主义的价值观念和政治模式引导或左右第三世界国家的政治发展方向。如果说,霸权主义的政治需要激发了西方学者的研究兴趣,那么,第三世界国家所面临的现实政治危机,则使这种旨趣得到了进一步的加强。由于一系列复杂的历史原因和社会原因,二战后独立的一大批新兴政治系统,不仅在经济上极度落后,而且在政治上也动荡不安。在这些政治系统中,种族和宗教冲突接连不断,动乱和暴力事件层出不穷,军事政变频繁发生。它们被政局不稳、行政无能、内部分裂、官员腐化等政治危机所困扰,不仅无力完成振兴民族经济,进而推动现代化进程的重任,反而使整个政治系统时常笼罩在贫困和饥馑的阴影之中,成为一叶在惊涛骇浪中漂泊的失控之舟。正是政治动荡所产生的严重的负面影响,政治发展成为制约社会总体发展的关键环节显现出来。美国政治学家布莱克指出:"尽管现代化的每一方面因其代表着探索同一现象的不同角度,所以可望在某种程度上反映其他各个方面,但能为一个社会提供组织基础的却是政治。"①

---

① 布莱克:《现代化的动力》,四川人民出版社 1988 年版,第 81 页。

　　西方政治学家强调第三世界国家所面临的政治发展的紧迫任务,应当说是切中时弊的。但是问题在于,资产阶级意识形态的偏见和西方中心主义的傲慢却使他们走入极端,得出了十分片面的结论。在他们看来,西方政治制度是全世界最完善的政治制度。它作为富足、自由、民主的象征,代表了政治发展的最高极限,再也不存在发展的问题了。如果说发展是趋向一种完善、成熟状态的运动,那么,这一运动似乎只有对那些落后的、欠发达的或发展中国家才是适用的和必需的。这也是西方政治学家将政治发展限定于第三世界的一个重要原因。

　　由于否认资本主义社会固有的基本矛盾,排除西方政治制度的变革问题,因此,在西方学者那里,政治发展就成了一个狭隘和缺乏科学规定的概念。在很大程度上,它不过是研究发展中国家,即亚洲、非洲、拉丁美洲较贫穷或者工业化程度较低的国家政治进程的一种方法。这些国家不仅因为时常发生政治动荡,而且因为在总体上属于落后的传统社会或前现代社会,所以才面临着政治发展的任务。按照这一逻辑,对第三世界国家政治的任何一个方面的研究,在西方学者那里所使用的主题、概念和研究方法都称之为关于政治发展问题的探讨,而在欧美发达国家进行同样的调查则不这样认为。①

　　二是在评价标准上,把西方政治制度奉为理想模式。按照西方政治学者的看法,研究第三世界国家的发展趋向,必须确立一个衡量标杆。在他们眼里,这个衡量标杆当然就是西方发达国家。而将西方发达国家作为衡量标杆确立起来,从理论上讲,又必须追根溯源,探索它们的成长历史或发展道路。这通常被看作是一条从传统走向现代的道路。

　　一些西方政治学者简单地认为,当今第三世界国家的发展过程,不过是早先西方国家经历过的从传统向现代转型的限定逻辑的重演。所以,要对第三世界国家的发展方向和目标作出恰当的评估,就必须参照西方发达国家业已具备的一些先进特征。他们把这些特征称作"现代性"。在西方学者那里,"现代性"是一个宽泛的概念,包含了相当复杂的内容,比如经济结构的工业化、社会结构的都市化、生活形态的世俗化、文明教养的知识化、思维方式与行为方式的理性化和个性化、社会组织形式的功能专门化以及社会成员关系在横向和纵向中的自由流动性等等。西方学者认为,与经济、社会、文化诸方面的这些先进特征的获得相伴随,并受其支持,才产生出高度发达的现代西方政治体系。

　　在某些西方学者眼中,所谓发展,就是谋求现代化;而谋求现代化,则无非是打破传统、获得现代性的过程。这个过程在西方世界已告结束。阿尔蒙德以西方

---

　　① 参见亨廷顿、多明格斯《政治发展》,见格林斯坦、波尔斯比编《政治学手册精选》下卷,商务印书馆1996年版,第151页。

政治模式为蓝本,从政治系统与外部社会环境的互动关系入手,描述了一种成熟政治体系的典型特征。他认为,一种适应现代化的社会环境并能为之提供有效支援的政治系统,一方面要具备完善的"输入"功能,即政治的世俗化(大众参与不断扩大、政府行为合理化),政治录用以成就(有技术专长、有组织和说服能力、恪守职责)为标准,利益表达(不同利益集团的政治要求)得以准确地传递和控制,利益综合(把政治要求转化为政策选择)公正而协调,另一方面也应该具备完善的"输出"能力,包括提取能力(吸取社会资源的能力),调整能力(控制个人和集团行为的能力),分配能力(分配财富、服务、地位、荣誉和各种机会的能力),象征能力(创造文化符号以感召和团结民众的能力)以及回应能力(接受、反应和处理问题的能力)等等。

亨廷顿的看法略有差异。他特别强调政治制度化的作用。在他看来,一种政治体系的制度化水平可用四个指标来衡量。一是适应性,即政治体系能否应付环境不断变化的挑战,从而得以存活和延续。二是复杂性,即政治组织是否在结构上高度分化,并在功能上实施隶属关系明确、职责权限清晰的专门化分工。三是自主性,即政治系统能否独立于其他社会力量或社会活动而运作,程序合理,决策果断,令行禁止。四是内聚性,即政治体系是否具备共同意识,在总体上做到团结协作、步调统一。按照亨廷顿的理论逻辑,用上述指标来衡量,西方政治制度无疑是最完备、最成熟的理想模式。

西方学者就政治发展的评价标准提出的看法形形色色,十分繁杂。派伊曾对各家观点进行过总结。他认为,政治发展可看作是总体现代化进程的一个方面。这个方面既是社会经济现代化的产物,反过来又成为社会经济现代化的保障条件。因此,在实质意义上,政治发展和政治现代化不过是同一问题的两种不同表述。依据西方现代化的历史经验,派伊概括出政治发展的三个核心趋向。一是与政治系统相关的个人的持续增长的平等。这种平等意味着实行广泛的民主参与,意味着政治生活的法制化,意味着公共职位依据个人的实际能力和成就向全体公民平等开放。二是与环境相关的政治系统不断提高的能力。这种能力意味着政治系统必须适应经济发展和社会发展的日益复杂的要求,在政治和行政决策方面做到容量大、范围广、效率高。三是政治系统内部体制和结构的日益明细的分化。这种分化意味着政治组织实行高度专门化的分工,分别承担各自比较确定的任务;同时也意味着它们相互合作、相互制约、相互协调,从而使政治系统有序运行,高效率地发挥其功能。

西方学者关于现代政治体系的结构与功能的具体分析,其基本价值取向渗透着资产阶级理论家的极大偏见。一方面,他们把社会化大生产以及与此相联系的经济、政治、社会、文化诸领域的人类文明发展的某些共性特征,不加分别地归结到具体的西方模式上,进而将资本主义政治制度神化为最完善的政治模式,另一方面,他们又将这一神化了的政治模式作为衡量世界上任何国家,尤其是第三世界国家政治发展的最高标准,以显示这些国家的差距、缺陷乃至丑陋。在西方学者看来,第三世界国家的政治系统本质上都是落后的传统政治体系。个人专断的政治统治、贵贱有别的等级秩序、效能低下的行政管理、混沌不清的组织结构、蒙昧陈腐的政治文化等等,构成了这些落后的政治系统的基本特征。因此,西方政治学家纷纷明确或含蓄地认为,第三世界国家从传统状态向现代状态的政治发展过程,就是重走西方当年的老路,并最终向高度完善的现代西方政治模式趋同。根据他们的逻辑,只有按西方的民主模式发展,才是"积极发展";如方向有偏差,则只能说是"消极发展"。无疑,这种价值定向蕴涵着西方中心主义的根深蒂固的傲慢与自负。

三是在研究方法上,推崇"价值中立"的实证分析。就社会背景来说,当代西方政治发展理论的出现,起因于西方发达国家左右和控制第三世界国家发展方向的现实需要。因此,它具有一种为霸权主义进行政治服务的工具性质。不了解这一点,就不能正确认识当代西方政治发展理论的实质。但是也应指出,多数西方政治学家并不直接具有资产阶级政客的身份,他们就政治发展问题发表的看法,也并不完全等同于资产阶级的官方意识形态宣传。至少就表现形式来说,当代西方政治发展理论有一种讲究"科学"的外观。这种外观甚至成了西方政治学家的学术追求。

其所以如此,主要受到三个方面的影响。一是受西方行为主义主流政治学的影响。西方政治学流派林立,但行为主义政治学在 20 世纪 60 年代一直处于主流地位。其主要特征是崇尚实证分析,主张价值中立。作为对传统政治学研究方法的反抗,行为主义政治学提出应剔除带有道德、伦理色彩的价值判断,摒弃从某种哲学化的信条和原则出发进行的思辨演绎,主张把注意力集中在实际的和可观察的行为上,广泛地收集有关政治生活的确切资料和数据,然后依据严格的科学方法,对其作出客观的、可验证的描述、解释、分析和预测。这种研究旨趣促成了政治学同自然科学及其他社会科学的交叉渗透。据此,一些政治学家从其他学科中吸收诸如系统、结构、功能、输出、输入、反馈、均衡以及角色、团体、世俗化、理性化、社会性、现代性等概念,为政治发展建构了"研究一般理论的唯一通览全局的方法和高屋建瓴的视角"的系统分析框架[①]。随着各国政府和国际机构统计工作的改进、数学分析工具的完善和计算机手段的运用,西方政治学家又在定性分析的基础上开展了微观到繁琐程度的定量研究。

---

① 戴维·伊斯顿:《政治生活的系统分析》,华夏出版社 1989 年版,"中文版序言"第 5 页。

　　二是受理论为现实服务的特殊方式的影响。从现实需要来看,当代西方政治发展理论的兴起,主要是为了给西方发达国家的全球战略提供对策和建议。这种对策性建议通常具有较大的务实色彩。因此,只有对第三世界国家的社会现状和发展态势作出具体、细致的分析,理论的功利性目的才能来得更加切实有效。但问题在于,当西方政治学家自觉或不自觉地肩负着某种特殊使命将自己的理论视野转移到第三世界的时候,他们却发现自己面对着一个极其复杂的研究对象。与西方发达国家相比,广大发展中国家不仅有着不同的经济状况,而且有着不同的制度框架、历史传统、民族构成、宗教信仰、风俗习惯和生活方式。研究对象呈现出明显的多样性和复杂性。

　　三是受研究对象态度的影响。第三世界国家随着民族独立意识的觉醒而对殖民主义逻辑深恶痛绝,使那些想对第三世界国家作具体了解的西方政治学家,不得不把自己的意识形态信仰悬置或隐蔽起来,以"价值中立"的客观形式寻求某种可被广泛接受的实证分析。

　　从理论框架来看,当代西方的政治发展研究主要有三个流派,它们分别运用了各自的特殊方法。其一是结构-功能方法。这种方法将系统理论和结构功能主义相结合,构造研究政治系统的总体模式,并在分析层面上运用概念通则,转换出所谓有普遍意义的发展模型。其代表人物和代表作主要有:阿尔蒙德的《发展中地区的政治》、里格斯的《发展中国家的行政管理》、伊斯顿的《政治生活的系统分析》、阿普特的《现代化政治》以及列维的《现代化与社会结构》等。其二是社会过程方法。这种方法把政治发展和工业化、都市化、商业化、识字率、职业流动等社会发展过程中的各项指标联系起来,以经验为取向,进行因果分析和定量分析。其代表人物和代表作主要有:多伊奇的《社会成员和政治发展》、卡特莱特的《民族政治发展》等。其三是比较历史方法。持这一方法的学者观点各异,但都侧重历史经验,主张从社会演化入手,对多个国家的发展类型进行比较研究。它的代表人物和代表作主要有:布莱克的《现代化的动力》、派伊的《政治发展面面观》、摩尔的《民主和专制的社会起源》以及亨廷顿的《变化社会中的政治秩序》等。

　　总的来说,当代西方政治发展理论在研究方法上推崇"价值中立"原则,试图通过具体的实证分析来显示自己的客观性和科学性。但是就本质而言,所谓"价值中立"不过是一层虚假的外表。它不仅没有剔除资产阶级意识形态和西方中心主义的偏见,而且可以说是宣扬这种偏见的新形式。另外,虽然西方政治学家试图对第三世界国家的社会现状和发展态势作出某种合理的分析和预测,但由于他们或是把西方政治模式奉为最高标准,或是依据西方政治发展的历史经验而提出主观构想,因而他们的研究不仅割断发展中国家的历史、脱离发展中国家的国情,而且对发展中国家人民那种改变现状的迫切愿望以及实现其特定目标的追求和努力,作出不公正的评价。最后,由于盲目崇尚实证分析,并将理论视野局限于第三世界,西方政治学家不仅没有在普遍性上把握政治发展的客观规律和多样性,而且那种抽象地构造变项以及拘泥于琐碎的经验数据的研究方法,根本就缺乏真正的历史感。他们的研究方法实质上是狭隘的、非历史的和形而上学的。

在对西方政治学的政治发展观进行分析研究时,除了指出其存在的片面性和偏见外,还应当注意吸收其中有价值的成分。从总体上说,在世界范围内,政治发展必然存在某些共同性和普遍性。尽管不同政治系统、不同历史时期的政治发展发生的时空条件不同,具体形式也多种多样,带有特殊性,但它们都不可避免地受政治发展的一般规律所支配。因而,西方发达国家较早出现的政治发展进程和结果中肯定存在某些带有共同性和普遍性的因素和成分。这些反映到西方政治学的政治发展理论中,也就成为对人类政治发展有价值的部分。我们在批判西方政治学的政治发展观时,要细心地将其中的合理的、对发展中国家政治发展有借鉴意义的思想剥离出来,为我所用。

新型政治发展观

马克思主义的政治发展观是建立在科学基础之上的新型的政治发展理论。政治发展问题作为当代西方政治理论的一个专门领域,虽然出现于 20 世纪 50 年代,但是,对政治发展问题的研究却早已有之。事实上,马克思和恩格斯在 19 世纪中期创立的唯物史观,从生产力和生产关系、经济基础和上层建筑的矛盾运动入手,对人类社会形态历史变迁的客观规律和必然趋势进行的总体考察,已经内在地包含了对政治发展问题的科学探索。新一代马克思主义者,以历史唯物主义为指导,认真研究 20 世纪社会发展的新现实,特别是在科学总结社会主义革命和社会主义建设的历史经验的基础上,进一步丰富和完善了马克思主义的政治发展理论。

马克思主义的政治发展观,是系统、全面、科学的政治发展观。它包含着一些基本的观点,正是这些基本观点反映了政治发展的实质。

首先,马克思主义的政治发展观坚持将政治发展看作是政治形态不断从低级向高级上升的总体性过程。马克思主义认为,人类社会是一个由各种关系和各种过程相互联结、相互作用所构成的有机整体。这个有机整体可从两个角度去把握。从横面来解剖,人类生活可区分为经济、政治、文化、社会等基本成分或基本要素。它们按一定的方式相互联系,形成特定的社会结构。从纵向来考察,社会结构因内在的矛盾运动又展开为一个动态的历史过程。马克思主义把社会结构类型在历史上的依次更替,称为社会形态的演进与发展。

社会结构理论和历史过程理论,是马克思主义把握社会历史运动的两个基本视角。它作为一般意义的哲学世界观,为政治分析提供了科学的理论框架。如果通过这个框架来考察,所谓政治发展,实质上也就是适应生产力和生产关系发展要求的、由进步阶级、阶层或集团推动的政治制度的变革和政治体制的调整过程。这种变革与调整之所以称为政治发展,并不仅仅在于它导致了政治关系的不断变化,其间不可避免地存在曲折、停顿甚至暂时的倒退,而是在全局上、总体上促进和推动政治关系变得越来越完善、越来越合理,即体现了一种前进上升的方向与趋势。因此,政治发展就总体而言,是自国家产生以来,人类政治形态不断由低级走向高级的历史演进过程。

政治发展应该从两个方面来认识。从根源上看,政治发展是由生产方式的矛盾运动引起的;而就其作用来说,它又是制约经济发展、文化发展和社会发展的一个能动因素。不了解前一个方面,就不懂得政治发展的必然性;而否认后一个方面,则会抹煞政治发展的重要性。历史的经验表明,当一个社会的政治上层建筑存在严重的缺陷,从而使其制约经济发展、文化发展和社会发展的能动作用以负面的否定形式表现出来的时候,政治发展的任务往往显得格外迫切和突出。当今一些第三世界国家的情况即如此。但是,这并不意味着政治发展只是第三世界国家的特殊任务。

马克思主义认为,异常活跃的生产力带动经济关系、文化关系和社会关系的不断变化,使上层建筑与经济基础的适应性只具有相对的意义,因此,政治发展的任务就其客观根源来说普遍存在于任何政治系统之中。资本主义政治系统经过几百年的经营,虽然在具体的政治组织形式和管理形式上呈现出某些表层的、局部的、暂时的合理性,但由于其基本社会制度存在着自身不可克服的内在矛盾,即使是发达的资本主义政治系统,现代化的早发政治系统,也仍然面临着一系列具体的政治发展的任务,而且资本主义政治系统政治发展的必然结果是要经过政治革命最终为社会主义政治形态所取代。在社会主义条件下,即使社会基本矛盾不再具有对抗的性质,政治上层建筑也还存在某些与经济发展、文化发展和社会发展的客观要求不相适应的方面或环节。这些方面或环节需要通过社会主义政治体制改革逐步加以克服。惟其如此,才能为社会主义经济、文化、社会的发展和人类生活的全面进步提供可靠保障。

总之,政治发展是自国家产生以来任何时代、任何政治系统所面临的一项基本任务。随着这一任务依据不同的历史条件,通过不同的道路途径,在不同的范围、层次、程度和水平上不断得以解决,人类政治形态便逐步地由低级走向高级,由必然王国走向自由王国。这就是政治发展的总体进程,也是政治文明建设的总体进程。

其次,马克思主义的政治发展观坚持将政治发展的动力看作是一个以经济变革为基础的复合系统。马克思主义认为,要在普遍性和必然性上把握政治发展,决不能只关注政治生活本身。政治发展并不是源于某种封闭政治体系的自生自灭的要求,更不是来自理论家的宣传呼吁或者精英人物的强力意志和一时冲动。从本质上讲,政治发展作为总体人类生活发展的一个重要方面,必须结合社会基本矛盾的辩证运动来认识,归根到底是从生产力和生产关系发展变革的客观要求来认识。正如恩格斯所说:"一切社会变迁和政治变革的终极原因,不应当到人们的头脑中,到人们对永恒的真理和正义的日益增进的认识中去寻找,而应当到生产方式和交换方式的变更中去寻找"①。

第三,马克思主义的政治发展观坚持将政治制度的新旧更迭看作是政治发展的根本标志。宏观意义的政治发展,是社会形态总体发展的一个有机组成部分。就像社会形态的发展在本质上是社会基本结构的根本质变一样,政治发展从实质上说也首先是政治形态、政治制度的根本变革。国家公共政治权力的阶级归属构成了政治制度的核心,因此,与社会形态历史沿革的总体进程相对应,自国家产生以来,奴隶制政治制度、封建制政治制度、资本主义政治制度和社会主义政治制度这几种国体类型的依次更迭,大致可以看作是政治形态沿革的几个基本阶段。

把这几个基本阶段的依次演进称之为具有前进上升意义的政治发展,主要有两个方面的原因。一方面,就功能作用来说,这几个基本阶段在越来越高的层次上顺应了生产方式变革的客观要求,从而也就在越来越高的水平上为以生产发展和经济发展为基础的总体性的人类生活进步和文明进步开辟了道路。另一方面,就结构性质而论,政治制度的每一次变革,都程度不同地意味着国家政权的阶级基础和社会基础在更广泛的范围上的扩大。在人类历史上,随着作为政治统治力量的阶级及其同盟者的循序变更,专政的对象越来越少,而享受民主的人数则越来越多。从这个角度看,封建主专政取代奴隶主专政,因使农奴获得一定程度的人身自由而是一次历史的进步;资产阶级专政取代封建地主阶级专政,由于打破世袭等级特权,在形式上推行以议会制、普选制等为特征的政治民主,也是一次历史的进步。社会主义政治制度的建立之所以是人类政治发展史上的最伟大的变革,从根本上讲,是因为它结束了少数剥削阶级占统治地位的局面,使占全社会人口绝大多数的无产阶级和劳动群众第一次真正成了国家的主人。因此,只有在社会主义条件下,一种与以往任何剥削制度有着本质区别的最具普遍性、广泛性和真实性的民主政治才能够建立和完善起来。

以政治制度变革为标志的政治形态由低级到高级的前进上升运动,是人类政治发展的基本趋势。这个趋势就总体方向来说是不可逆转的。但需要指出的是,

① 《马克思恩格斯选集》第3卷,人民出版社1995年版,第617—618页。

人类政治发展的一般规律并不排斥不同国家和民族在政治发展的道路和顺序上的特殊表现形式。各个国家和民族都有其独特的历史传统和具体国情。随着国际交往的不断加强,外部的环境条件常常同各民族现实生活的内部诸因素相互缠绕、相互交织,从而在历史转折时期为每一民族的政治发展显示出较为广阔的"可能性空间"。历史经验表明,在这个由多种可能构成的广阔空间中,究竟哪一种可能变成现实,往往不仅取决于经济发展水平,而且取决于各民族的自觉选择。一般来说,各民族总是一方面依据自身的社会状况和历史传统,另一方面又依据国际环境所提供的外部参照和历史启示,来设计和创造自己特定的政治模式。这使得政治发展既显示出在一定程度上超越一般顺序的跳跃性和多样性,同时又显示出制度建构与体制变革错综交织的复杂性和艰巨性。如果不懂得这一点,那么对政治发展的理解就是狭隘的和简单化的。

第四,马克思主义的政治发展观还坚持将政治体制的改革完善看作是政治发展的重要内容。政治制度的变革是一个质变过程,它构成了政治发展的根本标志。正如生产关系的变革具有明显的阶段性一样,政治制度的变革是一个由量变到质变的过程。人类只能提出由历史孕育成熟并能够为自己所解决的任务。一般而言,一种符合历史发展趋势的政治制度在经过复杂的矛盾冲突而最终得以确立之后,便会进入一个相对稳定的调适期。在通常情况下,政治制度的调适是通过一系列具体的公共政治权力机构、政治行为主体的关系、公共政治决策在结构上的健全和功能上的完善表现出来的。我们可以把表现、实施和实现政治制度的具体结构和方式称作政治体制。从本质上讲,政治体制要受政治制度的制约,但是它与政治制度相比,又有自己的相对独立性,并因而表现出某种变化调节的灵活性。如果这种灵活的体制调节能够适应经济发展和社会发展的客观要求,在结构和功能上变得越来越合理、越来越完善,那就是常态下的政治发展。

二、政治发展的内容

不仅不同的政治形态发展的内容不同,就是同一种政治形态,其政治发展的内容也会有差别。甚至同一种政治形态在不同的运行阶段上,其政治发展的具体内容也会不一样。但从现代政治系统所体现的政治发展来看,政治发展的内容大体上可以概括为以下几个方面。

政治生活的一体化

作为政治生活的物质基础,生产方式历史变迁的一个重要规律在于,它在愈益扩大的规模上趋于社会化,从而将越来越多的人口,越来越大的地域,越来越复杂的生产行为、交往行为、社会行为、生活行为和文化行为等等,结合在一个紧密相关的体系之中。生产发展和经济发展的社会化,客观上要求政治结构也要作相应扩充,即实现政治生活的一体化。这种一体化,通常一方面表现为结束分裂和割据状态,建立统一的民族国家和其他形式的政治共同体,另一方面则表现为消除政治原则与政治规范的歧异和矛盾,建立一体化的立法体制、行政体制、司法体制,即建立一体化的公共权威体制。只有借助这种一体化的公共权威体制,国家公共政治权力才能积极地适应伴随经济扩展而来的复杂多样的政治要求,有效地进行社会政治动员、实施利益分配、解决矛盾争端,从而使政治统治和政治管理、政治决策和政治监督得以顺利地进行。否则,政治系统便会因丧失权威性和内聚力而陷入一种动荡不稳的无序状态。

政治结构的合理化

生产发展和经济发展的社会化,在不同的历史条件下表现为不同的水平。但是,不论哪一种水平上的生产发展和经济发展,其整体规模的社会化,总是以构成要素的一定程度的分化或多样化为前提的。从历史演进的总体趋势来看,具体环节的分化像整体联系的一体化一样,表现为一个不断加速的过程。随着生产发展和经济发展从先前较为简单的要求,扩张为各个方面,诸如农业、工业、商业、财政、税收、金融、货币、能源、原料、交通、信息、生态环境等更为复杂的要求,像法制建设、福利保障、医疗卫生、科技教育、文化生活等愈益广泛的社会要求也会逐步地衍生出来。要满足这些要求,政治系统就必须实行严谨规范的专门分工,形成层次清晰、职责分明、彼此协调、运转自如的合理结构。否则,政治系统便会因政治制度和政治体制的简单和僵化而在复杂多样的要求面前束手无策,调度失灵,乃至产生紊乱和衰败,那当然也就谈不上什么政治发展了。

政治功能的完善化

将功能的完善确定为衡量政治系统发展的指标,主要有两个方面的涵义。其一,与经济发展规模的不断扩大及其所促成的一体化社会联系的愈益紧密相适应,政治功能的完善,指的是政治体制着眼于全局和整体的协调、计划、干预和控制能力的增强。这种能力的增强常常是和创建、促进公共利益联系在一起的。其二,与经济发展和社会发展在具体环节、运作方式上的分化或多元化趋势相适应,政治功能的完善,指的是政治体制应付和处理形形色色的复杂事务所必需的诸种专门能力的增强。这种能力的增强往往通过政治决策和政治管理的及时、准确、迅速、连贯等方式表现出来。如果同一功能由若干性质不同的机构和角色承担,或者一个机构和角色同时承担若干不同的功能,其结果便只能是政治运行的低效率乃至无效率。因此,政治功能的完善化,意味着一种政治体制无论在宏观调控还是在微观管理上都能够有令有方、有力有效,否则就会产生上下断裂、左右摩擦、前后脱节的混乱局面,这无疑与政治发展的方向是背道而驰的。

政治变革的自主化

生产发展、经济发展和总体社会发展是一个连续性的动态过程,与之相联系,政治生活的一体化、政治结构的合理化、政治功能的完善化也不是什么超历史的凝固不变的东西。如果说,政治环境要素的变化,总是向政治系统不断提出新的要求和挑战,那么,只有具备内在的自我变革能力的政治系统,才能够积极主动地适应这种要求,迎接这种挑战。正像弱不禁风的人很难承受大手术一样,政治系统若要自我变革,首先必须自身强壮。这意味着一种具备起码承受能力的政治系统,应该借助政治生活的一体化而获得足以维持公共秩序的有效权威。但是,这种权威的有效性,从一种较为长远的眼光来看,不在其刻板的强制性,而在其适应自然的和社会的环境要素变化的结构功能上的创新性和灵活性。即使某种政治体制针对某一类型的问题已形成一套行之有效的对策,倘若它变得保守僵固,当它碰到完全不同的问题并需要采取完全不同的对策的时候,就很可能沦为自己过去成功的牺牲品。所以,一种政治系统要保持其活力,就必须以开放的姿态去迎接挑战,根据时代发展的需要而不断进行自我调整,否则就会落后于时代,以至成为历史前进的绊脚石。

从总体上说,政治体制的发展是在一定的政治制度的框架范围内进行的。因此,政治制度适应生产力和生产关系发展变革的客观要求的能力,决定了政治体制自我完善所能达到的基本水平和基本限度。如果一种政治制度仍旧处于合乎历史进步潮流的上升时期,那么其框架范围内的体制变革就有某种潜在的回旋余地。在特定情况下,当这种回旋余地因某个统治者或某个统治集团的顽固保守、软弱无能而变得萎缩的时候,便会有新的进步政治力量以这样那样的形式取而代之,重新将它开辟出来。迄今为止的任何一种政治制度,都有过开明的政治体制改革;而这种体制,反过来又都使政治制度得到了程度不同的巩固、维持和延续。但是,如果一种政治制度已根本上丧失了适应生产力和生产关系变革要求的历史合理性,那么,该政治体制的发展也就终结了。这时候,只有通过政治制度的彻底革命,亦即通过新旧政治形态的更迭交替,才能为政治发展开辟出新的道路。

第二节　政治发展的基本途径

一、政治革命

政治革命的性质

从根本上说,政治发展是由生产力和生产关系、经济基础和上层建筑的矛盾运动引起的,因此,它是一个客观的和有规律的过程。但是,与自然界的盲目运动不同,历史规律并不是存在于人的活动之外的超然力量。只有当社会基本矛盾运动引起政治利益关系和政治力量对比的变化,并转化为进步阶级、阶层或集团变革旧秩序的政治实践的时候,政治发展才能得以实现。从主体与客体的交互作用来看,政治发展一般通过两条主要途径或者两种基本形态,即政治革命和政治改革来进行。前者是政治关系的质变过程,导致政治形态的新旧更替;后者是政治关系的量变或部分质变过程,促成政治形态的改进与完善。

革命是人类历史上的一个重要现象,历来为人们所关注。中国古代就有"汤武革命,顺乎天而应乎人"的说法。这里的革即变革,命即天命,二字联用即实施社会变革以应天命的意思。这是对王者易姓、改朝换代所作的神秘主义论证。从古希腊的柏拉图和亚里士多德开始,革命就成为西方社会政治学说研究的重要问题。尽管近代西方资产阶级学者也对政治革命有过比较深刻的认识和论述,但他们的观点总是存在某些片面性。

政治革命作为总体社会革命的一个重要组成部分,是以新兴的革命阶级为主体、以夺取国家公共政治权力为首要标志、以新政治制度取代旧的政治制度、以新的政治形态取代旧的落后的政治形态,使新旧政治形态发生更替为基本内容的政治大变革,是政治发展过程中的质的飞跃。由于反动统治阶级不会自动退出历史舞台,因此,旨在推翻反动统治的政治革命往往同暴力相联系。但马克思主义认为,并不是所有的暴力都导致革命。那种不具备革命形势、缺乏群众基础、只有少数人参加的政治密谋和政治恐怖活动,是不可与政治革命等量齐观的。

政治革命的根据与条件

马克思主义认为,政治革命是历史发展中的必然现象。当旧的生产关系严重阻碍生产力的发展,旧的上层建筑,特别是国家政权拼命维护旧的经济基础,阻挠社会进步时,必然引起各种社会矛盾和阶级斗争的尖锐化。代表生产力发展要求的革命阶级,或迟或早地要组织起来用革命的手段夺取政权,摧毁旧的生产关系和上层建筑,建立和发展新的生产关系和政治制度,解放生产力,从而推动整个社会的发展。这是不以人的意志为转移的客观过程。当一种生产关系对生产力的发展还起着积极的促进作用时,任何人要想人为地"制造"革命,是决然不会成功的。同样,当一种生产关系已经十分腐朽、变成生产力发展的严重障碍时,任何力量想要阻止革命、取消革命,也是不可能的。

社会基本矛盾运动是政治革命的深刻的社会根源,它说明了政治革命发生的内在必然性。但革命在何种情况下发生,还取决于特定的革命形势。所谓政治革命形势,也就是革命的客观条件的总和。列宁指出,政治革命形势的主要特征是:"(1)统治阶级已经不可能照旧不变地维持自己的统治;'上层'的这种或那种危机,即统治阶级在政治上的危机,给被压迫阶级不满和愤慨的迸发造成突破口。要是革命到来,单是'下层不愿'照旧生活下去通常是不够的,还需要'上层不能'照旧生活下去。(2)被压迫阶级的贫困和苦难超乎寻常地加剧。(3)由于上述原因,群众积极性大大提高,这些群众在'和平'时期忍气吞声地受人掠夺,而在风暴时期,无论整个危机的环境,还是'上层'本身,都促使他们投身于独立的历史性行动。没有这些不仅不以各个集团和政党的意志、而且也不以各个阶级的意志为转移的客观变化,革命通常是不可能的。这些客观变化的总和就叫作革命形势。"①

政治革命的客观形势是阶级矛盾和社会冲突极端尖锐化、各种因素汇合起来形成全国性的政治经济危机的结果。在这种形势下,一方面,旧的统治阶级的政治力量因遭到严重削弱而指挥失灵。它既不能维护旧有的秩序,也无法以原有的方式处理危机,更没有能力实行政治革新。由于旧的腐朽的统治阶级已不能照旧不变地统治下去,这就为革命的政治力量提供了一个实施突破的缺口。另一方面,被统治阶级和人民大众因物质生活极度贫困而承受着超乎寻常的苦难。这种苦难不仅使他们对现有社会秩序和政治秩序产生强烈的不满与愤慨,而且达到了不能再忍气吞声的程度。由于人民群众已不愿以旧有的方式生活下去,这就为政治革命提供了广泛的群众基础和强大的社会生力军。

一些西方学者也对政治革命作了研究。比如美国学者詹姆斯·戴维斯通过对1842年美国罗得岛纺织工人暴动、1917年俄国革命、1952年埃及革命等案例的分析,于1962年在《美国社会学评论》上发表"关于革命的一般理论"的文章,提出了引发冲突和革命的"相对剥夺理论"(relative deprivation theory)。

他认为政治的稳定和不稳定取决于一个社会中人们的普遍心态。在物质、地位、权力各方面虽然匮乏但心理仍感到满足的穷人,在政治上不会革命。只有那些感到不满足的人才会反抗。直接导致革命的不是生活贫困,而是日益积累的不

满情绪或心态。

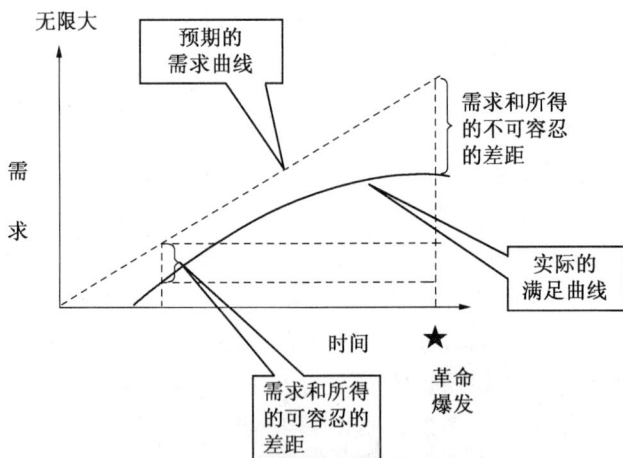

图 6-1　相对剥夺与革命的爆发

　　另一位美国学者泰勒·格尔在《人们为什么会造反》一书中也指出,革命和暴力发生在社会上许多人变得愤怒的时候,而人们的愤怒通常发生在存在"相对剥夺"的条件下。这时人们感到可能获得的有价值的东西和机会与他们实际上得到的之间存在巨大鸿沟。当这种相对剥夺既波及大众也席卷精英时,潜在的领袖及其追随者受到严重挫折,就会精心组织暴力活动。这时政治革命的条件就成熟了。但是西方学者却忽视了政治革命发生的主观条件。

　　政治革命的客观形势使革命的爆发成为可能,但要从可能转化为现实,还必须具备一定的主观条件。否则,再好的革命机遇也会丧失。在近代以来的世界史上,不少国家曾出现过对人民有利的革命形势,但最终取得革命胜利的国家却屈指可数。造成这种状况的一个重要原因,就是政治革命的主观条件还不成熟。列宁指出:"不是任何革命形势都会产生革命,只有在上述客观变化再加上主观变化的形势下才会产生革命,即必须再加上革命阶级能够发动足以摧毁(或打垮)旧政府的强大的革命群众行动,因为这种旧政府,如果不去'推'它,即使在危机时代也决不会'倒'的。"①

　　历史的经验表明,在革命形势下,被统治阶级,特别是代表生产力发展要求的被统治阶级,只有对自己的社会经济地位和根本利益形成深刻的认识,并且自觉地承担起自己的历史使命,即在形成革命意识、提高革命觉悟、从自在阶级上升为自为阶级的时候,才能凝聚为摧毁反动政权的革命力量。此外,革命阶级是否由

————————

　　① 《列宁选集》第 2 卷,人民出版社 1960 年版,第 461 页。

先进分子组成革命组织,借以充当革命的发起者和领导者,宣传革命思想、制定革命纲领、选择革命时机、设计革命的战略和策略等等,对于革命的进行和成功也至关重要。革命阶级的觉悟程度和组织程度,是促成革命胜利的主观条件。

　　无论是政治革命的爆发还是最后取得胜利,都必须将客观规律性和主观能动性有机统一起来。社会基本矛盾的尖锐化,使政治革命的发生成为必然;而革命阶级意识到革命的客观条件已经成熟,从而形成革命的决心和勇气,并且通过有组织的联合行动来追求其政治目标,则使政治革命的可能性转化为直接的现实性。政治革命既是社会基本矛盾尖锐化的必然结果,也是解决社会基本矛盾的根本手段。

政治革命的类型和形式

　　社会基本矛盾及其发展,是决定政治革命必然趋势的一般根据。然而,现实的社会基本矛盾和阶级斗争的表现是历史的、具体的,因而有着它的特殊性。正是这种特殊性,决定了政治革命的不同的性质和类型。因此,所谓革命的类型就是由特殊的社会矛盾、社会性质所规定的革命现象、任务和动力的集中表现。

　　从原始平等的政治形态向奴隶主占统治地位的政治形态的过渡,是在生产力发展和生产资料私有制产生的基础上自发进行的。奴隶主和奴隶两大对抗阶级在这个过程中逐渐形成,但没有经历完全意义上的政治革命。进入阶级社会以后,情况就根本不同了。每一次重大的政治变革,都要经过剧烈的革命斗争才能实现。在奴隶社会,发生过反对奴隶主阶级的奴隶革命和起义,目的是推翻野蛮的奴隶主占统治地位的政治制度,解决奴隶阶级和奴隶主阶级的矛盾。新兴封建主阶级经过长期斗争并借助于奴隶起义的力量,推翻了奴隶主阶级的政治统治,实现了由奴隶主阶级占统治地位的政治制度向封建主阶级占统治地位的政治制度的转变,同时也实现了从奴隶主阶级占统治地位的政治形态向封建主阶级占统治地位的政治形态的变迁。在封建主阶级占统治地位的政治形态中,农民阶级为摆脱自己遭受的经济剥削和政治压迫,发动过多次反对封建地主阶级统治的农民革命和农民战争。随着资本主义生产方式在封建社会内部成长和发展起来,新兴资本家阶级借助广大劳动群众的力量发动反封建的资产阶级民主革命,在一些国家建立了资本主义制度。在资本家阶级占统治地位的政治形态中,生产的社会化同生产资料资本家私人占有之间的矛盾日益尖锐化,必然要求用生产资料的公有制代替私有制,用社会主义代替资本主义。这一矛盾表现在阶级关系上,就是无产阶级同资产阶级的尖锐对立和斗争。解决这一矛盾的途径只能是无产阶级的社会主义革命。

　　历史上的革命有多种类型,因而也必然有多样的形式。马克思主义认为,在阶级社会中,暴力革命一般是实现社会变革的必要手段。恩格斯说:"革命无疑是天下最权威的东西。革命就是一部分人用枪杆、刺刀、大炮,即用非常权威的手段强迫另一部分人接受自己的意志。"①在通常情况下,革命阶级只有运用暴力的权威力量,才能打碎旧的国家机器,推翻统治阶级的政治统治,建立新的政治制度和政治秩序。

暴力革命之所以成为政治革命的基本形式,是与统治阶级的本性和政治革命的本质分不开的。从统治阶级的本性来看,无论怎样腐朽的反动统治阶级都不会自动退出历史舞台。当革命开始威胁他们的政治统治地位的时候,他们总是要动用手中掌握的暴力工具毫不犹豫地进行镇压。正如列宁所说:"反动阶级通常都是自己首先使用暴力,发动内战,'把刺刀提到议事日程上来'……"②在这种情况下,革命阶级要推翻武装起来的统治者,仅仅诉诸道义的力量是不够的,还必须组织和运用革命的暴力,直到统治阶级彻底失败为止。从政治革命的本质来看,任何时代的政治革命都是由社会基本矛盾尖锐化引起的阶级利益对抗的总爆发,因而往往具有不可调和的空前残酷和激烈的形式。对革命阶级来说,革命的首要目标是夺取国家政权,而要实现这一目标,通常会经历一场生死存亡的大搏斗,因此,暴力这一最具威慑力和打击力的手段,便成为它借以摧毁反动统治阶级的国家机器的可靠保证。

强调暴力在革命转变中的突出作用,并不是把暴力看作是实现政治革命的唯一方式。一个国家和民族究竟以何种具体方式完成政治革命的任务,往往取决于一系列复杂的社会历史条件,如特定的国内环境、国际环境、革命主客观条件的成熟程度以及革命与反革命的力量对比等等。其中,政治力量对比是一个至关重要的因素。当革命力量占有绝对优势,国内外环境大大有利于革命阶级,统治阶级力量严重衰弱以至根本无法与革命阶级对抗的时候,通过非暴力的和平方式实现政治权力的新旧交替也是可能的。

马克思、恩格斯和列宁在论及无产阶级革命时指出,无产阶级之所以走上一条暴力革命的道路,是因为面对反动统治阶级的残酷镇压,没有别的选择。就无产阶级本身来说,它当然希望政治革命能够和平发展。马克思主义把暴力看作是新社会的"助产婆",但从来就不迷恋暴力,而是如实地估计暴力在政治革命转变中的作用,并力求在革命实践中尽可能地不使用或少使用暴力。马克思、恩格斯和列宁,从来就不排除在资产阶级军事官僚机器不发达的地方,或无产阶级在社会力量对比中已经占优势的情况下,革命有和平转变的可能性。他们认为,即使

---

① 《马克思恩格斯选集》第3卷,人民出版社1995年版,第227页。
② 《列宁全集》第39卷,人民出版社1986年版,第373页。

这是千载难逢的罕见机会，无产阶级及其政党也不应该放过它，而应该尽可能地争取它，利用它。问题只是在于，资产阶级掌握强大的国家机器，并常常首先运用暴力手段，所以无产阶级决不可对和平过渡抱不切实际的幻想。而且，即使在特定的历史条件下出现了革命和平发展的有利形势，也不可无度推演，把它看作是无产阶级夺取政权的唯一道路。

政治革命在政治的演变发展中具有重要地位和巨大的作用。如同一切事物的发展总是采取量变和质变两种状态一样，人类社会的发展也总是在进化和革命这两种状态的交互更替过程中前进的。从总体上说，这两种状态对人类社会的发展都很重要。但比较而言，革命是社会急剧变动的时期，是政治制度和社会形态发生根本转变的时期。它对政治发展和社会进步所起的推动作用，无论在广度上还是在深度上，都是和平发展时期所无法比拟的。

列宁指出："从马克思的全部历史观点出发，必然会对人类发展的革命时期给予高度的评价，因为正是在这样的时期，所谓和平发展时期慢慢积累起来的许多矛盾才能够解决。正是在这样的时期，各个不同的阶级在确定社会生活形式方面的直接作用才得到最有力的表现，而后来长期以更新了的生产关系基础为依托政治'上层建筑'的基本方面才得以建立，同时，马克思和自由派资产阶级的理论家不同，他并不认为这样的时期是脱离了'正常的'道路，是'社会病态'的表现，是过激和谬误的可悲的结果，他认为这是人类社会历史中最有生气、最重要、最本质、最具有决定性的关头。"①

政治革命之所以具有如此重要的地位，首先在于它是解决社会基本矛盾的根本手段。当生产力的发展同落后的生产关系，进而同维护落后生产关系的旧的上层建筑发生尖锐冲突的时候，不但会提出进行政治革命的客观要求，而且也为政治革命发挥其巨大作用提供了绝好的契机。只有通过代表历史进步方向的阶级发动摧毁上层建筑的政治大革命，才能保证新的生产关系的形成和发展，从而使生产力从旧的生产关系的束缚下解放出来，为整个社会的全面发展和进步扫清道路。因此，政治革命是历史的火车头。

政治革命的直接目标是推翻反动阶级的政治统治。这种政治统治由于极度腐烂已成为社会进步的严重障碍。但是，政治革命的意义并不仅仅在于摧毁一个旧制度，它同时也使革命阶级和广大人民群众的主观世界得到改造。在革命过程中，革命的政治力量最能克服自身的弱点，抛掉旧社会加在自己身上的陈旧的东西，激发起高昂的热情和理想，表现出创造性的聪明和智慧。正如列宁所说："在革命时期千百万人民一个星期内学到的东西，比他们平常在一起糊涂的生活中所

---

① 《列宁全集》第1卷，人民出版社1984年版，第747—748页。

学到的还要多。"①所以,每次革命的胜利都将引起道德和精神上的飞跃性变化。因此,没有革命的锻炼和洗礼,就没有人类自身的进步。

革命是破旧,更是立新。它使原本尖锐化的社会基本矛盾得到解决,通过维护和巩固新的生产关系来促进生产力的发展,因而也就将新的上层建筑奠定在了更高级、更坚实的经济基础之上;它使反动统治阶级退出历史舞台,通过政治系统内国家政权的转移建立新的政治制度,因而也就为公共政治权力的机构、政治行为主体间的关系、政治决策的结构和方式的全面更新创造了条件;它使旧道德、旧观念、旧习俗得到洗刷和改造,通过宣传革命思想来教育群众,并借助直接的革命行动来培养新型的政治文化,因而也就为今后政治生活在健康的轨道上发展开掘了积极的精神资源。总而言之,政治革命是历史进程中的里程碑,是政治发展和社会发展的一种决定性方式。

二、政治改革

政治改革的性质

推动政治生活演变、发展的另外一种途径是政治改革。政治改革有其特定的内涵和特征。政治发展是间断性和连续性的统一。当一种符合历史进步趋势的政治制度在经过复杂的矛盾冲突而最终建立起来之后,便会进入一个相对稳定的调适期。在通常情况下,政治制度的调适是通过一系列具体的组织形式和管理形式在结构上的改进和功能上的完善而表现出来的。我们把统治阶级中的政治领导集团,根据社会矛盾状况,适应社会发展要求,依靠现有社会制度本身的力量所进行的改进政治体制、调节政治关系、完善政治功能,以巩固和加强其政治统治的政治过程,称作政治改革。

同政治革命相比,政治改革不是政治形态的根本质变,而是以维护现有的政治制度为前提的自我调整和自我完善,它体现了政治发展的渐进性和连续性,因而从总体上说,属于政治发展的量变过程。这个过程之所以发生,一方面是因为现有政治上层建筑存在着同经济发展和社会发展的客观要求不相适应的方面与环节,另一方面也因为,社会基本矛盾以及由此所决定的阶级矛盾,还没有达到激化和对抗的程度。因此,政治改革一般是在政治统治者控制的范围内进行的。它或者是调整统治阶级内部不同政治行为主体间的利益关系,通过政治权力分配和政治决策在新的基点上的综合平衡,来解决它们之间的矛盾纷争,或者是调整统治阶级与被统治阶级的利益关系,通过对被统治阶级作出必要的让步,在一定程

---

① 《列宁全集》第 3 卷,人民出版社 1984 年版,第 94 页。

度上满足其利益要求,以缓和阶级矛盾和阶级冲突。但是不论哪种情况,政治改革都以不破坏既有政治统治的根本基础为前提。在这个意义上,政治改革同政治改良有相似之处。

但是,政治改革并不完全等同于政治改良。一般来说,政治改良是统治阶级在保持其统治的条件下,在政治管理和政治决策中,对政治生活的某些部分或环节所作的局部的、点滴的改善,使公共政治权力的结构及其活动方式发生一些微小的量的变化。它虽然能够带来某种程度的社会进步,但是这种进步往往是很不彻底的。同政治改良相比,政治改革通常要以政治体制较大幅度的变动为内容。它并不仅仅是单纯的量变,更重要的是总的量变过程中的部分质变。这种部分质变意味着,政治改革既不是一时性的政治决策的微调,也不是新任政治领导人对前任的施政方针、政府计划、人事安排和领导作风等等所作的变通,而是有计划、有目标、有步骤地对现有政治权力结构、政治行为主体间的关系、政治决策方式进行的兴利除弊、革故鼎新的改造。从这种改造的系统性、全面性和深刻性而言,政治改革也是一场“革命”。

当然,在严格意义上,政治改革与政治革命是有着重大区别的。从目标追求来看,政治革命的根本任务是推翻现有的政治秩序,实现政治权力的转移和政治制度的彻底变更。而政治改革则以不破坏现有政治制度的基本框架为前提,其目的是通过政治体制的调整与革新,来巩固和加强统治阶级的权力基础,提高和完善统治阶级政治权力的实际效能。从行为过程来看,政治革命是自下而上地发生的,其主体一般是被统治阶级。而政治改革则是自上而下地进行的,它以政治领导层为主体,整个变革过程通常被置于较为严密的计划和组织之下。从实现方式来看,政治革命虽不排除和平过渡的可能,但大多采取激烈的暴力方式。为了推翻旧的政治统治,革命者往往最大限度地进行政治动员,集结革命力量,发起革命运动,力图在较短的时间内促成政治秩序的根本性变化。而政治改革则以非暴力的和平方式展开,通常表现为一个长期的和缓慢的过程。为了顺利实现改革目标,改革者往往有计划地选择改革时机,设计改革方案,制定改革策略,确定改革步骤,并随时调整改革的规模和速度,力求避免任何突发的、不可控的暴力事件与行为。

总之,作为政治发展的一个重要途径,政治改革的特征应当在与政治改良、政治革命的联系和区别之中来把握。与政治改良相比,政治改革不仅是政治发展过程中的量变,而且是部分的质变。它是对现有公共政治权力结构及其运行方式的系统、全面、深刻的革新。但与政治革命相对照,政治改革谋求和带来的质变,仅仅是部分的,而不是全局的和整体的。它以不破坏现有政治形态、政治制度的基本框架为前提,由政治领导层组织和推动,采取自上而下的和平方式,按计划有步骤地展开,实际上是一个使仍然具有历史合理性的政治秩序的积极能量得到充分发挥和释放的过程。

政治改革的根据与条件

像政治革命一样,政治改革的根源也必须从社会基本矛盾运动之中去寻找。在社会基本矛盾运动中,生产力是最活跃和最革命的因素。当生产力的发展使某一类型的生产关系越来越显现出不相适应的一面的时候,如果一种政治上层建筑刻板僵化,以保守方式维护和巩固其经济基础,就会使生产关系中那些与生产力发展不相适应的方面和环节得不到应有的改善,从而成为生产力发展和社会进步的障碍。于是,政治改革的任务就被提出了。在这个意义上,经济发展、文化发展和社会发展的客观要求,是引起政治改革的根本原因。

一般来说,社会基本矛盾运动会在社会分层和利益关系上得到表现。这大致有两种情况。其一是,统治阶级内部不同阶层或集团之间以及统治阶级和被统治阶级之间,在原有利益格局的基础上产生力量对比的新变化。其二是,随着生产方式、分工方式、交换方式、分配方式和消费方式等等的发展,社会上出现了新的利益集团,产生了新的政治力量和社会力量。以上两种变化都要求对现有政治体制进行适度的变革。这种变革,或者是在利益关系方面作调整,通过制定新政策和新措施,来协调和解决社会上的利益矛盾,或者是在公共政治权力结构方面作调整,通过适当吸纳新兴政治力量,并在不同程度上认可其他阶级、阶层、集团和广大民众的利益要求,来扩大、加强现有政治统治的范围与基础。否则就会导致尖锐的阶级对抗和社会紧张。

社会基本矛盾运动以及社会分层和利益关系的新变化,必然要在思想观念上反映出来。一方面,随着经济发展、文化发展和社会发展,人们追求物质利益的欲望不断高涨,期望值日益提高,对现有政治系统弊病的感受越来越深刻,从而要求进行政治改革的呼声也就越来越强烈。但是另一方面,传统的政治思想、政治理论和其他政治意识形态,会对政治改革构成阻力;同时,民众在以往的政治体制中长期形成的安于现状、求稳怕乱的心理,也是抑制政治改革的一大障碍。因此,改革进程往往伴随着新旧价值观念的剧烈碰撞。当进步社会力量的革新要求占据上风,逐步成为社会成员的普遍共识的时候,政治改革的文化氛围和思想条件也就孕育成热了。

政治改革是一种自上而下进行的有计划有步骤的政治变革活动。因此,能否出现一个具有改革意识和改革能力的政治领导层,对于政治改革的发起、组织乃至成败,都至为关键。改革必须要有改革的倡导者和领导者。他们应当思想开明,富有远见,对本阶级的根本利益和历史地位有着深刻的理解,对政治、社会、文化、经济形势的发展变化有着清醒的认识,对现有政治体制及其弊端能够作出正确的分析。他们热衷于改革事业,具有制定并实施正确的改革计划的能力,同时还必须把政治改革和本阶级成员以及广大民众的利益联系起来,充分调动他们的积极性,使他们拥护改革,支持改革,成为推动改革的政治力量。一般来说,政治改革的内容和方式、进程和步骤、深度和广度,都是与政治领导层的改革意向和改革能力分不开的。这是政治改革的主观条件。

政治改革是一种以和平方式进行的循序渐进的政治变革活动,因而需要有一个稳定的社会环境。在一个冲突接连不断、暴力事件层出不穷、军事政变时有发生、抗议活动此伏彼起、生活局面混乱不堪的政治环境下,改革计划的有效贯彻和连续实施是不可想象的。由于政治改革势必触及某些社会力量的利益,打破或改变既往的社会利益结构,从而在客观上造成一些新的社会不安定因素,因此,正确处理稳定、改革和发展三者之间的关系,对于政治改革的顺利推进至关重要。保持相对稳定的社会环境,努力把社会动荡降到最低限度,是推行有计划、有步骤的政治改革,并使之获得切实成效的必不可少的社会条件。

政治改革的目标与方式

政治改革是一种自觉的政治变革活动。为了明确前进方向,稳步而有序地推动改革进程,政治改革的领导者通常会确定改革所要完成的任务和达到的目的。这就是政治改革的目标。在不同的历史时期和经济、文化、社会条件下,政治改革的目标是各不相同的。如果对各种形式的政治改革加以概括,其目标设计总的说来要考虑以下几个方面。

一是调整政治结构。政治改革之所以要进行,根本上是为了变革政治上层建筑中那些同经济发展、文化发展和社会发展不相适应的方面和环节。从历史上看,经济发展、文化发展和社会发展呈现出高度分化与高度综合两种相反相成的趋势。要适应这一趋势,政治体制就必须实行规范化分工,形成层次清晰、职责分明、彼此协调、运转自如的合理结构。否则,政治体制便会因自身的刻板僵化而在复杂多样的要求面前束手无策,调度失灵,乃至产生紊乱和衰败。

二是提高管理效能。政治改革必须落脚于政治系统功能的完善。与社会、文化、经济发展高度分化和高度综合的趋势相适应,政治功能的完善体现在微观管理和宏观调控两个方面。无论哪个方面,都需要政治体制形成一套程序化、科学化的政治统治机制、政治决策机制、政治管理机制和政治监督机制。否则,便只能是行政的低效率,甚至产生运行中的脱节、断裂和摩擦。

三是协调利益关系。社会基本矛盾运动所导致的利益关系格局的变化,是驱动政治改革的基本原因之一。为了平衡和解决各个方面的利益矛盾,政治改革必须对现有的公共政治权力结构进行适度调整。这种调整首先要扩大政治参与,使公共政治权力体系向更多的阶层和集团,特别是那些新兴社会力量开放,以便激发和保持政治系统的活力。同时,由于权力结构调整打破了旧的利益分配模式,容易引发动荡,因此,在触及某些社会力量的政治经济利益和可能造成社会不稳定的问题上,必须综合平衡,使社会的矛盾紧张缓解到最小程度。就此而言,参与的扩大化和权威的稳定性,是政治改革所谋求的双向目标。

与政治革命相比,政治改革是以和平方式展开的一个相对缓慢和较为持久的过程。从这个方面来考虑,政治改革必须根据实际情况,分别确定其近期目标、中期目标、长远目标,而且在实施过程中,还要随机应变,不断作出适时、适度的修改与调整。尽管政治改革与政治革命相比呈现出平稳和缓的特点,但是各种具体的政治改革之间,在推行改革计划、实现改革目标的方式上却有很大的差异,这大致可分为两种。

一种是激进式改革。这种改革强调总体设计和强制性变迁,因而被形象地称为"闪电战略"和"休克疗法"。在运用这种政治改革方式的时候,改革者往往从一开始就将改革目标全盘托出,主张整体推进,一步到位,系统和全面地实施改革计划,在较短的时间内完成对旧的政治体制的斩草除根式的改造。激进式的政治改革有利于缩短新旧政治体系转轨的阵痛期,但却极大地增加了社会阵痛的强度。因此,只有在社会格局和政治格局相当稳定、广大民众具备足够的心理承受能力的条件下,这种改革方式才是可行的和有效的。如果缺乏这些条件,推行激进改革就有可能因为全面出击而树敌太多,最终招致失败。

另一种是渐进式政治改革。这种改革强调长远和眼前、总体与局部的平衡,主张由易到难,循序渐进,因而被形象地说成是"费边战略"、"多项分进方法"。这种政治改革方式要求改革者在确定最终的和总体的目标之后,恰当地选择改革序列,合理地分解改革内容,实行各个突破,分期分批地完成改革任务。从形式上看,渐进式改革不如激进式改革来得迅速,而且要持续一个较长的时间。但它却有利于随时调整改革计划,纠正改革的失误;同时也有利于化解不利因素,减轻改革所带来的阵痛。渐进战略的一个优点是,既可以有步骤地推进改革,又可以在每一次改革中赢得某些潜在的反对派的默许或支持,从而使改革的阻力减至最低限度。

各国的社会历史条件不同,因此它们究竟采取哪种政治改革方式,要视具体情况而定,不能盲目地抬高一种方式而无条件地贬低另一种方式。事实上,成功的改革往往是从实际出发,实行渐进方式与激进方式的交替配合。而能否恰当地实行这种方式的交替配合,从某种意义来说,是对改革者政治能力、政治智慧和政治技巧的一个重大考验。

政治改革具有重要的地位与作用。在文明社会,政治革命和政治改革是政治发展的两种基本途径或基本形式。如果说,渐进性和间断性的统一构成事物发展的一般规律,那么,政治发展同样是在量变和质变的更迭交替中实现的。当一种政治制度完全衰朽,已变成社会进步的桎梏的时候,只有通过政治革命,实现政治形态的质变和飞跃,才能为政治发展开辟道路。但是,政治革命并不是可以人为地制造出来的。如果一种政治制度与经济发展、文化发展和社会进步基本适应,仍有继续存在的合理价值,就不需要用革命方式将它彻底摧毁,而是用改革方式克服它的某些不良方面或环节,使它蕴含着的积极潜能充分实现出来。就实质来说,政治改革是一个使仍然具有历史合理性的政治体系的积极能量得到充分挖掘和释放的过程。这是推动政治发展和社会进步的重要方式,也是认识政治改革的历史地位的基本出发点。

辩证地看,政治改革是充分发掘一种政治系统的积极能量,既以维护其制度框架为前提,同时也以变革其不合理的方面和环节为条件。因此,政治改革决不是一种守旧倾向,而是一种锐意进取的开放姿态。这种姿态有双重表现。一方面,它积极回应自然和社会的环境要素的变化向政治系统发出的挑战。由于经济发展、文化发展和社会发展是一个连续的动态过程,因此,自然和社会的环境要素的变化会对政治系统不断提出新的要求。在这些要求面前,政治系统常常会暴露出一些不完善之处。即使一种政治系统针对某一类型的问题曾形成一套行之有效的决策,但当社会历史条件发生变化以后,固守原来的决策也会沦为过去成功的牺牲品。因此,改革作为进取和创新的一个重要表现在于,它积极迎接政治环境变化的挑战,通过调整政治结构、完善政治功能而在相当程度上自我完成除旧布新的过程。反过来说,这种过程的自觉推进和顺利完成,不仅有利于维持政治秩序的稳定,提高政治管理的效率,保障政治体系的良性运作,而且还会向外部环境输出积极能量,强有力地推动经济发展、文化发展和社会发展。这是政治改革的一个重要作用。

政治改革在另一方面的表现,就是勇于革除现有政治体制中的种种弊端。这种弊端并不仅仅是难以适应经济、文化和社会发展要求的结构功能上的不完善,而且更重要的是与社会进步潮流相违背的局部环节的不健康。贪污腐败、以权谋私、官僚主义、独断专行等等即为典型。这些政治弊端危害很大,若任其膨胀,势必激化社会矛盾,破坏乃至瓦解现有政治统治的合法性基础。政治改革的革新之处,很重要的一点就在于它从本阶级、本民族、本国家的长远利益和总体利益出发,对现有政治体制的弊端进行大胆剖析,并采取相应措施设法予以整治和克服。反过来说,当政治弊端在一定程度得到整治和克服后,它就不仅会使社会矛盾趋向缓和,使政治统治的合法性基础得到强化,而且还会为人类文明的进步不断积累政治价值资源,在开明、民主的轨道上把政治生活不断推向前进。这是政治改革的又一重要作用。

自古至今的每一个历史时代都曾有过政治改革尝试。这些改革尝试因为社会条件、阶级基础、制度框架的不同而具有不同的特点。在剥削阶级占统治地位的政治形态中,政治改革是统治阶级迫于形势的压力所采取的革新措施。它本质上是统治阶级维护自己统治地位的一种变通手段。但即使如此,由于它在一定程度上适应了经济发展、文化发展和社会发展的需要,对被统治阶级的利益要求作出了某些让步,因而其积极意义也不能完全抹煞。在社会主义政治形态下,社会基本矛盾具有非对抗性质,无产阶级和广大劳动群众在根本利益上存在着共同性和一致性。这就使政治改革获得了全新的内容和意义。通过政治改革,自觉调整社会主义政治上层建筑中那些与经济和社会发展不相适应的方面和环节,充分发挥社会主义制度的优越性,实现社会主义制度的自我革新和自我完善,是社会主义政治发展的必由之路和唯一形式。

第三节　西方政治发展的道路

一、制度变革的两种模式

政治发展是一个有规律的过程,但是这一过程在不同的民族和国家那里却有着复杂多样的表现形式。因此,将一般和个别联系起来,深入探讨政治发展的特定历史类型,乃是政治发展理论由抽象到具体的合乎逻辑的展开。

这里所说的"西方",取其流行涵义,是指欧美为代表的发达资本主义国家。之所以把这些国家的政治发展当作一个特定类型专门加以研究,主要有两个方面的考虑。其一,在制度层面,资本主义国家和奴隶制、封建制国家一样,同属剥削阶级专政的国家类型,但是,由于它破除君主专制和世袭等级特权,推行以议会制、普选制等等为特征的政治民主,因而可以说代表了剥削阶级专政的国家类型所能达到的最高发展水平。其二,在体制层面,资本主义的起源、发育和成长,大致属于一种内生的现代化(modernization from within)模式。通过几百年的经营,这种模式不仅完成由传统到现代的转换,在结构体系和功能输出等纯技术的意义上显得相当规范与合理,而且作为历史上的先行者,对发生在欠发达国家的晚近的现代化起了不可否认的示范效应,尽管这种示范效应的实质并不在于提供可以直接照搬的绝对样板。根据以上两点看法,我们先从制度层面,然后再从体制层面,对西方资本主义政治系统的政治发展予以考察分析。

虽然一般意义的社会发展从人类文明诞生的那一天起就已开始,但是,人类历史进程中的巨大飞跃却发端于近代。1500年左右,欧洲开始走出中世纪。地理大发现和新航路的开辟,以商业资本主义为代表的新型生产方式在旧社会母体中的萌芽和成长,城市与市民阶级的崛起,崇尚个人成就的世俗化潮流的蔓延,新文化运动的勃兴和新思想、新观念的迅速传播等等,是一系列历史转折的先兆,预示着一场巨大的社会变革即将到来。这场社会变革通常被人们称作现代化。它以工业化所带动的经济起飞为基轴,波及社会生活的各个方面,当然也包括政治。

因此,一个十分重要的问题是,经济发展、文化发展和社会发展究竟对政治发展提出了什么样的客观要求? 或者反过来说,究竟什么样的政治条件才能为经济发展和社会发展提供积极保障? 从西方社会的历史经验来看,这个问题涉及一对既相互依赖又相互排斥的复杂矛盾。具体表现为:一方面,一种能够给经济发展和社会发展提供积极保障的政治系统,必须是一种有秩序的政治系统。这种秩序的获得,对内需要克服分裂状态,实现国家的统一;对外需要摆脱他国挟制,实现国家的真正独立。亨廷顿称之为"权威的合理性"。另一方面,一种能够积极适应经济发展和社会发展的客观要求的政治系统,又必须是一种有活力的政治系统。这种活力的获得,就否定的意义而言常常表现为对个人专制的克服,而从肯定的意义来说,则往往表现为政治权力的通道在更大范围内向新兴阶级、阶层或利益集团的开放。亨廷顿称之为"参与的扩大化"。[①] 似可认为,一国政治制度变革的具体道路,在很大程度上取决于上述矛盾的解决方式。

就像资本主义生产关系是在旧社会的母体内孕育的一样,资本主义经济发展所必需的初始政治条件,也是在旧制度的框架内取得的。商品经济的发展需要稳定的政治秩序,需要统一的国内市场,需要结束以邻为壑、诸侯割据的混乱局面。而在近代欧洲,专制王权则几乎成了承担此项重任的唯一现实力量。作为现成的专政机器,王权以压倒一切的强硬手段克服分裂、创建统一的民族国家,从而也就为商品经济的发展扫除了重大障碍。这也就是中央集权的君主专制在近代欧洲一度成为普遍政治体制的主要原因。

如果说,新兴资产阶级曾经赞同过这种政治体制,那也就表明它曾经受惠于这种政治体制。因为在商品经济发展的初期阶段,只有这种政治体制才能为少数弄潮儿提供最大的发财机会。这可以看作是新兴资产阶级与传统王权势力在根本利益上的某种历史一致性。亨廷顿指出:"权力的集中对于铲除旧秩序,摧毁封建特权和封建束缚,并为新社会集团的崛起和新的经济活动的发展都是必要的。

---

① 亨廷顿:《变化社会中的政治秩序》,第二章"政治现代化:美国与欧洲之比较",三联书店1989年版。

在某种程度上,绝对君主与新兴中等阶级之间的确存在着一致的利益。"①既是一致的利益,那就不是单向的,而是相互的。正如新兴资产阶级从中央集权的君主制那里获得庇护一样,君主专制的国家政权也不断地增长着对资本主义生产过程所创造的财富与税收的依赖。熊比特把这称作是两个社会阶层的积极共生,虽然这种积极共生并不是不包含差异。他在论及资本主义发展的初始政治条件时这样说:"这个结构的钢铁框架仍然是用封建社会的人的材料构成的,而这些材料仍在按前资本主义模式办事。它充斥在国家机关里,充当军官、制定政策——它作为统治阶级而活跃着……这一切不光是返祖遗传。这是两个社会阶层的积极共生,其中一个阶层无疑在经济上支持了另一个阶层,但在政治上反过来受到另一个阶层的支持。"②因为这个缘故,早期资产阶级政治学说,如马基雅弗利的《君主论》等等,打着深深的专制主义或集权主义烙印,就一点也不难理解了。

然而,这只是问题的一个方面。问题的另一方面在于,资本主义商品经济的更为充分的发展,不仅需要一个能够维持秩序的政治权威,而且需要一个具有变革能力的政治权威。但是在君主专制制度下,这种变革能力的获得由于完全仰赖最高统治者的个人品质和一时好恶,因此就本质来说纯粹是偶然的。若君主贤明,则国家尚可安生;若君主昏聩,则国家便无以生存。而且特别重要的是,撇开那些昏君不说,即便一位明主也总是倾向于个人权力的无限扩大,总是喜欢把自己凌驾于国家和社会之上。他也许具有某种改革意识,可以将新兴阶级或社会集团的某一分子同化进自己的权力体系,但却无法容忍这一权力体系从总体上向新兴阶级或社会集团开放。"在一个君主政体之中,如果推动改革的权力业已充分集中,那么这种权力就可能变得更加集中,以至无法吸收改革所释放出来的各种社会势力。"③这样,以克服君主专制为目标的制度变革就成了历史的必然。此乃近代欧洲各主要国家所面临的一项共同任务。

但是,怎样完成这项任务?在什么时机、以何种方式完成这项任务?这个问题不仅涉及经济发展和社会分层的基本格局,而且涉及民族特性、文化传统、政治态度以及地理条件和国际环境等一系列复杂因素。因此,它在不同的国家那里往往具有很不相同的表现形式。如果说,破除君主专制意味着政治权力结构的一种根本质变,那么总括起来,实现这一质变的最典型的道路大致有两条:一条以英国为代表,可称渐进改革的道路;另一条以法国为代表,可称激进革命的道路。

将英国式道路称作渐进改革,并不是说这条道路不曾存在过任何形式的暴力

---

① 亨廷顿:《变化社会中的政治秩序》,三联书店1989年版,第114页。
② 熊彼特:《资本主义、社会主义和民主主义》,商务印书馆1979年版,第170—171页。
③ 亨廷顿:《变化社会中的政治秩序》,三联书店1989年版,第152页。

冲突。事实上,在封建王朝完成英国统一大业,资本主义商品经济在稳定政治秩序的保障下获得一定程度的发展之后,力量不断壮大的新兴资产阶级同愈益变得专制独裁的封建王权,曾于17世纪中叶发生过一场互不妥协的暴力对抗。只是这场对抗,虽演化为内战,付出了血的代价,但都没有最终解决新旧政治形态的更替问题。这个问题是由1688年的"光荣革命"用旧瓶装新酒的办法在一种相对平静的气氛中解决的。其基本结果是:作为旧政权的代表和象征,国王在形式上仍然被保留,但已变成虚位,实权则转移到由资产阶级把持的议会手中,因此,国家政权的实质内容发生了根本性的变化。

1688年的"光荣革命"以不流血的和平方式完成了新旧政权的更替,建立起资产阶级专政的君主立宪制,这被许多人看作是英国政治发展的一大特色。分析这一特色的成因,有人认为,一个比较明显的条件是英国具有悠久的议会传统。这个传统源于中世纪,而且在整个君主专制时代一直被保留着。近代英国的政治发展即表现为限制王权以加强议会力量的过程。摩尔认为,议会的存在这一事实,在一定程度上意味着制度的某种可变通性。"它为那些新生的社会力量提供了发表议论和提出要求的活动场所。同时,它也是代表着不同利益的各种党派组织和平地解决争端和冲突的政治机构。"[1]亨廷顿也认为,议会的存在有利于吸收新兴社会力量的参与,而那些议会在专制主义时代完全消逝的国家,要实现这种参与扩大化,就殊为艰难,因此,往往要经受更为剧烈的阵痛。[2]

这些看法不无道理。但是,英国历史上20年的内战显然又告诉人们,议会的存在本身,并不能充分解释它能不能被和平利用的问题。以相对平稳的方式实现新旧政治形态的更替,无疑还需别的条件。国王和议会作为矛盾双方的彼此退让与合作,即是条件之一。这并不意味着否认冲突的存在和作用。没有冲突,特别是没有新兴阶级和社会集团向专制王权施加强大压力的不懈斗争,历史就没有前进的动力,就会永远停留在陈旧落后的水平上。但是也应承认,假若没有建设性的合作,那就不会有持久的社会稳定,从而也就不会降低为推动历史进步所付出的代价。英国正是在冲突与融合的动态平衡中,找到了一条渐进变革的发展道路。[3]

与此相对照,法国走的则是一条激进革命的道路。这条道路与法国的特殊国情有关。较之英国资产阶级革命时代,18世纪末的法国,资本主义经济关系在封建社会母体内获得了更为充分的发展。新兴资产阶级不仅在经济上十分

---

① 摩尔:《民主和专制的社会起源》,华夏出版社1987年版,第21页。
② 亨廷顿:《变化社会中的政治秩序》,三联书店1989年版,第115页。
③ 钱乘旦、陈晓律:《在传统与变革之间——英国文化模式溯源》,浙江人民出版社1991年版,第69页。

强大,而且在政治上也逐步成熟;启蒙思想的传播,为资产阶级革命树立了理论旗帜,同时也在更大的范围内完成了对广大民众的政治动员;加上法国的封建等级制和专制势力极其僵化和反动,遂使法国大革命具有了毫不妥协的激进性质。

应当指出的是,像英国王权一样,法国王权在消除分裂、实现民族统一和国家独立方面曾作出过重要的历史贡献。而且,当外部环境较为平和的时候,它还在旧制度允许的框架内进行过某些改革尝试。托克维尔甚至认为:"公共繁荣在大革命后任何一个时期都没有大革命以前 20 年中那样发展迅速。"①但是问题在于,这种公共繁荣背后是潜伏着十分尖锐的矛盾危机的。一方面,经济与社会的发展需要政治系统具备持续变革的能力,然而另一方面,这种持续变革能力又远远超出了专制制度的承受范围。一方面,商品经济大潮不断刺激着新兴阶级和社会集团发财致富的渴望,并使这种渴望扩张为全民族的谋利冲动,可是另一方面,专制制度为强化统治支柱,所保护的却又仅仅是以极少数教士、贵族为代表的特权者的利益。而这些特权者的法律上的高贵地位一旦与个人财富发生直接联系,整个官僚机器也就彻底腐烂了。结果便产生了一个"悖谬":经济发展不仅带来繁荣,同时也以更快的速度造成了社会的不满与愤怒。启蒙思想的深入人心,日益提高着人们对理想未来的期待,从而不断强化着人们对旧制度弊端的敏锐感受,终于使革命的主客观条件一步步趋于成熟。

托克维尔由此得出结论:"对一个坏政府来说,最危险的时刻通常就是它开始改革的时刻。"②这话只讲对了一半。事实上,问题不在于改革本身,而在于专制制度的封闭、僵化,已成为新型生产方式的桎梏,因此它已从根本上丧失了通过内部改革获得自我完善的回旋余地。经济发展和社会发展所要求的,是政治制度的根本质变。如果统治者肯作出重大让步,这种根本质变可能会采取温和的形式,像英国"光荣革命"那样。但是,法国专制势力极其顽固和反动,于是激进的革命者就只好用暴力手段将它清除出历史舞台了。

与 1688 年英国"光荣革命"相比,1788 年法国大革命给人以深刻印象的是它的暴力特征。它不是以相对缓和的渐进变革方式,而是以空前激烈的暴力革命方式向封建制度开战的。尽管整个革命进程异常曲折和严酷,但是通过暴力铁锤的打击,长期统治法国的封建制度终于被彻底摧垮了。恩格斯评价说,法国大革命"是完全抛开宗教外衣、在毫不掩饰的政治战线上作战的首次起义;这也是真正把斗争进行到底,直到交战的一方即贵族被彻底消灭而另一方即资产阶级完全胜利

---

① 托克维尔:《旧制度与大革命》,商务印书馆 1992 年版,第 208 页。
② 托克维尔:《旧制度与大革命》,商务印书馆 1992 年版,第 210 页。

的首次起义。在英国,革命以前的制度和革命以后的制度因袭相承,地主和资本家互相妥协,这表现在诉讼上仍然按前例行事,还虔诚地保留着一些封建的法律形式。在法国,革命同过去的传统完全决裂,扫除了封建制度的最后遗迹"①。

除了英国和法国,欧美其他主要国家也于18、19世纪先后发生了资产阶级政治革命。资产阶级革命的胜利,使人类社会的发展进入了一个新的历史时期。通过反封建斗争建立起来的资本主义政治系统,在政治上取消了封建专制制度和等级制度,废除了封建贵族的特权,规定了公民在法律上享有的某些民主权利。在经济上,通过颁布法令和采取有力措施,清除了落后的封建生产关系,为资本主义生产方式的迅速发展开辟了道路。应当说,这是一场值得肯定的历史进步。但是这一历史进步是有着严重的阶级局限性的。由于建立在生产资料的资本主义私有制基础之上,资本主义政治制度只不过表明国家政权从一个剥削阶级手中转移到另一个剥削阶级手中罢了。资产阶级掌握国家机器,对无产阶级和广大劳动人民行使政治统治,是资本主义政治制度的阶级实质。几百年来,这一实质在西方资本主义世界没有发生变化。但是随着历史的发展,西方政治体系在具体的组织形式、管理形式、运作形式,亦即政治体制方面,具有了一些新的特点。

二、体制演进的主要走向

从历史上看,资本主义政治体制的演进并不是一个孤立的过程。它从一开始就与资本主义政治制度的孕育和成长交织在一起,而且始终服务于资产阶级政治统治的根本目标。但是,作为一种方法手段,它又不是同政治制度直接合一,而是借助于适应社会环境变化的相对独立和相对灵活的变通调节,来实现并不断强化其服务职能的。就本质来说,资本主义政治体制的调节只能在资本主义政治制度的规范下进行,但它的具体表现形式,却受着一系列复杂因素的影响。这些因素主要有:经济结构方面,现代工业社会完成对传统农业社会的改造,并开始向后工业社会过渡;社会组织方面,以血缘关系和自然地域为基础的封闭性社会结构,让位于以职能分化和自由流动为基础的开放性社会组织结构;生活形态方面,都市取代乡村成为主导经济生活、政治生活和文化生活的中心舞台;文明开化方面,科技的进步和教育的普及不断改变着人的生存环境,并塑造出一种崇尚理性的思维方式与行为方式;价值观念方面,世俗化取向扩散到全社会,个人成就战胜血统门第,跃升为首要的和普遍性的价值评估标准;国际交往方面,各民族闭关自守的状态被打破,跨国层次上的一体化联系日益加强,等等。以上几个方面的相互作用

---

① 《马克思恩格斯选集》第3卷,人民出版社1995年版,第710页。

与相互融合,构成了通常所说的现代化。西方资本主义国家作为一种内生的现代化类型,其政治发展在体制层面上呈现出如下几个主要特点。

法理型权威形式

如果说,任何政治系统都需要借助某种得到特定人群服从的权威来行使政治统治,那么,采取什么方式、运用什么手段来行使政治统治,便从一个侧面反映了一种政治系统在运作机制上所达到的发展水平或合理程度。按照马克斯·韦伯的划分,奴隶制和封建制大致可以归入传统型政治统治形式。在这种形式下,统治者获取权力的常规途径是世代沿袭的传统惯例。这种惯例被赋予某种不可疑义的神圣性,因而统治者自认为是"君权神授"、"奉天承运"。在他眼里,众人不过是子民。普通百姓以及大小官吏都只能向他的个人权威表示效忠和臣服。这是一种典型的"人治"。虽然在某个历史时期,"人治"可能是开明的和有效的,但是就总体来说,它因具有保守性和独断性而缺乏推行持续变革的能力,并且常常引发消极的甚或灾难性的社会后果。在这个意义上,传统型统治处于政治发展的较低水平。

马克斯·韦伯所称的第二种统治形式是克里斯玛型权威。"克里斯玛"(Charisma)一词源出希腊文,意为神的赐予,原用来称呼巫师、术士、先知这类宗教领袖。韦伯将其加以引申,用来指称那些以自己的超凡品质和个人魅力来吸引大众并施展影响的权威类型。这种权威类型,照韦伯的看法,程度不同地潜伏于文明史上的任何一种政治关系之中,而其突出作用,则特别表现于社会危机时期。在这个时期,社会动荡不安,人们对原有的价值信念发生怀疑,这就为克里斯玛型权威提供了展示其能力和影响的机会。与此同时,为生活窘境所困扰的大众,也有对这种魅力型杰出人物的需要。他们把摆脱苦难的希望寄托在这些具有非凡能力的"天纵英明"身上,于是成为他们的追随者和崇拜者。从历史上看,克里斯玛型权威在社会转折时期往往显示出巨大的能量,但是,由于它以领袖人物的个人魅力和特殊威信为核心,奉行独断的"人治",加上因崇尚情感投入和精神天职而具有某种非理性与反经济特征,因此就持久性和稳定性而言,也不能说它达到了政治发展的较高水平。

在资产阶级革命中,克里斯玛型权威无疑发挥过重要作用。克伦威尔、罗伯斯庇尔、拿破仑等人,都是魅力型政治领袖。但是,资本主义政治秩序的最终确立,从形式特征来说,却表现为由非常态的克里斯玛型统治向常态的法理型统治的转变与过渡。所谓法理型统治,简单地讲,就是以法律为依据进行统治与管理。在这里,统治阶级的意志,不是通过对个人权威的效忠,而是通过对法律权威的遵从而得以表达和贯彻的。它要求所有的人,无论普通民众抑或领袖、官员,都须忠实于法律,受法律的制约,即法律面前人人平等。

当然,在资本主义私有制条件下,所谓法律面前人人平等仅仅是形式而不可能是实质。但是,与传统型和克里斯玛型统治相比,这种统治形式由于强调依法治理,因此在体制的建构和运作上达到了更规范、更健全的程度。韦伯称之为"合理化"。这种"合理化",若从三权分立的一般形式构架来考察,主要有三个方面的表现。其一,就立法来说,它剔除个人忠诚的非理性的任意成分,确立了一个人人都须遵从的非人格的法律体系。这个法律体系在形式上表现为一套逻辑清晰、首尾一贯、普遍有效的抽象规则。其二,以司法而言,它坚持由公认的合法权威按照严格的程序将抽象的一般规则运用于特定事例,从而为相对准确地预测人们的社会行为以及行为的法律后果提供了可能。其三,就行政而论,它打破恣意专断、职责不明、任人唯亲的传统组织结构,建立了一个注意规范和效率的现代官僚体制。在这个体制中,每个职位都有法律明文规定的权限范围;各级官员按照职位的专业资格要求来录用;行政决策和公务办理在法制轨道上有序地进行,成了职责明晰、上下协调、前后连贯的技术性操作与组织化行为。显然,如果用历史的尺度来衡量,这样一种崇尚法理的统治形式,较之先前重人治的统治形式,应该说是一个值得肯定的发展与进步。

功能型结构体系

从组织结构上说,以王权为核心的传统政治体制是一种简单的政治体制。这种政治体制曾在追求民族统一和国家独立的战争中得到强化,并且基本上适应了农业文明时代不太复杂的社会管理事务的需要。然而也正因如此,它在结构-功能的专业性分化方面显得很不充分。阿尔蒙德认为:"当政治体系现存的结构非经过进一步的分化就不能对付所面临的问题或挑战时,发展就会来临了。"[①]从某种意义上说,传统政治体制不仅是因为其专制性,而且也是因为其简单性和刻板性,才在环境变化的强大压力下被摧毁的。

随着传统社会的逝去,现代社会的到来,经济、文化和社会发展致使社会事务变得越来越复杂。这就要求作为公共权威的政治系统必须适应环境变比的挑战,扩大社会管理职能的范围和容量,以便在社会事务总量扩张的同时,不至于使整个社会因管理能量的不足而造成失控和失序。与阶级倾向性得到鲜明体现的政治统治和意识形态宣传有所不同,在现代化背景下突出出来的社会管理职能具有较为浓郁的技术性特征。一如经济系统按分工原则和效益原则加速运转,又好比科学技术通过合理计算、准确预测和有效控制而显示其巨大力量,政治系统在行

---

① 阿尔蒙德:《比较政治学:体系、过程和政策》,上海译文出版社 1987 年版,第 26 页。

使社会管理职能的时候,也必须注重实际操作的规范性,亦即依靠准确、迅速、灵敏的反应来求得解决问题的最佳效果。韦伯指出:"现代资本主义关系在内部首先是以计算为基础的。它需要一个法律系统和行政系统。至少在原则上,根据确定的一般规律,这个法律系统和行政系统能够被合理地加以计算,这正像一台机器的可能的运行能够被加以计算一样。"①

所谓能够被合理计算的公共行政系统,也就是伴随着现代化进程的扩展而逐步成长起来的官僚科层制。它作为一种合理的公共行政管理类型,不是就它的价值取向,而是就它的形式特征和技术功能而言的。在组织安排上,正如实行专门化分工的现代企业,官僚科层制也剔除基于传统习惯和人格能力的不可测量因素,根据合理化的技术指标实行职能分工。它不是对人而只是对职务提出要求,并由一套正式颁布的规章来界定各种职务的权限范围。于是,个人的特殊魅力和主观偏好便让位给了一种形式化的、无人格的普遍主义精神。在这里,"权威经职位传递,而不经人传递。社会交换(必须相互吻合的工作)只在角色之间进行"②。

由于官僚科层制剔除个人感情色彩,仅仅把权力授予非人格的"职位",因而公务办理就变得可以计算、可以预测、可以控制了。对它来说,官员类似于一台自动的执法机器。因此,从纯技术的角度看,充分发展了的官僚科层制是一种高效率的行政管理体制。它精确、迅速、连续、统一、稳定、可靠,其技术优越性与传统的行政模式相比,犹如现代企业与手工作坊之比。正因为这样,在现代化进程中,公共行政管理朝官僚科层制方向发展,就成了某种不可规避的选择。

效率型决策机制

现代公共行政管理体制把技术效率奉为首要目标,这从政治决策方式上说,是一种崇尚科学的合理化追求。它确认世界的合规律性以及这种规律的可理解性,主张把各类目标还原为技术问题,用统一的标准、规范的程序予以切实有效地解决,因而被人称为工具理性或功用理性逻辑。"它强调功能关系和数量。它的行动标准是效率和最佳标准。"③从历史上看,以下两个因素为这一功用理性逻辑的泛化提供适当条件,并使之成了某种不可逆转的趋势。

其一,就社会演进的动力和趋向而论,随着工业化的完成,以及由工业社会向后工业社会的过渡,科学技术已变成驱动社会进步的中轴。它把国家的每一偏僻地区都纳入相互交往的整体网络,甚至使全世界成了不再隔绝的"地球村"。人们

---

① 转引自卢卡奇的《历史和阶级意识》,华夏出版社1989年版,第96页。
② 贝尔:《资本主义文化矛盾》,三联书店1989年版,第57页。
③ 贝尔:《后工业社会的来临》,商务印书馆1986年版,第212页。

彼此间的联系和依赖程度日益加强,组织规模不断扩大,相应地,政治舞台也前后左右地急速伸展。这就提出了通过技术决策和科学管理有意识地预测和控制社会变革的紧迫要求。

其二,就政治系统的结构变迁来说,由于现代化进程使社会事务变得格外复杂,因此,加强政府宏观调控和干预职能的需要,使行政部门逐步演化成了权力体系的重心。"是制定政策的必要性而不是制定法律的必要性使行政机构掌握了主动权。"[①]与此相联系,随着政府管理职能的加强,技术专家作为科学决策的咨询者和参谋者的作用也变得突出起来了。"有意识地制定政策,不论外交政策、国防政策或经济政策,都要求重用这样的技术人材:他们可以说明将来行动的限度,详细制定出管理和政策程序,并估计各种选择的结果。"[②]这样,在效率型决策机制的带动下,技术专家成了占据要职的新时代"能人"。

参与型价值分配

政治决策及其贯彻,是一种自上而下的过程。但是这种过程不是孤立地发生的,而是在一个复杂的社会网络中得以实现的。因此,它不可避免地要受到其他因素,特别是自下而上的公民政治参与的影响。在一定程度上拓宽公民政治参与的渠道,使他们觉得有能力牵制国家的政策制定,并因此对既存的政治秩序表示认同,是当代资本主义政治统治方式的重要特点。

从历史上看,这个特点与资产阶级的反封建革命有着密切联系。它主要体现为所谓的"平等"原则。此一原则作为世袭特权和等级特权的对立物,在形式上要求按普遍标准公平地对待每一个个人。因此,它被资产阶级思想家宣布为一般意义的"人"权或"民"权。据称,这种"人"权或"民"权,首先通过法律面前人人平等来保障,同时还包括平等地自由进出经济市场、平等地谋求自我发展的机会,等等。不难看出,平等的基本蕴含,在于确立一套适用于一切选手的比赛规则,以保证他们的自由竞争有一个公平的条件。只要不违反这些条件,或者在这些规则所划定的合理限度之内,每一个人都可以自由交易、自由选择、自由行动。

然而问题是,由于法律面前,特别是市场面前平等出发的个人具有不同的才能和禀赋,因此他们的自由追求将不可避免地造成一种不平等的结果。传统的资本主义辩护者认为,一方面,个人的先天差异乃一自然前提,必须充分予以接受,另一方面,结果不均体现的是"成就原则"而非"特权等级"原则,所以也应坦然承认其合理性。按照这种看法,平等起于也应止于机会和条件的平等。这种平等给

---

① 贝尔:《后工业社会的来临》,商务印书馆 1986 年版,第 347 页。
② 贝尔:《后工业社会的来临》,商务印书馆 1986 年版,第 346 页。

个性自由的发挥,尤其是那些能者的个性自由的发挥留有最大空间,因而也就保证了最高效率。西方资本主义国家的经济现代化,就是在这种效率逻辑的支配下完成的。

但是,在工业革命的初期阶段,经济的现代化所召唤出来的巨大财富并没有在全社会得到合理的分配。它大部分落入有产者之手,而广大劳动群众则几乎没有享受到经济起飞的任何好处。于是社会就分化成了贫富两个极端。对无产者来说,由于资本主义私有制使起点、机会、条件的平等仅仅流于形式,因此,财富分配的两极分化便具有极不公平的性质。雇用妇女和童工的血汗工厂,超生理极限的工作时间,缺乏安全保障的恶劣工作环境,经常存在的失业大军和失业威胁,还有充斥着贪污、贿赂、投机和胡作非为的工商业竞争等等,所有这一切构成的背景图,使经济起飞显得极为残酷,并由此引发了剧烈的社会震荡。

在19世纪中叶的头20年,欧美各主要资本主义国家的工人运动和群众抗议运动,此伏彼起,几乎没有间断。他们为求得更公平的财富分配、更可靠的社会保障、更广泛的民主权利所进行的不懈斗争,以及在斗争中爆发出来的排山倒海般的力量,使一些资产阶级的有识之士感到,如果不超出法律面前人人平等的一般要求,在更具体、更实际和更广泛的意义上解决平等问题,整个社会就会丧失最起码的稳定与安全。20世纪20年代席卷资本主义世界的大危机,将这个问题推到了格外突出的位置。正是在这样的背景下,以罗斯福新政为代表的西方政治改革运动,在资本主义制度框架允许的范围内,向民众的价值分配要求作出一定程度的让步,将平等问题的实际解决延伸到了较为广泛的政治、文化、经济和社会领域,譬如把平等规定为"从事有益的工作和获得报酬的权利","挣得足以提供充足衣食和娱乐的收入的权利","享受充分医疗照顾和有机会获得并保持健康身体的权利","享受充分保障,不必在经济上担心老、病、事故和失业的权利","获得良好教育的权利"等等。[①]

这些权利,连同宪法重申和保护的一般政治权利一起,使公民参与价值分配的合法渠道得到了一定程度的拓宽。由此产生的结果是,一方面,公民可以采用投票、选举、政治对话、政治谈判、政治抗议等形式,直接或间接地影响政府的政策制定和政策执行,另一方面,政府又可以通过政策的制定和执行,在一定程度上满足民众的权益要求,从而使社会紧张得到某种缓解。这样,以不危及资本主义政治制度为前提的形式上的政治参与便成了资产阶级政府借以增进其统治合法性的主要手段。

---

① 《罗斯福选集》,商务印书馆1982年版,第467页。

三、遏制发展的矛盾障碍

阿尔蒙德认为,西方政治发展是一个适应并服务于社会经济现代化的基本要求的漫长的变迁过程。"在这个过程中,个别的问题和挑战曾发展到白热化的程度,而后才得到各别的、部分的解决。"①西方政治发展所遇到的第一个问题,是消除分裂、建立统一的民族国家,以便为现代化进程的启动提供最起码的稳定的政治秩序。这个任务主要是由王权势力完成的。它使西方各国处于专制主义时代达两个多世纪之久。只是在出现了集中的政治权力和可分享的物质财富以后,西方政治发展才依次过渡到了参政(分享权力)和分配(分享福利)的较高阶段,即所谓的"民主化时代"与"福利时代"②。许多西方学者认为,随着"民主化时代"与"福利时代"的到来,西方政治发展已进入一个持续性的稳定期。剩下的问题仅仅是作局部的调适,而这种局部调适,对一个法制健全、结构合理、功能完善、运作高效的政治系统来说,则已经变得应付裕如了。阿尔蒙德为政治发展规定了五项衡量指标,即提取能力(在社会环境中吸取物质资源和人力资源的能力)、调整能力(控制个人和集团行为的能力)、分配能力(分配财富、服务、地位、荣誉和各种机会的能力)、象征能力(创造文化符号以感召和团结民众的能力)以及回应能力(接受、反应和处理问题的能力)。亨廷顿把衡量政治系统完备程度的指标规定为:组织的适应性、组织的复杂性、组织的自治性和组织的内部协调性。③ 还有人提出了其他一些衡量指标。这类指标几乎无一例外的是以西方政治模式为蓝本设计出来的。照此推论,西方发达国家现存的政治系统,是一种发展了的政治体系;而所谓发展了的政治体系,也就是业已成熟和完备的政治系统。这意味着,它今后再也不存在发展的问题了。

应当承认,与奴隶制和封建制相比较,资本主义政治制度在促进民主化进程方面取得了重大进步。否认这种进步不是历史主义的观点。同时,通过几百年的经营,资本主义政治体制在组织形式、管理形式、运作形式等方面较之先前的传统模式也更加规范与合理。不承认这种规范性与合理性同样不是现实主义的态度。但是,如果由此片面地加以引申,说西方发达国家现存的政治模式代表了政治发展的最高水平,具有不可超越的绝对完备性,那就不仅是鼠目寸光,而且是宣扬西方中心论的典型的资产阶级意识形态偏见了。

---

①　阿尔蒙德:《比较政治学:体系、过程和政策》,上海译文出版社 1987 年版,第 421 页。
②　阿尔蒙德:《比较政治学:体系、过程和政策》,上海译文出版社 1987 年版,第 422 页。
③　亨廷顿:《变化社会中的政治秩序》,三联书店 1989 年版,第 12 页。

从根本上讲,生产的社会化和生产资料的私人占有之间的矛盾,在资本主义社会具有对抗性质,它是不可能通过所谓的内部调整获得彻底解决的,维护资本主义私有制和资产阶级的总体利益,构成了资本主义条件下政治发展所不可逾越的基本限度。正是这个限度,使西方资本主义政治系统不仅不是什么完美无缺的政治模特儿,而且在所谓发达的形式下滋生了一些新的分裂与对抗。别的暂且不论,只在作为重大成就一并受到推崇的管理的科学化和参与的扩大化之间,就存在着十分尖锐的矛盾。某些具有忧患意识的西方学者,曾就这个矛盾作过提示和警告。丹尼尔·贝尔指出,以官僚科层制为组织基础的西方政治管理模式,主要体现了一种技术追求。它强调形式上的明晰性、规范性、可预测性和可计算性,旨在通过选择最优方案来获得最佳功能和最高效率。这种效率优先性逻辑的兑现,伴随整个政治系统的乃至全球性普遍联系的不断增强和各类问题的错综交织,而在越来越大的程度上加剧了政治决策和政治管理对内行专家或技术精英的依赖。"随着技术性问题的增多,技术官僚化趋势将日益明显。"[①]但是与此相反,以民主和平等为旗帜的政治参与,则主要表达了一种价值追求。它以各自的合法利益为取舍,认为所有的人在与自己相关的政治、经济、社会和文化问题上都有正当的发言权。这样,在民众参与意识的增长与规范化政治决策的需要之间、平民主义与精英主义之间、效率原则与平等原则之间,便不可避免地会发生逆向摩擦。贝尔认为:"民主参与的革命,在很大程度上是反对社会'专业化'和后工业社会中出现的科技治国的决策的形式之一。"[②]

特别需要指出的是,专家治国和民主参与不仅是两种性质不同的政治要求,而且这两种不同的要求还有着相同的成长条件。如果说,一体化普遍联系网络的形成为技术精英提供了施展才华的机会,那么,它同样也为民主参与的扩大化提供了惊人扩展的可能性。交通革命和通讯革命使与世隔绝的地区渐渐消失,人们之间的相互联系和相互影响已达到这样的程度,以至于不仅在时空间距的缩小方面,而且在经验、心理和价值观的互通和分享方面,都已经变得"天涯若比邻"。由此产生的政治效应是,来自五湖四海的成千上万的民众,为了一个共同的目标,可以很快聚集在一起,形成爆炸性的政治参与;另外,一个偶然的事件,也可以通过现代传播媒介旋即在全社会引起反响,成为一场声势浩大的政治运动的导火索,如此等等。

结果,在以私有制为基础的资本主义政治制度的框架范围内,自上而下的政治决策和自下而上的政治参与被双重扭曲,并因此发生了剧烈的冲撞。一方面,就政治决策来说,为迎合不断向纵深推进的平等呼声,西方诸国不得不扩充政治

---

① 贝尔:《资本主义文化矛盾》,三联书店 1989 年版,第 58 页。
② 贝尔:《后工业社会的来临》,商务印书馆 1986 年版,第 405 页。

机构,日益加紧对经济和其他社会事务的积极干预。"政府不仅许诺要建立一个货真价实的福利国家,而且许诺要弥补所有经济和社会不平等现象所带来的损失。"①尽管这些许诺大多属于换取选民支持的竞选策略,但它既经作出,就无法收回。面当许诺无法兑现(通常如此)的时候,期望落空的民众就会表示强烈不满。另一方面,就政治参与来说,由于占据统治地位、经济和政治势力都异常强大的资产阶级,运用硬的一手和软的一手来强制打击和暗地削弱工人阶级与广大群众的革命意识,加上私有制经济基础的影响和个人主义文化观念的诱导,西方社会看起来热闹非凡的参与扩大化,实际上演变成了个人本位和集团本位的狭隘政治游戏。不同的个人、不同的利益集团都以权利平等的名义膨胀各自的应享要求,然后就进入政治竞技场,从四面八方向公共权力体系这个有形之点施压,进行讨价还价的拔河比赛。这大略就是当代资本主义政治生活的基本现实。

这个现实在很大程度上表明,西方政治模式非但不完美,而且存在着致命缺陷。如果说,这个缺陷并不意味着政治决策和政治管理的科学化、政治参与的民主化本身有毛病,而只是意味着这两者在资本主义政治制度的框架范围内受到了限制和扭曲,那么,要使它们得到健康的发展,就必须寻求一个更坚实的社会基础。这个基础就是破除私有制,结束少数剥削阶级占统治地位的局面,通过变革资本主义政治制度的社会主义革命,使无产阶级和广大人民群众真正成为国家的主人,从而最终在全社会实现普遍利益的总体性统一。无疑,这将是人类政治发展历史上意义最为重大的一场质变和飞跃。

今天,这场质变和飞跃在中国已经开始。但对其他大多数第三世界国家来说,要跨出这一步,尚须看历史的机遇和各民族的自觉选择;而这种机遇和选择,可能会表现为一个复杂的和曲折的过程。不过有必要指出的是,就大多数第三世界国家在欠发达的落后基础上谋求现代化而言,它们的境况又与中国有很多相通之处。从某种意义上讲,广大第三世界国家为促进经济与社会的现代化而积极探索政治发展道路的努力,构成了政治发展的现代景观。

第四节　第三世界政治发展历程

一、谋求政治发展的努力

在一般意义上,发展乃是人类社会的一种固有属性。因此可以说,自人类文

---

① 贝尔:《资本主义文化矛盾》,三联书店 1989 年版,第 282 页。

明诞生的那一天起,发展的历程就开始了。但是,当人们把发展与和平并列,称之为当今世界的两大主题的时候,显然又给发展赋予了特定的时代内涵。这种时代内涵,是与现代化进程在全球范围内的迅速蔓延,特别是第三世界或发展中国家追求现代化的热望与努力密不可分地联系在一起的。

二战结束以后,亚洲、非洲、拉丁美洲诞生了一大批新兴的民族国家,它们是在摆脱殖民宗主国的统治后获得独立的。这些国家先后把发展确定为中心任务,跃跃欲试地想早日跻身世界民族之林。虽然比较起来,它们的起点各不相同,发展的战略、模式、政策也有很大的差异,但就总体来说,却表现出一种十分明显的共同特征,那就是从各种不同类型的前现代社会向现代化类型的社会的转变与过渡。追求现代性、实现现代化,现已成为一股国际潮流,尤为发展中国家所渴望和重视。

第三世界谋求现代化的努力涉及两个相互关联的问题。从外部效应来看,二战以后,由于国际交往日益增强,全球性的一体化政治经济体系逐步形成,因此,广大发展中国家何去何从,不仅关乎它们自己的命运,而且也影响到世界格局,影响到西方主要发达国家的利益和地位。美国作为西方阵营的总代表,出于全球战略的考虑,对这一问题格外关注。于是,它以政府资助和民间资助等形式,网罗人才,加强了对第三世界国家的社会现状与发展趋势的对策研究。20世纪50年代起,此类研究在西方学界成为热点,并迅速突破殖民时期有关各从属国的传统描述,逐步形成了具有独立性质和跨学科性质的"现代化理论"。[①] 若干不同的分析模式先后被构造了出来。

与其外部影响相对应,第三世界推进现代化所涉及的另一个也是更关键的问题,是它们自身发展道路的选择。这个问题十分复杂。复杂性之一在于,在摆脱殖民统治获得民族独立之前,广大第三世界国家原本处于人类社会发展的各个不同的历史阶段,有的属于封建社会,有的出现了资本主义萌芽,但最落后的则还处在奴隶社会时期甚或原始社会末期。绝大多数第三世界的政治生活是各种政治形态的矛盾混合体。复杂性之二在于,由于多数第三世界国家曾先后沦为西方列强的殖民地或半殖民地,因而其正常的自然发展进程已经被打断。在摆脱殖民统治以后,它们的社会演进受国际环境的引力作用,呈现出超越一般历史顺序的跳跃性和多样性,比如走上资本主义道路或者以社会主义为目标模式等等。但是,对于那些经济基础特别脆弱、社会结构特别混乱的新兴的第三世界国家来说,制

---

① 现代化理论有广义和狭义之分。广义现代化理论指现代世界发展研究,包括对欧美近现代发展经验的总结,但主要是对第三世界现在与未来发展道路、模式的探讨;狭义的现代化理论则是指20世纪50—60年代产生于美国并流行于许多国家的一种研究发展问题的理论流派。

度层面的选择和安排并不具有代表性意义。它们最现实和最急迫的任务,是迅速摆脱贫困,尽快启动和推进现代化。复杂性之三在于,随着世界历史的变迁,"内生的现代化"模式所赖以成长的社会环境在今天业已消逝。第三世界国家的现代化发展基本上属于"外诱的现代化"(modernization from without)类型。于是,一边是极其落后的内部现实,一边是高度发达的外部示范,两者形成了巨大的反差。本来,在很低的历史基点上谋求现代化就十分艰难,而当着外部环境以高水平的现代标准乃至后现代标准对第三世界发生冲击的时候,问题就变得更为复杂了。

阿尔蒙德曾作过一组对比。按照他的看法,西方国家作为内生的现代化类型,其政治发展大体经历了前后相继的三个阶段,即权力集中的专制主义时代,公民参政的民主化时代,财富分享的福利时代。它们的历史经验表明,"国家建设和经济建设按理先于政治参与和物质分配,因为分享权力和福利首先要有权力和福利可以分享"。但是事过境迁。第三世界国家现在已无法按照这种逻辑获得正常的自然发展了。"它们已进入了由政治上有能力和经济上发达的民族国家所组成的国际社会,在这个国际社会中,参政和福利是突出的政治问题。因此,尽管发展的逻辑意味着国家建设和经济建设要先期进行,但发展的政治却迫使第三世界国家同时面临人们对于参政和分配的要求及期望。"[①]这样,它们就不得不设法把权力集中、民主参与和福利分享三个阶段压缩为同一个阶段。

那么,在任务如此艰巨、问题如此复杂的情况下,第三世界国家该怎样选择自己的发展道路、确定自己的发展战略?综合地看,这既需要根据各国具体实际,不断地进行实践探索,也需要等待历史经验上升为理论,以便给实践提供有价值的指导、建议和咨询。但是,由于种种原因,第三世界国家在长时期内并未深入开展有关现代化的理论研究。最早关注这个问题的,倒是那些已经实现现代化的西方发达国家的学者。他们以第三世界国家为主要考察对象,对现代化进程所涉及的政治发展问题进行了较为系统的理论探讨。由于这种理论探讨原本是为西方发达国家特别是美国的全球战略提供咨询服务的,因此,其基本价值取向,就不可避免地打上了西方中心主义的深刻烙印。按照西方学者的一种有代表性的看法,正像资本主义经济的现存形式标志着以工业化为主要内容的经济现代化的完成状态一样,建立在经济现代化基础上的政治现代化的标准样板,便是西方发达国家现存的政治模式。因此,所谓政治发展或政治现代化的过程,无非是那些尚未达到西方政治模式标准的落后国家,不断缩小差距,逐步趋向于这一标准模式的过程。毫无疑问,这种看法渗透着明显的资产阶级意识形态偏见。

对于大多数西方学者来说,这种偏见可能是自觉的,也可能是不自觉的。但

---

① 阿尔蒙德:《比较政治学:体系、过程和政策》,上海译文出版社1987年版,第423页。

是不管自觉还是不自觉,要彻底根除它却十分困难。另外,作为局外人,西方学者无法深刻理解第三世界的具体实际,尤其是缺乏那种处在屈辱的不发达状态之下的切肤之痛。这使他们往往不能对第三世界国家谋求发展的特殊努力作出公正的评价。凡此种种,都是他们的缺陷。但是也应指出,西方学者的现代化理论研究,毕竟不等于资产阶级的官方意识形态宣传。它具有一定程度的客观性和科学性,至少就其学理表现形式来说是如此。而且,虽然西方中心主义不可取,但一概拒斥西方发展的历史经验,也不是一种正确的态度。从后一个方面来讲,当西方学者对所属发达国家的现代化历程予以考察评估,并以此为参照,对第三世界国家的社会现状与发展趋势作理论的分析和说明的时候,他们所触及的某些实质性问题、提出的某些合理化见解,应该在仔细甄别的基础上加以借鉴和吸收。

另外需要说明的是,西方现代化理论并不是一个铁板一块的整体。它包含若干观点不同的流派。这些流派之间的理论纷争和历史演变,既是研究重心的转移,也是学术见解的深化。而这种转移和深化,如果综合起来看,恰好从不同侧面涉及到第三世界国家在现代化进程中所遇到的几大矛盾。从某种意义上说,如何把握分寸,处理好这几大矛盾,构成了以广大第三世界国家全面推进现代化为宏观背景的政治发展的现代特色。

二、阻碍政治发展的矛盾

传统与现代的矛盾

如果说,任何现代社会都是从传统社会演变而来的,那么,传统与现代的关系,便是现代化进程中所遇到的一对基本矛盾。这对矛盾在现代化的先行者那里就曾出现过,并非现在才产生,但是它在今天具有一些新的特点。一方面,二战以后,世界性的和平运动逐日高涨,这使过去被全球战乱所抑制的发展问题,作为首要任务凸显出来并被急迫地提上了人类共同的议事日程,结果就是,现代化走出西方的小圈子,成了被广大发展中国家普遍追求的世界性潮流,另一方面,在一体化国际联系不断增强的背景下,发展中国家把摆脱贫困、迅速推进现代化确定为战略目标,既需要借鉴西方发达国家的成功经验,又必须缩短现代化在西方发达国家那里曾经呈现过的漫长历史。就前者来说,它们不得不以这样那样的方式重演一遍传统与现代相冲突的现代化活剧;就后者来说,它们又不得不增强紧迫感,将在"先行者"那里原来自发展开的现代化进程,转变为"迟到者"奋起直追的自觉的民族意志和国家意志。正因为这样,以权威形式体现这种意志的政治系统的发展状况,就成为举足轻重的关键环节了。

在一般意义上,这个问题可以从两个角度来提出。其一,在从传统到现代的转变过程中,环境的变化,首先是经济的发展,也包括社会的发展和文化的发展,到底对政治发展提出了什么样的客观要求? 这可以视为外部相关因素对政治系统的压力、挑战和制约性。其二,从内部机制来看,政治发展究竟要具备什么结构、获得什么功能,才能满足或基本满足现代化进程的客观要求,并对经济发展、社会发展和文化发展产生积极的影响? 这可以称为政治系统对环境变化的适应性和能动的反作用。两个方面相互渗透、相互牵制,形成一个系统整体。但是,这个系统整体的良性运作和动态平衡,并不是一个抽象的学理问题,而是一个具体的现实问题。倘若忽略它在不同的历史条件下因时制宜、因地制宜的特殊性和复杂性,则对它的理解就容易泛化为空洞的说教。

西方早期的现代化理论家即是如此。他们简单地认为,当今欠发达国家的发展过程,不过是早先西方国家经历过的从传统向现代转型的既定逻辑的重演。所以,要把握欠发达国家的未来目标和走势,关键就在于确定西方发达国家已经具备且带有普遍意义的先进特征。他们把这些特征称作"现代性"。按照他们的看法,"现代性"是通过否定传统而获得的,因此,传统与现代的两极对立便成了他们的基本理论框架。虽然在不同的学者那里,这个理论框架被填充了不同的内容,但是他们的总体思路并无二致,"自然经济—市场经济"、"农业社会—工业社会"、"乡村—都市"、"地位—契约"、"神圣—世俗"、"巫魅—理性"、"身份—成就"、"集体—个人"、"特殊—普遍"、"封闭—流动"、"弥散—专门"等等,被早期现代化学派看作是"传统—现代"的两极在经济、社会、文化诸领域的具体表现。

如果说,"现代化"就是获得"现代性"的过程,而这个过程无非是二元对立模式中的从前一极向后一极的转换,那么照此推论,政治发展的逻辑也就似乎变得清晰明白了。阿尔蒙德认为,所谓政治发展,实质上是政治系统对现代化进程带来的环境变化所作出的一系列相互关联的反应。[①] 这种反应当然也就是同传统政治形式的决裂。鲁斯托和华尔通过对日本与土耳其的比较研究,将现代政治归纳为与传统政治截然对立的八个特征:第一,政府组织系统高度分化并具备各自的特定功能;第二,政府结构内部高度整合;第三,政治抉择通过理性化和世俗化的程序;第四,政治和行政决策容量大、范围广、效率高;第五,民众对国家的历史、领土、民族身份具有广泛而实际的认同感;第六,广大人民热心并投身于政治生活,尽管未必参与决策;第七,以成就而不是归属分派政治职务;第八,世俗的、非人格的法律体系占据主导地位,在此基础上,诉诸司法和制度化的手段。[②]

早期现代化学派就政治发展问题发表的见解五花八门,并不是一个和谐的整

---

① 阿尔蒙德:《比较政治学:体系、过程和政策》,上海译文出版社 1987 年版,第 418 页。
② 鲁斯托、华尔:《日本与土耳其的政治现代化》,普林斯顿,1964 年,第 6—7 页。

体。但派伊辩称,多重倾向同时并存,也许正是政治发展的现实特点。他总结多种看法,指出,政治发展就是谋求政治现代化;而政治现代化则无非是向发达工业社会那样的典型的政治模式靠拢。在这一转型过程中,政治发展会遇到各式各样的问题,但派伊认为,其核心趋向可以概括为三个方面:一是与政治系统相关的个人的持续增长的平等;二是与环境相关的政治系统的不断提高的能力;三是政治系统内部体制和结构日益加剧的分化。① 照此说来,贵贱有别的等级秩序、效能低下的行政管理、混沌不清的组织结构,则无疑就是欠发展政治体系的落后特征了。倘若把欠发展与前现代或传统挂上钩,那么,根据早期现代化学派推崇的二元分析模式,"专制—民主"、"人治—法制"、"独断—参与"、"笼统—专门"、"模糊—规范"、"简单—复杂"、"刻板—适应"等等,便可以看作是"传统—现代"的两极在政治领域的具体表现。

毫无疑问,传统与现代确有相互冲突的一面。这几乎是所有国家在现代化进程中所遇到的一个痛苦现实。从这个角度来说,要获得现代性,就不能不以这样那样的方式变革传统。但是,早期现代化学派把传统看作是保守、落后、僵化的代名词,同时又把现代性弄成集各种进步特征于一身的无所不包的"伞式概念",这就将复杂的问题简单化了。在他们那里,传统与现代的关系,成了你死我活、水火不容的关系。这种看法过于武断。因此,随着现实历史的发展和理论研究的深入,许多学者对它提出了批评。他们强调要认识传统的复杂性及其积极价值,因而被称为"现代化修正学派"。

希尔斯指出,用纯粹消极的眼光来看待传统是非常片面的。传统并不是为追求进步所必须予以彻底摒弃的东西,而是使文明成就得以积淀、世代生存得以联结的基础与纽带。它作为人类过去所创造的包括制度、信仰、价值观念和行为方式等等在内的社会文化遗产,使代与代之间、一个历史阶段与另一个历史阶段之间,保持了某种连续性和同一性。人们总是从传统那里寻求某种有效的行动指南,因此,如果完全斩断传统,社会就将陷入信仰崩塌、历史脱节的"失范"状态。②

应当指出的是,"现代化修正学派"并没有放弃对现代性目标的追求,甚至也并不完全否认这种追求会与传统发生矛盾摩擦。但是他们强调,传统既有绵延相袭的惰性,也有吸收某些现代性成分的容纳性。更重要的,不管人们的主观好恶如何,传统的存在和影响实际上构成了大多数发展中国家的特定国情。而倘若把国情因素看作是不可忽略的前提条件,那么问题就应当进一步从以下两个方面来考虑。

---

① 派伊:《政治发展面面观》,波士顿,1966年,第31—48页。
② 希尔斯:《论传统》,上海人民出版社1991年版,第15—27页。

一方面,怎样发掘传统的积极价值? 一种看似处于休眠状态的传统制度,是否可以在现代化进程中获得新的生命力,并反过来对政治发展起到某种程度的促进作用? 鲁道夫夫妇通过对印度的研究证明了这一点。他们认为,即使像种姓制度这样最坚硬的传统,由于它对种姓成员的巨大影响,也曾为议会民主制所必需的政治参与提供过合适的历史形式。虽然这种形式很初级,并不怎么完备,但它对推动印度现代政治发展所作出的特定历史贡献,不应被抹煞。[①] 按照这种看法,构成发展中国家特定国情的各式各样的传统,都应当根据其特殊性和复杂性给出历史主义的评价,而不能遵循某种抽象标难,将其一棍子打死。艾森斯塔德指出,不同的国家往往具有不同的现代化起点。它们可能是部族社会、等级社会,或是各种类型的农业社会。这些社会的基本状况不同,因此,"它们制定和实现互异的目标的能力,或它们处理在其内部和在与其他群体的关系中所面临的新问题的能力,以及它们情愿或能够纳入新的、广阔的社会框架之中的程度,都可能有所不同"[②]。既然这样,现代化以及与之相关的政治发展,就没有一个固定不变的单一模式。用二元对立的分析框架来看问题,其实践结果只能是阻断第三世界国家的发展道路。

另一方面,纵令现代性目标值得追求,那它的实现也不是由一极向另一极的瞬间跳跃,而是一个曲折的和长期的过程。这一过程是在发展中国家的现实基础上展开的。如果脱离这个现实基础,将理想化的发展目标一下子移植到发展中国家,就很有可能引发剧烈的乃至灾难性的不适反应。因此,路要一步一步地走。为推进现代化,发展中国家当然不能固守自己的传统,而必须作出适时的变革;但是,由于现代化进程不可避免地带来多重利益的分化与改组,因此,为避免爆炸性的社会震荡,发展中国家又必须借助传统的惯性和影响力,来保持和增强国民的认同感,以便将各种利益整合进一个弹性的结构框架。艾森斯塔德认为,"在政治领域,这种弹性的存在和发展依赖于政治制度的革新与保守这两个方面的某种结合"[③]。这是一个比较切合发展中国家具体实际的看法。

稳定与变革的矛盾

二战以后,亚洲、非洲、拉丁美洲一些新兴民族国家曾进行过西方式的民主化试验。但在20世纪五六十年代,这些试验大都遇到了挫折。结果是,民主非但没有带来政治发展,反倒使社会产生了严重的认同危机。在共识破灭、权威瓦解的

① 鲁道夫:《传统的现代性:政治发展在印度》,芝加哥大学,1967年,第11页。
② 艾森斯塔德:《现代化:抗拒与变迁》,中国人民大学出版社1988年版,第53页。
③ 艾森斯塔德:《现代化:抗拒与变迁》,中国人民大学出版社1988年版,第172页。

情况下,各种政治力量自行其是,赤裸裸地展开了相互对抗。在这种对抗中兴风作浪的多是些极端分子,其中不乏强盗、土匪、流氓,当然也包括组织最好、实力最强的职业军人。有人借用古罗马"执政官制"的概念,将其称之为"普力夺社会"(practorianism)。

很显然,政治动荡成了经济发展与社会发展的绊脚石。在冲突不断、暴力频仍、政变迭起的局势下,不要说促成经济的起飞,就是维持最起码的安定生活都是不可能的。尤其令人困惑的是,那些特别不稳定的国家,并非最落后的国家,而恰恰是已经启动现代化进程或者正处在由传统社会到现代社会的转型期的国家。这是一个难解的矛盾。就矛盾的前一方面来说,社会动荡所产生的严重的负面影响,使政治发展对经济和社会发展的制约作用显得特别突出。不解决政治发展问题,经济和社会的发展便缺乏最基本的保障条件。就矛盾的后一方面来说,政治发展又不是经济和社会发展的自然结果。历史表明,经济现代化在发展中国家的启动和推进,常常成为社会动荡的滋生地;而动荡一起,最紧迫的任务就不是扩大政治参与而首先是谋求政治稳定了。面对这样一种矛盾现实,一些西方现代化学者不得不重新进行理论反思。他们降低从前把民主化视为政治发展的首要指标的高调,将注意力转移到了政治秩序的建设上来。由于其代表人物如亨廷顿特别强调政府在谋求政治秩序过程中的决定性作用,因而被人们称作"强大政府学派"。

亨廷顿认为,从道理上讲,经济的发展可以提高民众的生活水平,从而缓解他们对既存社会秩序的不满。但是问题的复杂性在于,现代化进程不仅破坏传统结构、拉开贫富差距、加剧社会分化,而且往往会唤醒民众的自我意识,使之在不断扩大的规模上动员起来。这种社会动员通常是都市化、扫盲、教育以及与现代传播媒介频繁接触的结果。它不断地提高着民众的期望值和需求水准,以至远远超出了经济发展所能给予满足的现实能力和基本限度。而当期望和需求得不到满足的时候,社会挫折感也就随之产生了。

如果一个社会较为开放,能提供足够的流动机会,那么社会挫折感便会得到一定程度的排释。但是在现代化刚刚起步的发展中国家,一来由于经济发展规模和水平的限制,二来由于传统的封闭结构、等级秩序和价值观念的惯性影响,无论是区域流动还是地位的升迁,都不可能有一个十分畅通的渠道。而在其他渠道被阻塞的情况下,各种社会集团为表达和追求自己的切身利益,便会涌向政治竞技场。

普遍的政治参与对政治体系产生了巨大的压力。要能够承受这种压力,并对各种利益要求进行合理的调节和有效的控制,政府就必须有足够强大的权威,同时还要不断地提高和改善其处理诸多复杂关系的领导艺术。但是,在大多数新兴国家,原先的殖民主义统治形式随着殖民统治的终结而土崩瓦解,而新的国家统治者又不容易一下子具备良好的政治素养和政治技能,这样一来,脆弱的政治体制在强大的压力下就很难维持稳定的局面了。亨廷顿把上述因素的相互关系概括为以下几个公式:社会动员/经济发展＝社会颓丧,社会颓丧/流动机会＝政治参与,政治参与/政治制度化＝政治动乱。①

亨廷顿的上述见解大大改变了过去那种以为只有贫困才会导致动荡的看法。他把政治不稳定的"普力夺"社会状态,同第三世界国家旨在摆脱贫困的现代化进程联系在一起,很值得人们深思。但亨廷顿并不认为自己是现代化的反对者。他所强调的是,尽管从长远的观点看,现代化的充分发展会使多数人得益,并最终带来更高水平的稳定,然而就它在发展中国家的初级阶段所产生的短期效应来说,却很有可能成为滋生动荡的温床。因此,为了不至于使现代化事业中途夭折,发展中国家就必须把维持稳定的政治秩序摆在首要位置。而要完成此项重任,在亨廷顿看来,关键不在于政府的"形式",而在于政府的"有效程度"。倘若一个政府缺乏权威、能力低下,则它"不仅仅是个弱的政府,而且还是一个坏的政府"。②

由于特别强调强大政府在维持政治秩序中的决定性作用,亨廷顿的观点"具有明显的保守主义和独裁主义倾向"③。强大政府学派的其他代表人物,如约翰逊、哈尔彭等,进一步把军队看作是实现政治稳定的靠山,无疑使这种"保守主义和独裁主义倾向"得到了强化。虽然强大政府学派辩称,他们的着眼点不是理想口号而是发展中国家的具体实际,但是,由于没有在强大政府和独裁统治之间作出明确的区分,他们对于在现代条件下是否还应为建立极权政治而奋斗的质疑,确实难以给出令人信服的回答。另外,即使出于现实的考虑,通过强大政府来建立稳定的政治秩序,也只是推动现代化的必要条件,而不是充分必要条件。换句话说,实现现代化需要有稳定的政治秩序作保障,但是仅凭稳定的政治秩序并不一定能够结出现代化的丰硕果实。倘若维持秩序的统治者不仅专断保守,而且穷奢极欲、腐化成性,那么民众岂不是要陷入政治上遭强制、经济上被剥夺的双重灾难吗?

因此,现代化进程的顺利启动和推进,不仅需要一个能够维持秩序的政治权威,而且需要一个开明的、具有历史使命感的政治权威。这个权威应当从本民族的根本利益出发,主动顺应现代化的时代潮流,在不危及稳定大局的前提下,适时地进行体制改革。亨廷顿多少也意识到了这一点。但他强调指出,改革者的道路

① 亨廷顿:《变化社会中的政治秩序》,三联书店1989年版,第51页。
② 亨廷顿:《变化社会中的政治秩序》,三联书店1989年版,第26页。
③ 兰德尔、西奥博尔德:《政治变迁与低度发展》,杜克大学,1985年,第69页。

是一条艰难的道路,在某种意义上甚至比革命者的道路更为艰难。这主要表现在三个方面。一是改革者往往面对保守派和革命派的双重压力,因此,为了取胜,他必须进行两线作战甚或多线作战。对他来说,一条战线上的敌人可能是另一条战线的盟友。反之亦然。这与革命者面临的问题有所不同。革命者的目的是使政治两极化。他们总是试图用经纬分明的两分法,把多种政治问题简单而戏剧性地归结为"进步势力"和"反动势力"之间的斗争。改革者则不是这样。相比之下,革命者倾向于加剧分裂,而改革者却要设法分散和消弭分裂;革命者喜欢将各种社会势力一分为二,而改革者则必须学会驾驭它们。在这个意义上,改革者往往需要具备比革命者更高超的政治技巧。仅此一点就足以说明,为什么改革是如此罕见了。"一个成功的革命者无须是政治巨匠;而一个成功的改革者则必是一流的政治家。"①

二是改革者不但要比革命者更善于操纵各种社会力量,而且在对社会变革的控制上也必须更加老练。他着眼于变革,但又不能一下子变得太彻底,以免引发剧烈的社会动荡。革命者对任何形式的动荡多少都会感兴趣。任何一件事,只要能搅乱现状,大体上对他总归具有革命价值。而改革者却必须有选择、有鉴别。比起革命者来,他在谋求变革的途径、手段与时机等各个方面,要更为慎重。

三是如何处理各种形式的改革的轻重缓急问题,对改革者来说比对革命者要复杂得多。革命者的首要目标是扩大政治参与,进行革命动员,通过发动和组织群众来摧毁旧制度。保守分子既反对社会-经济改革,也反对参与的扩大化。但改革者却必须保持两者之间的平衡。他需要维持秩序的稳定,这通常就得实行权力的集中;他需要增强社会的活力,这通常又得实行权力的扩散。而这两种要求显然是存在矛盾的。改革者必须把握分寸,协调好这对矛盾,不能因过分偏重一方而阻碍另一方。

既然改革者所面临的问题是如此的复杂,那么,怎样选择切实可行的改革战略,对他来说就至关重要了。从总体上看,可供改革者选择的基本战略主要有两种。一种是激进的或曰"闪电战"的战略。它把改革的所有目标公之于众,然后较为迅速地谋求它们的实现。一步到位、"斩草除根"是其特点。但是,这种战略只有在社会格局和政治格局高度稳定的条件下才是有效的。如果不具备这个条件,那么推行闪电般的激进改革,就有可能因为全面出击而树敌太多,最终招致失败。与之相反的另一种战略是渐进的或曰"费边式"的战略。它隐匿自己的目标,把改革分开来实现,一事一办。藏而不露、循序渐进是其特点。这样做的好处是,既可以有步骤地推进改革,又可以在每一次改革中赢得某些潜在的反对派的默许或支

---

① 亨廷顿:《变化社会中的政治秩序》,三联书店 1989 年版,第 317 页。

持,从而使改革的阻力缩小到最低限度。在亨廷顿看来,究竟采取哪种战略,要视具体情况而定。但经验表明,在大多数因推进现代化而承受巨大压力的发展中国家中,改革的最有效方式是两种战略的支持配合。而能否恰当地实现这种交替配合,从某种意义来说,"是对改革者政治技巧的一种严峻的考验"[①]。

强大政府学派试图从第三世界国家的具体经验出发来探讨政治发展问题,这与构造抽象理论框架的早期现代化学派相比,应当说朝着现实主义的方向迈出了一大步。它的基本思路可作如下概括:现代化需要稳定的政治秩序;稳定的政治秩序离不开有效的政治权威;政治权威的建立则有赖于统治集团或某个领袖人物的圆熟的政治谋略和政治技巧。这便是所谓的新权威主义结论。许多西方学者以这样那样的方式对这个结论表示了回应。布莱克说:"政治现代化的核心问题是一个社会将固执于传统的政治领导转变为热心于彻底现代化的政治领导的过程。"[②]但是,这个过程会自发实现吗? 一个民族和国家能将自己的命运完全寄托于个别杰出人物的降临吗? 纵然承认杰出人物具有不可或缺的重要作用,那么这种作用的限度及其约束条件又是什么呢? 对这些问题的淡化或忽略,构成了强大政府学派的基本理论缺陷。尽管他们颇为清醒地意识到,现代化进程需要靠强大的政治权威来维持稳定的秩序,而且,为了不给人留下逆历史进步潮流而动的印象,他们总是忘不了提醒一句,政治权威应当兼备推行变革的创新能力,但是,由于挥之不去的保守倾向作祟,当他们为突出稳定的重要性而断然主张不妨采取专制独裁的政治策略的时候,他们终究走向了另一个极端。事实上,一个压倒一切的政治权威在获得维持秩序的强大力量的同时,往往要程度不同地妨碍它获得政策创新和体制变革的外在条件和内在机会。如果说,这种外在条件和内在机会同样是不可或缺的,那么,要谋求它并使之产生积极影响,其重要措施之一,就是结合发展中国家的具体实际,稳步而坚定地进行民主化建设。在现代化进程中,政治动荡固然是一种困境,但是,倘以稳定为由盲目地拒斥政治参与,则必然使政治发展陷入性质不同的另一种困境。

自主与开放的矛盾

从理论上讲,民主化建设在第三世界国家政治发展中的地位和作用可从两个方面去认识。一方面,它通过政治参与的渐次扩大,可以使不断分化出来的各种社会力量或集团获得利益表达的机会,从而提高政治生活的公开性程度,为自上而下的政治决策提供一个必要的制衡因素。凭借这个因素的自下而上的影响,既

① 亨廷顿:《变化社会中的政治秩序》,三联书店1989年版,第318页。
② 布莱克:《现代化的动力》,四川人民出版社1988年版,第89页。

可以给政治体系的变革和发展输入动力,又可以对滥用权力的政治腐败现象形成一定程度的制约。这主要是就第三世界国家政治发展的近期目标而言的。另一方面,从长远目标来看,民主化是一种不可逆转的历史趋势。因此,无论第三世界国家政治发展的道路多么曲折和漫长,都不能在根本上游离于这一进步潮流之外。尽管在现代化的起步阶段,由于诸多条件的限制,第三世界国家不宜超越政治系统的实际承受能力来扩大政治参与,以免引发剧烈的政治动荡,但是,就归根到底的意义来说,只有把政治生活纳入民主化、法制化的轨道,才能使政治体系达到更高水平的稳定。离开民众的广泛参与和积极支持,一种政治系统要获得名副其实的权威和运转自如的完善功能,是无法做到的。因此,那种抑制政治参与以维护政治秩序的主张,即便有意义的话,也只是一时的意义。若着眼于历史发展的总体趋向,民主化仍然应该被看作是第三世界国家政治发展的最终目标。

如果说,这个目标不可能一下子实现,那么,问题的关键就在于找出妨碍它实现的诸种因素,并通过积极的努力来逐步地加以克服。毫无疑问,诸种因素之中最大的一个,便是落后的经济。由于一系列复杂的历史原因和社会原因,大多数发展中国家工业基础薄弱、农业发展缓慢、贫富两极悬殊、人口增长过快、人民生活贫穷。其中最落后者,甚至还没有摆脱饥馑恶魔的纠缠。这一状况对政治发展产生了双重的负面影响。一重影响是,艰难的生存处境、低下的教育水准、极度有限的社会服务和市政服务等等,使发展中国家充斥着大量的饥民、失业人员以及文盲和半文盲。他们没有办法了解政治信息,提高政治参与所必需的意识、能力和素质。与此相对应的另一重影响是,即使民众被动员起来,介入政治,这种动员和介入也难以正常而有序地展开,它或者表现为不堪贫困折磨的绝望者的造反,在这种情况下,政治参与毋宁是颠覆现存政治秩序的暴力对抗,或者表现为不满生活现状的失望者的改善期求,在这种情况下,政治参与同样会对现存政治秩序形成强大的压力。尽管这种压力没有前者来得急促和剧烈,但它的普遍性和持续性程度却仍旧远远超过了发展中国家的经济水平所能承担的程度。而假如财富匮乏的状况得不到明显的扭转,民众的期求就无法获得令人宽慰的满足;期求不断落空,累积的失望便有可能演变为彻底的绝望;当绝望在越来越大的范围内扩展为一种民众情绪,各种不安定因素便会相互刺激,社会也就面临动荡的可怕危险了。

无疑,要从根本上消除这种危险,第三世界国家必须大力发展民族经济。虽然经济的起飞和现代化,因为打破传统格局、重理或重组个人与集团利益,而有可能导致新的有时甚至是十分尖锐的矛盾,但是,不论道路多么坎坷,第三世界国家都别无选择,只能忍辱负重,坚持走下去。原因很简单:摆脱贫困、不断提高生活水平,是广大民众最现实、最紧迫的要求。特别是当这种要求在外来刺激下扩张为赶超发达国家的热望的时候,要把它压回原处是不可能的。于是,民众的意愿,再加上增强国力的现实任务,促使任何一个具有民族责任感和使命感的政府,都不得不把发展经济摆在优先考虑的战略地位。实际情况也正是这样。可以说,发展经济就是发展中国家最大的政治。

但是,在进入 21 世纪的今天,经济的发展已经不纯然是本民族孤立的内部事务了。随着国际交往的增强和全球经济一体化的形成,各国经济产生了前所未有的相互联系和相互依赖。闭关自守的民族壁垒不断被打破,跨国经济贸易占有越来越大的比重,并在相当程度上影响和制约着民族经济发展。在全球经济体系中,边界的重要性日益降低,主权国家已不再是唯一的单元。面对这样一种世界经济格局,发展中国家的政府要真正担负起促成本民族经济现代化的重任,就必须自觉地奉行对外开放政策,以积极主动的姿态融入一体化的世界经济大潮。否则,它就无法获得为发展所必需的资金、技术以及先进的经营方法和管理手段。封闭意味着僵化和停滞,只有开放才能获得发展的机遇,这在今天已成为一条不依人的意志为转移的客观法则。

对于广大发展中国家来说,倘若开放在所难免,那么随之产生的问题就是:国际秩序、国际分工体系是合理的吗? 对这个问题的思考,形成了颇有影响的依附理论和世界体系理论。前者以弗兰克为代表;后者以沃勒斯坦为代表。沃勒斯坦指出,当今世界经济确实已在越来越大的规模上联成一体,但是,这种一体化并非泛泛的国际交往,而是有着特定内涵的。如果说今日世界别无其他,只有一个国际分工体系的话,那么这个体系在形式上可以被确定为资本主义经济体系。这个体系最早出现在 16 世纪的西欧,此后经过不断的扩张,终于在当代将势力范围扩展到了全球。[1] 由于从一开始就具有掠夺性质,资本主义主宰下的世界经济体系是不均衡、不平等的:强国构成"核心",主要从事高级经济活动;弱国构成"边缘",往往局限于初级产品的生产。因此,剩余价值以这样那样的方式从"边缘"流向"核心",就成了世界经济体系的运行所产生的直接结果。在这种情况下,"边缘"国家不可能鱼与熊掌彼此兼得。它要获得发展的机遇,从"边缘"上升到"半边缘"或"核心"的地位,就必须开放门户;而一旦开放门户,融入世界经济体系,它又不得不忍受核心国家的剥削和宰割。这是由不合理国际分工所产生却要落后国家吞咽苦果的一对现实矛盾。

沃勒斯坦关于"核心-边缘"的分析模式,受到了弗兰克提出的"都市-卫星"分析模式的影响。两者的总体思路差异不大,但比较起来,弗兰克更突出地强调了欠发达国家对发达国家的依附性。按照弗兰克的看法,随着欧洲体系扩张为全球

---

① 沃勒斯坦:《现代世界体系》,伦敦,1987 年,第 7 章。

体系,世界一体化进程的必然后果就是发达国家和欠发达国家的相辅相成的并存。在某种意义上,所谓发达和欠发达,只不过是同一枚硬币的两面。正是第三世界的相对不发达,才使得工业化国家过去和现在的发达成为可能。因此,在不均衡的世界经济体系中,第三世界国家的发展总是成为大国发展的牺牲品,它充其量只能算作是"欠发展的发展"。

据弗兰克的分析,这种"欠发展的发展"是在"都市-卫星"的依附链条上展开的。在这个链条上占据主导地位的是以美国为代表的世界都市中心。它有自己的国内卫星,如相对落后的南部各州;也有自己的国际卫星,如巴西的圣保罗。而圣保罗又起着巴西都市中心的作用,它进一步把各省区卫星联结起来。最后这一链条一直延伸到地方庄园和乡村经济。弗兰克认为,每一都市中心都对其卫星地区实行支配和垄断,从而产生了层层剥夺。因此,卫星地区表现的经济增长是以高昂的资源浪费、通货膨胀、分配不公为代价的。于是,在发达地区进一步发展的同时,落后地区却总是处于欠发展的状态。

弗兰克由此得出结论,第三世界国家要突破欠发展而进入真正的发展,就必须从依附链条上脱钩,实现名副其实的经济自主。如果进一步推演开去,一方面考虑到西方列强对弱小和落后民族长期实行殖民统治的历史,另一方面考虑到发达国家通过经济扩张、政治干涉和文化渗透对发展中国家实行新形式的变相殖民控制的现实,依附理论在第三世界引起共鸣并产生直接的实践影响,是不难令人理解的。无论如何,沦为他国的附庸,不仅意味着遭剥削,而且意味着受屈辱。很难想象,按自身利益最大化行事的发达国家,会设身处地为发展中国家设计一条便捷的发展道路。从这个意义来说,第三世界国家坚持经济的自主、政治的自主以及文化的自主,确实是它们谋求自身发展的必要条件。因此,当它们从各自的现实国情出发,循序渐进,逐步加大开放幅度,同时对外来经济、政治和文化冲击进行有选择性和针对性的抵御的时候,它们的努力应该得到肯定。

但是,真理和谬误往往只有一步之遥。坚持独立自主是合理的,但把独立变成闭关、自主变成自守则是不合理的。认识到世界体系的不均衡、不平等的一面,并主张建立一种公正的国际秩序是正确的和可取的,但为摆脱依附地位而坚持与世界体系彻底脱钩,则是片面的,也是不现实的。依附理论的基本缺陷即在于此。按照弗兰克的逻辑,既然"都市-卫星"的结构造成了第三世界国家落后的欠发展状态,那么,问题的要害就在于使它们断绝"都市-卫星"结构的依赖关系。但弗兰克又意识到,在全球联系不断增强的现时代,仅靠第三世界国家本身的力量来实现脱贫致富、赶超发达国家的目标,则几乎没有什么可能。这样,他就对欠发达国家的发展前景失去了信心。其实,第三世界国家的发展既不能完全依赖于发达国家,也不能彻头彻尾地封闭自身。唯一可行的道路是在开放中自主发展,在自主发展中走向开放。而究竟怎样协调和处理自主与开放之间的矛盾,关键就要看在第三世界国家的总体发展中起主导作用的政府当局如何制定并贯彻符合自身实际的正确决策了。

　　总的来说,第三世界政治发展面临的问题很多,彼此之间的差异也很大,如果撇开这些差异而从整体上寻找它们的共同特征,那么,最突出的一点就是它们在愈益一体化的国际环境中谋求由前现代社会向现代社会的飞跃与转变。由于这种转变已上升为落后者奋起直追的自觉的民族意志,因此,集中体现这种意志的国家权威便起着举足轻重的作用。在这样的框架背景下,第三世界国家的政治发展目标可概括为层次不同的四个方面:一是保持政局稳定,巩固政治独立;二是强化政府职能,调控社会运行;三是优化管理结构,实现科学决策;四是坚持政治改革,建设民主政治。

第五节　政治发展的未来趋势

　　政治发展固然是由生产力和生产关系、经济基础和上层建筑的矛盾所决定的,但在不同的国家或民族那里,社会基本矛盾运动往往各有其特殊的表现形式。这种特殊表现形式意味着,当一个政治系统或民族处于某一历史转折点的时候,其内部的基本矛盾与外部的环境条件极为复杂地缠绕和交织在一起,相互作用、相互影响,常常显示出多种可能的发展途径。另外,政治发展途径的多样性,并不排斥和否定政治发展总体进程的统一性。尽管不同的国家和民族往往有着不同的特点,但从总体上看,人类历史或世界历史的演进,受社会基本矛盾运动的一般规律所支配,表现为一个由低级到高级、由简单到复杂的有序的前进上升过程。如果说,原始社会、奴隶社会、封建社会、资本主义社会和社会主义社会几种社会形态的依次更替,构成了人类历史进程的基本顺序,那么,就政治发展而言,通过社会主义革命,推翻资产阶级为代表的一切剥削阶级的政治统治,建立人民民主政治的新型政治形态,并且在此基础上,对整个社会进行全面而深刻的改造,最终促成阶级的消灭和国家的消亡,实现从有阶级向无阶级、有国家向无国家社会的转变与过渡,则从总体上代表了世界上所有国家和民族的进步方向和发展趋势。无论道路多么曲折,都不能使这一方向和趋势发生逆转。

一、巩固革命成果

　　资本家政治统治的政治形态是人类历史上最后一种剥削阶级占统治地位的

政治形态。它是建立在生产资料资本主义私有制的经济基础之上的上层建筑。当资本主义生产关系与生产力发展的客观要求基本适应的时候,资产阶级专政的国家政权与奴隶主专政和封建主专政的国家政权相比,具有一定的历史进步性和合理性。但是,资本主义从产生的那一天起,就存在着生产的社会化与生产资料的私人占有之间的对抗性矛盾。随着资本主义度过它的上升期,这一矛盾逐步外露并日益尖锐化。尽管借助资产阶级国家政权的力量,通过对资本主义生产关系的局部调整,这一矛盾可以得到暂时的缓和,但是从根本上说,它不可能在资本主义制度的框架范围内获得真正的解决。解决生产的社会化同生产资料资本家私人占有之间的矛盾,只有用公有制代替私有制,用社会主义代替资本主义。

但是,这一社会变革并不会自发地完成。它必须以无产阶级自觉的革命斗争为动力,必须经过无产阶级政治革命的过程。马克思、恩格斯通过对资本主义社会结构与阶级关系的科学分析,指出资本主义的发展,不仅为社会主义革命包括政治革命准备了必要的物质条件——社会化大生产,而且也使这场革命的主体承担者——无产阶级逐渐地成长起来。随着资本主义的内在矛盾不断地酿成经济与政治危机,无产阶级作为代表历史进步方向的新兴政治力量,在反对资产阶级的斗争中不断地壮大和成熟,社会主义革命就变成了直接实践的问题。社会主义代替资本主义,是历史发展的客观规律,也是无产阶级反对资产阶级斗争的必然结局。

19世纪末20世纪初,自由资本主义过渡到垄断资本主义即帝国主义阶段。列宁依据新的时代特点,创造性地发展了马克思主义,提出社会主义首先在一国胜利的理论。他指出,在帝国主义时期,资本主义固有的基本矛盾不仅日益尖锐,而且各资本主义国家之间经济政治发展的不平衡性也不断地加剧。一些后起的资本主义国家跳跃式地赶上和超过老牌的资本主义国家,导致了它们之间实力对比的急剧变化。资本主义经济发展的不平衡,必然影响到政治力量的对比。在殖民地已经被老牌帝国主义国家瓜分完毕的情况下,后起的帝国主义国家要求重新划分势力范围,于是不可避免地发生了帝国主义之间的战争。战争使帝国主义国家的力量相互削弱;结果就在帝国主义链条上造成了薄弱环节。这样,无产阶级就有可能首先在这里冲破帝国主义的政治统治堡垒,取得社会主义革命的胜利。

以社会主义一国胜利论为指导,列宁率领俄国布尔什维克和广大劳动群众,利用帝国主义大战造成的有利时机,成功地进行了俄国十月社会主义革命,建立了世界历史上第一个无产阶级专政的社会主义国家。十月革命的胜利,开辟了人类历史的新纪元,使殖民地半殖民地人民的民族民主革命,从资产阶级民主革命的一部分变成了无产阶级社会主义世界革命的一部分。在俄国十月革命的影响下,中国共产党领导中国人民,经过长期艰苦卓绝的斗争,推翻封建主义和官僚资本主义的反动统治,驱逐帝国主义势力,将新民主主义革命转变为社会主义革命,在中国建立了人民民主专政的新型国家政权。

无产阶级革命是人类历史上最深刻、最彻底的一场社会革命。它不是用一种私有制代替另一种私有制,以一个剥削集团代替另一个剥削集团,以一种剥削形式代替另一种剥削形式,而是要在根本上消灭一切私有制,消灭任何形式的人对人的剥削和压迫,最终实现全人类的彻底解放。因此,随着无产阶级革命的初步胜利,社会主义政治制度也就具有了区别于以往一切旧制度的崭新特征。这主要表现为:人民群众当家作主的政治地位得以确立;资产阶级及其他剥削阶级作为国家统治者的政治权力被剥夺;无产阶级政党成为国家政治生活的领导核心;它以为广大人民群众谋求根本利益为宗旨,运用国家政权进行社会管理,大力发展生产力,不断巩固和完善社会主义的经济基础,建设高度的社会主义政治民主、政治文明和社会主义精神文明,从各个方面为向共产主义过渡创造条件。

二、建设民主政治

社会主义政治制度的建立是人类历史上的一场伟大变革。从政治发展的目标来说,它结束了少数剥削阶级占统治地位的政治局面,使占全社会人口绝大多数的广大劳动群众真正成了国家的主人。因此,只有在社会主义条件下,一种与以往任何剥削制度有着本质区别的最具普遍性、广泛性和真实性的民主政治,才能真正建立和完善起来。

民主政治是人类政治发展追求的价值目标。列宁曾把民主赞誉为一个伟大的名词。自从古希腊人用这个概念来表达"人民的权力"或"多数人的统治"的政治形式开始,一代又一代的仁人志士就为实现民主理想展开了不懈的努力和追求。人类政治生活的开明和进步,是与这种努力和追求分不开的。

马克思主义认为:"民主是国家形式,是国家形态的一种。"[1]作为国家形式或国家形态的民主包括两个方面。从形式上看,作为人类社会组织政权、实行政治统治和政治管理的一种特定方法,民主政治坚持并奉行一个基本的价值原则,那就是"形式上承认公民一律平等,承认大家都有决定国家制度和管理国家的平等权利"[2]。如果一种政治统治形式能够按照这样的价值原则以及与之相适应的程序和方法来组织与运作,它就获得了某种民主的特征,并且因为这种特征,在与专制独裁相对应的意义上被认为具有一定的价值合理性和历史进步性。

---

① 《列宁全集》第3卷,人民出版社1984年版,第201页。
② 《列宁全集》第3卷,人民出版社1984年版,第201页。

从实质内容上看,作为"国家形式"或"国家形态",政治民主是与一定的经济基础和阶级利益相联系的。它在一定的经济基础之上产生,并且随经济基础的变化而变化。正如列宁所说:"任何民主,和任何政治上层建筑一样……,归根到底是为生产服务的,并且归根到底是由该社会中的生产关系决定的。"①在阶级社会中,生产关系表现为一定的阶级关系,因此,民主总是打着阶级的烙印。维护统治阶级的政治统治和经济利益,是民主的实质内容。如果说,民主政治在形式上具有某些共同的基本原则,因而区别于专制独裁,那么,其在特定的经济基础和阶级关系制约下所获得的实质内容,则又使它们相互区别,并在历史发展中表现为不同的类型。

历史上的第一种民主类型出现于奴隶社会,存在于奴隶主政治统治的政治形态之中。它的典型模式是古希腊雅典国家的城邦民主制。城邦民主制形式上奉行主权在民原则。"平民群众必须具有最高权力,政事取决于大多数人的意志,大多数人的意志就是正义。"②由公民大会选举公职人员,制定法律,决定重大问题,是雅典城邦民主制的主要特点。尽管雅典城邦民主制宣称主权在民,但是真正享有公民权的却只是一部分自由民,其中起主导作用的是工商奴隶主和贵族奴隶主,而占人口绝大多数的奴隶则不过是"会说话的工具",没有任何民主权利可言。因此,在奴隶社会,撇开君主制、寡头制、独裁制等最普遍的国家形式不论,即使在个别情况下出现过民主制,而享受民主实质上也只是少数统治阶层的特权。

历史上的第二种民主类型出现于资本主义社会,存在于资本家政治统治的政治形态之中。它是近代资本主义商品经济发展的必然伴随物。商品经济的内在逻辑,即等价交换和自由竞争,在政治上和法律上必然要求一种具有普遍形式的平等和自由。因此,资产阶级在反封建革命中,高举起了自由、平等、民主、人权的旗帜。在反封建革命胜利后,资本主义民主制逐步确立了起来。它奉行"法律面前人人平等"的原则,承认一切社会成员具有平等的政治权利,在政权的组织形式上用议会制代替专制君主制,用普选制代替等级制和世袭制,因而它"从全世界社会发展来看,是一大进步"③。但是,资本主义民主制存在着形式与内容的二元分裂。就形式而言,它承认法律面前人人平等。然而由于以生产资料私有制为基础,这种法律面前的人人平等却被资本的有无或多寡的实际不平等所限制和抵消,从而在现实的社会经济、政治生活中成了保护资产阶级本阶级内部平等的屏障。无产阶级和广大劳动群众,没有或很少占有生产资料,他们主要靠出卖劳动力受雇于资本

---

① 《列宁全集》第4卷,人民出版社1986年版,第405页。
② 亚里士多德:《政治学》,商务印书馆1959年版,第312页。
③ 《列宁全集》第4卷,人民出版社1986年版,第38页。

家,因此,法律赋予他们的民主权利实际上落实为保护他们出卖劳动力商品的权利。从这个意义来说,资本主义民主制归根到底只是维护资产阶级政治统治和经济利益的一种巧妙的方式和手段。它取消了公开的封建特权,却维护着隐蔽的资本的特权;它承认了形式的平等,却掩盖着事实上的不平等。只要资本主义私有制依然处于支配全社会的地位,这种事实上的不民主、不平等就无法消除。

历史上的第三种民主类型诞生于社会主义人民民主政治形态。它是在无产阶级的革命斗争中萌芽,随着社会主义政治制度的建立而形成和发展起来的。社会主义民主是迄今为止人类历史上最高类型的民主。这不仅因为它批判地借鉴和继承了人类民主发展史上的一切优秀成果,更重要的是它建立在生产资料公有制的基础上,并以无产阶级领导的人民民主专政的新型国家政权为依据,为建设高度完善的民主政治提供了前所未有的广阔前景。

与以往剥削阶级占统治地位的民主类型相比,社会主义民主具有以下特征。

第一,新型国家政权使绝大多数人真正享有民主权利。在古代民主政治和资产阶级民主政治中,公民权利虽然在形式上得到确认,但由于少数剥削阶级操纵国家机器,因而就其本质来说是十分狭隘的。与此不同,社会主义国家是无产阶级领导的、以工农联盟为基础的人民民主专政的新型国家政权。它的实质性特征是人民当家作主,一切权力属于人民,而只对极少数破坏社会主义事业和危害绝大多数人利益的敌对分子实行专政。因此,只有社会主义国家才能真正确立人民的主人翁地位。这种新型民主不仅使他们享有参与和管理国家事务的最普遍、最广泛的政治权利,而且能够借助新型国家政权的专政力量,使这种权利得到可靠的维护和保障。

第二,公有制的主体地位使人民当家作主得到切实体现。一切政治问题根源于社会的经济关系之中。在资本主义社会,无产阶级和广大劳动群众,因为没有或很少占有生产资料,只能处于依附于资本的地位,所以对他们来说,平等的民主权利只不过是一种空泛的形式。真正享受民主的是那些控制国家经济命脉的垄断资本家及其政治代理人。与此不同,社会主义民主是建立在生产资料公有制主体地位的基础之上的。社会主义革命消灭了剥削制度,使无产阶级和广大劳动群众在经济上获得了解放,享有了对生产资料的不同形式的所有权和支配权,这就为他们以民主方式协调相互之间的关系、解决内部的非对抗性矛盾提供了坚实的社会基础。

第三,民主集中制为民主建设确立了全新的组织原则。资产阶级民主在形式上具有"普选制"、"议会制"、"多党制"、"法律面前人人平等"等虚饰外观,但是,由于在生产关系中居于被支配地位的无产阶级和广大劳动群众根本无法进入资本主义政治机构,因此,这些民主装饰非但不能改变资产阶级专政的实质,反而显示出资产阶级民主的虚伪性。不仅如此,资产阶级民主制的决策和运行存在着,并随历史的演化越来越暴露出一对尖锐的矛盾。一方面,为了更有效地维护和实现资产阶级的政治经济利益,国家事务的决策权和管理权愈益集中在少数官僚手中,他们作为资产阶级的代理人,形成了高高在上的所谓精英集团,另一方面,资本主义私有制又为个人主义、唯我主义的膨胀提供了合适的土壤,从而将所谓的民主参与扭曲成极端的自由化和无政府主义的泛滥。与此不同,社会主义坚持民主集中制原则。它一方面切实保证人民当家作主的权利,使国家机构同人民群众保持极其密切的、不可分离的、容易检查和更新的联系,另一方面又强调在充分发扬民主的基础上,将群众意见中那些有益的部分集中起来,形成统一意志,以此作为指导行动的共同准则。如果说,生产资料公有制的主体基础使发扬民主成为必然要求,那么,建立在公有制主体地位基础上的人民群众总体利益的一致性,则为集中统一的顺利实现提供了可能。因此,社会主义民主本质上是高度民主和高度集中的辩证统一。民主是集中的基础,只有充分发扬民主,才能达到正确的集中;集中是民主的指导,只有实行正确的集中,才能实行真正的民主。

总的说来,社会主义民主是社会主义制度的本质要求,也是它的基本特征之一。社会主义致力于人民群众根本利益的自觉的追求和维护,因此就本质而言它必然具有政治上的民主属性。没有民主就没有社会主义。建设高度民主的社会主义政治制度,是社会主义革命和社会主义建设的一项根本任务和根本目标。为了实现这一目标,社会主义政治系统在各自的政治实践中作出了积极的和富有成效的努力。新中国成立以后,特别是党的十一届三中全会以来,在建立和完善人民代表大会制度、共产党领导的多党合作制度与政治协商制度、民族区域自治制度、基层民主制度,以及社会主义的选举制、监督制、质询制、罢免制等民主化建设方面,取得了举世瞩目的伟大成就。当然社会主义民主建设不是一蹴而就的,而是一个长期和复杂的过程。这个过程需要通过社会主义政治体制自身的改革,有步骤、有层次、有秩序,由浅入深、从低级到高级持续而稳步地加以推进。

三、推行体制改革

社会主义革命的胜利,结束了少数剥削阶级占据统治地位的局面,建立了无产阶级领导的、以工农联盟为基础的人民民主专政的国家政权,为建设高度完善的民主政治开辟了前所未有的广阔道路。与以往剥削阶级专政的国家政权相比,社会主义政治制度在本质上具有无可怀疑的优越性。怀疑或否定这种优越性,在理论上是错误的,在实践上是极其有害的。坚持社会主义政治制度,坚持社会主义政治发展的正确方向和基本原则,对此决不能有任何偏离和动摇。

　　20世纪的社会主义,是基于资本主义经济政治发展的不平衡,在一些经济和社会发展相对落后的甚至是半封建、半殖民地的国家获得胜利的。这种跳跃式的发展,既实现了社会制度的根本变革,同时也为社会主义政治制度和政治体制的进一步完善带来了一系列复杂的难题。这主要表现为:落后的生产力水平,使社会化大生产的物质基础还不够坚固,这在客观上对社会主义民主政治的发展构成了制约或限制;社会主义国家的前身没有经历过资本主义的充分发展,根深蒂固的封建残余的影响,使社会主义民主政治的进程遇到了严重的障碍;历史条件的复杂性和主观认识的某些偏差,造成社会主义具体实践进程中的一些失误,致使社会主义政治体制存在许多不完善的环节甚或较为严重的缺陷,妨碍了社会主义优越性的充分发挥。凡此种种,都需要通过社会主义自身的改革,逐步地加以解决和克服。

　　从当代中国社会主义建设的实际经验来看,社会主义条件下的政治发展可以从以下两方面来进行认识。

　　第一,社会主义现代化进程提出了进行政治体制改革,实现社会主义政治现代化的客观要求。中国是在半封建、半殖民地的历史条件下,通过新民主主义革命道路进入社会主义阶段的。新中国成立后,运用无产阶级专政的国家力量,完成了生产资料私有制的社会主义改造,并且仿效苏联建立了高度集中统一的计划经济体制。应该说,这种体制在社会主义建设初期百废待举的情况下,曾经起过积极的历史作用。但是,由于中国生产力总体水平低下,且发展很不均衡,这种体制很快暴露出刻板、僵硬,同生产力发展的实际状况不相适应的弊端。邓小平指出过,我们过去一直搞计划经济,但多年的实践证明,在某种意义上说,只搞计划经济会束缚生产力的发展。

　　当计划经济的弊端日益暴露,因而需要加以改革时,我们却在很长时间内陷入了两个思想误区。一个误区是,片面理解社会主义生产关系的特征,超越生产力发展的实际状况而不断拔高公有化的程度,同时在分配领域实行平均主义,吃"大锅饭",结果反而使劳动者的积极性受到严重挫伤。另一个误区是,错误理解社会主义初级阶段的主要矛盾,片面强调上层建筑领域的斗争和革命,结果冲击了社会主义经济建设这一中心任务,不仅使生产关系中那些不适应生产力发展要求的方面和环节,得不到及时和应有的改善,而且造成或加剧了权力过分集中、以党代政、政企不分、干部领导职务终身制、家长制、官僚主义和特权现象等一系列政治体制上的弊端。这些错误倾向随着党的十一届三中全会的召开而在思想上得到根本性的纠正。十一届三中全会以后,通过不断的理论探索和实践探索,确立了以经济建设为中心,坚持四项基本原则,坚持改革开放的基本路线,中国进入了社会主义建设的新时期。

　　围绕经济建设这一中心任务,将社会主义的一般原则同中国当前的具体实践紧密地结合起来,坚定不移地推行改革开放,既反映了解放和发展生产力、提高人民群众生活水平的客观要求,同时也体现了上层建筑对经济基础的巨大的反作用。随着社会主义现代化的全面推进,经济改革、社会发展同政治改革、政治发展之间的辩证关系,跃进到了一个更高的水平。中国的改革开放由经济改革入手,从农村改革到城市改革,从产品经济到商品经济,从计划经济到市场经济体制,从经济领域扩展到社会生活的各个领域,加上国际联系和国际交往的日益增强,有力地改变了中国既有的政治生活。

　　这场社会大变革的主要特征是:一是社会环境从相对稳定的状态进入到现代化全面启动、社会结构全面转型的状态,传统型的农业社会、乡村社会和封闭半封闭社会,以不断加快的步伐向现代化的工业社会、城市社会和开放社会过渡。这一社会转型必然产生相关的政治效应。二是社会发展的战略选择不仅完成了从以政治斗争为重点到以经济建设为中心的转移,而且确定了建立社会主义市场经济体制的基本目标。实现这一目标,作为驱动社会变革的中轴,无疑也会对政治发展产生至关重要的影响。三是经济的快速起飞和对外开放的不断深入,促成管理方法、管理模式的推陈出新,同时,高新技术手段也正在全面进入公共管理和社会调控过程。社会发展的现代化取向和特征,呼唤着新型的政治统治、政治管理、政治决策和政治监督。四是在现代化的总体氛围下,特别是伴随着都市化的发展、教育水平的提高以及与现代传播媒介的频繁接触,民众的生活方式、价值观念、心理习惯发生重大变化。这种变化必然影响他们的政治认知、政治情感和政治评价,从而在很大程度上改变政治运行的文化条件。

　　由于上述原因,在社会主义现代化进程中产生了一种水平和层次越来越高的矛盾互动关系。一方面,经济、社会和文化日新月异的发展,对政治体制中那些陈旧、落后、不合理的方面与环节,必然要产生不适的反应,而且这种反应会越来越敏感,这就提出了进行政治体制改革的客观要求,另一方面,也只有通过政治改革,建立起高度民主、法制完备、富有效率、充满活力的社会主义政治体制,才能为经济的健康发展和现代化进程的顺利推进,提供政治上的支持与保障。离开了这种支持与保障,社会主义市场经济体制的建立、社会转型过程中诸多矛盾关系的合理的协调与解决,都是难以想象的。正如邓小平所说:"现在经济体制改革每前进一步,都深深感到政治体制改革的必要性。不改革政治体制,就不能保障经济体制改革的成果,不能使经济体制改革继续前进,就会阻碍生产力的发展,阻碍四个现代化的实现。"①

---

　　① 《邓小平文选》第3卷,人民出版社1993年版,第176页。

第二,政治体制改革就是进行社会主义民主政治建设。政治体制改革作为中国全面改革的重要组成部分,必须随着经济社会发展而不断深化,与人民政治参与积极性的不断提高相适应。要坚持中国特色社会主义政治发展道路,坚持党的领导、人民当家作主、依法治国有机统一,坚持和完善人民代表大会制度、中国共产党领导的多党合作和政治协商制度、民族区域自治制度以及基层群众自治制度,不断推进社会主义政治制度的自我完善和发展。

深化政治体制改革,必须坚持正确的政治方向,以保证人民当家作主为根本,以增强党和国家活力、调动人民积极性为目标,扩大社会主义民主,建设社会主义法治国家,发展社会主义政治文明。要坚持党总揽全局、协调各方的领导核心作用,提高党科学执政、民主执政、依法执政水平,保证党领导人民有效治理国家;坚持国家一切权力属于人民,从各个层次、各个领域扩大公民有序政治参与,最广泛地动员和组织人民依法管理国家事务和社会事务、管理经济和文化事业;坚持依法治国基本方略,树立社会主义法治理念,实现国家各项工作法治化,保障公民合法权益;坚持社会主义政治制度的特点和优势,推进社会主义民主政治制度化、规范化、程序化,为党和国家长治久安提供政治和法律制度保障。

深化政治体制改革,促进政治发展,就要扩大人民民主,保证人民当家作主。人民当家作主是社会主义民主政治的本质和核心。要健全民主制度,丰富民主形式,拓宽民主渠道,依法实行民主选举、民主决策、民主管理、民主监督,保障人民的知情权、参与权、表达权、监督权。支持人民代表大会依法履行职能,善于使党的主张通过法定程序成为国家意志;保障人大代表依法行使职权,密切人大代表同人民的联系,建议逐步实行城乡按相同人口比例选举人大代表;加强人大常委会制度建设,优化组成人员知识结构和年龄结构。支持人民政协围绕团结和民主两大主题履行职能,推进政治协商、民主监督、参政议政制度建设;把政治协商纳入决策程序,完善民主监督机制,提高参政议政实效;加强政协自身建设,发挥协调关系、汇聚力量、建言献策、服务大局的重要作用。坚持各民族一律平等,保证民族自治地方依法行使自治权。推进决策科学化、民主化,完善决策信息和智力支持系统,增强决策透明度和公众参与度,制定与群众利益密切相关的法律法规和公共政策,原则上要公开听取意见。加强公民意识教育,树立社会主义民主法治、自由平等、公平正义理念。支持工会、共青团、妇联等人民团体依照法律和各自章程开展工作,参与社会管理和公共服务,维护群众合法权益。

深化政治体制改革,促进政治发展,就要发展基层民主,保障人民享有更多更切实的民主权利。人民依法直接行使民主权利,管理基层公共事务和公益事业,实行自我管理、自我服务、自我教育、自我监督,对干部实行民主监督,是人民当家作主最有效、最广泛的途径,必须作为发展社会主义民主政治的基础性工程重点推进。要健全基层党组织领导的充满活力的基层群众自治机制,扩大基层群众自治范围,完善民主管理制度,把城乡社区建设成为管理有序、服务完善、文明祥和的社会生活共同体。全心全意依靠工人阶级,完善以职工代表大会为基本形式的企事业单位民主管理制度,推进厂务公开,支持职工参与管理,维护职工合法权益。深化乡镇机构改革,加强基层政权建设,完善政务公开、村务公开等制度,实现政府行政管理与基层群众自治有效衔接和良性互动。发挥社会组织在扩大群众参与、反映群众诉求方面的积极作用,增强社会自治功能。

深化政治体制改革,促进政治发展,就要全面落实依法治国基本方略,加快建设社会主义法治国家。依法治国是社会主义民主政治的基本要求。要坚持科学立法、民主立法,完善中国特色社会主义法律体系。加强宪法和法律实施,坚持公民在法律面前一律平等,维护社会公平正义,维护社会主义法制的统一、尊严、权威。推进依法行政,深化司法体制改革,优化司法职权配置,规范司法行为,建设公正高效权威的社会主义司法制度,保证审判机关、检察机关依法独立公正地行使审判权、检察权。加强政法队伍建设,做到严格、公正、文明执法。深入开展法制宣传教育,弘扬法治精神,形成自觉学法守法用法的社会氛围。尊重和保障人权,依法保证全体社会成员平等参与、平等发展的权利。各级党组织和全体党员要自觉地在宪法和法律范围内活动,带头维护宪法和法律的权威。

深化政治体制改革,促进政治发展,就要壮大爱国统一战线,团结一切可以团结的力量。促进政党关系、民族关系、宗教关系、阶层关系、海内外同胞关系的和谐,对于增进团结、凝聚力量具有不可替代的作用。要贯彻长期共存、互相监督、肝胆相照、荣辱与共的方针,加强同民主党派合作共事,支持民主党派和无党派人士更好地履行参政议政、民主监督职能,选拔和推荐更多的优秀党外干部担任领导职务。牢牢把握各民族共同团结奋斗、共同繁荣发展的主题,保障少数民族的合法权益,巩固和发展平等团结互助和谐的社会主义民族关系。全面贯彻党的宗教工作基本方针,发挥宗教界人士和信教群众在促进经济社会发展中的积极作用。鼓励新的社会阶层人士积极投身中国特色社会主义建设。认真贯彻党的侨务政策,支持海外侨胞、归侨侨眷关心和参与祖国现代化建设与和平统一大业。

深化政治体制改革,促进政治发展,就要加快行政管理体制改革,建设服务型政府。行政管理体制改革是深化改革的重要环节。要抓紧制定行政管理体制改革总体方案,着力转变职能、理顺关系、优化结构、提高效能,形成权责一致、分工合理、决策科学、执行顺畅、监督有力的行政管理体制。健全政府职责体系,完善公共服务体系,推行电子政务,强化社会管理和公共服务。加快推进政企分开、政资分开、政事分开、政府与市场中介组织分开,规范行政行为,加强行政执法部门建设,减少和规范行政审批,减少政府对微观经济运行的干预。规范垂直管理部门和地方政府的关系。加大机构整合力度,探索实行职能有机统一的大部门体制,健全部门间协调配合机制。精简和规范各类议事协调机构及其办事机构,减少行政层次,降低行政成本,着力解决机构重叠、职责交叉、政出多门等问题。统筹党委、政府和人大、政协机构设置,减少领导职数,严格控制编制。加快推进事业单位分类改革。

深化政治体制改革,促进政治发展,就要完善制约和监督机制,保证人民赋予的权力始终用来为人民谋利益。确保权力正确行使,必须让权力在阳光下运行。要坚持用制度管权、管事、管人,建立健全决策权、执行权、监督权既相互制约又相互协调的权力结构和运行机制。健全组织法制和程序规则,保证国家机关按照法定权限和程序行使权力、履行职责。完善各类公开办事制度,提高政府工作透明度和公信力。重点加强对领导干部特别是主要领导干部、人财物管理使用、关键岗位的监督,健全质询、问责、经济责任审计、引咎辞职、罢免等制度。落实党内监督条例,加强民主监督,发挥好舆论监督作用,增强监督合力和实效。

四、促进国家消亡

马克思主义认为,政治国家是伴随阶级分裂而出现的一种特殊现象。它不是从来就有的,也不会永远存在下去。随着私有制被彻底消灭,社会生产力获得高度发展,物质财富充分涌流,以至"不仅可能保证一切社会成员有富足的和一天比一天充裕的物质生活,而且还可能保证他们的体力和智力获得充分的自由的发展和运用"[1],阶级的分裂便丧失了赖以存在的基本前提。一旦伴随阶级分裂而来的种种社会差别和不平等最终归于消失,作为阶级对立不可调和的产物的国家,也将自然而然地退出历史舞台。

从社会形态的历史演进的总体趋势看,阶级的消灭和国家的消亡紧密联系,因此它是社会主义政治发展的必然结果。阶级的分裂使国家成为从社会中产生而又高居于社会之上并且日益同社会相脱离的力量,于是出现了与原始社会权力相对立的政治权力。尽管国家从一开始就具有某种管理全社会公共事务的职能,然而在阶级社会中,这种职能是以阶级统治的形式获得实现的。为了粉饰自己政治统治的合法性基础,剥削阶级国家只是以全社会普遍利益的代表者自居。但是从本质上说,社会主义以前的所有类型的国家,都只是一种"虚幻的共同体形式",所谓代表全社会的普遍利益,不过是掩盖少数剥削阶级特殊利益的虚假的意识形态宣传罢了。冒充全社会普遍利益的代表而行使剥削阶级专政,这是社会主义以

---

① 《马克思恩格斯选集》第3卷,人民出版社1995年版,第633页。

前所有国家类型的根本实质。

正因如此,通过社会主义革命,打破以资产阶级专政为代表的一切剥削阶级专政的国家机器,建立无产阶级专政的新型国家政权,使广大人民群众真正成为国家的主人,也就构成了国家与社会从分离走向统一的关键环节。马克思主义认为,无产阶级专政的重要内容,就是把凌驾于社会之上的"国家"所吞食的一切力量最终归还给社会有机体。"这是社会把国家政权重新收回,把它从统治社会、压制社会的力量变成社会本身的生命力;这是人民群众把国家政权重新收回,他们组成自己的力量去代替压迫他们的有组织的力量"①。随着社会主义由低级阶段到高级阶段不断地发展和完善,当国家真正成为整个社会的代表的时候,政治统治就会让位于自由人联合体的治理,国家也就作为多余的东西而自行消亡了。

但是,国家的消亡是一个漫长的过程。列宁依据对历史必然性的认识,同时结合社会主义政治发展,将国家消亡的过程大致划分为三个既有区别又有联系的阶段。第一阶段是政治国家。要实现国家消亡,首先必须建立无产阶级专政。因为除此之外,没有别的道路和方式能够结束剥削阶级的统治。无产阶级专政的国家,已不是原来意义上的国家,即不是少数人对多数人进行专政的国家,但只要国际、国内还存在敌对的阶级,无产阶级专政还担负镇压职能,它就仍然具有政治性质。第二阶段是非政治国家。随着国内阶级消灭,国家职能逐渐失去政治色彩。但这时国家还保留着。保留国家不是为了执行镇压职能,而是为了维护某些为社会利益所必需而不得不继续生效的强制性权利规范。这是为国家消亡提供条件。第三阶段是国家的完全衰亡。当社会主义完成向共产主义的过渡,生产力高度发达,全体人民的思想觉悟和道德品质极大提高,人们已十分习惯于遵守公共生活准则,那时,特殊的国家机器将完全失去作用,社会将摆脱国家这个"赘瘤",而把它"放到它应该去的地方,即放到古物陈列馆去,同纺车和青铜斧陈列在一起"②。

人类从无阶级、无国家到有阶级、有国家,再到无阶级、无国家,这是马克思主义所揭示出的人类社会发展的一般过程。虽然国家消亡在今天还不是直接实践的问题,但是讨论这个问题绝非没有意义。列宁指出,促成国家消亡是一切社会主义者的最终目标,不达到这个目标,"真正的民主即平等和自由就无法实现"。为了使共产主义理想最终变成现实,社会主义者应当通过自己的努力去积极地创造条件,概括说来,主要有以下几个方面:第一,大力发展社会生产力。这是国家消亡的物质基础,也是社会主义的根本任务,只有生产力高度发展,物质产品极大丰富,人们对生产资料的关系才能真正处于完全平等的地位,阶级对立以及工农

---

① 《马克思恩格斯选集》第3卷,人民出版社1995年版,第95页。
② 《马克思恩格斯选集》第4卷,人民出版社1995年版,第174页。

差别、城乡差别、脑力劳动和体力劳动的差别,才能得以彻底消除。第二,不断提高社会成员的思想文化水平。促成国家消亡,仅有发达的物质文明是不够的,还必须全力进行思想和文化方面的精神文明建设。精神文明建设最后归结为人的建设。要实现共产主义崇高理想,必须造就一代又一代的共产主义新人。第三,建设高度的社会主义民主。要为国家消亡创造条件,必须充分发挥广大人民群众管理经济、文化和社会生活的作用,大力推进政治文明建设,这是实现国家消亡的必由之路。

只有不断地培育各种形式的人民群众直接参与社会管理的组织与机构,并使它们的水平不断提升,民主作为国家形态的政治性质才能逐渐消退,而作为社会生活的民主才能越来越健全、越来越完善。当所有社会成员都学会管理社会生活的时候,人们对公共规则就从必须遵守变成自愿遵守和习惯遵守,强制性的权力机构再无存在的必要,社会发展和人的发展将达到自由创造的理想境界。

✳✳✳✳✳✳✳✳ 本章小结 ✳✳✳✳✳✳✳✳

政治发展是整个人类政治生活运行、变化的结果和成就。西方学者总是以西方发达国家政治演变的过程和已经达到的结果作为典范来规定发展中国家的政治发展。这种对政治发展的片面理解和推广移植在第三世界国家结出的却是苦果。马克思主义对政治发展的研究,是从人类社会演变发展的一般规律出发,确定了政治发展的动力、途径、方式,并依据当代政治生活的演变的现实,从而概括出政治发展所包含的丰富内容。

虽然人类的政治生活是统一的,但是,由于历史的、制度的种种原因,全球的政治发展出现了不同的道路。西方的政治发展尽管很早就开始了,但是,西方发达国家的政治发展既有其特殊性,也存在许多固有的矛盾和障碍。在西方发达国家将自己的政治发展方式、标准搬到第三世界时,第三世界国家的政治家和政治学家们也在思考适合第三世界实际情况的政治发展方式。

从人类政治生活的历史来考察,政治发展通常采取两种方式,一种是政治形态发生根本性质变的政治革命。人类已经经历的真正意义上的政治革命并不多。它总是与旧的政治形态的消亡和新的政治形态的诞生相伴随的。推动政治发展的另一种方式是政治改革。它基本上是在同一政治形态之中推进政治发展的方式。

真正能持续推动政治发展的是社会主义政治形态。社会主义革命结束了少数剥削阶级占统治地位的局面,是人类政治发展史上的一场最伟大的变革。社会主义政治体制改革既是社会主义经济发展和社会发展的客观要求,同时也是巩固社会主义经济基础,推进政治发展和社会全面进步的重要手段。社会主义政治形态内部的不断深化的政治改革的一个重要内容是加强民主政治的建设。

✱✱✱✱✱✱✱✱✱✱
✱关键概念✱
✱✱✱✱✱✱✱✱✱✱

政治发展　政治革命　革命形势　政治改革　渐进性改革　激进性改革
国家消亡

✱✱✱✱✱✱✱✱✱✱✱
✱研究与思考✱
✱✱✱✱✱✱✱✱✱✱✱

政治发展的实质与动力是什么?

政治发展的主要内容是什么?

英、法两国资产阶级政治革命模式有什么异同?

政治发展中的理性化取向与民主化取向及其相互关系。

发展中国家的政治发展存在哪些主要矛盾?

中国与俄罗斯政治体制改革模式的区别在哪里?

为什么要建设社会主义政治民主?它包括哪些内容?

如何正确理解政治改革与政治稳定的关系?

政治国家的起源、发展和消亡的总体过程是怎样的?

✱✱✱✱✱✱✱✱✱✱
✱相关知识✱
✱✱✱✱✱✱✱✱✱✱

1. 第三世界政治发展理论

现代化视野下的政治发展比较研究绝大多数是西方发达国家的政治学家作出的,他们以发达国家的经历和经验为标准去指导、规范、设计发展中国家的经济发展和政治变革。但是,已有的指导理论和政策设计却与这些国家政治发展的现实经验不相符合。20世纪五六十年代,许多发展中国家依据西方学者的发展经济学、发展政治学的理论和政策去实践,结果有些国家经济并没有发展,有些国家虽然经济暂时发展了,社会却陷入不稳定的局面,也未出现强有力的政府和有效的民主政治。这就促使发展中国家的学者和实践者重新审视被西方学者奉为灵丹妙药的以西方为模特儿的经济发展理论和政治发展理论,并努力寻找替代性理论。

弗兰克的政治发展理论

曾在巴西任教多年的德裔学者弗兰克(A. G. Frank)在其论文《发展的社会学和社会学的欠发展》中开始了对现代化视野下政治发展研究的批判。后来他在《欠发展的发展》一书中提出了"欠发展"或"低度发展"与"未发展"或"开始发展"等概念。未发展(underdeveloped)是指前发展或未开始发展。欠发展(underdevelopment)则是相对于发展而言的,是指发展不足的状态。

弗兰克运用巴西和智利的经验来说明其理论。这两个国家在早期殖民地到现时代的发展中,由于南欧殖民地宗主国、英国和美国的作用,在这些国家中,民族资产阶级先后建立了由大城市渗透到乡村的垄断结构,并产生出相伴生的社会和政治生活的畸形状况。

弗兰克批评了罗斯托的发展阶段论,认为正因为第三世界国家欠发展,才有了发达国家过去和现在的发展。欠发展是资本主义世界造成的。

弗兰克还批评了刘易斯的二元结构论,提出了"宗主-卫星"模式。发达国家成为宗主国,处于中心位置,挥霍、浪费资源。而落后国家则处于边缘位置,它们的剩余价值被攫取、掠夺。

阿明的政治发展理论

埃及学者阿明(Samir Amin)于1976年出版了《不平等的发展》一书,提出了"边缘资本主义"的结构性概念。阿明认为,有四重原因导致不平等格局的出现。一是早期殖民地贸易造成发展中国家前资本主义生产关系的畸变、传统手工业的破产和资本主义生产方式的初步形成。二是外国投资的进入则形成以原料出口为主而劳动报酬极低的现代生产部门。三是发展中国家普遍推行的进口替代工业化的发展战略又导致国内市场的畸形化。四是跨国公司造成的分工体系又迫使发展中国家只能提供初级产品和原料,必须输入技术和设备。结果是不得不接受国际垄断资本的统治和支配。这种不平等格局又使得进一步的发展受到严重阻碍。

阿明概括了拉丁美洲、亚洲和非洲等地区"边缘资本主义"的历史形态和特征:一是农业资本主义在国民生产部门中占主导地位;二是从事商贸的国内资产阶级从属于国外资本,只能在国外资本给出的范围内发展;三是特有形态的官僚政治生长起来,民族独立后国家资本主义有相当大的发展,官僚机构成为社会变迁的主要力量;四是无产阶级化没有完成,处于被剥削地位的除了现代企业中的雇佣劳动者外,还有农民大众和城市失业人口。

阿明分析了"边缘资本主义"历史进程的阶段:一是殖民主义的阶段;二是进

口替代工业化的阶段;三是从"边缘"走向自力更生的阶段。进口替代工业化是重要阶段。这一阶段始于边缘国家的独立、民族资产阶级开始掌握政权的时候。

边缘资本主义这一阶段具有某些特点。一是"大众边缘化"现象出现,少数特权阶级财富不断增多,并日益接受和享受发达国家的生活方式。奢侈品生产进一步发展,这可以保证特权阶级有高额利润,巩固其在社会上的地位,但大众却被边缘化了。二是边缘对中心的依赖出现,除过去遗留的文化和政治依附外,在基础工业和公共部门方面出现新的依附。三是农业的落后没有改变,虽然边缘国家的民族资产阶级也会进行某种土地改革和绿色革命式的改造,但农业人口多,且需要进口粮食。四是边缘国家的民族资产阶级丧失民族性而走向买办化,成为外国的附庸。五是边缘与中心的不平等交换日益加剧。在新的不平等依附的基础上,中心国家向边缘国家输出技术和设备,边缘国家向中心国家输出简单制成品和初级产品。

诺瓦克的政治发展理论

激进主义学者诺瓦克(G. Novack)在其1966年出版的著作《历史上的不平衡复合发展》中提出了"不平衡发展"理论。

诺瓦克认为,不平衡是生产力和科技进步的规律,世界资本主义发展的过程显示出极大的不平衡性。这种不平衡性以历史积累的效果赋予不同民族、经济部门、阶级乃至机构和文化领域以不同的增长速度和增长规模。这种不平衡的发展又具有复合的特性,历史发展进程中的不平衡发展的具体样式、状态和性质受多种因素的影响,在发展中国家就会出现多重形式的剥削和统治,同是发展中国家其发展也表现出不平衡。这种不平衡的发展,一旦产生某种剧变性事变,社会的演变就会发生质的飞跃,原先是落后的民族,在某一时期就有可能超越先进民族。

卡多索的政治发展理论

巴西学者卡多索(Fernando Herrique Cardoso)在被最广泛引用的论文"拉丁美洲的依附与发展"中提出了著名的"依附理论"。

卡多索批评弗兰克用静态的观点分析发展中国家,他认为落后国家在发达国家跨国公司的控制下,仍然有实现独立自治的工业化的可能性。对发展中国家来说,"依附"和"发展"是并存的,受制于依附的国家仍可实现特定的发展。

卡多索认为,早期的依附论将依附与发展对立起来,巴西的经验证明,两者可以结合,从而形成"连带型、依附型发展"。在这种发展中,跨国公司的出现和发展会形成新的国际分工格局,从而导致跨国公司有可能与发展中国家的经济利益有一致的地方。只要发展中国家的国家资本与国内的私人资本形成新连带关系,三方就会建立协调关系,发展中国家的经济就会发展起来。

这种连带发展会改变中心-依附关系,一些国家出现"依附性发展",一些国家则仍旧是"依附性的欠发展"。但是这种连带性、依附性发展并不能从根本上改变中心-依附结构。

多斯桑托斯的政治发展理论

另一位巴西学者多斯桑托斯在 1978 年出版的《帝国主义与依附》一书中,对发展中国家依附结构作了分析。

他认为依附是指两个或更多国家的经济和贸易之间存在相互依赖。但结果是某些国家(统治国)能够扩张和加强自己,而某些国家(依附国)的扩张和加强只是统治国积极或消极影响的反映。

历史上存在过的依附结构具有连续性和变异性,共有三种类型。第一种依附结构是殖民地型依附,产生于早期殖民时代,特点是商业金融资本与殖民地政府结成联盟。第二种是金融-工业依附型,产生于 19 世纪末,是帝国主义霸权中心的大资本统治并通过投资于附属国的初级产品和农产品进行扩张,附属国形成外向型生产结构。第三种是技术-工业依附型,产生于二战以后,特点是跨国公司在发展中国家对和母国国内相关的工业生产部门进行投资。

多斯桑托斯并不认为发展中国家的经济落后是因为剩余价值被发达国家所攫取,而是与国际资本主义经济关系的不平衡相联系的,是由"依附性结构中的发展"所引起的。这种依附性结构是外部结构与内部结构间的互动。依附性结构的变迁动力在于它能再生产自身。发展中国家的国内依附性生产体系能够不断地再造或持续强化一个其自身发展受国际经济关系控制的生产体系。其中某些生产部门得到了发展,但必须在与国际资本不平等交换的条件下进行,同时推行对劳动力的超级剥削,从而生产出来的剩余价值就在国内外的统治者之间分配。

在依附性结构下会出现两种发展模式:一种是以跨国公司为主角的新的国际分工模式。另一种则是以国家为中心的国家资本主义模式。依附性结构的发展必然导致一个长期的包括深刻的政治冲突、军事冲突和社会矛盾激化在内的过程。

2. 威权主义政治形态研究

国内外不少学者认为,拉美和东亚在二战以后的政治发展中,都经历过威权主义政治的阶段。据说"威权主义"(authoritarianism)最早是由西方学者沃格林(Eric Voegelin)在 20 世纪 30 年代提出来的。当时只是一个与"极权主义"(totalitarianism）相对应的概念。到 20 世纪 60 年代以后，一些研究拉美和东亚政治发展的学者则将威权主义看作是介于民主政治和极权政治之间的一种过渡性政治形态。威权主义政治最显著的特征是，它从不放弃民主，而又总是想方设法地限制民主的发展。

拉美的官僚威权主义

20 世纪 60 年代，军人当政的现象在拉美国家普遍出现。阿根廷政治学家奥唐奈将这种军人政权称之为"官僚威权主义"或"官僚权威主义"（bureaucratic authoritarianism）政权。其中较为典型的是巴西、智利和墨西哥。

巴西曾经是最为典型的官僚威权主义国家。在 1964—1985 年期间，统治巴西的是一个接一个的专制政权，其领导人都是四星将军。尽管各个政权的结构和人员不同，但它都是由军官、有一技之长的行政管理人员和老资格政治家组成的联盟构成的。巴西的军人政权一方面强调政治稳定，用高压手段压制民主，另一方面又把稳定经济、控制通货膨胀和改善国际收支视为自己的首要任务，启用了一些文人担任经济部门的要职。在布兰科将军当政时期，经济学家和外交家罗伯特·坎波斯被任命为计划部长，成为巴西政府经济决策中的关键人物。坎波斯拥有美国华盛顿大学的经济学硕士学位，在巴西的银行部门担任过重要的职务，还担任过大学教授。他担任计划部长后，对银行体系进行了改组，修改了劳工法，简化了出口贸易的有关规则，并使股票市场和政府债券市场体制化。

智利是另一个具有官僚威权主义特点的拉美国家。1973 年 9 月皮诺切特上台后，立即在智利强制推行官僚威权主义政体。军人政权宣布解散国会，废除了宪法，实施"党禁"，加强对新闻媒体的控制，甚至还命令军人接管大学。一旦发现有劳工动乱和民众抗议的任何苗头，军人政权在使用镇压手段方面是从不犹豫的。由于智利军人政权严重违反人权，镇压了大量左翼人士，其中包括旅居智利的西班牙人，1998 年 10 月 16 日，英国警方应西班牙政府的引渡请求，将正在英国治病的皮诺切特拘留。这一"引渡"风波直到 2000 年 3 月才得以解决。

但也就在皮诺切特军人政权不断强化专制统治的时候，一批在美国芝加哥大学受过教育的技术专家却在智利经济领域中实施了深刻有力的改革。他们实施了减少国家干预，扩大对外开放的经济发展战略。尽管智利在 20 世纪 80 年代初曾遇到过严重的经济危机，但在皮诺切特当政期间，智利的经济增长是令人瞩目的。智利甚至还被认为是拉美经济改革的"先锋"。皮诺切特曾说过，经济改革的目标是使智利"不成为一个无产者的国家，而是成为一个企业家的国家"。

墨西哥也是拉美具有典型意义的威权主义政权。尽管在 20 世纪 60 年代末和1994 年曾分别爆发过学生运动和农民运动，但国家政权一直非常稳定。革命制度党自1929年起连续执政到2000年。墨西哥革命制度党之所以能维系国内政治稳定,除了具有意识形态的凝聚力,国家的权力能以和平的方式交接外,政府能进行灵活的宏观经济、政治调控是非常重要的原因。墨西哥前总统萨利纳斯曾经指出,在完成经济自由化这个任务以前,他不会在政治上放松。他决不会犯戈尔巴乔夫所犯的那种错误。在与美国《新闻周刊》的记者谈话时,萨利纳斯还明确指出,一些国家由于经济变革失败了,盼望已久的民主变革没有成为现实。虽然这与两种改革的不同节奏有关,但经济是当务之急。

致力于对巴西和阿根廷的政治发展和经济发展进行理论和实证分析的阿根廷政治学家奥唐奈认为,之所以将这些军人或一党统治的政权称为官僚威权主义体制,是因为它们和历史上的拉美军人政权具有显著的区别。历史上的军人政治统治在一定程度上是一种个人行为,军人政权也不知道如何治理经济,关心的只是如何用武力手段来满足自己的权欲和财产欲。但二战以后建立的新的军人政权则是由整个军人体系控制政治,在经济管理上则大力依靠技术专家,虽然在政治上也实行高压统治,但非常注重努力发展经济,以此增强自己的统治地位和统治的合法性,新的军人政权的专业化和知识化程度也比较高。

许多研究者指出,拉美威权主义政治有其特殊的发展战略。

首先,在拉美官僚威权主义政权的领导人的观念中,传统的政治格局是导致国家动荡不安的主要根源之一。掌握着实权的军人以一种敌视的眼光看待文人政治家,他们将所有的文人政治家都看作是无能、腐败和自私的,他们对政党政治也持反对态度,认为政党政治会使整个社会进一步分化。

其次,在拉美官僚威权主义政权的领导人的观念中,国家安全面临的风险不是来自外部,而是来自国内的左派力量,左派力量之所以会日益发展壮大则是由于国家缺乏政治、经济和社会等领域的全面发展。因此,只有在文人技术专家的帮助下,对整个政治、经济体制进行大幅度的调整,促使其发展,才能为威权主义的长期统治打下基础。

第三,在拉美官僚威权主义政权的领导人的观念中,组织起来的民众也是国家不稳定的一个主要根源。因此,在军人政治统治的地方,他们总要想方设法取缔民众政治组织,抑制民间政治活动。他们以为压制了民众,就能消除国内政局动乱的源泉。

从国内外学者对拉美新型的军人政权的研究分析中,可以概括出官僚威权主义政权具有以下特点:一是为了经济发展,将政府部门的职位交给具有技术专长的文人。二是在政治上排斥民众,取消民众组织。三是通过军队把持权力和实行一党独大的控制,抑制或完全取消社会政治活动。四是积极谋求与国际经济机构(如世界银行、国际货币基金组织以及欧美的银行和跨国公司)改善关系,以振兴国民经济,提高自己的合法性地位。

东亚的软威权主义

东亚威权主义较为典型的国家是韩国。朴正熙政权从 20 世纪 70 年代初起开始向官僚威权主义过渡。朴正熙军人政权对民众的民主化要求实行强力镇压。尤其在 1972 年推行"维新体制"后,朴正熙用军法限制工会活动,禁止政党活动,禁止罢工、罢市、罢课和游行,并加强对新闻工具的控制。

但是,在经济领域,韩国的历届军人政权都把加速经济增长作为其追求的首要目标。为了加强政府对经济生活的管理和调控,朴正熙于 20 世纪 60 年代初成立了经济企划院(Economic Planning Board),由副总理直接主管其工作。在这一近百人的机构中,20%的成员是经济学家,其他成员则是政治、工商管理和教育等方面的专家。朴正熙明确指出,资本主义方式下的经济发展,不仅需要钱和物的巨大投资,而且还需要稳定的政治环境和有能力的管理者,要动员大量专家参加政府管理和决策,要有意约束军官们的主观和草率。

在东亚,泰国在 20 世纪 70 年代中期也曾有过较长时间的军人政治统治,到 80 年代才出现"有管制"(controlled)的政治自由化。但到了 1991 年又爆发了军事政变,其后才还政于民。在印度尼西亚,实行的是一党制统治,军人政治已经制度化。在新加坡和马来西亚,其政治领导人对外虽然总是标榜本国是民主国家,但从摆脱殖民统治实现国家独立以来,政治权力一直被垄断在一个政党(如新加坡的人民行动党)或由一些党派构成的联合阵线(如马来西亚的国民阵线)的手中。

东亚威权主义的存在与产生是同这些国家和地区自身的经济、政治、社会、文化等状况密不可分的。同时,它也是东亚国家和地区在特定的历史条件下形成的。经济因素特别是外源型后发展国家的经济发展本身是东亚国家在二战以后形成威权主义的决定性原因。东亚诸多国家和地区历史上的集权主义传统乃是东亚威权政治产生的重要因素。以儒家的意识形态所崇尚的皇权主义、清官思想、等级观念、集团意识等表现出来的,其核心是信奉"大一统"的传统政治文化因素,构成了东亚威权主义政治的文化根源。另外,在遭受长期的殖民统治过程中,殖民宗主国将本土的政治制度、政体形式、政治文化相继移植到这些国家,也成为新型民族独立国家发展中非常重要的政治遗产。这也是东亚国家转向威权主义政治的不可忽略的一个重要原因。

正因为这样,东亚的威权主义政治就有不同于拉美国家的地方。许多学者将东亚的威权主义称为"软威权主义"或"亚洲特色的民主"。它具有以下几个特点:一是东亚的威权主义政治拥有以儒家学说为基础的文化传统和价值观,并不完全信奉西方的民主理念。二是东亚的威权主义政治一般不赞同以牺牲整个团体的利益来换取个人的所谓"自由"。三是东亚的威权主义政治坚持认为社会秩序和政治稳定比个人的权利和民主更为重要,而且民主必须为维系整个社会的秩序和改善经济福利服务。四是东亚的威权主义政治坚持民主必须以政治家之间达成的共识为基础,这一共识就是建立一个好政府,而好政府的概念就是解决人民的温饱问题和巩固政治稳定。五是东亚的威权主义政治普遍不接受西方式的民主,但却认为,西方创立的市场经济体制有利于民族国家的经济发展。

威权主义政治的后果

虽然拉美的官僚威权主义给一些国家带来了经济上一时的增长和繁荣,但从20世纪80年代起,一些国家为了强化政府的管理能力和适应经济改革的需要,不得不开始讨论或实施不同程度的政治改革。而官僚威权主义却阻碍政治变革。在墨西哥,革命制度党和萨利纳斯这样的威权主义政治家轻视政治改革的必要性,没有能为经济改革创造出适宜的政治环境,从而导致政治矛盾加剧。20世纪90年中期墨西哥爆发金融危机的直接原因固然是过度地利用投机性较强的短期外国资本,但这些流动性极大的外资之所以逃离墨西哥,恰恰是因为1994年墨西哥的政治局势出现了引人注目的动荡。继恰巴斯州农民在1994年元旦的揭竿而起之后,又接连发生了两位革命制度党要员被害、总检察长辞职和一位银行家被绑架的事件。动荡的政局与一些不良经济因素交织在一起,终于促使大量外国资本逃离墨西哥,从而爆发了震惊全球的比索危机。

威权主义政治则给东亚新兴国家带来三大弊端。

一是带来政治上的动荡和不安。威权主义的民主没有一个取得成功,它所带来的最严重的祸害就是政治动荡和混乱。泰国、印尼、韩国、缅甸、马来西亚、新加坡、菲律宾等均出现过不同程度的政治的和社会的纷争与动乱。泰国统治集团内部的矛盾异常激烈,先是披汶集团同自由泰领导人之间的斗争,随后是披汶、沙立、秉三派之间的角逐,最后导致了泰国政局剧烈动荡。印尼独立后,形成了马斯友美党、民族党、社会党、共产党几大新的政治力量。这些政治势力旗鼓相当,势均力敌,争权夺利,角逐争斗频繁,导致政府频频更换。各党派势力内部也矛盾重重,不断发生分裂重组,政坛风云莫测,动荡不定。从1945年到1950年的五年时间里,印尼就换了三届内阁。1955年统一后的印尼举行了第一次大选并组成新内阁,第二年就发生了两次军事政变,此前还发生过两起未遂政变。

二是导致极权主义政治卷土重来。个别国家在威权主义政治民主体制失败后急速转向,实行"独裁统治"的极权政治。最典型的是韩国的李承晚政权。二战后李承晚仿照西方国家,实施民主共和制度,并登上了大韩民国总统的宝座。但没过多久，李承晚就利用美国的支持和朝鲜战争时期特殊的氛围，借助修改宪法、宣布戒严、通过"国家保卫安全法"等手段，排斥打击异己势力，不断扩大总统权力，使韩国的民主共和制蜕变为李承晚的个人独裁。为保证当选终身总统，李承晚还利用种种特殊手段干预总统选举，独断韩国政治权力达12年之久。在统治期间，李承晚无视经济的发展和韩国现代化建设，实行所谓"政治加军事的民族主义"，最终在学生运动中被推下了权力宝座。再如，菲律宾在二战后，实行威权主义政治，仿效美国建立了一套民主制度，被称为"东亚民主橱窗"，实行威权主义民主制时间也最长。但从严格意义上来说，它与真正的西方议会民主制相去甚远，实际上存在的是带有菲律宾历史传统的、以家族为中心的"族阀主义"，充斥着浓厚的专制主义的特色。政治生活中，到处是任人唯亲、收受贿赂、腐败成风。

三是严重制约经济的发展，引发经济危机。东亚国家在实行威权主义民主制的过程中，大多不重视经济发展，无力推进社会现代化。二战后，在世界范围内出现了大规模的现代化浪潮，虽然东亚有些国家在独立后制订出了一些经济发展计划和改革计划，但大多有名无实，没能在实践中得到贯彻实行，或执行的效果较差。韩国在李承晚统治下，实行反共优先政策，虽然大喊爱国主义，但经济发展停滞不前，人民生活没有得到改善，韩国国民生产总值1961年时只有87美元。

另外，农民土地问题也是战后东亚国家存在的普遍性问题，一些东亚国家政府(如菲律宾、印尼)也曾试图进行土地改革，曾先后颁布了一些土改法令，但由于这些改革直接触及到统治集团本身的利益，最终都以失败告终。经济恢复和发展计划的受挫以及土地问题未能解决，使许多东亚国家出现了严重的经济危机和尖锐的阶级冲突，经济发展的危机又进一步加剧了政治危机，从而陷入了"政治危机—经济危机—政治危机"的恶性循环之中。

☆☆☆☆☆☆☆☆☆☆☆☆☆☆☆☆☆☆☆
☆建议进一步阅读的文献☆
☆☆☆☆☆☆☆☆☆☆☆☆☆☆☆☆☆☆☆

要对政治革命的实质、根源、条件等问题作深入研究，可阅读《列宁选集》第1卷、第2卷(人民出版社1974年版)中《反对抵制》、《第二国际的破产》等著作的内容。

要对政治体制改革作深入研究，可阅读《邓小平文选》第3卷(人民出版社1993年版)中的有关论述。

要对无产阶级专政的历史使命、国家消亡等问题作深入研究，可阅读《列宁选集》第3卷(人民出版社1974年版)中《国家与革命》著作中的有关内容。

要对法国资产阶级革命模式作深入研究，可阅读高毅《法兰西风格：大革命的政治文化》(浙江人民出版社1991年版)中的有关内容。

要对英国资产阶级革命模式作深入研究,可阅读钱乘旦、陈晓律《在传统与变革之间:英国文化模式溯源》(浙江人民出版社 1991 年版)中的相关内容。

要对政治发展问题作深入研究,可阅读阿尔蒙德、鲍威尔《比较政治学:体系、过程和政策》(上海译文出版社 1987 年版)"绪论"、"政治文化"、"政治结构"、"政治社会化"和"政治录用"这几部分中有关政治发展的论述。

要对政治变迁与政治秩序的关系作深入研究,可阅读亨廷顿《变化社会中的政治秩序》(三联书店 1989 年版)中的相关内容。

要对政治发展道路作深入研究,可阅读摩尔《民主和专制的起源》(华夏出版社 1987 年版)中的相关内容。

第七章 国际社会政治

在远古的时代,人们生活在狭小的地域中,由于交通和通讯的困难,他们过着小国寡民的贫寒却悠哉的生活,那时无需也不可能去研究国际政治关系。

在冷战对峙时代,人们生活在意识形态盲从和日夜不停的扩军备战中,世界被分成我们和敌人两方,处理国际政治关系简单到只要遵循一个原则:凡敌人反对的我们则拥护,凡敌人拥护的我们则反对。那时也不必花费心思去研究国际政治关系。

冷战结束后,相互依赖的全球化时代到来。虽然旧的国际政治秩序的残余仍在,新的秩序尚未形成,但由于通讯的发达、交通的方便和贸易往来的发展,人们开始可以到世界各处去旅游、投资、经商。加上有许多共同的问题等待着各个政治系统共同治理,地球似乎突然缩小了,变得平坦了,人们正在成为"地球村的村民"。

为了共享安全、经济繁荣、健康和便利的国际沟通合作,我们必须加强国际社会政治关系的研究。

研究当代国际社会政治的意义之一是为了人们的安全。人们都企盼安宁,都试图远离危险。虽然二战已经过去 60 多年,冷战已经结束十多年,但是世界仍然很危险。危险来自二战和冷战的残余。日本军国主义正在复活,北约不仅没有解散而且日益加强,美国霸权主义正在扩张。危险来自遍布全球的大量的政治系统内部的小型冲突,绝对民族主义的分离、种族之间的仇杀、贫富分化酿成的动乱,这些让世界不得安宁。危险还来自恐怖主义,人肉炸弹和黑色寡妇将人类生活推向危机状态。

研究当代国际社会政治的意义之二是为了经济繁荣。人们都希望生活安宁并且富足,这就需要经济、社会和文化繁荣。但是世界的隔离和裂缝阻碍着经济发展。经济发展的阻力来自富国对穷国的盘剥。赤道以北的富裕工业国通过抬高出口的工业品价格、压低进口的原材料价格对赤道以南的第三世界实行压迫和剥削,造成经济鸿沟。经济发展的阻力来自西方发达国家在世界中的不平等主导地位。过去西方发达国家实行国内农产品保护政策,抗拒自由贸易原则。建立世贸组织以后,发达国家又以种种手段制造新的贸易壁垒,阻碍发展中国家的贸易发展。经济发展的阻力还来自世界资源特别是石油供应的紧张和价格的飙升。大国利用富足的财力和强大的军事实力控制着世界石油的生产和供应。

研究当代国际社会政治的意义之三是为了人类健康。人们既希望安全、富足,也盼望健康。但是,今天的世界让人们对生命和健康产生了忧虑。危害健康的原因来自全球不断爆发的高致命性传染病。仅 SARS 和禽流感就让世界 50 多个国家充满恐惧,耗费大量人力、财力,时时防范。危害健康的原因来自艾滋病的扩散。这种原先只在非洲落后地区出现的疾病,现在已在西方国家,在亚洲国家迅速蔓延。危害健康的原因来自毒品泛滥。非法药物的原材料罂粟、古柯和大麻在部分落后国家种植,通过化学方法提炼和合成的毒品在世界范围内贩运和销售。

研究当代国际社会政治的意义之四是为了全球沟通。今天没有一个国家可以以洁身自好、封闭自守的方法来避开高致命性传染病、恐怖袭击、环境污染、毒品和海啸。唯一的办法是加强全球沟通和合作,实现共治共荣。以往人们以为全球的合作、沟通只是外交官和政治领袖们的专利,现在,国际合作已经成为每一个公民和团体的事情。研究和知晓国际关系是加入这种沟通的必要前提。

因此,从宏观的角度来研究人类政治生活,除了研究各个政治系统内的行动主体、组织机构、形态制度、体制机制、运行发展外,还必须研究超出具体政治系统的国际社会的政治生活。就人类目前已经达到的认识水平和科技发展水平来说,人类并没有真正离开地球。太空技术的发展,目前也只能让科学仪器和少数宇航员登上月球。就与其他星球的政治系统发生交流和作用的意义来说,地球表面的国际政治系统还是一个相对封闭的体系。了解这一系统的构成、特点、发展趋势,分析系统中的行为体及其行为,研究针对共同问题的治理机制,对于更好地掌握具体政治系统的生存环境和运行规律是必不可少的。

第一节　国际政治系统的构成与特点

一、国际政治系统状态的演变

国际政治系统是国际政治关系的总和。国际政治关系是国际关系的一个有机组成部分。国际关系(international relations)一词是英国哲学家杰米·边沁(Jeremy Bentham)于18世纪创造的,它与"民族"和"民族主义"现象密切相关。1916年出版了格兰特(A. J. Grant)的《国际关系研究导论》。广义的国际关系是指主权国家之间的一切互动关系,既包括政治、外交、军事方面的,也包括文化、科技方面的,既包括政府之间的也包括非政府之间的和民间的。狭义的国际关系仅指主权国家、政府之间的官方关系。

国际政治(international politics)一词直到第一次世界大战以后才出现。英国学者伯恩斯(C. D. Burns)1920年发表的《国际政治》(*International Politics*)和美国学者舒曼(E. L. Schumann)1933年出版的《国际政治:西方国家体系导论》(*International Politics：An Introduction to the Western State System*)是两本较早的国际政治专业方面的著作。19世纪末20世纪初资本主义国家把世界瓜分完毕,整个世界超越民族、国家和地区界限,开始联为一体。这时全球范围内的国际政治才开始进入人们的视野。

狭义的也是传统意义上的国际政治仅指主权国家之间的现实的政治、外交关系,是一种国家间政治或政府间政治。广义的也是现代意义上的国际政治是指世界各国已经发生的或即将发生的所有可以归结为政治的事件和关系,凡是跨国的问题都带有国际政治的性质。国际政治已经不再是国家间政治或政府间政治,而是一种新的"世界政治"(world politics),它还包括区域政治或国别政治。

　　当代国际政治生活是以系统的方式表现出来的。国际政治系统的构成主要通过国际政治系统的状态和格局表现出来。当代国际政治系统具有一些显著特点，也表现出一些强劲的发展趋势。

　　今天，在同一个地球上分布着许多大小不等、贫富差异、强弱有别、制度对立的国家和国家联合体。在国际政治研究和实践中，为了方便，研究者、政治家和外交活动家往往将主权国家作为分析单位。这时有一定领土、人口等环境要素，内部具有特定的权力结构、规则制度、体制机制，并且具有特定政治形态特征的具体的政治系统就被归结为或简化为主权国家。这种简化有一定的局限性。在参与国际政治活动的政治系统中，有些是内部有政治国家这一实体机构的，有些如非政府的国际组织则没有这一种实体机构。对于具有政治国家的政治系统来说，在国际政治分析中，研究者又往往只关注政治国家而忽视政治系统中的其他因素。对于不存在政治国家这一实体机构的众多政治系统来说，它们有时就不能进入国际政治研究者的视野。

　　国际社会政治状态是指众多政治系统之间的相互关系。它主要回答的是，在众多的政治系统中，是否存在一种力量能够左右国际政治系统的运行。从国际政治的实践来观察，在相当长时期中，国际政治处于无政府状态。经过20世纪下半叶的努力，国际政治关系出现变化，正在进入国际社会状态。至于国际政治共同体状态目前还只是人类的一种理想。

无政府主义状态

　　与具有政治国家这一实体机构的政治系统不同的是，国际政治系统中不存在对政治关系、活动、过程加以全面控制和协调的掌握公共政治权力的设施，即不存在一个公认的、合法的全球政府，整个国际政治生活总体上处于无政府状态。

　　无政府主义的国际政治状态是指在世界各国关系中，不存在一种能够左右整个国际政治事务和政治过程的力量，各个行为主体的政治行为是自治的、自由的。当世界上只有主权国家之间发生双边或多边的政治关系，即主权国家是绝对的国际政治行为体时，国际政治的状态就只能是无政府主义的。

　　但是国际政治的无政府主义状态并不是一成不变的。当世界上不可能存在一个或几个势力特别强大的主权国家可以决定国际政治事务和政治过程时，这种国际政治的无政府主义状态就属于绝对无政府主义状态。而当世界上存在几个强势国家，或者它们势均力敌，或者虽然存在某个超级大国，但它并不能完全独自操纵国际政治事务和政治过程，重大国际政治事务需要几个强国加上大的国际组织来共同协商、决定时，这种情况下的国际政治的无政府主义状态就是等级式无政府主义状态。从二战结束到20世纪80年代，国际政治系统基本上处于等级式无政府主义状态之下。

国际社会状态

从 20 世纪 80 年代开始,人们发现在国际关系中跨越国界的非政府组织、民间组织的活动不断增多,国际政治状态发生了明显变化,从等级式无政府主义进一步向前发展,产生出真实活动着的且发挥着作用的国际社会。国际社会状态指的是在全球的国际政治关系中,形成了一种超越于所有主权国家之上的、能够引导或在一定程度上能够左右国际生活变化的一种状态。

虽然在传统的国际政治活动中,人们也使用国际社会这一概念,但是在无政府主义状态下,国际社会只是主权国家政府在处理国际政治关系时,寻找或表明自己行为的合理性的一种手段。比如,某国的边界被邻近的国家侵犯了,被侵犯的国家会抗议邻国的行为,称这种行为遭到了国际社会的谴责。而侵犯者为了表明自己行为的合理性,也会声称国际社会会支持他们收回本来就属于他们自己的土地的行为。在这种情况下,人们所讲的国际社会并不是一种真实存在的状态。

从 20 世纪 80 年代开始,一个真正发挥作用的国际社会开始慢慢地形成了。在民主化浪潮下各国人民加入到形形色色的地方性的、全国性的组织之中,其中有些组织为了实现自身的利益与目标,需要跨越国界,则成为国际组织。在国际政治舞台上活动的行为体类型不断增多,除了主权国家外,还有大的国际组织、宗教组织、环保组织、民间团体、跨国公司和有影响力的个人。民间的、非政府的组织的跨国活动已经形成一定的声势。在国际关系中,政治、军事固然重要,但是更被人们关注的是经济合作、商贸往来、通讯联系、交通贯通、文化交流等活动,这些合作、往来和交流,促成了一种超越单个政治国家之上的社会关系网络。

与此同时,联合国包括其下属组织的作用也迅速增强。像维持和平、保护环境、促进人权这类活动都需要联合国来组织和推行。在国际政治舞台上,虽然主权国家仍然比较活跃,但作用开始下降。世界出现多角色化的局面。

更为重要的是不断出现的大量的全球性问题。这些超越个别政治系统的公共问题,仅靠几个国家政府的力量是对付不了的,它必须依赖于全球所有政治行动主体的通力合作才有可能解决。国际政治关系不再被主权国家和它们的政府所分割、阻隔。在大大小小的突出的国家权力中心下,形成了许多民间的、非政府组织的互动。政府的作用也被大型国际组织的频繁活动所补充甚至替代。

到目前为止,还不能立即就断言已经存在一个由各种政治行为体通过相互联系而形成的、在国际政治事务和政治过程中起决定作用的网络状的国际社会了。人们所面对的国际政治生活中,在相当多的情况下,发挥着作用的仍然是等级式无政府主义状态。但是,作为这一状态补充的是正在兴起并日益强盛的由更多的政府与非政府的国际组织的广泛联系所构成的国际社会状态。

国际共同体状态

无论是中国的思想家或是西方哲人、政治家,都曾经以不同的方式设想过地球上人类最为理想的、归于一统的政治生活状态。中国从古代到近代的思想家和政治家都表达过世界大同的观念。在西方,德国古典哲学家康德曾经设想过一种基于人性完善的国际政治生活状态或模式,这就是国际共同体。它是一种引导全球发展的世界政府。继承了康德哲学的西方国际政治中的理想主义学派也设想过共同政府的模式。比如曾经担任美国总统的伍德罗·威尔逊在第一次世界大战结束后倡导成立国联时,就希望通过这类国际组织进一步发展出世界性政府,即领导国际政治的共同体。虽然这种国际政治系统的理想状态离我们还非常遥远,但是,从无政府主义状态到国际社会状态,已经表明存在这种进步的趋势了。只要全球人民坚持不懈地努力,人类终究会创造出这一理想的国际政治系统状态。

二、国际政治系统格局的演变

与国际政治系统状态相关联的是国际政治格局。所谓国际政治格局是指在国际政治系统中,最为强盛的、对国际政治事务具有决策权的主权国家的数量以及相互间的关系。国际政治格局通常又以一极、两极、多极来表示,因此,它又和国际政治系统中的极联系在一起。①

国际政治中的极是指国际政治系统中较为强盛的主权国家。这种强盛的主权国家可以是零个,两个,可以是五个,也可以是七个。在不同历史时代,能成为国际政治系统力量之极的主权国家所具备的条件是不一样的。从现代国际政治的现状来衡量,可以称得上极的主权国家大体包括下列的一些因素:较大的国土面积、较大的人口总量、在解决世界问题中具有较重要地位、拥有包括一定数量的核武器在内的强大军事力量。

从出现现代国际政治关系至今,国际政治系统从不存在够得上上述条件的主权国家,到出现一个、两个、多个称得上是极的主权国家,相应的国际政治格局也发生过多次演变:从零极格局、一极格局、两极格局直至多极格局。

---

① 20世纪70年代末、80年代初,在中国实行改革开放以后,邓小平在谈到国际政治时指出,当今世界是多极化趋势,不管怎么说,中国也是当今世界中的一极。

零极格局

国际政治系统的零极格局是指在具体的国际政治生活中,不存在一个具备上述一些条件,即能对国际政治事务和政治过程拥有绝对决策权的强势主权国家。在 20 世纪以前,欧洲处在持续交战的状态下。在经过 30 年战争以后,一些主要国家都陷入经济衰败、城市村庄毁坏、人员死伤惨重的危机。普鲁士、奥地利、俄罗斯、法兰西、不列颠等欧洲国家终于达到了权力均衡状态。

这种国家间权力的均衡并不是指每个主权国家在经济实力、军事力量、国土面积和人口总量上都是一样,而只是达到了这样一种状态,即当出现一个强权国家或国家联盟时,总会有另一个势均力敌的国家或国家联盟与之抗衡。由于不存在较为稳定的极,这时的国际政治格局就是零极格局。零极格局使欧洲进入了较为稳定与平和的发展时期。

一极格局

国际政治系统的一极格局是指在国际政治系统内存在某个主权国家,凭借其经济、军事实力,成为最为强盛的力量,形成由单个国家操控整个国际政治事务和政治过程的局面。

这种强盛的一极最先只能产生在欧洲。欧洲人在经营自己的政治生活时,在发现新大陆后,也产生了强大的经济系统,一个是重商主义系统,一个是自由贸易系统。随着工业革命的出现,欧洲出现产品过剩现象。为了掠夺廉价的原材料和销售过剩的商品,欧洲人先在美洲,后来又在亚洲占据了许多殖民地,形成殖民地系统。虽然西班牙、葡萄牙、荷兰都当过殖民地宗主国,但在第二次世界大战爆发之前,世界的霸主仍然是大英帝国。

英国在工业革命后,依靠其强大的经济实力,大肆扩展军事力量,再借助于船坚炮利,在世界各地攻城掠地,霸占了从非洲、拉丁美洲到亚洲的大片殖民地,号称"日不落帝国"。英国这种一国独霸天下的局面一直延续到二战结束英国控制的苏伊士运河管理权让渡给美国为止。这一漫长时期的国际政治格局是一极格局。

两极格局

所谓两极格局是指在国际政治系统中,有两个强盛的力量,彼此势均力敌,在相互争斗和勾结中控制国际政治事务和政治过程的局面。在二次大战中,德国、日本和意大利遭到失败,英法两个老牌帝国也都先后遭到了重创。二战后,法国人忙于医治战争创伤,重建国家。英国为了归还战争期间所欠美国的债务,将苏伊士运河的控制权让给了美国。西方的霸主开始换位。大英帝国失去霸主地位而美国成了西方新的霸主。在东方,苏联战胜法西斯后,则成为社会主义阵营的领头羊。

为了对付苏联的扩张和遏制社会主义在全世界的发展,美国联合西方国家,建立了北大西洋公约集团。苏联也联合东欧一批国家建立华沙条约集团。美国与苏联两国,无论是从领土范围、军事实力,还是从经济总量上来说,都是最为强盛的主权国家。加上各自联合一批国家形成两大阵营,国际政治系统中两极对峙的局面就形成了。

虽然两大阵营的领头羊苏联和美国不断扩军备战,特别是试验和发展包括核装备在内的具有巨大杀伤力和毁灭性的新型武器,并且在全球展开日益激烈的政治、军事和外交的竞争,但由于两大阵营始终处于势均力敌的状态,两个超级大国都已经疲惫不堪,因而虽相持半个世纪却一直没有发生过热战。在 20 世纪 80 年代初,两个超级大国开始改变政策,走向缓和。至 20 世纪 90 年代初,苏联解体,两极格局也随之消失。

三个世界格局

三个世界的格局是指在国际政治系统中存在由三个层次的国家相互作用的局面。第一个层次是苏联和美国组成的超级大国,称为第一世界;第二个层次是由英国、法国、日本、联邦德国、意大利、澳大利亚等发达国家组成的,称为第二世界;第三个层次是由包括中国在内的一大批发展中国家组成的,称为第三世界。

至 20 世纪 70 年代,虽然有联合国和其他国际组织的作用,但是主权国家依然是国际政治生活中的行为主体。这时主权国家,特别是大国的实力地位已经出现等级差异。美国、苏联明显超出,成为第一等级。日本、法国、英国、联邦德国等国家则成为第二等级。包括中国在内的数量众多的发展中国家,因经济落后,现代化水平较低,而属于第三等级。

虽然两个超级大国凭借自身的经济、军事实力,左右着世界的政治事务,但是,不断的扩军备战,相互的冲突、摩擦,已使它们大伤元气。属于第二层次的国家,像联邦德国和日本则悄悄恢复了元气,在国际政治事务中开始发挥重要影响,一大批发展中国家则联合起来,在国际政治中维护自身的地位和利益。世界的政治事务和政治过程已经不再完全由两个超级大国来任意主宰了。三个层次的国家都逐步取得了在国际政治事务中的不同程度的发言权。三个世界格局打破了两极格局。

多极格局

所谓多极格局是指在国际政治系统中，存在着超过两个以上的，对世界政治事务能加以控制、决策的强盛力量的局面。

从零极格局、一极格局，到两极格局和三个世界格局，在国际政治系统中活动的行为主体主要是主权国家，国际政治生活总体上处于无政府主义状态。

从20世纪80年代开始，特别是冷战结束后，国际政治生活中的行为体及其作用发生了变化，政府间的国际组织的作用日益增大，大批非政府间的国际组织出现并积极参与国际政治事务，大量的跨国公司及其在全球的子公司也在国际政治事务中产生重要影响。国际政治生活则从无政府主义状态过渡到国际社会状态。这一变化导致国际政治格局向多极化方向转变。

从国际政治生活出现三个世界的划分以后，两极化格局就被打破了，多极化政治格局的萌芽也就开始孕育。但是国际政治格局要真正走向多极化是艰难的。在后冷战时期，国际政治系统的多极化格局在两个意义上以多种形式展开。

一是在大国力量对比关系的意义上，表现为三种形式。一种形式是一个超级大国试图称霸世界，左右国际政治事务。另一种形式是一个超级大国与多个强国并存，虽然超级大国想掌控国际政治事务，但离开多个强国的协商、合作，超级大国施展不了手脚。还有一种形式是多个实力相当的强盛国家共同左右国际政治事务，这是真正的多极化格局。目前，整个国际政治系统正摇摆在一霸与一超多强的形式之间。多强联合起来，反对一霸的力量增大，国际政治系统就向一超多强形式转向，反之，单个超级大国就企图称霸世界，大搞强权政治。

二是在国际政治关系作用的意义上，也表现为三种形式。一种形式是国际政治事务和重要的政治进程由若干强盛的大国讨论决定。另一种形式是重大国际政治事务在政府间的国际组织特别是联合国和国际法的框架内解决。还有一种形式是重大国际政治事务由大国、政府间国际组织和国际民间社会共同协商解决。目前整个国际政治生活摇摆于第一种形式即大国俱乐部决策与第二种形式即在联合国和国际法的框架内决策之间。当国际社会力量增大时，联合国和国际法就具有较大的权威性，反之，许多重大国际政治事务则由几个大国说了算。

三、国际政治系统的特点

传统的国际政治生活正面临着全球化、国际化、信息化和高科技化的时代大趋势的挑战。进入21世纪以后，国际政治生活出现了一些明显的特点。

一是当代国际政治系统中均衡化与霸权化并存。经过20世纪最后20多年的社会变革和转型,一大批新兴国家走上工业化发展道路,社会经济发展速度较快。加上世界贸易的全球开放,美国在经济领域独占鳌头的局面已经改变。随着这一超级大国在世界事务中遭遇的麻烦和在国内治理中遇到的种种经济危机,这一过往强盛无比的大国已经显现出衰退和无力的迹象。在经济竞争力和经济发展的速度上,曾经也兴盛过一时的日本、英国、法国也显得有点衰退和无力了。

一些新兴的发展中国家和地区,因致力于经济方面的改革,在20世纪的最后二三十年中,开辟了适合自己特点的工业化发展道路。进入新的世纪以后,这些新的经济体又以新的增长速度推动着世界经济的进步。如东南亚的四小龙、四小虎,南亚的印度,都保持着较高的经济增长速度。地处东亚的中国在改革开放中,以其持续的增长而成为世界经济发展的发动机。发展中国家和地区在经济上取得骄人成就的同时,在国际政治生活中的作用和地位也得到相应的提升。在当代国际政治事务和进程中,不再是发达国家说了算,可以时时、处处听到更多的发展中国家和地区的声音。国际政治出现均衡化的趋势。

但是,美国和欧洲国家依然主宰着世界经济与政治的大局。美国凭借其经济上的实力和军事上的强势,一直扮演着超级大国甚至世界霸主的角色。在遭遇"9.11"恐怖袭击后,美国更是借口打击世界恐怖组织,先后发动了阿富汗战争和伊拉克战争,以先发制人的战略,推行其霸权主义和强权政治。欧洲则出现分化。以法国、德国为代表的老欧洲对美国的霸权主义表示不满,英国与一些新加入北约和欧盟的东欧国家所代表的新欧洲则追随着美国的霸权主义,大搞强权政治,从而又对正在出现的国际政治均衡化产生冲击。

国际政治生活系统中主要政治力量和作用的均衡化有利于国际社会的壮大和发展。因为当各个政治系统都能够平等地参与到重大国际政治事务中来时,政治事务和重大政治问题的解决就更能体现多数政治系统的利益,并能促进国际政治格局向着多极化方向转变。但是霸权主义和强权政治的存在又加大了国际政治中的对抗性,直接破坏国际政治生活的均衡化,国际政治事务和重大政治问题的解决只能有利于少数发达的政治系统,使国际政治格局向一超独霸的方向滑动。

二是当代国际政治系统中经济的作用与政治的作用并存。在当代国际社会中,政治的作用依然是巨大的。一些发达国家利用他们掌控的政治和军事上的优势和手段,以推行民主制度,维护人权为幌子,将许多环境要素政治化,大搞人权政治、人权外交,地缘政治、地缘外交,石油政治、石油外交,贸易政治、贸易外交,压制别国的意见,侵害别国的利益。

在当今的国际政治系统中,经济的作用也日益增强。一些新兴的工业化和现代化后发的国家利用经济的强劲发展业绩和上升趋势提升了自身的国际政治地位。一些资源丰厚的国家则凭借掌控的石油、煤炭、稀有矿产,敢于向强国叫板,要求改变其政治立场和态度。一些国家则利用贸易往来中的诉讼、反倾销、制裁来对政治上的对手加以打击和报复。

国际政治系统中经济作用的增强对资源的合理配置、人们生活的普遍改善、政治生活经济基础的稳固坚实,都有巨大作用。国际政治生活中经济作用的增强还意味着资金、商品和技术在全球各个政治系统间可以更为通畅、更为频繁地流动。这些都有利于各个政治系统的相互联系和相互依存。

国际政治系统中经济作用的增强会增加全球政治系统间的交流、沟通,会增进各个政治系统的相互了解,从而为实现全球的共同治理创造条件。但是,国际范围内传统的政治竞争、政治冲突又会阻挠和破坏这种正在兴起的国际间经济的正常往来。

三是当代国际政治系统中强权政治与平等政治并存。两大阵营的冷战持续了50多年。苏联的解体只是从形式上结束了冷战,冷战的残余依然存在。许多西方国家继续以冷战的眼光看待发展中国家的经济繁荣与增长,以敌对的心态阻碍其进步。以美国为首的西方国家依旧保留作为冷战的产物和标志的北约军事集团,试图以这一军事集团来取代联合国的维和军事力量。这正是美国无视联合国,大搞强权政治的基础。

冷战的结束,宣告了霸权政治和强权政治是不得人心的。各国经济的增长和发展,加上联合国作用的增强,各个政治系统不再以经济的贫富、人口的多少、面积的大小、军事的强弱作为在国际政治、经济事务中发挥作用,取得地位的标准,它们都在联合国的框架下平等参与,共同协商,以解决全球共同的政治问题和各自间的政治争端。

平等政治的存在和发展,使国际政治系统趋于和平,也有利于政治生活的均衡化和多极化。但是,冷战的残余所导致的大国强权政治的存在又会削弱联合国的作用,破坏国际间的平等政治往来。

四是当代国际政治系统中利益的冲突与合作治理并存。人们在较长时间中都站在各自政治系统的利益的立场上,怀疑、排斥甚至敌视其他的政治系统。在经历了众多战乱,特别是20世纪的两次世界大战以后,人们意识到战争造成的伤痛,开始思考相互的合作。这一愿望在遭遇到更多的全球问题后变得更加强烈起来。越来越多的政治系统认识到,目前存在的跨国犯罪、贩毒,全球环境污染,导致气候剧变的温室效应,以及大规模杀伤性武器的扩散,仅仅指望某些大国出面是解决不了的,必须依靠全球的合作共同治理。

但是,冷战的残余和强权政治的存在,又使得国际政治生活围绕主权和利益产生着矛盾和冲突。在人权、资源、贸易等方面,国家之间、强国和弱国之间相互斗争。恰恰是美国这样的大国、强国在大规模杀伤性武器买卖市场上占有最大的份额,也正是美国在减少温室气体排放上迟迟不与全世界绝大多数国家合作。如何摆正政治系统的局部利益与全球政治发展的全局利益的关系,将政治系统的自身利益统一到全球共同治理上来,这对于一个仍然有着无政府主义状态因素的国际政治系统来说,是一个难题。

四、国际政治系统的发展趋势

当代国际政治生活展现出三种基本趋势,即全球化、区域化和民族化。这三种趋势都处在发展演变中,相互间也有更多的冲突和重合。

所谓国际政治的民族化趋势是指在当代国际政治生活中,一些民族要求从现有的政治系统中分化或分离出来,形成独立的政治系统的倾向和行动。苏联的解体使一大批原先属于这一庞大联邦的政治系统分离出来。从前南斯拉夫中分裂出克罗地亚、黑山两大政治系统,在残留下的南斯拉夫中,阿尔巴尼亚人一直想建立独立的政治系统。捷克斯洛伐克现在已经变成捷克和斯洛伐克两个政治系统。在土耳其和伊拉克生活的库尔德人从来就没有停息过建立单独的政治系统的努力。

这种出现在全球化时代的民族化趋势与发生在20世纪四五十年代的民族独立和解放的浪潮不同。后者是针对殖民统治而进行的运动。民族独立的要求是针对具体民族被殖民宗主国的奴役、压迫而言的,它本身就具有进步的意义。前者则是对于多民族政治系统而言的。一些政治系统由于种种内在的和外在的原因,其中也包括殖民统治者不尊重被其占领的政治系统早已确定的领土范围,人为地重新划定边界,造成多个民族共居于一个政治系统之中的现象。在现代化的进程中,不同民族的经济、文化、社会、政治利益产生差异从而导致冲突,加上外来力量的干扰、挑拨,一些民族的上层就可能产生分裂意识并组织分离活动。

新条件下的民族分化和分裂活动,对其性质很难用统一的标准加以衡量。因为造成民族分离或分化的原因十分复杂,其影响也各不相同。但是有一点是非常清楚的,即凡是有民族分离或分裂的地方,都会伴随或长或短的社会、经济、政治混乱。

区域化趋势是指在全球化和国际化的条件下,围绕一定的地理位置,经济、文化和政治上具有相似性或互补性的政治系统在设定的共同目标下,形成某种协定、联盟或共同体的过程。区域化总是有若干政治系统经协商而产生的联合行动。这种联合行动又总是在一定的地理区域范围内展开的。依据一定区域范围内政治系统间联系或联合的松紧程度,区域化过程表现为围绕某种议程形成的政治系统的自由贸易区、市场共同体，其最为紧密的形式就是包括建立共同议会、货币、防务的正式联盟。

目前区域化的代表性成果是欧共体的建立和发展。从 1958 年开始，到 1992 年，欧共体发展成为欧盟。欧盟最初只有比利时、法国、联邦德国、荷兰等 6 个国家。从 1973 年至 1986 年，英国、葡萄牙、西班牙等 6 国加入，国家总数翻了一番。1992 年，原先包括奥地利、芬兰、瑞典等国在内的自由贸易区成员，通过全体公民投票，也先后进入欧盟，成员国数增加到 15 国。其后又有一批东欧国家加入。

如果不包括东扩后加入的国家，欧盟原初的 15 国，总人口达到 3.7 亿，经济规模超过 7 万亿。欧盟也存在很多问题：如有 4 个穷国（希腊、爱尔兰、葡萄牙、西班牙）以及丹麦和英国不接受统一货币欧元，英国出了疯牛病后欧盟其他成员国不进口英国牛肉，英国则在内部使用否决权，其他国家认为德国得的好处太多了，欧洲经济发展缓慢，得了"欧洲硬化症"，等等。

区域化的另一个代表成果就是北美自由贸易区的建立和发展。1992 年美国、加拿大、墨西哥三国领导人进行协商，1993 年三国通过协定，1994 年北美自由区协定正式实施。贸易区内总人口达到 3.8 亿，经济规模达 6.9 万亿美元。

在自由贸易区内，美国对加拿大的贸易占到其贸易总额的 20％，美国对墨西哥的贸易占其贸易总额的 10％。加拿大对美国贸易占其贸易总额的 80％，其对墨西哥的贸易则很少。墨西哥对美国贸易占其贸易总额的 80％，其对加拿大的贸易也很少。三边贸易平台建立后促进了区域内经济的发展。

北美自由贸易区也存在不少问题。墨西哥一夜变穷了，比索波动，贬值 1/3。1995 年单美国就为此拿出了 200 亿美元进行紧急贷款。美国劳工遇到墨西哥廉价劳动力的竞争，工作条件和报酬下降。墨西哥也受到美国工业的伤害。美国有许多污染的工业企业迁往墨西哥奥格兰德河下游，引发了严重的环境问题。

在区域化过程中发展较慢的是东南亚联盟（ASEAN）。1967 年，这一区域内的政治系统商定成立政治和经济协商组织。1992 年区域内的国家联合发表《新加坡宣言》，准备 15 年内即至 2007 年实行区域内部自由贸易。2008 年前，将区域内国家间的关税降低到不高于商品价值 5％的水平。东盟 10 国，总人口达到 3.3 亿，经济规模为 3000 亿美元。

除开这三个区域化的典型成果外，一些基于一定地理范围的松散的经济、文化和政治联合也在孕育和发展着，如非洲国家间的南锥体市场，南亚的经济合作，东北亚的经济合作，等等。

全球化趋势是自 20 世纪八九十年代以来人们谈论最多的国际政治现象。一些学者认为，全球化并不是一种现在才有的现象，在资本主义制度突破欧洲中心向北美和世界上其他区域延伸时，全球化就发生了。马克思、恩格斯在《共产党宣言》中对资本家在全球奔走呼号,在世界各地发展市场,按照自己的理想创造了一个世界的描述,就是对早期全球化的一种阐释。当今的全球化只是在交通通讯技术更为便捷的条件下早已经存在的一种现象的更为显著的表现而已。

但是更多的学者则将今天的全球化视为一种新的趋势。它是基于快速、便捷的航空、海运和轨道交通,计算机、因特网为技术支撑的现代通讯,各个政治系统全方位的对外开放等条件而形成的各个政治系统间的相互贸易、相互投资、相互往来的浪潮。因此,现代意义上的全球化趋势是指超越各个政治系统之上的、在全球层面上的、广泛的、深刻的人类政治、社会、经济和文化的互通和交流。全球化趋势造成的结果是整个人类更加紧密地凝聚起来,以共同的智慧和努力,来共同解决人类面临的发展中的问题。

现代意义上的全球化最初是从经济领域开始的,各个政治系统间的自由贸易、相互投资,造成了商品、金融全球性流通的经济全球化。经济全球化和早已存在的文化全球化,促进了某种程度上的政治全球化。对于各种全球化,人们的评价和反映并不是一致的。关于经济全球化,支持者认为,它推动了全球商品的贸易、技术的转让、劳动力的转移和金融投资,从而促进了全球经济的发展。但是一些发达国家认为,发展中国家便宜的商品、廉价劳动力大量出口和转移到发达国家的结果会造成发达国家失业人口的增多。而一些发展中国家则认为,发达国家在经济全球化中掌握着制定各种规则的权利,可以任意支配落后国家。而且发达国家为了产业升级,将技术含量较低的、污染严重的制造业、化工产业向发展中国家转移,从而造成现代化后发国家生态危机和能源短缺,失去持续发展的能力。因此,围绕全球化趋势究竟是好还是坏,一直进行着僵持不下的激烈争论。

对于文化的全球化,人们的观点也不完全一致。各个民族的文化交流一直存在。但是文化的全球化则是在广度和深度上推进和改变了以往的文化交流。各种文化势必在交流中发生碰撞。传统与现代、本土与外来的矛盾和冲突会在文化全球化过程中强烈地表现出来。一些政治系统会凭借经济、科技和军事上的强势,向其他弱小的政治系统推销具有某种价值取向的文化和文明,出现文化帝国主义。各种文明的冲突也会由此而发生。美国著名学者亨廷顿认为,国际社会的冲突将为文明的冲突所取代,儒教和伊斯兰教文明联合起来对抗基督教文明。虽然亨廷顿的断言带有极大的主观性和煽动性,但是,就其意识到文化的全球化会伴随产生文明的矛盾和冲突这一点来说,还是有其合理性的。

至于有没有、存在不存在政治全球化,多数人对此持谨慎态度。对此发展中国家的顾虑似乎更多一点。在殖民统治中,发达的宗主国总是把自身的政治制度、政治体制、政治文化强行地推广、移植到被他们统治、奴役的政治系统中来。在二战结束、殖民体系也随之瓦解以后,美国等西方发达国家还是不忘把它们的政治制度、政治体制和政治价值观用各种手段输送到发展中国家。因此,政治全球化很容易变成发达国家新一轮的强制世界上的政治系统仿效美国政治制度的浪潮。但是,在考虑到政治全球化的负面影响的同时,也必须看到在全球化浪潮中,不同政治系统间的交流、协作也会产生某些正面的效应。至少在政府管理、社会建设、公共政策、法治建设等等方面各个政治系统之间可以相互借鉴。

当代国际政治生活的三大趋势又都与两大主题紧密关联着。一个主题是争取和平,另一个主题是谋求发展。自从人类社会出现以后,战争就一直伴随着人们的政治生活。经过 20 世纪两次惨烈的世界大战,世界热战转变为世界冷战。人类开始思考战争与和平的问题。反对战争,反对扩军备战已经成为世界的共同呼声和强烈愿望。20 世纪 80 年代冷战对峙开始缓和,东西方对抗也开始松动,争取和平成为现时代国际政治的主题。虽然从 20 世纪 80 年代以来,从海湾战争、科索沃战争、阿富汗战争到伊拉克战争,加上发生在非洲的部落间的仇杀,发生在一些政治系统中的军事政变,再算上朝鲜半岛的核危机、伊朗的核危机,可以说,世界上大大小小的战争和危机从来就没有间断过,但是,绝大多数政治系统、绝大多数人,包括政治家,他们都在努力制止战争。因此人们仍然相信和平是当代国际政治的一大主题。

与战争相关联的就是贫穷。战争会导致贫穷,贫穷有时也会引发战争。在整个 20 世纪,贫穷的人口集中在地球南半部的政治系统中,而地球北半部的政治系统多半是富有的。南北问题的核心是经济问题,说到底是北方如何减轻对南方的掠夺,让南方经济获得自主发展。虽然 20 世纪 80 年代以来,富国并没有停止对穷国的榨取和掠夺,另外战争、毒品、灾害、环境污染等现象也阻挠着世界经济发展和社会进步,但是发展仍然是当代国际政治的另一个主题。

第二节　国际政治系统的主要行为体

一、国际政治行为体的条件与类型

国际政治系统行为体是指通过跨国的冲突或合作追求既定目标,从而在形成国际政治格局和秩序中发挥作用的实体机构、组织、团体或个人。充当国际政治行为体的机构、组织、团体和个人,都具有双重的身份,既是某一具体政治系统中的成员,同时又是国际政治舞台上的能动的行为体。

并不是任何一种实体机构、团体和个人都能成为国际政治的行为体的。能够充当国际政治行为体的机构、组织、团体和个人必须具备以下条件。一是具有进行跨国冲突或合作的行动能力,这里包括权威、物质力量和作用手段。二是要有稳定的既定行动目标。作为国际政治行为体的机构、组织、团体和个人必须制定国际政治活动的明确目标,并且要让国际政治社会了解这些目标。三是要能在形成国际政治格局和秩序中发挥出现实的影响和作用。作为国际政治行为体的机构、组织、团体和个人,仅仅具有跨国行动的能力和目标还不行,只有在国际政治生活中发挥出现实的作用,其国际政治行为体的地位才能为国际政治社会所认可。

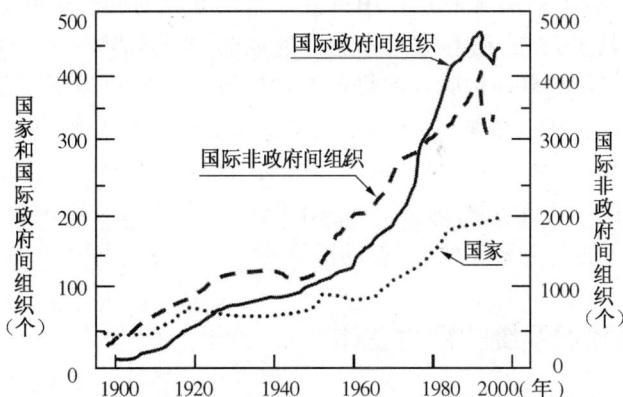

图7-1 主权国家、国际政府间组织和国际非政府间组织的增长

资料来源:布鲁西·拉西特、哈维·斯塔尔:《世界政治》,华夏出版社2001年版,第59页。

依据行为体在建立和维护具体的国际政治格局和秩序中作用的大小,可以将当代国际政治系统中的行为体分为两大类型。一是国际政治的行为主体,主要是民族主权国家,还有结构严密的国家同盟。国际政治中的行为主体通常是具体政治系统中的掌握公共政治权力的国家实体机构,其表现形式就是中央政府或联邦政府。只有这类实体机构才能代表具体的政治系统与其他的政治系统、国际政治系统发生作用。能够成为当代国际政治生活中的行为主体的还有结构紧密的国家联盟。就当代世界而言,只有欧盟才能称得上集体性的行动主体。其余如北美自由贸易区、东盟等,因为没有建立自身的议会、货币、预算和防务,都不能以独立的身份参与重大国际政治事务的决策。二是国际政治的一般行为体。这主要包括国际间的政府组织,如联合国及所属的各种分支机构,松散的国家联盟,国际间的非政府组织、跨国公司及其子公司,还有在国际政治舞台上十分活跃的个人。

国际政治行为体与国际政治状态之间是相辅相成、相互建构的关系。当国际政治系统处于绝对的和等级式的无政府主义状态时,它要求的和允许的政治行为体只能是代表政治系统的主权国家和主要国家联盟。反过来当主权国家和主权国家联盟是国际政治生活中的行为主体时,国际政治生活只能处于无政府主义状态。在国际政治系统处于无政府主义状态时,即使有政府间的国际组织存在,也发挥不了重要作用。第一次世界大战结束后到第二次世界大战爆发前,虽然建立了国联,但并没有能控制整个国际政治的局势,德国、日本和意大利还是挑起了战争。在冷战对峙没有缓解之前,虽然有联合国及其分支机构存在,其作用也不大。

当国际政治系统进入网络状的国际社会状态时,尽管主权国家的数量增加了,但是国际政治生活不再完全由各个政治系统中的实体机构来控制。大量的政府间的国际组织,不断出现并且作用日益增大的非政府间的国际组织,以及众多的跨国公司及其子公司,还有散布在世界各地的恐怖组织,一些曾经在政治系统中担任过重要职务并且在国际政治舞台上发挥过作用的政治精英,则形成巨大的活动网络,在一定程度上影响着国际重大政治事务的处理和解决。也正因为这些主权国家之外的众多行为体的作用,国际政治系统不再是只有近 200 个主权国家形成的不连续的一个个点的集合,而是由更多的国际组织、跨国公司和杰出个人填补在其中的一张日益密集的、动态的网络。

二、国际政治系统的行为主体

主权国家

在当代国际政治系统中活动的行动主体主要是民族主权国家。作为国际政治行动主体的国家具有以下特点。

一是增殖性。在人类历史上一直到 18 世纪才形成了欧洲的国家概念。到 1861 年意大利的多个城邦合并为一个国家。1871 年德国的诸公国合为单一的德国。

第一次世界大战结束时,奥匈帝国和奥斯曼帝国瓦解,为欧洲增加了 30 多个国家。第二次世界大战结束时,出席 1945 年旧金山会议的 50 个国家签署了《联合国宪章》。

到 20 世纪 80 年代,地球上五大洲共有国家 165 个。至 20 世纪 90 年代中期,仅苏联解体就产生了 15 个国家。捷克斯洛伐克分裂为两个国家。东西德统一减少了一个国家。到 2007 年,全世界已有近 200 个国家。

二是多样性。当今世界上的近 200 个国家并不是等质等量的。从军事实力看,有拥有远程导弹和空中加油机的大国,也有需要别人保护的不丹、尼泊尔。在由三个小岛组成的非洲小国科摩罗,1995 年一群雇佣兵就接管了这个 50 万人的国家,将总统投入监狱,直至法国出兵总统才被解救出来。从占有的范围来看,各国的面积大小不一。罗马城中还有国家。巨型国家有美国、俄国、加拿大、中国、印度、巴西。从拥有的人口总量来衡量，各国的人口数量差异极大。有些国家有十多亿人，有些国家只有几百人。① 另外不同国家的发达程度和财富积累也不同。

三是民族性。人类是从由血缘氏族、部落构成的政治系统逐步发展到围绕国家实体机构运转的复杂的政治系统的。在原始平等的政治系统形态下，从血缘氏族中渐渐分化出部落，产生出部落联盟，这是民族的前身。在以后出现的政治系统形态中，民族和种族成为重要的政治行为体。今天几乎所有的国家都与民族联系在一起，成为民族国家。

由于历史上的迁移、战争、灾害，特别是殖民分割、统治，一个民族散居于两个或多个国家之中，几个民族共居于一个国家的现象大量出现。民族自身的特性和发展中的差异性，会造成民族矛盾和民族冲突，继而产生民族合并、分离、自治、独立的运动。

在国际政治生活中，作为政治系统核心机构的国家，运用其掌握的公共政治权力与其他的政治行为体进行交往，发生冲突与合作的关系。可以从不同的角度考察和衡量主权国家拥有和使用的权力。

一是从潜在的和实际的角度评价国家权力。一个国家的潜在权力是指将来某一时期可能达到的或可能使用的权力。如果一个国家人口众多、蕴藏的资源有限，其潜在的权力不是增大而是减弱。而像加拿大和澳大利亚，自然资源丰富，目前人口较少，随着自然资源的开发和人口增多，其潜在权力就很大。

一个国家的实际权力是指现在已经具备的能力。通常一个国家的国民生产总值是该国实际权力的重要组成部分，因为巨额国民生产总值支撑下的货币是强势货币。同时，拥有巨额国民生产总值也是在国际经济峰会上有较大发言权的前提。另外，一个国家的军事实力也是该国实际权力的标志，它是由国民生产总值作为后盾的。在战争状态下，国民生产总值在某种程度上就等于军事实力。

在考察国家的实际权力时，人们还特别关心国家拥有的可使用的权力。权力只有在相互较量和使用时，才能显示出来，并比较出大小。在20世纪60年代的美苏较量中，苏联尽管领土面积很大，但由于不拥有像B-52这样的远程轰炸机，它只是一个欧亚强国。美国拥有强大的舰队和B-52远程轰炸机，可以将军队派往世界任何角落。1962年苏共总书记赫鲁晓夫决定在离美国海岸仅90英里的古巴部署中程导弹，使美苏可使用的力量达到均衡。而肯尼迪总统则在古巴海岸附近部署军队，迫使苏联将中程导弹撤回。

① 位于意大利首都罗马西北角的梵蒂冈城国（The Vatican City State）是当今世界上最小的微型国家。面积只有0.44平方公里。首都梵蒂冈城就在意大利首都罗马城内。总人口只有1380人，而常住人口仅540人，主要是意大利人。官方语言为意大利语和拉丁语。全国的居民皆信奉天主教。

二是从有形和无形的角度来评价国家的权力。一个国家的有形权力是指这个国家拥有的可以触摸的、可以大体计算的资源,如钢铁产量、大规模杀伤性武器、高速运行的大型计算机、优良港口、高速铁路总长度、高速公路总长度,等等。人们往往只注意一个国家的有形权力。许多国家通过展示统计数据,或检阅军队,或进行军事演习来炫耀有形权力。

一个国家的无形权力是指不可触摸的也无法精确统计的力量,通常指一个国家民众的智慧、士气、意志力。国家的无形权力在平时是通过领袖人物和政府首脑的价值观、态度、性格、形象体现出来的。在面临危机和战争状态下,一国的无形权力则通过国民的爱国主义热情、团结一致与政府制定和实施的对内对外政策表现出来。

另外,近几年来,人们开始重视从硬权力和软权力的角度来考察国家的权力大小。一个国家的软权力或软性权力是指通过说服影响某个国际政治行为体做某种事情的能力。比如一个国家的意识形态、文化、声誉或制度的优越性,都可以让其他国家跟随和仿效。一个国家成功的经济体制和成功的政治体制都是一种难得的软权力。

一个国家的硬权力或硬性权力是指通过军事的、经济的或两者相结合的方式将自己的意志强加给某个国际政治行为体的能力。这种权力是一种强制性或强迫性的权力。1991年伊拉克入侵科威特,全世界都谴责萨达姆并对其实施经济制裁。但这些都不能取得成效,最后以美国为首的多国部队以猛烈的军事打击让萨达姆从科威特撤回了军队。

国家联盟

二战结束以后,饱受战争痛苦的欧洲国家,一方面为了提防苏联的进攻,另一方面也为了不受美国的控制、操纵,从建立各种能源联盟开始,逐步构建共同市场,最终走向了超越各个国家之上的具有共同的议会、货币、预算和防务的国家联盟。

截至2007年,包含25个成员国的新欧盟是排列在中国与印度之后,成为全球第三大人口居住区。新欧盟领土西起大西洋,东至波罗的海,北起北极洋,南抵地中海,总面积超过369万平方公里。虽然欧盟并未设定首都,但比利时的布鲁塞尔是实际的公共行政中心。

至2007年,随着一批新成员国的加入,新欧盟的总人口从37800万增加到45500万。德国以8250万人成为欧盟人口最多的国家,人口最少的国家是马耳他,仅387000人。在新欧盟中,人们将用20种官方语言交流。为了让全区人民及时了解信息,新欧盟每一条法规都将被译成所有官方语言。使节层级的会议则以英、法、德语进行讨论。

在新欧盟中,成员国的经济发展水平参差不齐。2002 年 10 个新成员国的国内生产总值总和为 4440 亿欧元,仅及旧欧盟各国总资产的 4.8%。塞浦路斯人均 GDP 为 15000 欧元,是唯一超过旧欧盟中两个最贫穷国家希腊(12800 欧元)与葡萄牙(12500 欧元)的新成员国。最大的新成员国波兰,其人均 GDP 为 5290 欧元,是德国的 1/5(25500 欧元),最富有的会员国卢森堡的 1/10(5 万欧元)。

在新欧盟中,绝大部分成员国采用议会民主制,只有比利时、英国、丹麦、卢森堡、荷兰、西班牙与瑞典 7 个成员国保留君主立宪制。

在宗教上,成员国主要信奉基督教。罗马天主教与新教教派都广泛盛行。希腊盛行希腊正教,俄罗斯东正教则广泛流行于东欧三小国。此外,法国、德国、西班牙与比利时境内也有为数庞大的穆斯林人口。

在国际政治舞台上,欧盟多数情况下是一个声音讲话。

三、国际政治系统的一般行为体

政府间国际组织

所谓政府间国际组织是指以主权国家的中央或联邦政府及其分支机构、地方政府为成员单位而组织起来的国际组织,这是国际的公共组织。政府间国际组织的产生和发展,说明存在着越来越多的超出国界的、需要政府间相互协作解决的问题。比如没有一国政府的同意,没有一定的国际组织协调、制定相应规则,外来的电报、电话、邮件等通讯工具和手段就无法越过这个国家的国界。也正因为有了各种各样的由政府参与的国际组织,人们才能运用中转卫星、因特网,在国际贸易、安全、防止犯罪等方面建立起相互交流与合作的平台。

政府间的国际组织的作用及其限度取决于国际组织的体制。国际组织的体制是存在于组织的行动之中的,成员国政府共同使用的规则、原则和决策程序。政府间的国际组织的体制有两大类。一类是支配型的,即国际组织中有一个国家占据统治地位。如二战后的许多年中,世界的贸易关系和国际货币兑现皆由美国控制。另一类则是合作型的,比如现在的世贸组织。虽然任何国际组织内部都不可能达到完全的和谐与合作,但合作型要比支配型好。

政府间的国际组织的作用一直在增加,但是从目前来看,国际组织的作用还不能与主权国家的作用相提并论,因为任何政府间的国际组织要发挥作用,最终还是要通过主权国家的政府,要它们提供合作的经费和其他资源。因此,政府间国际组织的作用只是补充性的。比如在保护环境、保护人权、发展经济等方面,虽然国际组织会支持并形成某种共识,但终极权力仍在主权国家政府手中。

政府间国际组织的作用与主权国家政府的作用的主辅关系将来会逐步改变。随着世界区域化和全球化进程加速，人类各民族面临的共同问题会增加，政府间国际组织的作用会逐渐加强。没有政府间国际组织的协调，各国政府无力去解决需要许多国家合作才能解决的问题。而没有各国政府最终的努力合作，共同的问题也解决不了。因此，主权国家政府和政府间国际组织的作用的关系就成为相辅相成的了。

政府间国际组织与主权国家政府的作用的关系有积极的一面，也有消极的一面。从积极的方面看，国际组织的存在，使得主权国家不再是国际关系中占绝对统治地位的行为主体。有许多问题仅仅靠国家政府间双边、多边协商并不能解决，必须依靠国际组织提供多元的协商机制。

国际组织的积极作用还表现在可以制约和引导一国的政策和行动。比如联合国人权委员会可以敦促某些国家的政府改善国内的人权状况。联合国的国际环境保护宣言可以让各国政府更加注重生态环境的保护。当然，各国政府对国际组织的敦促和制约，也可以不理睬。一些政府对自己不喜欢的政策和行动，出钱时就非常小气。

从消极方面看，国际组织的作用也会损害主权国家政府的行为选择。国际组织过分强大，会削弱各国政府的主权，侵犯一国的独立主权。另外，国际组织的决定也会影响一国政府对国内政策的制定和执行，从而削弱政府的权威。

政府间的国际组织要很好地发挥作用，极为重要的方面是这些组织必须完善内部结构，实施组织改革，才能有效地履行自身应有的功能。目前世界上最大的政府间国际组织是联合国。联合国由大会、国际法庭、安全理事会、经济与社会理事会、托管委员会和秘书处组成。联合国宪章规定联合国的任务是促进全球经济与社会发展，促进对全人类的人权和基本自由的尊重，促使全世界人民获得健康，促进环境领域的国际合作，推动可持续发展。

联合国在建立以后的半个多世纪中，发挥了一些作用，但由于霸权主义和强权政治的干扰，并未能真正发挥其应有的作用。人们对其毁誉参半。冷战结束后，国际政治走向不稳定的多极格局，联合国的作用大大增强，同时也暴露出这一庞大组织内在结构和管理方面的诸多问题，要求联合国改革的呼声非常强烈。

目前，联合国安理会由 15 个安全理事国组成，其中有 5 个常任理事国，其他10 个是非常任理事国。5 个常任理事国是联合国宪章明文规定的，即中国、英国、美国、法国和俄罗斯。非常任理事国由联合国大会选举产生，每两年选举一次。根据联合国宪章的规定，对于一般的程序性问题，15 个理事国投票，9 票同意就可以通过；对于实质性问题，需要 9 个理事国的同意，其中包括 5 个常任理事国的一致同意，如果有一个常任理事国反对，该决议就不能通过，这个制度被称为"大国否决权"或"大国一致原则"。

在 59 届联大上,日本、印度、德国、巴西和埃及等国为竞争安理会常任理事国的席位展开了强大的外交攻势。巴西、德国、印度和日本四国领导人还发表联合声明,宣布四国将在今后的联合国安理会改革中,相互支持竞争安理会常任理事国的席位。四国都坚定地认为,它们将是扩大后的安理会常任理事国。

在讨论政府间国际组织时,有必要研究一下松散的国家联盟。松散的国家联盟是相对于紧密的国家联盟如欧盟而言的。这种国家联盟可以分为三大类。第一类是共同防卫型的国家联盟。联盟的功能主要是服务于共同防卫的需要,其中有代表性的是基于日美防务新指针的日本和美国的联盟,还有基于协同防务协定的美国、澳大利亚和日本的联盟。第二类是经济贸易型的国家联盟。联盟的功能主要是服务于内部贸易自由。其中有代表性的是北美经济贸易区、南锥体共同市场、东盟。第三类是经济政治型的国家联盟。其功能主要是服务于地区安全和反对恐怖袭击。其中有代表性的是上海合作组织,还有苏联解体后建立的独立国家联合体。松散的国家联盟在国际政治生活中的功能大部分是区域性的、定向性的。

在经济全球化的过程中,政治系统中的地方政府和城市也会越过边界进行国际合作。地方政府或城市间的国际联合已经成为一种不可忽视的国际政治行为体。在全球化贸易和商业发展中,地方政府和大城市会向海外派出自身的贸易代表。美国 50 个州都有驻海外的商业和贸易代表。一些大城市也展开"城市外交"。常见的形式是举办世界城市市长会议,建立"友好城市"、"姐妹城市"。这些原先只在政治系统内部活动的大城市,现在也成为影响国际政治生活的重要力量。

非政府间国际组织

所谓非政府间国际组织是指由政治系统中的民间的社会组织组合而成的国际组织。对于这类组织,还有多种称呼,比如,"跨国的国内政治"、"次国家行为角色"、"民间跨国组织"。非政府间国际组织的最大特点就是这一组织与各个政治系统中的政府没有关系,它不是通过各政治系统的中央政府或联邦政府及其所属机构,也不是通过地方政府及其所属机构,而是在政府之外结合起来的。这些存在于各个政治系统之中又在政府之外的社会组织为了某种目标,比如保护生态环境,建立起跨国共同行动的组织。

非政府间国际组织或民间国际组织是多种多样的,大体上可以分成两种类型。一种是积极的非政府间国际组织。它们虽然没有经过政府的认可而跨越国界与其他政治系统中的民间团体结成国际组织,但对政府并不构成威胁,对政府的政策采取支持态度。比如西方绿色和平组织在后期的活动中,不再与政府相对抗,而是采取与政府合作的立场。德国的一些绿色和平组织转为"绿党"并进入联合政府,形成左派"红党"和"绿党"联合执政的局面。另一种是消极的非政府间国际组织。它们大多本来就与政府存在矛盾和冲突,之所以要跨国结成国际性组织,其目的就是要借助这种方式来获得国际上的支持。由某些持不同政见者、反政府力量所结成的国际组织往往对主权政府的合法管理构成威胁和挑战。

跨国公司

跨国公司是指总部设在某一政治系统之中,但其生产、交换、流通、销售的活动却在全球各地进行的大型企业。跨国公司的出现反映出现代生产和服务要在更大范围内配置资源的需要。跨国公司的所有权属于一个或多个国家,在一个和多个国家展开业务,生产和销售产品,提供各种服务。跨国公司为了更好地在全世界范围内组织生产和服务,采取当地化战略,将总部设在母国,而将一系列运营的子公司设在其他国家,培养和任用当地人员进行生产、管理。

据不完全统计,目前世界上大约有 25000 多个跨国公司,子公司则超过 15 万个。跨国公司在外国投资数额达到 17000 亿美金。全球 80％以上的贸易是通过跨国公司来进行的。

跨国公司的作用是双面的。跨国公司对全球政治、经济、社会的发展有正面的作用,其主要表现在:能向落后区域介绍移植先进科技,可以促进世界经济发展,能够推进各国间的相互依赖,善于培养精英改善管理,促进普遍人权的保护,保护生态环境,加速世界经济一体化进程。但跨国公司也会产生负面作用,主要表现在:有些跨国企业往往向落后国家提供不适宜的技术,有时会因垄断技术和市场而延缓落后国家的经济发展,大量的投资和技术转让会使发展中国家产生对跨国企业过度依赖的倾向,一些本地管理精英有可能变成买办阶层,有时跨国企业也会无视发展中国家的人权,为追求利润有些跨国企业也会破坏生态环境,跨国企业在强调全球化时可能会破坏当地的民族文化。

杰出的个体

所谓国际政治中的杰出个体是指由于个人的行动、威信和能力而在国际政治舞台上发挥协调、斡旋、引导作用的个人。传统的国际政治活动都是由主权国家的政府或政府机构及其代表参与的。虽然国际政治活动最终是由个人的行动构成的,但是,那种行动个体所依赖的并不是其个性、威信和魅力,而是依赖于他所代表的政府机构或组织。这里讲的国际政治生活中的杰出个体强调的是这些个人之所以在国际政治事务中发挥作用,依赖的是他们个人所具备的个性、威信和魅力。他们能够干出其他的普通个人所无法成就的事业。

有两类个人能够成为这样在国际政治中起作用的行为者。

一类是公共行为角色。一些拥有包括国家政府在内的机构资源和职位资源的外交家、政府首脑，在机遇和风险并存的世界中，如果果断大胆处理国际政治事务，将给国际政治生活带来较大影响，包括积极与消极的影响。在1968年至1975年期间作为尼克松和福特两任总统的国家安全顾问的亨利·基辛格就是其中的典型。他的穿梭外交，促成中美两国恢复了正常外交关系，平息了中东的激烈冲突。一些曾经在政府机构中担任重要职务并在国际政治中施展过才华的政治家，在退出国内政治以后，依靠其丰富的国际政治经验与个人威信和魅力，依然可以在国际政治舞台上解决一些由正规的外交协调和谈判所不能解决的问题。像美国前总统卡特、克林顿就是这类杰出个体中的代表。

另一类是成为人类道德标志的个体行为者。这类国际政治的杰出个体属于民间行为角色。比如黑人牧师赖斯门得·图图大主教，以极大勇气反对南非种族隔离制度，激发了全球范围的反种族歧视的意识和运动。再如，瘦小而患有心脏病的特丽萨修女创立了传教士慈善组织，为印度和其他国家的穷人、病人和被遗弃者服务了近半个世纪。1979年她获得了诺贝尔和平奖。

恐怖组织

按照国际社会普遍接受的定义，为实现政治目的，针对平民或民用目标，故意使用或威胁使用暴力的行为，就是恐怖主义。恐怖主义一般包含手段、行为和效果三个要素。恐怖主义并不与特定的宗教、文明、国家和组织直接关联。如果遭受恐怖袭击的一方是一个主权国家，则可称之为国际恐怖主义；如果恐怖行动的行为主体就是主权国家，则可称之为国家恐怖主义。恐怖主义的行为主体通常指非国家集团或秘密组织。

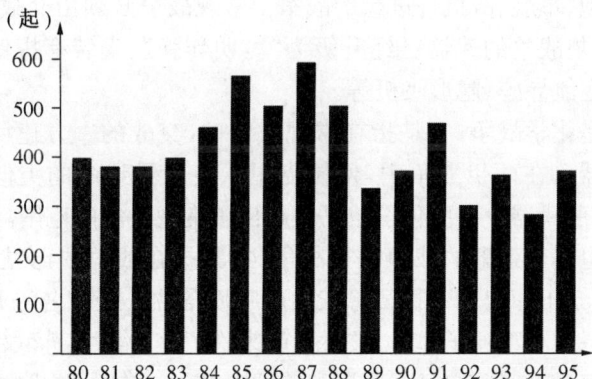

图7-2 20世纪八九十年代国际恐怖组织发动的袭击事件数量

恐怖组织是实施恐怖主义的主体,是恐怖袭击的行为体。它是一种由个人或多个人为达到制造恐惧或紧张空气而实施暴力威胁或行动的组织。恐怖分子可以针对特定的目标采取残酷的行动,或炸毁一座建筑物,或杀害一个或多个无辜的人。其目的是要制造大事件,以摧毁国家领导人和公民的理性思维和意志力。恐怖组织的破坏性在于制造扩散性的恐惧。现代恐怖活动在 20 世纪 80 年代开始泛滥。

第三节　国际政治系统中的主要活动

一、国家间的战争活动

二战结束以来,主权国家特别是大国,卷入战争的可能性已大大减少,卷入战争的程度也大大降低。从 20 世纪 50 年代至今,已经发生的大部分战争都具有下列特点:一是这些战争大多是第三世界国家的内战或革命;二是由于科技的发展,战争的破坏性逐渐加大;三是凡采取侵略行为的国家最终或是失败或是陷入危机;四是世界上爆发的战争大多是为了获取石油这样的稀缺资源而导致的;五是明智的国家领导人都认为核战争没有赢家。

国家之间爆发的战争有多种类型。

一种是低密度战争,它是指间或发生、伤亡不大,但似乎永远没有结束的拉锯战。比如英国与北爱尔兰共和军的战争,从 20 世纪 70 年代开始爆发,时断时续。1991 年发生了伦敦圣诞爆炸案。

一种是常规战争,它是由国家军人使用大规模杀伤性武器,如化学武器、生化武器、坦克、大炮、军舰、战机等进行的战争。常规战争必须由交战各方正式宣战。在高科技下,常规战争的武器已经升级为"聪明炸弹"、安装有摄像头可自动寻找目标的战斧式巡航导弹、隐形飞机等。

还有一种是化学战争,它是指在常规战争中,交战的一方违反战争法使用了毒气或细菌武器。在两伊战争中,伊拉克军队使用了致命的类似于介子气的毒气,还使用了细菌武器。有些化学战已经超出了常规战争的范围。

最可怕的也是最残酷的战争是核战争,它是指在战争中,交战的一方使用了核武器。当 1945 年一架以飞行员母亲的名字埃诺拉·盖命名的 B - 29 轰炸机在日本广岛投下一颗小型原子弹时,核时代就来临了。1949 年苏联引爆了第一颗原子弹,到 20 世纪 70 年代,它已经可以和美国对抗了。在人类战争史上,除了美国向日本本土投掷了两颗原子弹外,并没有再发生将核武器运用于战争的现象。

关于国家间之所以会发生战争的原因,人们的看法是不一致的,存在着一系列相互冲突和针锋相对的观点。

一些人认为国家之间的战争是出于个人的本能,他们为此提出了充足的理由。弗洛伊德认为人有生存和死亡的本能,通过侵略,才能转换本能,避免死亡。洛伦兹认为人体有攻击性基因,但人却没有动物锋利的爪和牙,因而只能通过发展武器来谋杀或大规模自相残杀。约翰·斯托辛格在《国家为什么战争》一书中特别指出,领袖人物的特殊心理、生理因素和感情冲动导致了战争。

另一些人坚决反对将战争的原因归结为个人的本能,他们提出了十分有力的反驳理由。攻击只是人在后天才形成的行为趋势,无法证明人天生就具有攻击性的基因。在人类的原始部落中,比如苏尼族印第安人和南非的布希人社会中就不存在暴力。现代战争十分复杂,有许多社会成员介入,只用个别人或一群人的性格、生理或心理本能作解释是不科学的。

一些人认为,之所以会出现战争是因为国家性质有问题,其理由是战争起源于国家制度的专制、强制和不民主。在20世纪中,民主国家内部和国家之间没有发生过战争。战争的重要原因是国家对原材料和廉价劳动力的疯狂追求。通过战争,权力才能从落后腐朽的民族向先进民族转移。引发战争的原因是男性控制国家,而男性因染色体的缘故倾向于扩大财政开支,从而容易使用暴力,导致战争。但许多政治学家并不同意这一观点。他们认为国家性质不是导致战争的原因,为此他们也列举出了许多理由。杰克·列维认为民主国家甚至可能进行更具破坏性的战争,它们倾向于道德讨伐。另外的学者则提出,国家可能由于经济原因而发动战争,但在工业化时代,经济并不是战争的核心原因;相信优等民族应当去淘汰劣等民族是国际社会达尔文主义;认为男性好战,而女性不好战是站不住脚的,性别的行为不完全是由染色体规定的。

一些人认为国家间的战争是由政治格局决定的,为此他们也提出了相应的理由。吉尔平认为一极格局的条件下,世界权力结构中只有一个霸主,而其余的国家又都弱小时,就不会有战争。但当其余国家变得强大起来,要争夺霸权时,战争就会发生。只有到新霸主产生后,世界才能趋于稳定。沃尔兹则认为单极权力结构并不稳定,只有两极权力结构才能最大限度地避免战争。

也有的学者不赞同权力结构决定战争的说法,他们也为此提供了理由。不少学者通过个案和统计分析发现,国际政治系统中,权力的极数与战争的爆发并没有多大的关系。在今天的世界上,美国作为单极霸主,其巨大的国家能力可以为制止战争、维持秩序而努力。当代世界上的主要国家之间,虽然存在矛盾,但并没有因此而发生战争。

在今天的世界上,国际政治生活中还时时弥漫着战争的硝烟。一些国家内部的分裂蔓延到别的国家引起战争,如非洲国家内部种族仇杀向境外蔓延导致国家间战争。一些国家间因继续着古老的争端而爆发战争,如印巴之间因历史上遗留下来的克什米尔问题而刀枪相对。一些国家为了扩占领土和能源而对别国入侵,如伊拉克入侵科威特的战争。一些国家试图通过战争来压制其他国家,如1989年美国军队进入巴拿马的行动。

战争并不能给参与战争的各方带来好处,相反只能造成长久的伤痛。美国发动的伊拉克战争,虽然美国胜利了,但造成了军队的巨大伤亡。从2003年3月19日伊拉克战争爆发到2004年9月7日,由于当天又有7名美军士兵在同伊拉克逊尼派和什叶派武装发生的激战中死亡,美军自伊拉克战争爆发以来在伊死亡的人数已突破1000人。其中998人是美军士兵,3人是五角大楼的文职人员。美国白宫发言人麦克莱伦同日也证实,美军在伊死亡人数达到1000人。到2008年3月,在伊拉克战争中死亡的美军人数已高达4000人。

战争也让美国承担了巨额开支。截至2006年,美国国会已经批准投入1261亿美元用于伊拉克战场,另外还将追加250亿美元,仅2006年伊拉克战争的总投入就达到1511亿美元。经济学家道·汉乌德估计,平均每个美国家庭为伊拉克战争至少支付3415美元。美国另一位经济学家、得克萨斯大学的詹姆斯·格尔布雷斯预测,尽管最初战争花费会促进经济增长,但长期来看,可能导致十年经济困境,包括贸易赤字扩大、通货膨胀恶化。到2008年,美国官方承认经济衰退,这与伊拉克战争是密切相关的。

鉴于战争导致的种种消极影响,越来越多的国家领袖、政党和精英,已经更多地将安全、和平与经济发展联系起来,更多的国家已经选择放弃会导致资源巨大浪费的战争行为。

二、国家间的局部冲突

国际政治中的行动主体之间最为重要的活动就是发动战争或应对战争。卡尔·冯·克劳塞维茨曾经说过,使用战争手段可以"威逼我们的敌人做我们想让他做的事情"。这种对战争功能的理解在今天已经很少有人认为是正确的了。主权国家虽然拥有了比过去任何时代都要更为强大的军事和科技力量,但很少有机会去运用它们。对于核武器的恐惧,使拥有核武器的国家虽不惜工本大量地制造却并不敢使用那些威力无比的核弹头。因此,许多主权国家的实际行为是处于战争与和平的中间状态,即局部的冲突。

主权国家之间的局部冲突有多种形式,比如报复、示威、复仇和干预等等。

报复是指一国针对另一国实施的合法的但是不友好的抗议行为。报复一般不涉及武力的使用。报复的经常性的做法就是断绝外交关系。比如,1979 年伊朗扣留了在德黑兰的美国使馆人员,为此美国与伊朗断绝了外交关系。美国总统卡特为了报复苏联 1979 年入侵阿富汗,禁止美国运动员参加 1980 年在苏联莫斯科举办的夏季奥运会。

示威是指一国不动一枪一炮的军力的展示。当一个国家抗议另一个国家的行为时,可以将在边境或海外的军事力量置于随时可以开战的状态,向另一个国家传达明确的信号,表明一国随时可以为自己的利益而投入战斗。

复仇是指一国为另一国过去的错误而处罚它,或逼迫一国达成某种协议。这种逼迫可以是非暴力的,比如没收财产或海上封锁,也可以是暴力的,如武装攻击。如美国总统里根在 1986 年下令轰炸利比亚,是针对利比亚政府支持恐怖分子袭击在德国的美国军事人员而实施的复仇。美国 B－111 轰炸机从英国空军基地出发,战斗机从地中海的航母出发,重创了利比亚,炸死了卡扎菲的养女。

干预是指一国对另一国内部事务的强行介入。干预可以是非暴力的,比如通过代理人收买另一国政府官员。干预也可以是暴力的,常见的是越过边界的军事行动。干预可以是公开的,也可以是秘密的,如通过情报部门帮助别国的破坏分子从事颠覆活动。

当代超级大国对别国干预具有以下特点:在超级大国与被干预的国家之间存在巨大的权力不平衡,实施干预的超级大国常常纠集周围国家组成同盟,以便将行动置于"集体合法性"之下,超级大国为降低不好的名声,常常采取快进快出的方法,对受害国领土一般只占领几星期、几个月,超级大国还常常在干预的对象国扶持一个自己喜欢的政府上台。

三、国家间的外交活动

在国际政治生活中,除了诉诸武力的战争和局部冲突外,外交是最为常见的和平行动。今天国家之间、国家和国际组织之间频繁的外交活动最早起源于意大利城邦系统。从 13 世纪开始,意大利就出现了训练有素的专业外交代表,取代了雄辩的外交家。到 15 世纪,由于外交活动需要的增加,意大利出现了长久的代表组织即大使馆。后来许多国家纷纷仿效。到 1815 年,维也纳会议制定了外交准则。

在后来的外交实践中,一些新的规则被创造出来,比如著名的罗德规则。在超越大使级的高级别外交活动中,如果有争议的双方不愿意单独见面,就将他们安排在同一家饭店的不同楼层。作为调解方,可以很方便地在两者之间移动。因为阿拉伯国家和以色列在 1948 年为结束它们之间的第一次战争,在罗德岛进行了高级会议,采用了这种方法,后来就把这一方法作为示范,称为"罗德规则"。

在国家之间的外交活动中,大使是最为重要的因素。大使是政府的发言人、本国政策的解释者。同时大使还是提醒者,提请本国政府注意所在国政府的观点和立场。大使所追求的本国的利益是多方面的,如安排航班飞行,设置较低关税,签署引渡协议。大使还可以向另一国政府提出抗议。大使重要的工作是进行外交宣传。

外交的形式是多种多样的。在现代国际政治活动中,经常出现的是穿梭外交。这是在大使层次上追求国家利益的一种外交方法,是由第三方高层官员穿梭于有争议国家之间,充当调解人的谈判方式。20 世纪 70 年代基辛格往返于特拉维夫和阿拉伯各个国家的首都之间,试图找到以色列与阿拉伯国家之间和平的基础。基辛格创造的穿梭外交的一个坏处是,由于他的个人风格,许多国家元首不愿意与其他的美国国务卿接触,并削弱了大使们的作用。

首脑外交又称高峰外交,也是现代外交中常见的形式。它是通过邀请相关国家的首脑亲自参与会谈来解决重大跨国政治问题的有效的外交手段。通过国家元首间的个人接触,相关各方增进了解,达成共识,求得冲突的缓和与问题的解决。冷战时期的 1955 年日内瓦会议是二战后首次首脑会议,之所以把这次会议称为高峰会议,是比喻冷战的冰雪早日融化。其后,20 世纪 60 年代召开过十国首脑会议研究国际货币基金组织的贷款问题。1985 年召开五国会议,讨论国际货币兑换利率问题。从 1975 年起召开七国首脑会议,研究世界贸易问题。后来发展为八国首脑会议。

四、国家间的情报活动

主权国家在国际政治中会展开一定范围和一定程度的间谍活动。在国际政治生活中,间谍活动由来已久。但通过建立长期稳定的机构来专门从事间谍活动的历史并不长。英国始于 1909 年,德国始于 1913 年,苏联始于 1917 年,法国始于 1935 年,美国始于 1947 年。

为了展开间谍活动,一些国家建立了精干的情报机构。英国的情报机构在二战中很出名。它们破译了由"英格玛"编译的密码,通过被俘的德国间谍向德军高层发出误导信息,实施"双重间谍"策略。二战后英国情报共同体由下列部门组成:秘密情报服务部(SIS),负责海外情报和秘密活动;安全部(M1-5),负责国内反情报与监视、反恐;苏格兰场,负责逮捕间谍;政府通讯总部,负责情报收集中的代码与密码工作。

苏联时代的国家安全委员会(克格勃)是全球最大的情报机构。它有足够力量向全世界任何地方派出间谍。20 世纪 70 年代,安德罗波夫负责情报工作,从全苏最优秀的年轻人中选择情报人员。克格勃成为精干高效、由衣冠楚楚的大学生组成的精英机构。

以色列处在阿拉伯民族的包围下,还要对付形形色色的恐怖团体,因此,国家花费巨大财力和人力设置情报机构。其中包括:摩萨德,负责外部情报、秘密活动;辛贝斯,负责国内反情报工作;阿曼,负责军事情报工作;来克汗,负责科技情报工作。以色列情报机构的奇迹是曾救出了一飞机的以色列公民,将他们安全带回以色列。其最大失误就是没有能保护好拉宾总理。

美国情报共同体是从二战时期战略服务组织(OSS)发展而来的。中央情报局局长是名义上的领导人。这是一个庞大的秘密机构,其中包括:联邦调查局(FBI),中央情报局(CIA),国防部情报局,国务院情报局,国家安全局(NSA),国家侦察办公室。国家侦察办公室设在五角大楼内,负责间谍卫星项目。美国情报机构鼎盛时期的年开支为 300 亿美元,占国防总开支的 7%—8%。虽然机构庞大,开支巨大,但是,它们仍然无法胜任无穷无尽的情报整理工作。

美国司法部的一项调查报告指出,联邦调查局(FBI)掌握着 12.3 万小时与恐怖主义有关的谈话录音,有的可能包含基地组织阴谋袭击的重大线索。在所有的录音资料中,有将近 50 万小时的录音资料没有得到处理,占整个录音时间的 30%。更令人头疼的是,旧资料尚未处理完,新资料又不断涌来。美国国会议员因此批评说,联邦调查局正"淹死在海量的反恐情报中"。

在国际政治活动中,主权国家之间展开的情报活动和反情报活动,形式是多种多样的,其中大多数行动是秘密的。贿赂是常见的一种活动形式,借助于这一形式,可以购买有用的军事情报,劝说别国购买本国的武器,哄骗外国记者撰写吹捧特定国家的文章。暗杀是另一种情报活动形式,主要用来消灭那些制造麻烦的民意领袖或领导人,所谓一颗子弹解决一个大问题。绑架这种情报活动形式,主要用于惩罚、审问、讨价还价。以色列情报机构在阿根廷绑架了纳粹间谍伊奇曼,将其绞死。煽动这种活动形式在支持另一国政变时最有效。1954 年在美国的煽动下伊朗发生政变。1973 年美国又煽动智利的亲美势力,推翻民选的马克思主义者阿连德总统。破坏这种活动形式是指毁坏或损害别国的交通、通讯设施。20 世纪 60 年代初,美国说服德国制造商向古巴运送不平衡的滚轴,还派人在码头破坏运往古巴的英制公交车。误导这一情报活动形式主要用于迷惑、欺骗其他国家的决策者、军队和公众。1984 年,美国军方宣称在实施"星球大战"计划中制造了为来犯导弹附加自动导向照明,苏联受骗,为此花费 10 多亿美元,甚至美国国会也被骗了,增加了 10 多亿美元的研制拨款。

五、国家间的经济活动

在国际政治生活中,主权国家之间以及国际组织之间除了发生局部冲突、战争、外交和情报等活动外,在国际政治关系中,它们还与日俱增地进行着经济上的竞争与合作活动。

在二战以前,世界经济是由50多个松散的、倾向于保护主义的国家经济系统与欧洲殖民地经济系统组成的。二战后的几十年中,世界经济的相互依赖性增强,世界经济网络形成,主权国家必须考虑本国经济发展与全球经济的关系。

从1945年至冷战结束,世界经济的合作即传统的经济合作主要是发生在西方国家之间、发达的北方国家与贫穷的南方国家之间。西方发达国家进行传统的经济合作的目的是为了尽快医治战争的伤痛,对付世界经济的大萧条,对付日益强大的苏联和其他社会主义国家,并获取自身急需的稀缺资源。

至20世纪六七十年代,西方进入高技术革命浪潮时期,随着产业的升级,世界经济合作进入一个新阶段。西方发达国家开展新的经济合作的目的是为了将加工业和制造业向亚洲新兴工业化国家转移,以便利用这些国家较为便宜的劳动力。向新兴工业化国家出口高技术产品,再从这些国家进口原材料和初级产品。

在社会主义国家实行以构建市场经济体制为内容的改革以后,又出现了更大规模的全球经济合作。一大批原先是经济封闭型的国家实行了经济对外开放。在新世纪中,西方发达国家展开新一轮经济合作的目的是为了更大规模地向实行经济开放的国家投入更多的资金、技术,将更多的制造业转移到土地、劳动力都更为充足、廉价的地方,一方面,获取更大的利润,另一方面腾出更多的资金、劳动力发展具有更多高科技附加值的尖端产业。

现在在国际政治生活中已逐步形成了跨国经济合作的机制。其中一个重要的机制就是建立了世界银行集团。世界经济合作的重要内容是金融的全球流通。在这方面世界银行起了重要作用。世界银行最初的名称是国际重建与发展银行,其功能是向被战争重创的欧洲提供贷款、向第三世界国家提供贷款、向中等收入国家提供还贷期20年的贷款。世界银行运行了50多年,拥有180多个成员国。到1993年世界银行年贷款总额达到250亿美金。

现在世界银行已经发展成为大的集团,它包括:1956年成立的国际金融组织(IFC),它是投资体系的一部分,满足第三世界国家管理跨国公司资本、先进工业国寻求投资机会的需要,也向民间机构的发展项目发放小额贷款;1960年成立的国际发展协会(IDA),它专门负责向人均收入低于805美元的国家提供"软性贷款",还贷期40年;1988年成立的多边投资担保(MIGA),通过对投资风险,如战争、内战、政府风险财产等进行担保。美国在世界银行中占有 20% 的资金。世界银行基本上在西方国家主导之下运行。

另一个国际经济合作的机制是建立了国际货币基金组织。该组织成立于 1944 年。最初的功能是固定住全球货币对美元的比率。美联储以黄金估算美元价值。当时美国拥有价值为 250 亿美元的黄金，占了世界黄金储备的 75%。1991 年尼克松总统宣布割断美元与黄金的联系，导致贸易国之间的货币兑换变得不稳定，货币兑换处于流动状态。从 20 世纪 80 年代开始，国际货币基金组织负责解决国际债务危机，由它担保向其他银行获得贷款和投资。1969 年国际货币基金组织建立了储备基金。

还有一个国际经济合作的重要机制是建立了世贸组织。其前身是关贸总协定（GATT）。1945 年由美国提议成立国际贸易组织（ITO），其主要工作是通过谈判降低各国关税。1946 年共和党控制了美国国会，它反对建立削弱国家主权的贸易组织。由于共和党的阻拦，进行降低关税的真正谈判拖延到 1947 年才在古巴的哈瓦那开始。关贸总协定有一条原则：所有成员国彼此享受最惠国待遇，贸易伙伴一律平等、贸易透明。关贸总协定总共为削减关税进行了 8 个回合的谈判。

关贸总协定第八回合即乌拉圭回合谈判的积极成果是建立了世界贸易组织（WTO）。从 1995 年开始，世贸组织吸收关贸总协定的商品贸易体制，并在服务和知识产权保护领域建立新体制。在处理贸易纠纷方面，WTO 比 GATT 具有更大的权力。它设有一个专家委员会负责日常工作，需要时指定专家小组对贸易纠纷进行调查。WTO 的目标是让全球贸易朝着未来没有任何关税和贸易壁垒、完全自由贸易的方向发展。

第四节　解决全球政治问题的途径

一、国际政治的共同问题

所谓国际政治的共同问题是指那些由众多政治系统的政策和活动所引发的，并且也需要由它们通力合作才能加以解决的问题。国际政治的共同问题不是发生在一两个政治系统中，而是几乎涉及到所有的国家和地区，即没有一个政治系统可以逃脱这些问题的影响。这些问题不是由一两个国家的政策和活动所引发或造成的，而是由大多数国家甚至是所有国家的政策和活动导致的，即各个国家都要对解决这些问题负责任，仅靠一两个国家重视，其他国家不积极参与，这些问题是解决不了的，因此，需要所有国家合作，只有实现全球治理，全球共同问题才能得到缓解或解决。

国际政治面临的共同问题很多,而且问题的类别也经常会变动,就目前而言,下列共同问题较为突出。

一是杀伤性武器的严重扩散。人类努力研究和发展高技术,但高技术不是首先被用于造福人类而是被用来摧残同类。更有杀伤力的武器不断地被发明出来并被迅速用于实战。这些具有大规模杀伤力的武器正在成为市场交易的商品,在全球扩散。大规模杀伤武器的扩散包括核武器扩散、生化武器扩散、常规武器和轻武器的扩散。

在大规模杀伤性武器的扩散中,最可怕的是核武器扩散。美国一家名为"科学与国际安全研究所"的机构估计,现在世界各地可用于生产核武器的超浓缩铀和钸的数量正在继续增加。同时,这些"危险品"的安全状况也不容乐观。这份转交给路透社的报告说,截至2003年底,上述两种核物质的全球总库存量已经超过了3700吨,其中钸大约1855吨,铀在1900吨左右,并且分散在60个左右的国家手中,完全可用来加工成数十万颗核弹。2004年9月20日,国际原子能机构总干事巴拉迪在维也纳举行的国际原子能机构第48届大会上发表讲话时说,除已宣布拥有核武器的国家外,"一些评估报告表明,40个或更多国家目前已经掌握了生产核武器的技术"。巴拉迪认为国际社会需要加强对核活动的监管。

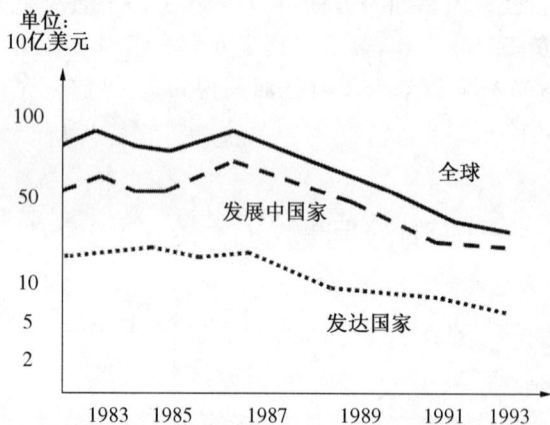

图 7-3 全球武器进口(1983—1993)

控制杀伤性武器扩散的途径主要有限制武器水平的军备控制,完全或部分清除武器的裁军,使两个敌对力量停止直接接触的脱离。全球限制军队和武器发展有两大障碍。首先是观念上的障碍。除了美国和加拿大分布着世界上最长的非军事化的国境线外,世界上所有的国家边境线上都驻有军队,因为它们害怕不确定性。其次是技术上的障碍。即便同意限制军队和武器发展,但是如何估计武器和军队数量、性质,如何谈判,如何查证并监测限制的行为,这些都存在困难。计算一国军力很难,区分武器的攻击性与防御性很难,区分武器的战略性与战术性很难,通过空中监视、间谍卫星、现场检查、监听等方式的查证也很难。

二是国际恐怖组织活动非常猖獗。2001 年 9 月 11 日,美国 4 架民航飞机遭恐怖分子劫持,其中两架撞击了纽约世界贸易中心大楼,一架撞击了华盛顿附近的五角大楼。这一系列恐怖袭击事件共造成 2797 人死亡或失踪。布什政府随即宣布向恐怖主义宣战。

2002 年 10 月 12 日,印度尼西亚旅游胜地巴厘岛发生针对外国人的系列爆炸事件,造成 202 人死亡,至少 330 人受伤。10 月 23 日,俄罗斯莫斯科轴承厂文化宫发生一起车臣武装分子劫持人质事件,造成 120 多人死亡。12 月 27 日,俄罗斯车臣共和国首府格罗兹尼政府大楼发生自杀性汽车爆炸,造成 72 人死亡,100 多人受伤。

2003 年仅 5 月一个月,就发生 3 起大规模恐怖袭击事件。5 月 12 日,沙特阿拉伯首都利雅得发生连环自杀爆炸,造成 35 人死亡。5 月 12 日和 14 日,俄罗斯车臣共和国纳德捷列奇诺耶区和古杰尔梅斯区分别发生爆炸,造成 70 多人死亡,200 余人受伤。5 月 16 日,摩洛哥经济首都卡萨布兰卡连续发生 5 起恐怖爆炸,造成 41 人死亡。

恐怖组织甚至驱使儿童、妇女制造骇人听闻的自杀爆炸。俄罗斯曾发生一连串由"黑寡妇"制造的恐怖事件。她们之所以叫"黑寡妇",是因为其中绝大多数执行恐怖性自杀爆炸任务的妇女都蒙黑头巾,穿黑长袍,心怀黑色的仇恨,带来的是黑色的死亡。恐怖组织之所以选择妇女制造自杀爆炸,主要出于以下考虑:首先,妇女爱动感情,比较容易受心理训练和极端思想摆布;其次,弱女子不容易招人耳目,便于神不知鬼不觉地接近守卫严密的要害目标;其三,车臣的穆斯林妇女从小接受的教育就是要绝对服从男人的旨意,车臣恐怖分子头目利用人类固有的亲情,煽动她们为亲人复仇,把她们变成不惜屠戮老弱妇孺的冷血杀手。

在国际恐怖组织的猖狂活动面前,人类面对的不是个别恐怖分子的恐吓,而是一场大规模的残酷战争。国际社会必须建立起更加有效的安全体系,反恐机构必须采取与新威胁相适应的行动。国际社会只有动员起来,团结一致,才能有力地反击恐怖主义。

三是全球气候生态环境不断恶化。从 1950 年以来,世界经济增长了 5 倍,纸张生产增长了 6 倍,人口增长了 60 倍,人类对粮食、水、木材的需求增长了 3 倍,海产品的消费增长了 4 倍。20 世纪最后的 20 年中,地球上的总人口增长了 34%,达到 67 亿。农业产量平均提高了 39%。据不完全统计,到目前为止,人类已在世界 60% 的主要河流上建造水坝或令其改道。发展中国家每年有 300 万人死于与水有关的疾病,大部分是 5 岁以下儿童。世界一半以上的城市污染状况超出世界卫生组织制定的标准。全世界淡水鱼数量下降了 50%。地球每年要失去 7.3 万平方公里的森林。人类在片面的经济增长中,消耗了大量的能源、淡水,排放了大量的废气、废水、废料,造成生态环境的严重污染。

全球变暖是目前全球环境研究的一个主要议题。根据对 100 多份全球变化资料的系统分析发现,全球平均温度已升高 0.3—0.6 摄氏度。其中 11 个最暖的年份发生在 20 世纪 80 年代中期以后,因而全球变暖是一个毋庸置疑的事实。引发温室效应的原因是人类在生产和消费活动中排放了过多的二氧化碳。燃料中含有各种复杂的成分,在燃烧后产生各种有害物质,即使不含杂质的燃料达到完全燃烧,也会产生水和二氧化碳。燃料燃烧使大气中的二氧化碳浓度不断提高,破坏了自然界二氧化碳的平衡,从而引发"温室效应",致使地球气温上升。

二、联合国主导下的共同治理

人类曾经幻想过利用国际组织和集体机制来治理世界。但是国联的失败,让人们对全球共同治理的前景丧失信心。其实国联之所以失败,是由一些特殊原因造成的。比如,战败后的德国政府并没有履行国联要求其担负的责任,作为国联发起者的美国并没有最终加入国联,国联的安全理事会无权号召其成员国对某个国家的侵略行为进行军事制裁。

现在担负着全球治理组织工作的联合国则是一个有成效的政府间的国际组织。自成立以来,联合国一直追求和平。它呼吁各国根据国际法,运用和平手段解决争端;通过发展经济,缓解富国与穷国的冲突;鼓励民族团体减少冲突和仇杀,保持和平;通过宪章条款和创新规则维护、恢复和平。

联合国强调实行集体安全机制。联合国宪章第 8 章第 42 条授权安理会使用经济和军事制裁手段,解决冲突。联合国宪章第 8 章第 43 条规定安理会有权要求其成员国提供必要的军事支持以解决冲突。联合国宪章第 8 章第 47 条规定,安理会有权组织军事委员会,研究联合国军队的"命令与控制"问题。

联合国致力于运用和平手段解决国家之间的争端。联合国规定了解决争端的政治程序和司法程序,通过仲裁或法庭判决,解决彼此冲突。在调解无效、集体安全策略失败时,联合国则实行维和行动。首先命令交战双方停火,其次采取外交手段防范冲突。

联合国在早期维和中,只是派出少量非武装观察员。1956 年联合国成立危机处理部队。从 20 世纪 90 年代开始,维和部队介入一些国家内部冲突,重建和平,必要时强制执行和平行动。1988 年联合国动用 8600 名维和人员,花费 4 亿美元,处理了全球 14 起冲突。同年维和人员获得诺贝尔和平奖。1994 年,联合国动用了 80000 名维和人员,花费 36 亿美元。目前,联合国维和人员驻扎在全球 6 个地区,每年必须在 30 多个冲突中选择维和对象。

　　联合国致力于发展全球经济。联合国建立了作为六大原始机构之一的经济与社会理事会,启动了分布在130多个国家的数万个发展项目。建立了世界银行和国际货币基金组织,世界银行已经为各类发展项目贷款200亿美元。从1965年开始设立专门提供给第三世界用于投资和工业的联合国发展项目,与此相对应,成立了国际农业发展基金和工业发展基金。

　　联合国虽然有着强大的生命力,但是它要在构建国际社会和新的国际关系的合理格局中发挥更大作用,就必须克服一些障碍。

　　一是需要克服大量破坏和平行为的障碍。一些民族的、种族的冲突,一些边境的冲突,一些国家国内的冲突,都带有残酷性与持久性,而联合国无论在经费上,还是在人员的军事经验上,都很难应付这些冲突。

　　二是需要克服内部机构臃肿耗费昂贵的障碍。这种状况既与联合国的组织结构、办事效率有关,也与某些成员国拒绝按时缴纳会费有关。联合国不需要那么多的机构,不需要为解决每一个问题成立一个单独的机构。联合国的成员国也必须履行按时缴纳会费的义务。截至1996年底,美国已经拖欠会费10亿美元,其他国家拖欠会费总额达到15至20亿美元。联合国常规年度预算为13亿美元,一次维和行动的费用则可能超过30亿美元。经费不足是一大障碍。[①]

　　三是需要克服难以满足成员国期望的障碍。联合国要满足西方发达国家的期望,就会失去发展中国家的支持。而要赢得发展中国家的支持,它就会遭到发达国家的反对。第三世界国家希望联合国帮助它们实现财富从北方向南方的转移,而发达国家则希望联合国按资本主义模式指导第三世界发展。

　　建立新国际关系的合理格局,需要依靠联合国这类大型的国际组织,并由它去联合更多的政府间的国际组织和非政府间的国际组织共同发挥作用,促进国际社会的成长发育。联合国要发挥出重大作用,就需要进一步地关心和解决人类急迫的问题。这些问题包括维护人权,消灭包括以神的妻子、慰问妇、债务奴隶等方式存在的奴隶制,保护儿童、妇女权益,安置好全球各地的难民,等等。

　　联合国要发挥出重大作用,还需要加速自身的改革。联合国必须解决自身人员素质低下、机构臃肿、官员腐败、结构混乱等问题。但是从2005年联合国秘书长提出改革方案以来,引发的不是积极的改革行动,而是联合国常任理事国位置的争夺战。因此,必须寻求新的联合国改革之路。无论联合国下一步改革如何,它仍然是唯一有能力演奏解决全球共同问题、保障人类繁荣发展交响曲的国际组织。

---

　　① 联合国的经费重负:美国承担着联合国预算的25%。1997年,美国向联合国缴纳拖欠会费81500万元,这一数额还只是美国拖欠会费的2/3。美国同时提出了条件,要求联合国解散1000名官僚人员,美国会费降低1/5。联合国的成员数为185个,工作语言为6种。联合国拥有10000名核心人员,要完成所肩负的任务,需要职员250000名。

三、国际法框架下的共同治理

与充分利用联合国的平台实施全球有效治理相关联的就是要在国际法的框架下推进全球共治。有人认为国际和法两者是矛盾的,因为通常的法必须有纵向权力结构的政府来执行,但在国际关系中是不存在中央政府的,存在的是分散的、独立国家的水平结构,在国际政治中即使有了法也无统一的政府来实施。

今天地球上的绝大多数主权国家都选择了以规则和原则为内容的法律,实行依法治国。在国际政治生活中,各国人民要和谐相处,解决冲突和争端,也需要受特定的规则和原则指导,因此,要在一个地球上共存共荣,人类又必须维护和发展国际法。

许多学者认为,雨果·格劳休斯是"国际法之父"。他的著作《海洋的自由》(1609)、《和平与战争的法律》(1625)是国际法的直接古典资源。罗马法、教会法、自然法也都是当代国际法的渊源。

现代国际司法法庭章程认为国际法有四个基本来源。

国际条约是国际法的基本来源。条约是国家之间或国际组织之间签订的书面国际协议。国家在条约上签字意味着保证将来遵循相应的条款规定。条约可以是双边的、三边的、多边的。国际条约覆盖着国际关系领域中几乎每一个可以想象到的主题。各国都要在联合国登记它们所签订的条约。到目前为止,各国已经登记在案的条约多达 3 万个。

习惯法是国际法的来源之一。国际习惯行为一旦经过长期发展,得到足够多的国家和国际组织的响应和遵从,就有可能变成法律义务和责任。习惯法就是得到承认的不成文法。国际法发展的一个模式就是将习惯法转变为条约法。如外交习惯法经过数百年发展,在 1961 年转化为《维也纳外交关系公约》。习惯法的内容也非常庞杂。

基本法律原则也是国际法的来源之一。基本法律原则是各国将其作为法律来源之一的、得到普遍使用的指导思想。这些法律原则通常产生于各国内部系统。这些原则包括诚信、道德、平等和兼听。其中"诚信"原则代表了国际法的本质。

另外,判例也是国际法的重要来源。国际法中包含国内、国际法庭或者专门的仲裁法庭的判决案例。国际判例虽然具有不稳定性、不确定性,但它包含着能对未来的国际法产生影响的一系列标准和原则。

主权国家是国际法的主体。1933 年的《蒙特维的亚国家权力与义务公约》规定,国家可能在领土面积、人口规模、经济军事实力上各不相同,但作为独立主权实体,其权威不仅独立而且平等。国家具有广泛的决策权,没有其他任何权威能超越它。但为了履行特定条约规定的义务,国家会在某种程度上降低主权的独立性。如加入 WTO 后,意味着丧失对本国关税的绝对控制权。

政府间的国际组织也是国际法的主体。政府间的国际组织的权利和义务是由创建它们的国家规定的,这些国家一般不愿意改变创建的初衷。但是创建的各个国家在政策规定上常有分歧,这就给国际组织的活动留下了空间。它可以接受和派出大使,签订条约,制定政策,规范成员国活动。1949 年国际司法法庭认定联合国具有法律人格。但其权利和义务是特定的,要比国家小。

跨国公司的成立是由国内法批准的,它在国家内部具有法律人格,但并不具有明确的、完全的国际法主体地位。但是跨国公司的商业经营活动发生在许多国家,它在多个国家的法律的管辖下从事商业活动。跨国公司要求获得颁发给它营业执照的国家的国籍。它还常常介入国家间的仲裁。正因为跨国公司具有极大的影响力,20 世纪 70 年代,联合国颁布了规范跨国公司行为的法规。1974 年联合国成立跨国公司中心,专门报告跨国公司的活动。

从技术上讲,非政府国际组织一般不具备国际法的主体地位。但在实践中,全世界约有 300 多个非政府国际组织,在联合国经济与社会发展委员会中拥有顾问资格。特别是作为非政府国际组织的国际红十字会在人道主义法律领域(战俘营检查等方面)享有法律人格地位。

个人的权利和义务是由他所属国家的法律赋予的。个人也只是国际法的客体,即国际法实施的对象。但是二战后的纽伦堡和东京战犯审判则是一个转折点,标志个人成为国际法的主体。因为审判法庭不同意战犯有关“我只是在执行命令”的辩解,将战犯视为独立的有行为能力的主体。1976 年的《维也纳社会与政治权利公约》规定,一个国家自愿签署这一公约后,该国公民就有权向联合国人权委员会请愿和请求帮助。

由于不存在全球性的中央政府,国际法的有效性肯定比不上一个强大的、运转良好的政府所实施的法律。但是,这不等于说,国际法就没有效用。国际法的效用主要体现在三个方面。

首先,国际法具有立法方面的功能。联合国宪章要求联合国负起发展国际法的责任,扮演国际立法机构的角色。1949 年联合国大会成立了国际法委员会,负责审查各类法律原则,必要时建议将其纳入条约内容使之法律化。联合国大会下设的第六委员会负责各类法律问题。国际法的立法功能是通过提案、宣言,最后成为条约来体现的。

其次,国际法具有判决方面的功能。国际法在判决方面发挥的作用是开展广泛的国际仲裁。在商业方面,国际仲裁主要是解决商业集团与所在国的矛盾。1958 年 80 多个国家批准了《承认及执行外国仲裁裁决的公约》,并成立了一个国际仲裁小组。

第三,国际法具有执行任务方面的功能。虽然世界上不存在一个要求各国政府都遵守国际法的世界司法部长,但是,在多数时候多数国家还是依据规则实施外交政策、相互交换货物与货币、发展旅游。这说明国际法能得到遵守。1969年通过的《条约法》规定,各国可以不选择它们不愿意遵守的法律,即使多年来未遵守一项或多项法律,也不能改变它们具有必须遵守这一项或多项法律的义务。

各国遵守国际法的最主要原因是它能促进国家间的互惠互利。如果一国作出负面举动,比如宣布一名外交官为不受欢迎的人,受侵犯的国家可能会以同样的手段报复。国际法是一种原始的法律,它没有中央政府来强制执行。因此,各国自助式的法律执行可以导致简单的报复行为,这种行为是合法的,但却是不友好的。

在全球治理中,会遇到多元文化与国际法的关系问题。一些人认为文化差异太大的世界与源于"欧美司法体系"的国际法之间必然不相协调。但是更多的研究者认为,各国的文化差异不足以削弱国际法的基础,正是国际间的互动为国际法的发展提供了肥沃的土壤。国际法的虚弱不是来自文化观念的差异,而是源于相互冲突的利益争夺。正是在国际法的支持下,一个由规范的系统所引导的双边和多边关系网络正在形成。达成这一进步的保障是人类必须在共识基础上尽量避免争论。

虽然由自治的国家和其他众多行为体构成的国际政治系统还缺乏中央权威,联合国秘书长也只是一个代表全体人类要求的象征性发言人,但是国际政治正在朝着受法律约束的相互依存的网络社会前进。国际立法,从双边谈判到多边会议,都证明了一个国际社会在形成。正是世界政治、经济、文化的交流、沟通和互动将国际社会连成一体。国际法本身不仅是产生国际社会的强大推动力,而且还是服务于国际社会的组织框架。

本章小结

观察和审视国际政治系统,重要的是要把握国际政治生活的总体状态、格局演变和发展趋势。国际政治生活先后经历了由分散的主权国家构成的绝对的无政府主义状态到等级式无政府主义状态,现在正在过渡到由多元活动体构成的网络状的国际社会状态。这些离开人类理想的国际共同体状态还十分遥远。与政治生活状态相伴随的国际政治系统格局,则从零极格局、一极格局,经过两极格局、三个世界格局,逐步地走向多极化格局。当代国际政治的主题是维护世界和平,促进全球经济发展。在国际政治生活中,民族化、区域化和全球化三种趋势将长期并存。

在国际政治系统中,活跃着两类政治行为主体,即民族主权国家和欧盟这类国家共同体。传统的国际政治只关注这两种政治行为主体,并围绕它们的活动形成了特殊的国际政治理论。在 20 世纪七八十年代以后,一大批以政府间国际组织和非政府间国际组织为代表的国际政治行为体,在国际政治系统中发挥出越来越大的作用,从而极大地改变了国际政治系统中的权力结构和行为方式。

在国际政治系统运行中,民族主权国家之间既有冲突,也有合作。它们通过经济往来、外交谈判、情报收集、发动战争等方式维护、调整或改变着相互间的关系。一些政府间的和非政府间的国际组织,还有跨国公司、恐怖组织、杰出的国际政治活动家,都在当代国际政治生活中发挥着作用。

在全球化、国际化、信息化和市场化时代,人类面临着日益增多且只有依赖全球各个政治系统的努力才能解决的共同问题,全球共同治理已经成为当代国际政治系统面对的重大任务。全球共同治理只有在联合国的组织下,在国际法的框架中才能稳步地推行。

关键概念

绝对无政府主义状态　等级式无政府主义状态　国际社会状态　国际共同体状态　零极格局　一极格局　两极格局　三个世界格局　多极格局　和平与发展的主题　全球化　区域化　国际政治行为主体　国际政治一般行为体　政府间国际组织　非政府间国际组织　跨国公司　恐怖组织　国家间的战争　国家间情报活动　国家间外交活动　国际法

研究与思考

什么是国际政治的绝对无政府主义状态? 什么是国际政治的等级式无政府主义状态?

国际政治的格局是什么? 人类已经经历过哪些类型的国际政治格局?

当代国际政治的主题和趋势是什么?

什么是国际政治行为体? 有哪些国际政治行为主体?

政府间国际组织与非政府间国际组织的区别是什么? 它们在国际政治中起什么作用?

国际政治中国家的权力有哪些类型? 如何估算国家的权力?

如何评价国家间的战争?

如何看待国家间的情报活动？

外交活动在国际政治运行中发挥什么作用？

当代存在哪些全球共同问题？

如何实现全球共同治理？

****
相关知识
****

1. 国际政治中的理想主义

古典理想主义

古典理想主义的代表人物是康德。积极的个人自由观是康德全部政治哲学的核心。康德认为，个人不是手段，而是目的。个人自由就是个人对政治生活的积极参与。人是自由的，他可以为自己的行为准则立法。政府应该在法律和正义的原则下维护个人的安全和福利。在国际政治哲学方面，康德认为，国家之间战争带来的巨大损失、公民社会的发展和人类的理性，最终会使国家之间的关系从霍布斯式的自然状态过渡到法制状态，从而实现"永久和平"的目标。康德的永久和平思想对后世国际政治的理想主义产生了直接的影响。

传统理想主义

从 20 世纪二三十年代开始，国际政治中的传统理想主义开始流行。主要代表人物有美国总统兼学者伍德罗·威尔逊（Woodrow Wilson）、约翰·默里（John Murray）、帕克·穆恩（Parker Moon）和英国学者阿尔弗雷德·齐默恩（Alfred Ezimmern）、菲利浦·诺尔贝克（Philip Noelbaker）和大卫·米特兰尼（David Mitrany）等人。

传统理想主义否认人性恶的本质是导致国家间冲突和战争的根源。齐默恩认为，人类的本性无所谓善恶，关键在于后天的教化。之所以发生战争不是人类缺乏国际共同体的观念，而是知识的局限使他们还没有意识到这一点。威尔逊则认为，"恶与善俱来，纯金常被侵蚀"。尽管人的天性存在着愚昧和无知，而独裁者也可以利用这个弱点实现自己的野心，但是发挥教育和宣传的力量就可以克服这个弊端。因此，理想主义者十分重视对于民众的教化。同时，世界人民的交往也有助于人类的理性和智慧充分发挥，彼此形成世界共同体的观念和国际主义精神，从而在根本上杜绝战争的根源。

在国际政治领域，理想主义的基本思想是依靠国际法和国际组织的力量来追求国际社会的持久和平与普遍正义。这集中体现在威尔逊对于战后安排的"十四点"方案,以及作为该方案的直接成果——国际联盟的建立上。1918 年 1 月 8 日,在美国国会的演说中,威尔逊首次提出了"十四点"计划作为构建战后世界和平的基本纲领。针对导致第一次世界大战的一些国际政治弊端,威尔逊主张各国应当放弃秘密外交、取消贸易壁垒、实行公海自由航行、鼓励民族自治、裁减军备等。"十四点"计划的核心是强调战后应当建立一个以维护世界和平与安全为目的的国际组织。威尔逊的这一国际组织方案以集体安全原则取代了均势原则。它集中反映了理想主义的国际秩序理念。威尔逊认为,第一次世界大战前的均势体系的瓦解和第一次世界大战的爆发,是各国漠视国际法和国际道德正义原则的恶果,而建立一个普遍性国际组织则是解决这一问题的良好途径。一战后建立的国际联盟是现代理想主义理念的伟大试验。

但国际联盟在 20 世纪 30 年代的国际政治进程中并没有能实现自己的目标。它在意大利入侵埃塞俄比亚、日本侵占中国东北等事件中表现得软弱无力,特别是,它没能阻止法西斯势力的发展并最终制止第二次世界大战的爆发。这些事态促使爱德华·H. 卡尔、汉斯·摩根索等人为代表的一批国际关系理论家开始反思理想主义国际关系理论的有效性问题,对它的一系列基本假设和内在逻辑进行大胆的质疑。随着第二次世界大战的爆发和国联的垮台,理想主义失败了。在 20世纪五六十年代,占据整个国际政治理论主流地位的是现实主义。

新型理想主义

冷战结束后新型理想主义又抬头了。其代表观念就是"民主和平论"。其实作为一种安全模式的思想,它早已存在,因此被称为是"重新发现的"理论。最早提出类似理论的是康德,因为他论述过被称之为"永久和平"的安全模式。他认为,具有民主和法制精神的共和国组成的不断扩大的共同体可以在国际法的原则下最终达到"永久和平"。因为共和政体的制约机制能阻止共和国冒险进行战争;而非民主国家是否进行战争则全凭独裁者不受制约的意志。美国总统伍德罗·威尔逊在其"十四点"中也提出过类似的观点,他认为,依照自己的方式生活,决定自己制度的国家,爱好和平,能够获得正义的保证,并得到世界上其他民族的公平待遇而不至于遭受暴力和损人利己的侵略。1919 年 J. 熊彼特进一步提出"民主的资本主义能导致和平"的命题。当代学者从 20 世纪 70 年代开始重新认识民主和平的问题,并将其理论化、系统化。斯莫尔(Mekvin Small)和辛格(David Singer)于 1976 年首先把民主和平作为一种基于经验事实的现象进行描述;1983 年多伊尔(Michael Doyle)在"康德、自由主义遗产与外交"一文中正式将"民主和平"作为一种理论提出来;冷战结束后,"民主和平论"成为西方国际关系理论界的研究热点之一,有关著作层出不穷,其中,布鲁斯·拉塞特(Btuce Russett)在其著作《把握民主和平:冷战后世界的原则》中对这一观念作了系统论述。

作为一种关于国际安全模式的假说,现代"民主和平论"的主要观点包括三个方面。一是国际政治关系中存在一条经验法则,即民主国家之间从不(或很少)发生冲突。二是即使民主国家之间发生冲突,彼此也不大会使用武力或以武力相威胁,因为这有悖于民主的原则和理性。三是专制国家之间或者民主国家与专制国家之间更容易发生冲突,而且更易于以武力解决争端。更有甚者认为,与民主国家相比非民主国家更加好战。

【人物简介】

伍德罗·威尔逊(Thomas Woodrow Wilson,1856—1924),1856 年 12 月 28 日出生在美国弗吉尼亚州斯汤城,祖先大部分是苏格兰血统。少年时代就醉心于政治,三度出任英国首相的威廉·格莱斯顿是他心目中崇拜的英雄。威尔逊 16 岁进入戴维森学院,29 岁获博士学位,30 岁开始在大学任教。1902 年发表的《美国人民史》被认为是其学术上的最高成就。同年威尔逊出任普林斯顿大学校长。1909 年当选为新泽西州长。1912 年威尔逊作为民主党候选人当选为美国第 28 任总统并且在后来获得连任。

1920 年,威尔逊遭到质疑,他在忧郁中去职。卸任后他仍然为理想主义政治理念奔走呼号,他拖着沉重的病体日以继夜地穿梭各地发表演说,力图使美国走上时代的潮头,并期望美国能够负起维护集体安全的重任。但是他的这一理想直到他去世后多年,才在他的后辈富兰克林·罗斯福手中实现。

1924 年 2 月 3 日,威尔逊因中风在怀着对美国孤立主义政策的深深不满和对他所创立的国际联盟的复杂心情中逝世,享年 67 岁。

威尔逊被认为是美国历史上学术成就最高的一位总统,这不是因为他一生写下了十余部的专著和数十篇的论文,也不是因为他曾经获得普林斯顿大学校长的头衔,而在于他从学术和教育的角度正式确立了国际政治学作为一门独立的政治学科的地位,并第一次提出了同西方列强崇尚武力解决问题针锋相对的理想主义政治理念。这一学说影响之大,是任何一位美国总统所不及的,时至今日仍被很多人奉为经典。

---

2. 国际政治中的现实主义

传统现实主义

在 20 世纪前期,国际政治的主流思想是理想主义学派,这一学派认为通过建立完善的国际制度和国际法规,就有可能调和国家之间利益的冲突从而消灭战争。在理想主义失败的情况下,摩根索重新恢复了国际政治理论的现实主义传统。

摩根索提出了政治现实主义的六条基本原则:第一,政治是受客观规律支配的,它根源于人性。第二,以权力界定利益的概念是政治现实主义国际政治理论的标志性特征。第三,以权力界定利益的核心概念是普遍适用的,客观存在的,但它不是永远一成不变的。第四,适用于个人的普遍道德原则并不适用于国家,采取成功的政治行动本身就是基于国家生存的道德原则。第五,政治现实主义不承认某个国家的道德抱负是放之四海而皆准的绝对律令。第六,政治现实主义强调权力政治范畴的独立性,坚持以权力界定利益,因此它与其他学派的区别是深刻的。

摩根索认为,在当今国际政治舞台上的各个国家都共同追求两个目标,第一是权力,第二是和平。"权力"是国际关系中的货币,它支配着整个国际体系的运转。国际政治的关键是限制权力。

摩根索关心的是在国际政治中如何实现世界和平。他认为在国内社会中形成和平与秩序的原因是由于国家的存在,国家在领土内拥有至高无上的权力,因而能够保持和平与秩序。因此,国际和平与秩序只有在建立起一个世界国家以后才有保障。但是建立世界国家的梦想虽好,要真正实现却是困难重重。既然建立世界国家不可能,就只能建立世界共同体,而这又有赖于联合国等国际组织的努力与协调,更需要世界各国政府的合作。因此,世界和平问题的解决,归根结底应该从各国的外交入手。主权国家对外政策的目标必须按国家利益来确定,并要以足够的权力作为支撑。

结构现实主义

传统现实主义重视国家层次的分析,坚持方法论个体主义,把国家这一单元层次因素作为解释国际政治的第一位因素。这种理论并不能很好地解释二战结束后国际政治的变化。作为摩根索的学生,沃尔兹创立了结构现实主义。沃尔兹认为,理论要想科学,就必须尽量减少变量。他把国际政治系统结构分为三个组成原则:系统的排列原则、单位的功能差异原则、系统中单位间实力分配原则。

沃尔兹认为,国际政治理论的主要目的在于解释为什么即使个体行为随着时间而改变,但系统层次的行为却仍有规律。他觉得只从国家层面入手,像传统现实主义所做的那样,并不能很好地理解这一问题。而新现实主义则正好相反,它是为了解释国际政治的结果而出现的,是国际层次的系统理论。

国际政治的系统理论研究的是在国际层面上,而非在国内层面上发挥作用的力量,国际体系结构起着决定性作用。沃尔兹指出,首先,国内政治与国际政治是不同的。在国内政治中,单位以等级方式组合。而在国际政治中,单位有主权平等的地位,排序原则是无政府秩序,因此他主张根据互动密度把国内政治和国际政治当作两个分立领域。其次,尽管各国在文化、意识形态或体制上存在差异,但基本功能类似,即都履行同样的职责,如征收赋税、推行对外政策等。第三,即使一国国内发生政治分歧和冲突,也能在国内最终得到权威性解决。即使出现例外,如一国外交部表述的政策不同于国防部,更高权威机构会通过干预来排除官僚部门或非政府行为体的有碍于中央政府政策的行为。因此,国家就意味着在任何特定的事件和问题上它只有一种政策。最后,从结构出发,国际体系结构严重限制了大国的行为,并迫使它们以相似的方式行动。沃尔兹进一步指出,在许多世纪里,虽然国家在许多方面发生了变化,但是,"国际政治的本质保持着高度的恒定,模式的不断重现,相同的事件无休止地重复出现。盛行的国际关系的类型和本质很少发生急剧的变化。而且只要彼此竞争的单元无法将无政府的国际政治舞台转变为等级制,这种关系模式仍将令人沮丧地持续下去"。因此,"理解国际政治的关键,与其说在于国内政治的本质,毋宁是国际间的战略互动",这正是国际体系结构能够造成这么恒久的稳定性,而不受国家单元层次影响的原因所在。

沃尔兹理论的过人之处,不在于他倡议了一种新的理论研究或理论思考的路线,而在于他努力将政治现实主义体系化,使之成为一种严谨的、演绎性的国际政治体系理论。但这也是结构现实主义的缺陷所在。在国际政治的结构分析中,国家被看作是被一个坚硬的外壳所包围着的分析单位,它们仿佛是大小不等的"台球",国家间的相互作用就意味着这些"台球"表面发生的碰撞,其结果决定于它们各自的力量和速度而与其内部结构无关。

新自由制度主义

至20世纪七八十年代,基欧汉(Robert Keohane)、奥兰·扬(Oran Young)、恩斯特·哈斯(Ernst Hass)等人创立了新自由制度主义理论。这一理论接纳了新现实主义理论的若干基本假设,如主权国家是国际政治中唯一重要的行为体、国际社会的无政府状态等,但对这些概念的理解及其后果作了不同的解释。与此同时,还吸收了博弈论、理性选择等新的研究方法,使其理论分析更加严谨而实用。

建立在博弈论基础上的理性选择理论是新自由制度主义研究的主要方法论工具。理性选择理论又称公共选择理论,它最早是来自经济学研究的一种分析方法,其坚持的基本观念是:集体行动的个体是富有理性的行为者,这些个体的目的是追求自身利益的最大化,在自身行动中他们可以在权衡利弊后作出自己认为是最有利的选择,从而构成集体行动的一般逻辑。理性行为体通过功能、博弈和学习三种途径建立合作制度。

自由制度主义理论的分析起点是理性地追求利益最大化的国家。自由制度主义同样承认国际政治的无政府状态,但也认为,即使是在无政府状态的自助的国际体系里,国家之间的合作也是有可能实现的。基欧汉指出,主权国家之间的合作并不必然地依赖利他主义、理想主义、个人荣誉、共同目的、规范的内化或对某种文化价值观的共同信仰。相反,富于算计的理性国家之间的关系并不必然是冲突,国家的优先目标也并非仅仅是军事安全。在国际制度和规制的规范和强化作用下,国家之间的合作不但是可能的,而且是必要的。甚至在开始创建制度主导合作的霸权国家消失后,霸权后的合作也仍然是可能的。在国际政治中,制度的力量逐渐发挥出独立而持久的作用,国家关注的不再是相对收益,而更多的是绝对收益。为此,国际关系理论研究的重点应当转移到探讨合作在何种条件下得以出现并能够维持上来,应当转移到探讨制度合作的演变上来。合作制度一旦建立起来并得到维持,行为体的预期就会受其规范,增加彼此获取的信息,建立相互信用体系,从而降低交易成本,最终推动该制度下所有行为体利益的最大化。

新自由制度主义理论借鉴了现实主义理性分析的前提和方法,却得出了相反的结论,认为无政府状态下的合作是可能的,从而对国际政治发展持一种乐观主义的态度。这一理论紧紧把握住了世界政治发展的新趋势和新问题,给出了全新的理论解释。

【人物简介】

汉斯·摩根索(Hans J. Morgenthau,1904—1980年),美国政治学家,国际法学中"权力政治学派"的缔造者。摩根索是出生于德国的犹太人。他年轻时在法兰克福大学和慕尼黑大学攻读哲学、文学和法律,在瑞士日内瓦的国际问题研究院学习和研究国际政治。毕业后当了三年律师,之后在日内瓦大学任政治学讲师。1935年在西班牙马德里国际研究学院任国际法教授。由于法西斯对犹太人的迫害,摩根索无法回德国,只能于1937年辗转来到美国,在布鲁克林学院和堪萨斯州立大学教政治学。1943年,摩根索加入美国国籍,以后在美国多所大学任教和从事研究工作,其中时间最长的是在芝加哥大学担任政治学教授。摩根索平生所著甚多,但最著名的传世之作则是《国家间政治——权力斗争与和平》,该书在学术界素享盛誉,已经成为在美国使用最广影响最大的教科书之一。其他主要著作还有1946年出版的《科学人对抗权力政治》、1951年出版的《捍卫国家利益》、1958年出版的《政治学的困境》等。

3. 国际政治中国家力量的衡量

美国学者雷·S.克来因的"国力方程"

美国前中央情报局副局长、乔治敦大学战略与国际研究中心主任雷·S.克来因在其代表作《世界权力的评估》中,提出了一个"国力方程":

$$P_p = (C + E + M) \times (S + W).$$

其中:

P_p 表示确认的国力,满分为 100 分;

C 表示基本实体(人口＋领土),满分为 100 分;

E 表示经济实力(GDP＋能源＋矿产＋工业生产＋粮食＋世界贸易),满分为 200 分;

M 表示军事力量(战略力量＋常规力量),满分为 200 分;

S 表示战略意图,评分在 0.5—1 之间;

W 表示贯彻国家战略的意志,评分在 0.5—1 之间;

$(C+E+M)$ 表示国家实体性力量;

$(S+W)$ 表示非实体性力量。

依据这一方程,克莱因 1975、1977、1978 年对 70 个国家的国力进行了评估,结果:苏联始终第一,美国第二,联邦德国第三(1978 年为第四),中国为第五(1978 年为第七),日本为第十(1978 年上升为第五)。

日本学者福岛康仁对克莱因的"国力方程"的修正方程

20 世纪 80 年代,日本学者福岛康仁对克莱因的"国力方程"进行修正。在 E 这一项中增加了 GNP 项目与实际增长率项目。

原方程为:

$$P_p = (C + E + M) \times (S + W).$$

将原方程的(S＋W)修正为(G＋D),

新方程为:

$$P_p = (C + E + M) \times (G + D).$$

其中:

G 为国内政治能力,取代了战略意图 S;

D 为国家外交能力,取代国家意志 W.

　　依据这一修正方程,1982 年综合国力评估的排序结果是:1. 美国;2. 苏联;3. 中国;4. 联邦德国;5. 法国;6. 日本。

中国学者丁峰俊的国力估算公式

中国学者丁峰俊提出了一个新的国际政治中国家力量的评估办法:

国力＝软国力＋硬国力

　　　＝(政治力＋科技力＋精神力)×〔R (自然力＋人力＋经济力＋国防力)〕。

其中:

软国力:

包括政治制度、政治体制与方针政策的政治力,体现科技发展水平的科技力;

包括国民精神状态、民族意识、创造在内的精神力。

硬国力:

包括自然条件、自然资源、国土面积、矿藏资源的自然力;

包括人口数量和人口质量在内的人力;

包括国民生产总值、经济潜力在内的经济力;

包括军事实力和军事潜力在内的国防力。

R 是结构系数,表示国力的各组成部分之间的互相比例关系。

黄硕风的国力函数公式

中国学者黄硕风则提出了更为复杂的国家综合力量评价模式:

$$Y_t = K_t \cdot (H_t)\alpha \cdot (S_t)\beta.$$

其中:

α 表示一个国家的发达程度;

β 表示一个国家的精神状态;

K_t 表示一国领导、组织、协调、统一的能力,包括政治体制、决策能力、政府领导的总和;

H_t 表示综合国力的质量,包括人力、自然力、经济力、科技力、国防力等物质的、实体形态要素的总和;

S_t 表示综合国力中的精神与智能形态的总和,包括文教力、政治力、外交力等在内。

※※※※※※※※※※※※※※※※※※※※※
※ **建议进一步阅读的文献** ※
※※※※※※※※※※※※※※※※※※※※※

　　要对国际政治中的体系、格局、冲突、均势作深入研究,可阅读倪世雄《当代国际关系理论》(复旦大学出版社 2001 年版)第六章中的"冲突论"、"均势论"、"霸权稳定论"和第七章中的"体系论"、"相互依存论"的相关内容。

要对国际政治状态作深入研究,可阅读康威·汉得森《国际关系:世纪之交的冲突与合作》(海南出版社、三环出版社 2004 年版)第二章中"国际无政府状态"、"国际社会"、"国际共同体"的内容。

要对现代国际政治中的行为主体和一般行为体作深入研究,可阅读星野昭吉《变动中的世界政治》(新华出版社 1999 年版)第八章和第九章中的内容。还可阅读康威·汉得森《国际关系:世纪之交的冲突与合作》(海南出版社、三环出版社 2004 年版)第三章中的内容。

要对国际政治中国家权力的构成作深入研究,可阅读汉斯·摩根索《国家间政治:寻求权力与和平的斗争》(中国人民公安大学出版社 1990 年版)第三部分中的内容。

要对国际政治中国家的行为作深入研究,可阅读康威·汉得森《国际关系:世纪之交的冲突与合作》(海南出版社、三环出版社 2004 年版)第五章、第六章、第七章中的内容。

要对运用国际法进行的全球共同治理作深入研究,可阅读王铁崖主编《国际法》(法律出版社 1995 年版)第一章、第二章中的内容。

后 记

《宏观政治学》第二版的研究与具体撰写分工如下：

第一章：严　强

第二章：严　强

第三章：严　强

第四章：温晋锋、严　强

第五章：王　强、严　强

第六章：张凤阳、严　强

第七章：严　强

这本著作的第二版仍旧是集体智慧的结晶。这种集体智慧包括我们能阅读到的、并在研究与写作中参考过的各种政治学著作、论文；包括经常参与我们讨论，给了我们很多启迪的前辈与同仁们的见解；包括给了我们学术上支持与帮助的南京大学政治学系、行政管理学系的教师们的各种闪光的思想。

我们在此特别诚挚地感谢南京大学原教务长、副校长、现任澳门科技大学校长许敖敖教授和南京大学教务处的众多同志们，他们给了我们在全校社会科学各系开设政治学理论课程的机会，并资助了这一著作第一版的出版。从该书第一版问世到今天，已经有数万名大学生包括政治学专业的本科生，公共行政专业的本科生，有万余名的政治学和行政管理学的硕士生，MPA的学员和政治学专业、行政管理专业研究生课程进修班的学员们认真阅读过这本著作。他们对书中的内容提出了许多宝贵而又中肯的意见。我们要感谢听过我们课、阅读过本书的大学生、研究生们，他们对政治学理论的浓厚兴趣给了我们极大的鼓舞，他们提出的意见，已经成为我们深入研究的巨大推动力。